東北中世史叢書 3

中世奥羽の墓と霊場

山口博之

高志書院

目次

序論　中世奥羽の霊場……5

第1部　墓

陸奥の中世墓——火葬と納骨——……34
中世出羽の屋敷墓……57
中世奥羽の墳墓堂……70
中世奥羽の六道銭……82
出羽南半の中世古道——墓と道——……99
上荻野戸村絵図に表われた樹木……114

第2部　塔婆と供養

板碑と霊場……124
成生荘型板碑の世界……133
板碑と木製塔婆——山形県と大分県の板碑の類似から——……154
古代陸奥の造塔——新田(1)遺跡出土の相輪状木製品——……175
中世前半期の追善仏事——石造物銘文を中心に——……198

第3部　寺社と城館

遊佐荘大楯遺跡と鳥海山信仰の中世史——空間の考古資料論——……226
城館と霊場……253
首が護る城……274

窯業と寺社――羽黒町執行坂窯製品の刻画文と中国意匠――……292
付　荷葉蓮台牌の展開――荷葉蓋(荷叶盖)小考――……316
あとがき　329

序　論　中世奥羽の霊場

はじめに

本書で扱う中世の霊場とは、中世に生きた人々を救済し信仰を集めた、神仏の霊験あらたかな土地、神社・仏閣などの神聖な地であり、参拝・納経・納骨などの宗教的行為が営まれた場所である。中世奥羽には多くの霊場があり、考古学・文献史学・思想史・民俗学などの視点から分析が加えられ、それぞれの立場で発見・評価されてきたが、本稿ではその概要を資(史)料に拠りながら整理したい。

霊場研究の先覚者中野豈任は板碑・五輪塔などの石造物、塔婆、埋経、納骨など極楽往生のための呪的儀礼行為により残されたモノ(信仰遺物・石造物の紀年銘等)資料に注目し[中野 一九八八]、佐藤弘夫は全国を通覧して霊場の特質を整理した[佐藤 二〇〇三]。さらに時枝務は寺院跡・神社跡、宿坊・居館、周縁部の経塚・墓地・納骨遺構などの個別遺跡・遺構の時系列複合的把握[時枝 二〇〇九]を行っている。これらの先行研究は、霊場を探るてがかりともなっている。

現在まで発見・評価されてきた中世奥羽の霊場であるが、入間田宣夫・大石直正は多賀城と松島を中心とする地域に注目し[入間田・大石編 一九九二]、伊藤清郎は羽黒山と出羽三山・羽州金峰山・鳥海山と飛島・蔵王山・御所山(船形山)・白鷹丘陵[伊藤 一九九七]、佐藤弘夫は中尊寺・立石寺・黒石寺・恐山[佐藤 二〇〇三]、さらには石造物である板碑[佐藤 二〇〇五]について注目している。

ついで東北中世考古学会では第11回大会に霊場をテーマとして研究大会を行い、平泉・松島・名取熊野社(宮城県)・瑞巌寺・国見山廃寺・恵日寺・立石寺・名取熊野の板碑・北上川流域の霊場・出羽国北部の古代城柵・津軽阿闍羅山周辺・北上川流域の板碑などの個別事例について討議を深めた[東北中世考古学会 二〇〇六]。また、狭川真一を研究代表とする中世墓資料集成研究会の手により、東北地方の中世墓が集成されていることも重要である[中世墓資料集成研究会 二〇〇四]。個別論文として取り上げられている霊場として、ジャガラモガラ[川崎 一九八九]、正法寺と周辺[佐々木 二〇〇四]、大門山遺跡[千々和 一九九二]、高清水善光寺[佐藤正 二〇〇二]などがある。

以上のようにして発見・評価されてきた中世霊場は、現在まで信仰が継続する事例と信仰が継続しない事例とにおおまかに分かれる。前者は現在の景観と信仰を遡る形で資(史)料と信仰を複合的に理解することができるが、すべてが中世に遡るわけではなく、時期的な変化を内包していることを忘れてはならない。後者の多くは遺跡であり、残された資料を分析することによって理解することができる。

1　中世の立石寺

最初に中世霊場として日本国内に広く知られ、かつ現在まで信仰が継続する山形県山形市山寺立石寺(写真1)を例としながら霊場の実情を整理してみよう。霊場としての立石寺信仰の成立過程を把握し、さまざまな時期的変化を内包することを理解したい。

立石寺は貞観二年(八六〇)慈覚大師円仁の創建と伝えられる天台宗の霊場寺院であり、単に山寺とも呼ばれている。中心地区は国史跡・名勝に指定されている。第三紀に属する凝灰岩層を基盤とし、百丈岩を中心に左右に屏風を広げたように巨大な露岩が連なり、その間に寺院が営まれる。露岩には風食によるハチの巣状の大小凹凸が刻み込まれ、怪異ですらある。露岩の膝下には奥羽山系に源を発する清流立谷川が西へと流れ、陸奥と出羽両国を結ぶ主要街道(最短路)である二口街道が東西へと伸びる。

まず霊場の根幹をなす慈覚大師円仁と天台寺院立石寺のかかわりについてみてゆこう。慈覚大師がこの地に巡錫したところ、ここは磐司磐三郎というマタギ(狩人)の住処であり、磐司磐三郎は慈覚大師と対面石で対座し一山を譲ったという。磐司磐三郎は一人であるとも兄弟であるとも伝えられる。柳田國男は立石寺の『山立根本之巻』によりながら「…磐神はすなわち岩の神で…」あると見ている[柳田 一九二八]。慈覚大師を立石寺に引き寄せた神たる磐司の磐は百丈岩であろう。立石寺は正嘉元年(一二五七)に常陸国で記された『私聚百因縁集』に「タテイシテラ」と注記される[竹田 一九八六]。誉田慶信はこの百丈岩を立石寺で最も神聖な空間であったと見る[誉田 一九九五]。

さらに磐司磐三郎が慈覚大師に一山を譲る伝承は、存立地域の宗教的霊性は天台宗へと移り変わっても不変であることをも表象する。磐司磐三郎は開山堂のさらに上方に祀られ地主神となり、磐司磐三郎にちなむシシ踊りは七月七日(旧暦)に行われている。なお、磐司あるいは磐三郎と近似する名乗りを有する山岳は日本に多数あり、とくに東日本に多く狩人の伝承と繋がる[柳田 一九二八]。山寺の磐司磐三郎もこうした者たちの仲間だったのである。

写真１　山寺立石寺(左より五大堂・開山堂・経堂)

重要な百丈岩の頂には経蔵、一段降りて如法経碑（現在は秘宝館）、その直下に慈覚大師入定窟がある。山麓からは開山堂・五大堂を含んで、この重要な要素を一望することができ、もっとも山寺らしい風景として知られている。昭和二十三年（一九四八）に慈覚大師入定窟の学術調査が行われた。中には金棺（平安時代・国重要文化財）が安置され、頭部を欠く男女数体分の人骨とともに、頭部彫刻が納められていた［山形県文化遺産保護協会　一九五〇］。川崎浩良は円仁自身の骨が含まれている可能性を指摘し［川崎　一九五〇］、鈴木尚はその中の第5号人骨が慈覚大師のものではないかという［鈴木　一九五〇］。慈覚大師の骨と考えられる土葬骨は、慈覚大師が比叡山に埋葬された後、山寺立石寺にもたらされたという伝承ともよく合致するという［鈴木　一九九八］。小林剛は金棺内に残された肖像彫刻（国重要文化財）は仰向けに置くことを意図して、頭部（首）だけが造られた平安時代初期の作であり、高僧の面影を持ち円仁自身そのものではないかとする［小林　一九五〇］。

金棺（長一八三センチ、幅五〇センチ、深二七センチ）は、ヒノキ造りで黒漆を塗った後に金箔を押したものであるが、中尊寺（金色堂須弥壇内納置棺・国重要文化財）の金箔押木棺と比較すると明らかに小さい。初めから納骨を目的に造られた可能性がある。小林剛はこの棺には比叡山で掘り起こした慈覚大師の骨と作成した頭部彫刻を入れ、立石寺へと運んだと見る［小林　一九五〇］。慈覚大師の首（頭部）が出羽国立石寺にあるという伝承は鎌倉時代には知れわたり、弘安三年（一二八〇）正月の日蓮の「大田入道殿御返書」には「世間に云、御頭は出羽国立石寺に有云々」とある［入間田　一九八三］。金棺に打ち付けられていた木製五輪塔婆型経筒は、塔身に「康元二年（一二五七）六月十四日本願　建長八年九月四日熊野御山夢想阿彌陀經ヲ如法經ニ　書寫ス示現ノ經也」との墨書があり、建長八年（一二五六）に書写した仏説阿弥陀経が納められ、紀州熊野の僧による来訪と納入を知る。元久二年（一二〇五）の根本中堂薬師如来坐像（国重要文化財）銘にある、大勧進と小勧進聖名とともに広域の往来を示している［竹田　一九八六］。

慈覚大師の霊場であることは信仰の基層を形成し、広域の往来によって立石寺の霊場としての名声はさらに高くなつた。興味深いことに、立石寺に来訪する者たちには口誦の世界も重要なことであった。樋渡登によれば木製五輪塔婆型経筒に納められた片仮名交じり仏説阿弥陀経は、鳩摩羅什訳本の流布本系統に属するものであるという。片仮名交じりの表記は、円仁が唐からもたらした、曲調をもって阿弥陀経を諷誦する「引声阿弥陀経」の発音を忠実に移そうとした可能性があるという〔樋渡 一九七九〕。霊場の教主である慈覚大師に結縁するためには、経典の書写が法式通り如法であるばかりでなく、口誦までもが如法である必要があったのである。

　経塚の造営に結びつく天養元年（一一四四）の『如法経碑』（高さ一〇七・五㌢、幅四七㌢、厚さ一八・二㌢、国重要文化財）には「立石寺如法経所碑　并序　維天養元年歳次甲子秋八月十八日丁酉、真語宗僧入阿大徳、兼済在心、利物為事、同法五人、凝志一味、敬奉書妙法蓮華経一部八巻、精進加行、如経所説、殊仰大師之護持、更期慈尊之出世、奉納之霊崛願既畢、願令参詣此地之輩、必結礼拝此経之縁因、一見一聞、併慶巨益、上則游知足之雲、西則翫安養之月、于時有釈以慶、乃作銘曰、善哉上人、写経如説、利益所覃、誰疑記莂」と記され、全体が駒形を呈し頭部は圭頭となる。僧入阿ほか五人が書写した妙法蓮華経一部八巻を、弥勒菩薩出世の時に備え、慈覚大師の霊崛である入定窟のそばに納める旨が記され、経塚造営の記念碑と見ることができる。現根本中堂東側の地からは仁安二年（一一六七）の経筒被蓋も出土している。如法経碑は平安時代の末から鎌倉時代のはじめに全国で営まれ、東北から九州に及び（熊本県に二例、京都府に一例、大分県に一例、岐阜県に四例と本例）その最北の一例である〔播磨 一九八九〕。圭頭をなす石造物としては古代では唯一の事例であるという〔平川 一九九三〕。

　露岩の裂孔への石造物納入は十三世紀から始まり、徐々にその種類と数を増やしていく。千手院峰の裏にある裂孔には板碑とともに納骨孔がある五輪塔が納められ、周辺には五輪塔に納骨されていた火葬骨が散乱している裂孔もある。五輪塔銘文には「文永九（一二七二）　壬申　五月七日　死去也」、「康永三（一三四四）　甲申　円常房　十一月廿四」、「常陸公　良快　康暦元（一三七九）　己未　六廿二日」「明徳三年（一三九二）」、板碑銘文には「為　非母　納来永仁四年(一二九六)　丙申　三月十四日」とある。ここは寺僧の墓所であるとともに、亡母のために供養を行う場でもあったのである。こうした石造物は寺院の中に囲い込まれた職人集団によって作られることがあり、立石寺では五大堂近くの平場に調整段階の五輪塔水輪が残り、一山内で石造物の製作が行われたことが判明している。職人集団が居住するということはかなりの需要があり、なおかつ特定の法式にのっとった石造物が製作される必要性があったこともわかる。石造物は露岩の裂孔に納められる大きさで、一㍍を超すものはない。

中世末〜近世には慈覚大師に結縁するための納骨が全山のいたるところに見られ、小型の板碑や五輪塔、柿経などが伴う［大友　一九七七］。元亀二年(一五七一)織田信長の焼討ちにより延暦寺が一時法灯を絶やした折には立石寺の法灯が分火され後を継いだ。立石寺から比叡山に出した「立石寺言上状案」(『山形県史資料編』15上)には「根本中堂建立候者、餘寺余山ニ彼灯明候共、當寺之事ハ大師入定之地与云」と見え、慈覚大師入定の地である立石寺の法灯の優位が語られる。近世になると、立石さらにはその周辺の岩肌全体にわたって、岩塔婆(供養塔婆)が彫りつけられ、一山全体が巨大な霊場であることをさらに強烈に印象づける形となった。

次に立石寺の領域であるが、立谷川の谷筋と奥羽山中からなる広大な地域から構成され、寺院跡、石造物・経塚・埋納古銭などがいたるところに認められる。昭和五十七年三月に防災工事に伴って山寺駅東南の崖面から銅製の三足香炉が出土し、中には寛永通宝を含まない渡来銭が入っていた。出土数量は九九二枚、最古銭は開元通宝(初鋳六二一年)、最新銭は宣徳通宝(初鋳一四三三年)であるから、十五世紀代の埋納である可能性が高い［齋藤・須藤　一九九三］。香炉の底部裏側には應祥寺と線刻され、寺院の什物であったことが明白である。應祥寺という寺院名は比定地を見出せていないが、立石寺一山にかかわる寺院であることはまちがいなかろう。立石寺の西にある大森山の西側丘陵からも埋納古銭(九六三枚)が発見されている［保角　一九八二］。銭種からすれば十三世紀〜十四世紀の埋蔵にかかるものであろう。大森山には立石寺と同様、十二世紀代の経塚が営まれていた。炭が充塡されていた小石郭からは、須恵器系陶器を外容器とする鋳銅製経筒が出土した。ここは霊場立石寺地域の西を限る小山であり、寺域の境界としての意味が想定できる。さらに奥羽山系の北側にある若松寺と東漸寺も立石寺と密接な関連のもとに成立してきた。戦国時代出羽の有力大名最上義光が山寺立石寺の堂舎を修造した時の立石寺の所領を見れば、立石寺二四三八石のうち、三〇〇石を立石寺末若松寺別当衆徒十二坊が占め、一〇〇石を立石寺末東漸寺が占める〔山形県 一九三三〕。立石寺との強い結び付きと、その領域を形成していたことを示している。

このように概観してくると、霊場立石寺の現況の成立には、いくつかの発展段階あるいは画期を構成する要素、さらには地域的展開が存在することがわかる。

(1) 霊場立石寺の発展段階

残された資料などから、霊場立石寺の現在にいたる発展段階とでもいうべきものを設定することができることをかつて指摘した〔山口 二〇〇七〕。後続する研究成果を盛り込みつつ整理すれば次のようになる。

1期：露岩に対する自然信仰を天台宗が獲得した段階（九〜十世紀段階）

東北地方に律令国家と深い結びつきを有している山岳寺院が盛んに営まれる段階である。当初は律令政権の庇護下に開創した立石寺は、やがて天台宗の影響の下に寺院基盤を確立した。この時期、他の中世奥羽の霊場も姿を見せ始める。

2期：慈覚大師の入定伝承が形成された段階（十一〜十三世紀）

立石寺の霊場信仰の基点が確立した段階である。百丈岩に「如法経碑」が造営され、同時に経塚も営まれ、入定窟が整備され、金棺には廻国聖納入の経筒が打ち付けられる。円仁入定（首）伝承は廻国聖たちがこの地を訪れる意味となり、その存在は全国へと周知拡大され、日蓮の耳にもとどいた。この時期の霊場は中世奥羽全体に展開する。

3期：寺僧の墓地が形成された段階（十三～十四世紀）

立石寺内部と周辺の霊場としての環境が整えられた段階である。文書が整えられ石造物の造営が盛んとなる。裂孔への小型石塔の施入とともに納骨が開始される。中世奥羽の骨蔵器をともなう墓もほとんどがこの時期に営まれる。立石寺周辺の石造物は、立石寺にかかわる石工集団が作成に関わっていた可能性が高い。寺域は拡大し谷筋のいたるところに立石寺に関連する寺院が営まれた。

4期：庶民層の納骨の開始段階（十五～十六世紀）

聖の活動が活発化し、遺骨の一部を納入する納骨行為が行われ、近世の納骨霊場への基盤が整えられる段階である。裂孔にごく小型の板碑や五輪塔、柿経などが納入される［大友 一九七七］。

さらに近世になると立石の岩肌全体にわたって、供養塔婆が彫りつけられ、一山全体が巨大な霊場であることを強烈に印象づける形となり、現況が形成されるのである。

以上、霊場立石寺の1期～4期の発展段階と画期を整理した。もとより大づかみであるが傾向性を把握したと理解されたい。この画期の把握をもとに視点を広げ、奥羽の霊場を見てみよう。

2　中世奥羽霊場の諸相

全国的な霊場の成立と展開の様相はどうなのであろうか。佐藤弘夫は十一世紀から十二世紀に彼岸と此岸を結ぶ通路としての霊場が国土のいたるところに出現し、霊場を結んで人々が列島を移動する巡礼と参詣の時代が始まったという［佐藤 二〇〇三］。時枝務は東アジアを含めて俯瞰しながら日本の霊場の様相を観察し、同時に著名な霊場（金峰山・京都六角堂・高野山奥之院・元興寺極楽坊）の成立と画期について整理している。山岳霊場である奈良県吉野金峰山は十一世紀初頭に成立、十三世紀代には勢力にかげりが見える。都市の霊場京都六角堂は第一期(十世紀中葉〜十一世紀第3四半期)・第二期(十一世紀第3四半期〜十二世紀末)には霊場として発展したようには見えず、第三期(十二世紀末〜十四世紀)には霊場となっていた可能性が高く、第四期(十四世紀〜十六世紀)には巡礼札などの存在から霊場となっていたといい、高野山や立石寺と時を同じくするという。高野山奥之院は十二世紀第1四半期に経塚造営を契機として霊場化し、十二世紀後期に納骨遺構、十三世紀代に専用納骨容器が見え、十五世紀後期に一石五輪塔が本格造営される。元興寺極楽坊は八世紀初期・十世紀初期・十世紀末・十三世紀中葉・十五世紀初頭などの画期があり、十三世紀後半が霊場として成立した時期となる[時枝 二〇一四]。

こうした成果に照らせば、霊場立石寺における1期は古代から中世への画期であり、中世霊場の誕生前夜、2期は奈良県吉野金峰山などの山岳霊場とともに、都市の霊場である京都六角堂も成立するなど、彼岸と此岸を結ぶ通路としての霊場が国土のいたるところに出現した段階、3期は高野山に納骨遺構さらには専用納骨容器が見える段階であり、4期は高野山奥之院に一石五輪塔が本格造営され、元興寺極楽坊に庶民信仰資料が盛んに納められる段階にもあたる。大まかに立石寺の画期とした各段階は、他の霊場でも何らかの画期にあたる場合が多いとみることができるのである。

つまり立石寺で見出した変化は、おおむね全国の霊場の変化に沿うものであることを把握することができる。次に各段階の個別的要素を中世奥羽に探り、霊場の具体的な姿を検討してみたい。

(1) 霊場の成立と基盤

①霊場の成立

中世奥羽の霊場はいつごろ成立したのであろうか。山寺立石寺では十二世紀中葉〜末に中世霊場としての姿が明確になるが、これに先立つ十一世紀段階を理解しておく必要がある。

　奥羽では十一世紀前後には古代から中世へと移り変わる大きな社会変動が起こった。入間田宣夫は中世の画期として、北奥で戦われた延久二年北奥合戦(一〇七〇)に大きな意味があるとする[入間田 二〇〇四]。この時期、律令政府によって営まれていた官衙が機能を停止し、安倍氏・清原氏などが姿を現し、新たな政治的段階を迎えることとなる。この時期の政治拠点の一つである秋田県横手盆地に払田柵跡がある。ここは史料には明らかではないものの、発掘調査で奥羽を代表する城柵であると確認されている。遺跡は東側の長森と西側の真山の丘陵とそれらを取り巻く長大な木柵列からなり、長森には官衙の主要部分である政庁が置かれている。九世紀の中ごろまでは長森・真山ともに木柵の内側となるが、九世紀から十世紀には長森のみが柵に囲まれ真山は柵外となる[秋田県払田柵跡調査事務所 一九九九]。この時期、真山には墓地(火葬墓)が営まれていることからすれば、かつての官衙の一部が霊場となっていた可能性が高い。つまり政治拠点である長森と一段高い真山の関係を、政治拠点の傍らに霊場が営まれていたと見ることもできる(高橋学氏ご教示)。

　ついで、払田柵が廃絶する十世紀後半からこの地に勢力を伸ばし始めるのは清原氏である。清原武則は康平五年(一〇六二)源頼義から前九年合戦への助力を懇請され、安倍氏を滅ぼし勝利に導いた。後に翌年鎮守府将軍に任じられ、奥六郡をも配下に治めたのであった。清原氏一族の居館とされる遺跡が十一世紀代に営まれた横手市大鳥井山遺跡である。遺跡は大鳥井山(政治拠点)と子吉山(霊場)という二つの丘陵からなり、払田柵の長森・真山のあり方と共通する[高橋 二〇〇六]。

　さらにこの地域は宗教的にも先進的な様相を取り入れている場所でもあった。久保智康によれば、秋田県横手市・大仙市周辺では鏡像(銅鏡の鏡面に仏像の姿を線刻したもの)が三面見つかっている。すなわち「永延三年(九八九)銘の胎蔵界中台八葉院曼荼羅鏡像」「長元四年(一〇三一)銘の諸尊鏡像」、さらに紀年銘はないが「大山市水上神社蔵の千手観音鏡像」である。これらはいずれも天台宗にかかわる作例であるという。十世紀末から十一世紀にかけて製作された鏡像は、全国で十面余しか存在せず、そのうち三面が秋田で発見されているという［久保 二〇〇七］。ここは十世紀から十一世紀に天台僧の活動が盛んであったのである。

さらに平泉藤原氏の拠点である十二世紀代の遺跡である柳之御所では北側に隣接して、先ほどの二例とあり方が共通する高館という小高い山がある。つまり政治拠点＋霊場という構成は、清原氏の流れを汲む平泉藤原氏の意識の中には、払田柵以来受け継がれていた可能性がある。

聖地と政治拠点との関係はさらに遡る可能性がある。清原氏の故地である出羽国には、霊山と政治拠点が関係しあう事例が先行していたことにも注意しなければならない。古代出羽国府であった酒田市城輪柵跡からは、覆いかぶさるように霊山である鳥海山が見え、同じく古代出羽国府であった秋田城政庁からも南に目を向ければ、大物忌神が鎮座する鳥海山が正面に見える。鳥海山は霊山であり、大物忌神は国の辺境を守る重要な神であった［誉田 一九八三］。すでに古代において、政治拠点が霊山に守られるという意識があったものと見ておきたい。

こうした古代国府以来の霊山と政治拠点の関係が払田柵→大鳥井柵跡（大鳥井山遺跡）→柳之御所と引き継がれた可能性があろう。なお、政治都市と聖なる山との結びつきは日本に限らず広く海外にも存在する［岩手県教委 二〇一四］。霊場は古代末に政治拠点とのかかわりの中で成立したのかもしれない。

②霊場の基盤

そもそも中世に生きた人々にとって霊場は重要な存在であった。佐々木徹は『吾妻鏡』の記述から、霊場では①神仏・経典などが存在し、②聖人（上人）の関与があり、③法華経転読・祈禱などの宗教行為が行われており、人々は霊場に対して仏法との知遇を求め、死者への報恩や追善を願って思いを寄せ、帰敬により御髪を埋めるなどの行為が行われていたという［佐々木 二〇〇六］。さらに佐藤弘夫が整理した霊場の特質［佐藤 二〇〇三］は中世の人々が持っていたものであり、『吾妻鏡』に見える霊場のあり方と佐藤のいう霊場のあり方は、概ね一致しているともいう。中世を生きた人々にとって霊場は仏法との知遇を求め、死者への報恩や追善を行う場として重要な存在であったとみることができる。

さて、霊場と人々の結びつきであるが、まず立石寺の場合、巨大な露岩に対する自然信仰があり、慈覚大師入定窟の存在が現在まで続く霊性の根源となろう。ついで重要なのはこうした特別な土地である霊場と人々の結び付きのあり様である。佐藤弘夫は中尊寺金色堂のミイラと立石寺入定窟に納められた慈覚大師と伝えられる肖像彫刻、水沢市黒石寺の慈覚大師入定窟、さらには鎌倉に営まれた源頼朝の墳墓堂である法華堂などに注目し、これらから発せられる視線が周囲の者たちには重要な意味があったという［佐藤 二〇〇二］。入間田宣夫は代表的な中世都市である鎌倉と平泉の高所に位置するのは、源頼朝の墳墓堂である法華堂と平泉藤原氏の遺体を納めた金色堂であり、ここに祀られたものたちが発する視線により、都市軸までもが規定されていったという［入間田 一九九四］。こうした視線の問題は中世前期にすでに存在する「屋敷墓」においても指摘されていた。勝田至は屋敷墓に葬られた死者の魂の霊力が屋敷や田地を子々孫々に至るまで守護するという観念があり、中世前期にすでにみられる〝草葉の蔭から〟死者の霊が見ているという表現は墓や死体に死者の人格が残るという観念の現れであり、屋敷中に墓所を設けるということは、屋敷地の所有権を補強し、イエの継続性を維持することになるという［勝田 一九八八］。屋敷墓は中世奥羽には少ないものの確実に波及している［山口 二〇一四］。経塚の中に納められる経典や人々の願いが込められた板碑などの石造物は、多分に人格的な存在であったから、すぐれて人格的なものである視線は、霊場と人々を結び付ける存在となり得、霊場が盛んに営まれた時代には大きな意味があった。かくて霊場は奥羽の各地に営まれ、人々に救済の視線を向けるようになったのであろう。次に、先行研究で取り上げられた霊場に営まれる、あるいは特徴づける資料や様相について扱いながら、霊場の具体的様相をいくつか取り上げ考えてみたい。

⑵霊場の諸相

①霊場と経塚

霊場を特徴づける資料の一つに経塚がある。中世の人々にとって神仏や経典がある場所は霊場と考えられていた［佐々木 二〇〇六］。経塚にはその場所を霊場たらしめる重要な意味があったのである。中世奥羽に営まれた経塚は一一三遺跡一四五例を数える［及川 二〇〇四］。中世奥羽の経塚は十二世紀初（福島県喜多方市松野千光寺経塚：一一三〇年、岩手県奥州市高勝寺跡石櫃：一一三五年、山形県南陽市別所山経塚：一一四〇年）から営まれる。確実に十二世紀の前半には東北地方に経塚が出現する［八重樫 二〇一二］。経塚は十一世紀から十二世紀にかけて畿内と北九州を中心とした地域に密な分布を見せ、後に列島へ拡大する。長治二年（一一〇五）には鹿児島県大隅町月野に、久安五年（一一四九）には秋田県大森町八木沢まで伝えられ、十二世紀中頃には全国で盛行する［関編 一九八五］。紀年銘によればわずか四十数年の間に列島の隅々へと拡大したのである。

中世奥羽の経塚の場合、納経容器を欠き外容器に直接納入される場合や、礫石経を主とする事例（礫石経経塚）も見られるなど多様である。本来、経塚は経典（主として紙本）・納経容器（金属製が多い）・外容器（陶磁器が多い）、経石・刀子などを埋納されるのと較べて簡略であり、その立地も特徴的である。

東北地方の経塚は、交通の要地や街道を見下ろす小高い位置に造営され、街道に沿って経塚が並ぶなどの事例があるという［八重樫 二〇一二］。街道に沿う事例として平泉藤原氏がたてた笠率都婆がある。『吾妻鏡』文治五年九月十七日条に「先自白河関。至于外浜。廿余ヶ日行程也。其路一町別立笠率都婆。其面図絵金色阿弥陀像。」とあり、平泉藤原氏が白河から外が浜までの街道に金色阿弥陀像を描く笠率都婆を建てたことが知られている。この塔婆も街道を守護する宗教的な施設であることは言うを俟たない。さらに幹線水運に沿って経塚が営まれる事例もある、山形県寒河江市にある高瀬山経塚や村山市河島山経塚は最上川に沿う独立丘陵に営まれ、いずれも舟運難所にあたっている。

この経塚は最上川水運との関連が考えられる。水上交通を霊場としての経塚が守護している可能性があると見ておきたい。先の八重樫の指摘とあわせれば、水陸交通路の確保のために霊場が必要であったとなろう。

さらにこうした事例は北方へと展開する。北海道厚真町宇隆1遺跡で発見された瓷器系陶器壺（常滑2形式）は経塚に伴う資料の可能性がある［八重樫 二〇一二］。宇隆1遺跡は中世の街道と推定される道に面した比高差八㍍ほどの舌状台地に立地し、この先端から壺が出土している。厚真町は北海道の南部に位置し、本州側からの流通の拠点であり平泉藤原氏との関連が考えられる。営んだのは平泉藤原氏に関係する者たちであろう。隣接する平取町には源義経の名を冠する義経神社があり、平泉から逃れた源義経がこの地を通過しさらに北方へと逃れたという伝承が残る［平取町二〇〇一］。

次に霊場としての経塚の造営主体とその目的であるが、中世奥羽の経塚造営の史料は先に紹介した山寺立石寺の如法経碑などのほかにはほとんど知られていない。稀有な例として、礫石経供養を記すと考えられる、岩手県平泉町志羅山遺跡第80次調査で出土した仮名文字木簡がある。木簡には「トヤカサキノニヨウホウキヤウノイシヲハ／ケチエンニモタセタマフヘシイツカノ／ヒヨリシウハチニチニウツニ（マ）シタマフナリ」とある。都市平泉の住人が記した如法経を記した石（礫石経）を、おそらく経塚に納めるために運ぶという内容が記されている［八重樫 二〇〇二］。平泉周辺には十二世紀代に遡ると考えられる礫石経を積み上げた経塚（長径一三㍍、短径一一㍍）が実在し、塚上には平泉型宝塔と小型五輪塔が立つ。塚を構成する礫石は鶏卵大から人頭大までさまざまであるが、礫にびっしりと経文を記すものがある。木簡について前川佳代は「鳥谷ヶ崎の（道場で行われる）如法経（供養のため）の石を（あなたの）結縁のために（仏縁を結ぶために）お持ちになるべきです。（鳥谷ヶ崎では）五日の日から十八日に（かけて）お写しになるのです。」と読み解き、如法経供養の写経が五日から十八日までの十四日間（二七日）で行われた、礫石経を書写する儀式が記されるという［前川 二〇〇四］。

寛弘四年（一〇〇七）吉野金峰山に行われた藤原道長による写経・埋経の場合、写経に二十日が費やされているが、平泉の場合、その期間が短縮され儀式の簡素化が見えることになる。経塚の造営で重要なのは経典を儀式にのっとって写し、その功徳を得ることであって、地中に埋納するのは最終的な行為に過ぎない。奥羽の場合、埋納の儀礼に簡素化が行われ納経容器を欠くなど経塚の造営に地域性が見られ、寺院に拠らない造営も多い。これは経塚の造営活動そのものが重要であった可能性がある。十二世紀代に霊場が列島規模で営まれるとき、そのもっとも手近な意味付けが経塚造営であり、経塚の造営は霊場造営のための行為であったと見ることができるかもしれない。

なお『玉葉』養和二年（一一八二）四月十六日条に皇嘉門院聖子一周忌の追善供養に関係し、如法経を最勝金剛院山（故女院御墓所近辺也）に埋め、石垣を築き五輪塔を立てたとある。墓所のすぐそばに埋経を行い、五輪塔を営んだことがわかり、宮城県名取市大門山遺跡などの事例と通じる。経塚は霊場として街道や屋敷などを見守り、供養にも重要な意味があったととらえておきたい。また、地域権力に関連するものたちが自らの屋敷地に経塚を営んだ事例もある。

②霊場と地域

一定の地域において地域経営の施設として霊場があった可能性がある。齋藤慎一は武士の根拠を模式化して示し、屋敷の前面に道が東西に走り、屋敷の西側には阿弥陀堂や墓地、さらに西の谷奥には聖地が存在すると図化している［齋藤 二〇〇六］。確定された領域の中に街道・寺院あるいは水路、さらには霊場などの施設が必要に応じて配置管理されていたというのである。具体的には経塚が屋敷の相伝において書き上げられる事例があり、落合義明が注目している。宝治二年（一二四八）二月二十八日の新渡戸文書に「ゆつりわたす、むさしのくにこまのこほりひんかしひらさわのうち、きやふつか・やしき、ちう四郎かときのことく、まろめて一ふんもよけす、ならひにたはめに、しん五郎殿かつくりた二たんをそえて、ふしのむすめとよいや御せんニ、ゐいたいをかきりて、ゆつりわたすところ也、（後略）」とある。高麗景実が娘の土用弥に経塚・屋敷を永代譲渡しており、女性が経塚の支配・管理を任されていたという［落合 二〇一四］。史料の筆頭に経塚が表されていることは、相続では経塚が重要視されていたことの裏返しであり、屋敷全体の安寧を保証する霊場として重要な装置であったことをうかがわせ、正統な継承者が相伝すべきものとされたのであろう。付け加えれば、相続したのは女性であることも興味深い。中世には女性が霊場に参詣するということは数多く行われた。『玉葉』安元二年（一一七六）二月十二日条に「戊子、天晴、姫君密詣或霊験所」とあり、女性がひそかに願をかけるために霊場に参詣することもあった。中世の霊場は男性だけのものではなく、女性にも重要であったのである。

霊場が狭義の地域（屋敷地など）に関わる場合のほかに、より広域の地域においても重要視され、かつ配置もされたことが、陸奥府中の都市空間の構造についての考察から確かめられている。ここでは国府政庁を中心とした一定地域に、国府域という都市地域を設定することができ、この中に霊場や墓地、さらには街道や港湾、市場や寺院が配置されているのである。大石直正は古代陸奥国府があった多賀城を中心に、東は松島、南は名取郡に及ぶ範囲を多賀国府地域とする［大石 一九九二］。田中則和は陸奥府中の都市空間をさらに拡大し、境界を「北は松島、西は広瀬川、南は名取川、東は塩竃浦」とし、この空間を府中域ととらえ、この中に霊場が配置されるとみる［田中 二〇〇二］。入間田宣夫は陸奥府中の都市空間の周縁部に、二つの板碑をともなう霊場（西山／東光寺周辺／逆修・七北川の河原／追善）が形成され、両者は並び立つ重要な存在であったとみる［入間田 一九九一］。地域の中で霊場が配置され、かつ重要な意味があるということになる。ついで田中則和は国府域の「周辺に北縁の松島雄島、南縁の名取熊野、西縁の青葉山という水陸の境界に位置し、板碑群の存在に特徴付けられる霊場が位置する」とみる［田中 二〇〇六］。さらに菊地大樹は田中にコメントし「東光寺は留守氏など上層の人々によって独占された〈閉じられた〉霊場であり、名取大門山遺跡はより広い層の人々に〈開かれた〉霊場である」とみる［菊地 二〇〇六］。陸奥府中では都市空間を構成する施設として、板碑などとともに霊場が存在していたのである。

こうした現象は陸奥府中だけで起こったのではなく、個別の荘園や所領などにおいても生じていたのであろう。

③霊場と交通

霊場の造営者にとって流通を把握することは、霊場を行き来する人々の往来からも、さらには経済基盤確立のためにも重要であった。立石寺も交通の要衝地を占めており、直下に流れる立谷川に沿って東西を結ぶ二口（ふたくち）街道は、陸奥から出羽へと抜ける主要な交通路であった。西に向かえば南北に走る旧羽州街道と荒屋原で交差し、かつてここには十二世紀代の石鳥居が街道をまたいで立っていた。ついには最上川の支流須川（すかわ）河畔の寺津（てらづ）へと突き当たる。寺津は近世最上川舟運において重要な湊であり、明治初年以前は二口峠を通して仙台方面への物資輸送の拠点でもあった［長井　一九三七］。寺津は寺の湊であろうし、日枝神社の存在からしても、立石寺と密接に関係する川湊と考えることができる。

時枝務は山形県鶴岡市羽黒町にある霊場出羽三山の一つ羽黒山と羽黒鏡を事例として海上交通と霊場の結びつきを指摘している［時枝　二〇一四］。羽黒山頂の三神合祭殿社殿の前面にある御手洗池（鏡ヶ池）からは鏡が出土し、池中納鏡（羽黒鏡）として知られている。鏡は平安時代から鎌倉時代までの資料が多く、和鏡が八割強、儀鏡・湖州鏡式鏡・唐式鏡など中国製品も見られる。前田洋子は鏡の多くは京都で造られ、中央貴族たちのケガレを憑依させ、ケガレを払うためにわざわざこの地にもたらされ奉納されたのではないかという［前田　一九八四］。実は羽黒山の鏡ヶ池の池底は、鶴岡市加茂の日本海に浮かぶ白山島（おしま）の八乙女の洞穴と結ぶという伝承があり、白山島周辺の由良湊は中世の有力湊であったという。鏡ヶ池は日本海の海上交通を通じて見事に平安京と結びつくのである。

平安京と結びつく政治的人的ネットワークも存在した。羽黒山の修験者に関連すると考えられる者たちが都に姿を表わすのは、平安時代の末ごろという。『平家物語』には嘉応元年（一一六九）のこととして「（前略）出羽の国羽黒より、月山の三吉と申しける童御子一人上りて（後略）」と見える（『荘内史料集』1‐2）。ついで承久の乱前年の『仁和寺日次記』承久二年（一二二〇）十二月十二日条に「法印尊長、よろしく出羽国羽黒山総長吏たるべきのよし宣旨を下さる」とある（『荘内史料集』1‐2）。尊長は一条能保の子であり、後鳥羽上皇の側近として法勝寺・蓮華王院の執行を勤めた僧である。二位法印とも呼ばれ、承久の乱では張本の一人となった。羽黒山総長吏尊長は、鎌倉時代の初めには政治的にも後鳥羽院政を支える重要な人物であったことになる。こうした結びつきを保証したのも日本海舟運なのであろう。

陸路と霊場の関わりは、宮城県仙台市柳生「松木遺跡」の事例から知ることができる。ここでは火葬土坑中に遺存した火葬骨が分析され、火葬後の下顎・上顎から歯骨のみ収骨し、別の所に納骨したという可能性が指摘されている〔仙台市教委 一九八六〕。

さて、遺骨はどこに行くのだろうか、論証は難しいが宮城県松島町の納骨霊場雄島はその候補地になりうる（田中則和氏ご教示）。雄島は松島湾に面した南北に長い小島であり瑞巌寺に近い。雄島については、入間田宣夫〔入間田 一九八二、田中則和、佐藤正人〔佐藤 一九九二〕らの論考がある。入間田は雄島を「この島を死者の霊魂があい寄る特別の空間、今生から後生に移行する中間地点、彼岸にいたる橋頭堡」という〔入間田 一九九二〕。観応年間（一三五〇～一三五二）にここを訪れた僧宗久は『宗久紀行』に「すこしへた丶りて小島あり、これなんをしまなるへし、小舟につなをつけて、くり返しつゝかよう所なり、此のしまに寺あり、来迎の三尊ならひに地蔵菩薩をするたてまつれり、をしまより南一ちやう計りさしいて丶、松竹おいならひて苔ふかく心すこきところあり、此国の人はかなく成りにける遺骨ををさむる所なり、その外発心の人の切りたるもとゆひなともおほくみゆ、」と記している。雄島は十四世紀半ばに納骨霊場であったのである。

松木遺跡で収骨された遺骨は、おそらくは近親者の手で、中世奥羽の幹線である奥大道を北に向かい、さらには霊場東光寺遺跡を左に見ながら、東に向きを変え松島雄島へと運ばれたのではなかろうか。そこは此の国の人々の遺骨を納める納骨の霊場であったのである。

④霊場と石造物

霊場には板碑や五輪塔、さらにはさまざまな形式（宝篋印塔等々）の石造物が営まれる。これらは霊場の標識ともなる。佐藤弘夫はこうした石造物は、浄土への通路へと導く「垂迹」であり、この場が霊場となって埋経・造塔・納骨といった営みが繰り返し行われるという［佐藤 二〇〇五］。霊場信仰の拡大とともに「居住地に近いところに新たな霊場―参詣と納骨の場を作り出そうとする運動が各地で開始された。遠い霊場に足を運ぶことが困難な人々が、容易に参詣できるようにすることがその第一の目的だった。その際、そうしたミニ霊場の中核となったものが、既存の聖なる存在のシンボル―廟堂や古墳・経塚・有力者の墓など―であり、五輪塔をはじめとするさまざまな石塔類だった。」とする［佐藤 二〇〇六］。身近なミニ霊場が求められたとみることができようか。

宮城県名取市の大門山遺跡は、熊野信仰と結び付いた十三世紀中頃から十四世紀中頃の墓所・供養所［恵美 一九九二］であり、このⅡ区調査地点には、石組石郭の中に火葬骨を埋納している遺構が存在し、板碑がある。同一箇所から常滑壺が出土し傍らの板碑は経碑であるという［千々和 一九九二］。経塚と石造物、さらには墓地が一体となっている。

福島県善光寺経塚の周囲にも中世墓群が展開する。石造物は単体で、あるいは経塚などと組み合わされて造営され、霊場として認識されていたのであろう。こうした事例は東北地方全体に広がっている。

一族の墓所の点定と継続には追善仏事の盛行も重要な意味を持っていた。石造物銘文によれば、十三世紀の中頃に追善仏事が刻まれ始め、徐々に増加し、忌日の種類も増加し、鎌倉時代の後半～南北朝にかけては増加が著しい。追善仏事がより多数の人々に受容されてきたことが大きな原因であろう。山形県酒田市生石延命寺のように、一族の墓所が連続して霊場に営まれることも起こってくる。類例として福島県須賀川市籾山遺跡、青森県深浦町亀杉遺跡など

写真２　雄島（東より）

もある。

板碑は霊場と考えられていた場所に群集し、連続的に営まれることがある。納骨の霊場松島町雄島（写真2）はその代表格である［田中 二〇〇九］。雄島は見佛上人ゆかりの霊場であり、松島瑞巌寺（円福寺）との関わりも深く、板碑の造立も深い関係にある［七海 二〇〇六］。板碑の造営期間は現在所在不明のものも含めれば弘安八年（一二八五）から貞和六年（一三五〇）であり、十三世紀後半〜十四世紀半ばに集中して営まれている［宮城いしぶみ会 一九八二］。本来はもっと多くの板碑があり、近年雄島周辺の海中からおびただしい板碑が引き上げられ調査研究が進められている［新野・七海 二〇一三］。また、雄島一面に人為的に穿たれた岩窟は、武士の都鎌倉周辺に墓所として営まれた「やぐら」に共通するという［田中 二〇〇〇］。都市鎌倉に発達するやぐらも霊場の構成要素として取り入れられていると見ることができる。瑞巌寺境内遺跡の調査からは鎌倉出土資料との共通性が深いことが判明している［新野 二〇〇六］。霊場はさまざまな宗教装置をいち早く取り入れることもあったと見ておきたい。

陸地から離れた小島が霊場として経営され、板碑群が営まれる事例として、平泉藤原氏二代藤原基衡の妻が営んだという、平泉町観自在王院浄土庭園の中島を挙げることできる。苑池の北側には大小の阿弥陀堂が南面して建っており、毛越寺と同様、十二世紀初頭に建立された［八重樫 二〇一一］。中島は舞鶴が池に浮かぶ東西に細長い島であり、ここには雄島同様板碑が林立し、さらには六十六部廻国納経の納経施設である鉄塔（岩手県指定文化財）も立っていた。『平泉志巻之下』には「鐵塔 池中の島に此塔一基を建立す南蛮鐵にして高さ二尺五寸囲五尺六寸形円くして鼓胴の如く臺は鑄続けにして三階四方なり往古は鐵の屋根九輪も有りしか天正年中に失せけるに更に石に造れり名凸字にして都て八十字なり今此塔を千手堂内に移して保存し置けり　銘文「奉安置平泉観自在王院池中島奉納六十六部妙典塔婆宝萬鐵塔鑄立功徳法界民生速佛道文和第四亥月上旬鍛冶久行行祐法師鑄師淨円金剛覚賢権律師幸賢勧進衆法眼定進金剛覚秀故法印幸海衆徒敬白」」と記されている。円筒形の塔身と台座が現在残り、塔身には陽刻で文和四年(一三五五)に権律師幸賢等が安置したと記されている。類例は石見国(島根県)大田南八幡宮に残る。

現在板碑は二〇点近く確認され、昭和二十九年十月十七日より二週間の発掘調査で出土したものという。粘板岩質の板石を利用し、観応三年(一三五二)・貞治六年(一三六七)の紀年を持ち、金箔が残る板碑(現在は見えない)には「三十三廻(?)　仙僧都(禅門?)　父二月廿六(七?)」の銘が残る[司東 一九八五]。平泉には岩手県内の十三世紀代の板碑のうち七基があり、板碑の造営は古い[八重樫 二〇〇六]。中島に営まれた紀年銘のない板碑には小型のものがあり、十五世紀代まで下る可能性もある。まとめれば、ここは十四世紀～十五世紀に板碑の林立する場所であり、三十三回忌追善仏事の行われる場所であり、六十六部行者が廻国納経する霊場でもあったのである。

さて、この中島の霊場としての基点は何であろうか。一つの可能性として中島の背後、北側に鎮座する石仏に注目することができる(狭川真一氏ご教示)。これは十二世紀代に遡る石仏であり中世奥羽に類例の少ない資料である。この石仏に結縁するために中島に板碑が立てられ、廻国納経塔が営まれた可能性がある。観自在王院浄土庭園の中島は宗教者が巡り来り、供養を行うために近親者が参詣し、板碑や木製塔婆を造立する霊場であったのである。

次に、霊場として点定した場所に近親者が供養を継続する場合のあったことに注目したい。板碑に残る銘文から忌日法要の記録を探れば、同一と考えられる人物を繰り返し供養する事例がある(資料名は『石造物銘文集成1～5』による)。まず忌日法要であるが、中国の『預修十王生七経』(略して十王経)が原形であり、「初七日」「二七日」「三七日」「四七日」「五七日」「六七日」「七七日」「百日」「一年」「三年」に、合計十人の冥府の王の審判を受け、その功徳さらには追善の様子により、あるものは成仏し、あるものは人・天さらには地獄へと送られる〔速水　一九七五〕。追善の様相まで審判の情状に加味されるのであるから、遺族はこれを怠るわけにはいかない。いわゆる十仏事である。鎌倉時代には「十三年忌」「三十三年忌」さらに、「七年忌」が加わり十三仏事が成立する。十仏事から十三仏事への変化の過程を示す資料として、十二仏を刻んだ板碑が酒田市生石延命寺にある〔望月　一九八六〕。

中世奥羽においても、忌日供養は最新の忌日を取り入れつつ盛んに行われた。具体的には、青森県弘前市中別所石仏自然石塔婆に「高杉郷主（源泰氏）」が登場する板碑が二基（「元応三年（一三二一）板碑」「元亨三年（一三二三）板碑」）ある。両者の隔たりは二年であり、五七忌の追善供養を元応三年（一三二一）、さらに三回忌にあたる元亨三年（一三二三）に追善供養を行ったものと考えておきたい。さらに「一法師丸」が登場する板碑も二基（「永仁六年（一二九八）板碑」「延慶二年（一三〇九）板碑」）ある。両者の隔たりは十一年であり、五七日忌の供養を永仁六年（一二九八）に行い、十三年忌の延慶二年（一三〇九）に追善供養を行ったものと考えておきたい。類例として青森県西津軽郡深浦町関亀杉自然石塔婆、山形県酒田市生石延命寺板碑〔山口　一九九六〕、宮城県名取市大門山〔千々和　一九九二〕などをあげることができる。

つまり中世奥羽では、十三世紀～十四世紀に板碑の林立する霊場で忌日法要が営まれ供養が行われた。この場はおそらく一族の霊場であり、供養は一族によって継続されたのであろう。

石造物にまつわる供養には口唱の世界もまた重要であったらしい。追善仏事の銘文を持つ石造物の中に『阿字十方』の偈文（『十方三世仏／一切諸菩薩／八万諸聖経／皆是阿弥陀』）をもつものがある。五七日忌銘の宮城県石巻市山下町一丁目禅昌寺自然石塔婆（「延元二年（一三三七）板碑」）、百ヶ日忌銘の宮城県石巻市真野萱原長谷寺自然石塔婆（「貞治二年（一三六三）板碑」）、一周忌銘の宮城県石巻市高木竹下観音堂自然石塔婆（「貞治二年（一三六三）板碑」）である。偈文は『阿字十方三世仏／弥字一切諸菩薩／陀字八万諸聖経／皆是阿弥陀』が正確であるが、阿・弥・陀の三字が削除されて記されている。

この『阿字十方』偈文に注目したのは竹田賢正であった〔竹田 一九九六〕。竹田は「(前略)板碑の造立唱導にあたって、偈文は「阿字十方…」の省略されない形で伝えられたが、そのとき、阿弥陀の三字は秘密(秘傳)として、すなわち、口傳で伝えられるべきものとして唱導されたのではないか。その結果、板碑の偈文に、阿、弥、陀の三字が削除されることになった。(後略)」と見た。石造物の造営には宗教者と供養者が密接に関連し、霊場への参詣・結縁の手段として、口唱も重要であったのであろう。

口唱の重要性について付け加えれば、中世末に盛んになる三十三観音霊場などへの霊場参詣でも重要であった。三上喜孝は山形県天童市の若松観音堂に残る落書、さらには「若松寺観音堂納札」にある「書をくもかたみとなれや筆のあと我はいつくのつゆとなるとも」を「かたみ歌」として注目し、時空を越えて九州にいたる地域にまで分布することから、巡礼をする人々が各地のお寺に書き付けたと見る〔三上 二〇一四〕。霊場への巡礼者はおそらく御詠歌のように「かたみ歌」を詠唱し、さらには落書して巡礼し、往来は全国に及んだことを示している。さらに、若松寺の中世納札(巡礼札)には、「出羽国村山郡天童住人 西国参拾三所札同道三人藤原長正 文亀元年(一五〇一)九月吉日」「羽州天童之住人平石黒松若丸 西国三十三所之順礼只一人 文亀二年(一五〇二)壬戌九月廿九日」など西国巡礼が記されている。さらに若松寺には現在八枚の中世巡礼札が確認されているが、この数は奈良県北葛城郡当麻町当麻寺七八枚、滋賀県長浜市大辰巳町鴨田遺跡一四枚、千葉県長生郡長南町笠森寺九枚に次ぐ数量であるという〔大塚 二〇〇〇〕。広域の巡礼が活発であったことを知ることができる。

おわりに

以上、奥羽の中世霊場を概観してきた。霊場は中世に生きた人々を救済し信仰を集めた場所であり、中世奥羽には多くの霊場が営まれた。山形県山形市山寺立石寺の時系列的画期をまず抽出したが、その画期はおおむね全国の霊場の変化に沿うものであった。次に山寺立石寺で見出された個別的要素を中世奥羽に探りながら、経塚造営や交通、石造物などを霊場と絡めながら概観した。聖地と政治拠点との関係が奥羽では古くからあり、さらには都市空間を構成する施設として霊場が存在していたとも見え、石造物からは供養の様相を見出すことができた。

霊場と城館の関わりや立石寺・会津八葉寺・中尊寺に残る納骨五輪塔、あるいは近世への変化などにも触れる必要があったが紙数も尽きた。

参考文献

秋田県払田柵跡調査事務所　一九九九年『払田柵跡Ⅱ―区画施設―』
伊藤清郎　一九九七年『霊山と信仰の世界』吉川弘文館
入間田宣夫　一九八三年「中世の松島寺」『宮城の研究』3
入間田宣夫　一九九一年「陸奥府中の墓所と板碑」『歴史手帳』19巻11号
入間田宣夫　一九九二年「東の聖地・松島　松島寺と雄島の風景」『よみがえる中世』第七巻　平凡社
入間田宣夫　一九九四年「中尊寺金色堂の視線」『中世の地域社会と交流』吉川弘文館
入間田宣夫　二〇〇四年「北から生まれた中世日本」『中世の系譜』高志書院
入間田宣夫・大石直正編　一九九二年「みちのくの都　多賀城・松島」『よみがえる中世』第七巻　平凡社
岩手県教育委員会　二〇一四年『アジア都市史における平泉』
恵美昌之　一九九二年「大門山の板碑と墓」『よみがえる中世』第七巻　平凡社
及川真紀　二〇〇四年「東北地方の経塚と陶磁器」『貿易陶磁研究』第24号
大石直正　一九九二年「みちのくの都の中世」『よみがえる中世』第七巻　平凡社
大塚活美　二〇〇〇年「中世の巡礼札」『京都文化博物館研究紀要』第12号
大友義助　一九七七年「羽州山寺における庶民信仰の一考察」『山形県民俗歴史論集』
落合義明　二〇一四年「中世武蔵武士の成立―高麗郡の高麗氏の場合―」『中世の軌跡を歩く』高志書院

勝田　至　一九八八年「中世の屋敷墓」『史林』第71巻3号
川崎浩良　一九五〇年「山寺の入定窟について」『山寺の入定窟調査について』
川崎利夫　一九八九年「地域霊場小論―成生荘におけるジャガラモガラと東漸寺周辺―」『天童郷土史研究会会報』17号
菊地大樹　二〇〇六年「〈コメント〉東光寺遺跡・青葉山と霊場」『中世の聖地・霊場』高志書院
久保智康　二〇〇七年「道長の時代における在地仏教―山林寺院と工芸にみる―」『藤原道長』
小林　剛　一九五〇年「伝慈覚大師の木造頭部について」『山寺の入定窟調査について』
齋藤慎一　二〇〇六年『中世武士の城』吉川弘文館
齋藤仁・須藤英之　一九九三年「山形県の出土貨幣」『東北地方の中世出土貨幣』
佐々木徹　二〇〇四年「平泉諸寺社・伊沢正法寺と中世社会」『民衆史研究』68号
佐々木徹　二〇〇六年「北上川流域に広がる霊場」『中世の霊地・霊場』高志書院
佐藤弘夫　二〇〇二年「中世奥羽の霊場と他界観」『鎌倉・室町時代の奥州』高志書院
佐藤弘夫　二〇〇三年『霊場の思想』吉川弘文館
佐藤弘夫　二〇〇五年「板碑の造立とその思想」『東北中世史の研究』下　高志書院
佐藤弘夫　二〇〇六年「霊場―その成立と変貌」『中世の聖地・霊場』高志書院
佐藤正人　一九九二年「霊場雄島を発掘する」『よみがえる中世』第七巻　平凡社
佐藤正人　二〇〇一年「中世霊場高清水善光寺」『六軒丁中世史研究』8号
司東真雄　一九八五年『岩手の石塔婆』
鈴木　尚　一九五〇年「山寺入定窟の棺内人骨について」『山寺の入定窟調査について』
鈴木　尚　一九九八年「慈覚大師と山寺の入定窟」『骨が語る日本史』学生社
関秀夫編　一九八五年『経塚遺文』東京堂出版
仙台市教育委員会　一九八六年「柳生」『仙台市文化財調査報告書』第95集
高橋　学　二〇〇六年「出羽国北部における古代城柵の行方」『中世の聖地・霊場』高志書院
竹田賢正　一九八六年「羽州霊場立石寺における庶民信仰の源流」『山形県地域史研究』12号
竹田賢正　一九九六年「板碑偈文「阿字十方」の伝承系譜について―民衆念仏信仰研究の一視点として―」『中世出羽国における時宗と念仏信仰』
田中則和　二〇〇〇年「松島―中世の霊場」『日本歴史の原風景』岩波書店

田中則和　二〇〇二年「陸奥国「国府域」の考古学的様相」『鎌倉・室町時代の奥州』高志書院
田中則和　二〇〇六年「岩切東光寺周辺と青葉山の「霊場」」『中世の聖地・霊場』高志書院
田中則和　二〇〇九年「松島・雄島」『日本の中世墓』高志書院
千々和到　一九九一年「板碑・石塔の立つ風景―板碑研究の課題―」『考古学と中世史研究』名著出版
中世墓資料集成研究会　二〇〇四年『中世墓資料集成―東北編―』
東北中世考古学会　二〇〇六年『中世の聖地・霊場』東北中世考古学叢書5　高志書院
時枝　務　二〇〇九年「在地霊場論覚書」『東国史論』第23号
時枝　務　二〇一四年『霊場の考古学』高志書院
長井政太郎　一九三七年「最上川の水運」『地理教育』4・5号
中野豈任　一九八八年『忘れられた霊場』平凡社
七海雅人　二〇〇六年「霊場・松島の様相」『中世の聖地・霊場』高志書院
新野一浩　二〇〇六年「瑞巌寺境内遺跡とその周辺」『中世の聖地・霊場』高志書院
新野一浩・七海雅人　二〇一三年「松島町雄島周辺海底採集板碑の報告(一)」『東北学院大学東北文化研究所紀要』44
播磨定男　一九八九年『中世の板碑文化』東京美術
速水　侑　一九七五年『地蔵信仰』塙書房
平川　南　一九九三年「地下から発見された文字」『古代の日本10』角川書店
平取町義経を語る会　二〇〇一年『カムイ義経』
樋渡　登　一九七九年「山形市立石寺「仏説阿弥陀経」古写本」『山形県地域史研究』第4号
保角里志　一九八二年「山形市大森山出土の古銭」『山形考古』第3巻3号
誉田慶信　一九八三年「大物忌神研究序説」『山形県地域史研究』第8号
誉田慶信　一九九五年「立石寺」『中世の風景を読む』1　新人物往来社
前川佳代　二〇〇四年「如法経信仰と平泉―都市平泉の住人と礫石経―」『地域と古文化』
前田洋子　一九八四年「羽黒鏡と羽黒山頂遺跡」『考古学雑誌』第70巻1号
三上喜孝　二〇一四年『落書きに歴史を読む』吉川弘文館
宮城いしぶみ会　一九八二年『松島の板碑と歴史』
望月友善　一九八六年「酒田市生石の十二佛碑について」『庄内考古学』第20号

八重樫忠郎　二〇〇一年「トヤカサキ木簡について」『西村山地域史の研究』第19号
八重樫忠郎　二〇〇六年「霊場平泉」『中世の聖地・霊場』高志書院
八重樫忠郎　二〇一一年「平泉の園池」『日本庭園学会誌』24
八重樫忠郎　二〇一二年「考古学から見た北の中世の黎明」『北から生まれた中世日本』高志書院
八重樫忠郎　二〇一二年「東北地方の渥美と常滑」『知多半島の歴史と現在』
柳田國男　一九二八年「神を助けた話」『柳田國男全集(ちくま文庫版)』7
山形県　一九三三年「名勝及び史蹟山寺」『山形県史蹟名勝天然記念物調査報告書』第6集
山形県文化遺産保護協会　一九五〇年『山寺の入定窟調査について』
山口博之　一九九六年「中世霊場の風景」『月刊歴史手帳』第24巻10号
山口博之　二〇〇七年「山寺立石寺の社会的景観」『考古学ジャーナル』No.五六一
山口博之　二〇一四年「中世出羽の屋敷墓」『最上氏と出羽の歴史』高志書院

第1部　墓

陸奥の中世墓——火葬と納骨——

はじめに

本章では、陸奥の中世の墓について、考古学的知見を中心として述べてみたい。具体的には火葬骨納入容器である、骨蔵器や、火葬遺構、埋葬遺構といったものを取り上げ、陸奥の中世墓の様相の一端を側面から明らかにできればと考える。(1)土葬の場合、その痕跡が明瞭に残されないことがあるため、まず火葬の事例を把握しようというのである。

ここでは、次の点に主眼をおきつつ行論を試みる。最初に、火葬骨を納入する骨蔵器が持つ墳墓の様相について述べていきたい。これは主に陸奥地域における中世の火葬の初源の問題にかかわってくると考えられる。次に、中世における火葬墓のこの地域の展開を探りつつ、火葬遺構の広がりと、納骨信仰の展開について述べてみたい。また、各地域の特徴的な中世墓について触れ、その地域的な展開をとらえていきたい。

なお、取り扱う地域は、現在の行政区分の青森県・岩手県・宮城県・福島県の範囲である。また、対象となる年代は、骨蔵器の年代観に従って、十二世紀代の中世陶器を骨蔵器として使用する墓から、寛永十三年(一六三六)の初鋳である寛永通宝を含まない、主として中国の渡来銭のみの銭種構成を持つ墳墓までとし、この地域の墓における中世を限定しておきたい。ほぼ十二世紀の後半から、十七世紀にかかるあたりとなる。

石井進は、「墓地とは、その時代、その社会で生死した人びとの死生観、信仰、宗教はもちろん、社会の姿を見事にうつし出す鏡」であるという［石井 一九八六］。このような視点を基礎に据えて行論を試みなければならないのは当然であるが、社会の姿を映し出させるには、問題点も多い。本章では考古学の資料を用いての中世墓への論及となるため、経典などの葬送の儀式的様相を直接明らかにできないし、墓に納められたであろう品々は、その材質の差により遺存しないものも多い。さらには、中世の葬送を見事に描いた『餓鬼草紙』に見られるような風葬や、死体遺棄の場合は、遺構や遺物が残りにくいため、考古学的に論及することは困難であると言わざるを得ない。このような点は最初に確認されなければならないであろう。

陸奥地域の中世にかかわる墓の問題についてふれた主な研究としては、藤沼邦彦が、宮城県出土の中世陶器を集成する中で、骨蔵器としての中世陶器の存在に注目している［藤沼 一九七七］。石川長喜は、岩手県地域の中世を含む墓についての形式分類を行い、その変遷を整理している［石川 一九八三］。沼山源喜治は青森・秋田・岩手各県の土葬墓や火葬墓、さらには骨蔵器や墳墓の様相を整理している［沼山 一九八五］。恵美昌之は東北地方の各県における中世墓の様相について概観している［恵美 一九八九］。千々和到と恵美昌之は名取市大門山に営まれた板碑と、一族による中世墓地のあり方について整理している［千々和 一九九一、恵美 一九九二］。佐藤正人は、仙台市岩切東光寺境内の板碑群と葬送の場について述べている［佐藤 一九九二a］。岩崎敏夫は、岩手県平泉町の中尊寺や会津八葉寺の中世にさかのぼる紀年を含む納骨五輪塔について考察し、中世を含む納骨信仰について整理している［岩崎 一九九三］。狭川真一は、岩手県平泉町を中心として存在する、「平泉型宝塔」について考察し、中世初頭における骨蔵器としての役割について注目している［狭川 一九九五］。田中則和は、仙台平野に主眼をおき、発掘調査によって得られた豊富な情報に立論しつつ、仙台平野における中世墓の様相とそのありかたや画期について、詳細に分析整理している［田中 二〇〇二］。小稿では紙数の関係上、十分に展開できない問題について触れているので、併せて参考にしていただきたい。

このほか中世墓についてのシンポジウムがいくつか開催されている。一九九五年には、大宮市の埼玉県立博物館で第五回中世墓研究会が開催され、工藤清泰が「北海道・青森県における中世墓の様相」、田中則和が「東北地方(太平洋側)における中世墓の様相」、山口博之が「東北地方日本海側の中世墓の様相」の発表を行った。また同年帝京大学山梨文化財研究所を会場として、「中世の火葬」をテーマにしたシンポジウムが開催され、山口博之が北海道東北地域の中世火葬墓の様相について報告している[山口 一九九五]。

1　十二世紀代から十三世紀代の様相

陸奥の中世墓の初源としてとらえられる、十二世紀から十三世紀の火葬墓について、山王坊遺跡、中尊寺、大瀬川B遺跡の事例を取り上げながら述べてみたい。この時期には、火葬骨蔵器に中世陶器を持つ墓が存在し、こうした墓は、集団で営まれる事例も知られている。陸奥全域で、この型式の墓は展開すると思われるが、類例はいまだに少ない。

最初に中世をさかのぼる、古代の墓の様相について簡単に整理しておきたい。北海道、青森を除く東北地方には、火葬骨蔵器をもつ古代の墳墓が存在する。この立地は、いくつかのまとまりがある場合と、単立のものとがあり、その立地は中世墓地の選地とも共通する様相を見ることもできる。火葬骨蔵器には、火葬骨を納める甕とそれを閉塞する蓋というセットがすでに存在し、これもまた中世火葬墓の骨蔵器の組み合わせに共通する。すでに火葬は古代から陸奥地域に存在し、しかも陸奥北部にまで及んでいたという事実は注目しなければならない。

しかしながら、これら古代の火葬墓は、律令国家と密接に結びついた者たちの葬法であったと見ることができ、中世のそれとは一線を画するものであると考えられよう。火葬の様相も異なっている。古代の火葬の様相をうかがい

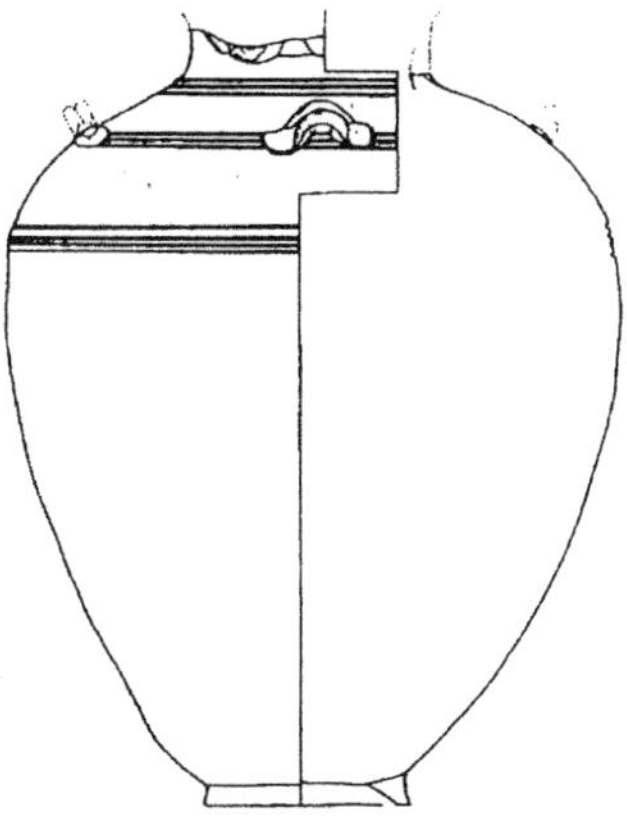

第１図　(伝)山王坊遺跡出土四耳壺

知ることができる資料として、出羽の事例にはなるが、山形県南陽市「宮城墳墓」遺跡の資料がある。ここでは火葬された、九世紀代の成人男子の全身骨を含むであろう資料が得られている。この火葬の様子は、伸展の状態にあって上方から火化されているという報告がなされ、中世の火葬の様相とは異なっている［山口 一九九六a］。のちに触れる「王ノ壇遺跡」の事例のように、中世では側臥屈葬の状態で火葬されているものが多い。古代と中世の火葬の相違点を見出すことができる。付け加えれば、縄文時代にも、遺体を焼くという意味での火葬は存在したことが知られている［設楽 一九九三］。これもまた、中世の火葬との直接的な脈絡はたどり難いものと思われる。

中世の最初の事例として取り上げる青森県市浦村に所在する山王坊遺跡は、著名な中世港湾都市遺跡である十三湊遺跡との関連で周知されている寺院跡である。この周辺から陶器製の四耳壺が出土している（第1図）［山王坊 一九八七］。これは、戦後間もないころに山王坊川の流れを変更する、河川工事によって出土したものを、蓮華庵に納めたものであった（陸奥新報昭和六十二年二月二十六日付記事）。このため、残念ながら墳丘や石室の有無などの墳墓構造の詳細についてはうかがい知ることができない[2]。骨蔵器は口縁部と底部の一部を欠くが、残存高は二五・一センチ、頸部九・一センチ、大きさ胴部最大径二〇・一センチ、高台部復元径六・九センチであり、やや肩が張る器形となる無釉四耳壺である。頸部が欠損し高台の大半も破損している。藤澤良祐によれば、この四耳壺は古瀬戸草創期に編年され、十二世紀後半代の所産であるという[3]。

興味深いことにこの四耳壺の中には火葬骨・灰とともに砂が施入されていた。砂は火葬骨を四耳壺に納める際に一緒に納められたものと考えられ、葬送にあたって砂を使用する儀礼が行われていた可能性を見出すことができる。福山敏男は、後一条天皇の葬儀の次第について整理している。後一条天皇は、長元九年（一〇三六）四月に清涼殿で崩じたが、その葬送の様が『類聚雑例』に詳述されている。これによれば、火葬した翌朝、荼毘が終わると、酒でその火を消し、呪土砂を散じ、お骨を拾い茶碗壺に入れ、梵字の真言書を結び付け、茶碗器で蓋をし、白草で包んで縫い、これを左中弁経輔が頸に懸けて近くの浄土寺に納めたという。また、同様な葬送儀礼の記載は、平安時代の天皇や上皇などの階層の葬送の次第を記した『吉事略儀』や『吉事次第』にも見出すことができ、火葬の骨を拾った後に茶垸瓶子に入れて、土砂を加え、白瓷の蓋をし、白い皮袋に入れるという記述が見えるという［福山 一九八三］。山内紀嗣は真言密教の葬儀に見える「土砂加事作法」という、神聖な土砂を葬儀に使用する事例について触れている。砂は、剛化した死体が柔軟になり、墓地に散ずれば百万遍の誦経にも勝る功徳があり、生前の罪障が消滅し極楽へ行ける力が期待されていたという［山内 一九八八］。

こうした砂を使用した呪術、真言土砂加持といったものの可能性を、この四耳壺に納められた砂には想定できるのではないだろうか。同時にこうしたことから、山王坊出土骨蔵器に関する葬送にはこうした儀礼が含まれており、平安期の天皇家や上級貴族の葬儀に連なるような儀礼的世界が、北奥の十二世紀代の葬送にはすでに存在していたことがわかる。ただし、この事例についての類例はまだ陸奥地域にあっては見出すことができない。普遍的な作法であるのかどうかは、すこしく類例の増加を待たなくてはならない。

こうした事例に連なる、葬送の儀礼的世界の様相を知るには、平泉藤原氏を無視することはできないであろう。平泉藤原氏に関係する葬送のありかたは、多数の先行研究がある。福山敏男によれば、中尊寺金色堂に納められた、藤原氏の遺体に『吉事略儀』に見える葬送儀礼との共通性を見出すことができるという［福山 一九八三］。このような視点からすれば、山王坊遺跡と平泉藤原氏との関連が注目されるところである。山王坊遺跡の所在する津軽地域は、平泉藤原氏に関係する十二世紀代の遺跡が分布するところとして知られている。こうした遺跡群では平泉藤原氏の根拠地である平泉遺跡群から出土する遺物群と、共通する遺物組成がみられるという。八重樫忠郎は、平泉遺跡群に見られる、主要な陶磁器の器種構成ついて、これまでの先行研究を整理しつつ、これを「平泉セット」と呼び、「これらを有しているということは、平泉同様の饗食儀礼を行っていたということになる」とし、北奥に存在する遺跡群と、平泉遺跡群から出土する遺物群の共通性を評価している［八重樫 二〇〇二］。このような観点を敷衍させれば、山王坊遺跡から出土した四耳壺に残る、『吉事略儀』などの平安時代の葬送儀礼との共通性も、平泉藤原氏との関係を色濃く映し出していると考えることもできよう。

この時期の墓の類例を他の地域でも探ってみたい。中世初期の奥州で最も繁栄した、平泉藤原氏の根拠地平泉町でも、この時期の墓が営まれた可能性がある。中尊寺の現在の中心寺域の背後、山を隔てた東側に蓮台野と呼ばれる地区がある。ここには、発掘調査の手は入れられていないものの、多数の積石塚が集中している。これらは蓮台野という地名との関係を考慮しながら、集石墓として報告されている［中尊寺 一九九四］。集石墓は四三基が確認され、三つの形式が認められるという。積石は河原石であり、一五〜二五センチのものが主体をなす。一辺が五メートル〜二メートル程の長方形や正方形をなしている。この地区は、金色堂から釈尊院を越えて、戸川内地区へと抜ける旧道に隣接し、金色堂などの主要伽藍のひとつ山を越した裏側の位置となる。この位置関係からして、中尊寺と密接な関係を想定することができる。

こうした集石墓の類例には、山形県鶴岡市の七日台墳墓群があげられる。ここは、平泉藤原氏の郎従として、『吾妻鏡』に記された田川太郎の根拠であり、田川氏は平泉藤原氏の滅亡と時を同じくして、頼朝方の軍勢により滅ぼされている。この七日台墳墓群は十二世紀代の在地領主田川氏の一族墓と捉えられる［山口 一九九六b］。ここには一一基の方形の集石墓が尾根の縁辺に一列に並んでいる。膝下には、田川氏の居館跡との伝承をもつ館跡が

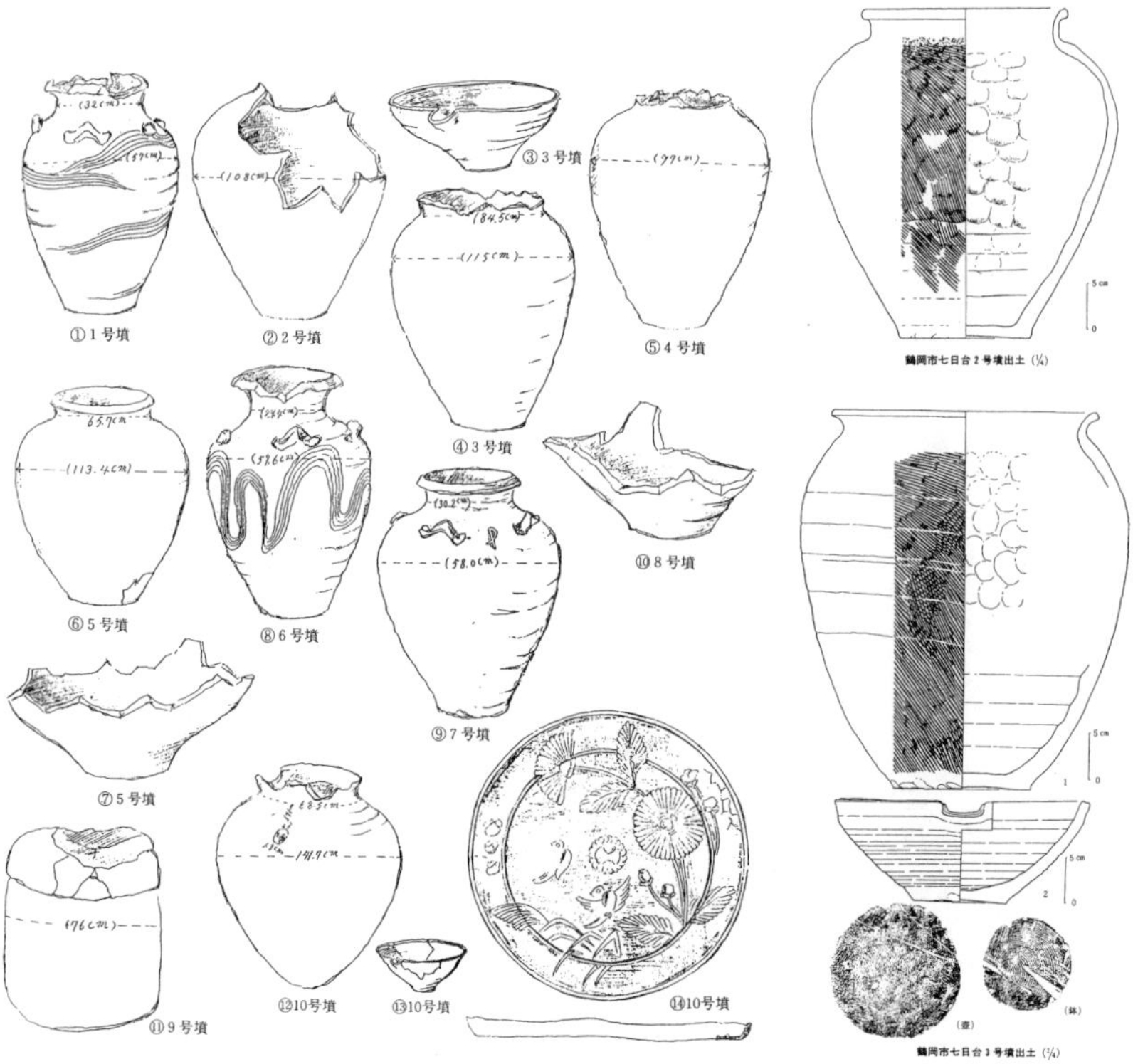

第２図　七日台墳墓群出土資料

展開している。積石という墓上標識が明瞭なこれらは、継続的な祭祀がその墓に対して営まれていたものであろうことを暗示している。また、一か所に集中して営まれることから、その点定した場所に特別な立地環境を見出すことも可能であろう。つまり、七日台墳墓群の場合は、膝下に田川氏の居館跡との伝承をもつ館跡が展開していることから、居を構えた子孫たちは朝夕に祖先の霊魂を意識することになろう。一族の霊魂が支配の継続性や安寧を保証するという意味が求められたと見ることもできようか。

　中尊寺の背後に展開する蓮台野地区の中世墓群も、積石という墓上標識が明確であり、複数立地ということからすれば、特定の土地への継続性が明瞭である。墓参あるいは継続的な祭祀の可能性を指摘できよう。大瀬川Ｂ遺跡では、三基の円形のマウンドが確認され、そのマウンドと周溝から常滑

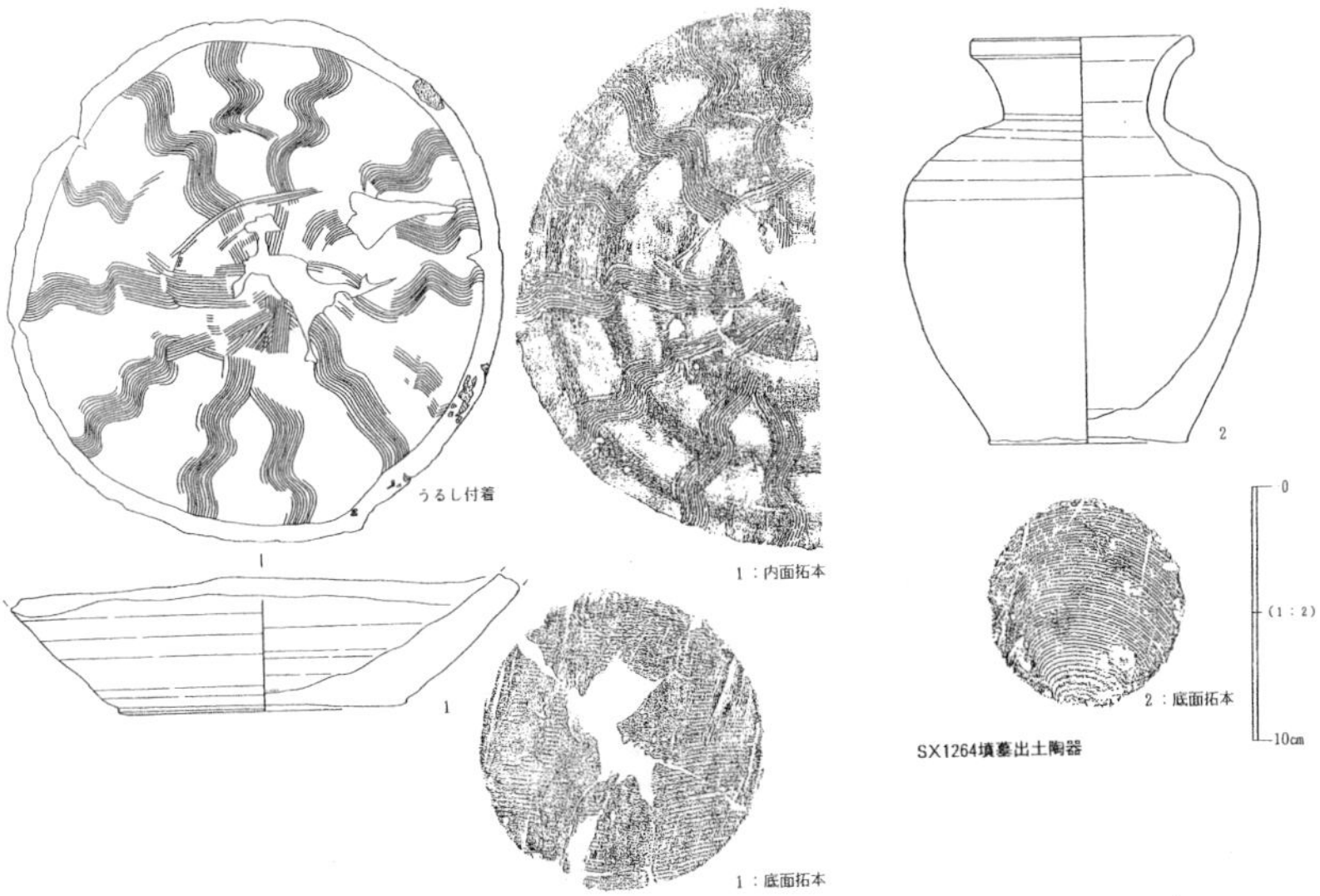

第3図　払田柵跡出土資料

三筋壺の破片が出土し、十二世紀後半代の火葬墓として報告されている[岩手県教委 一九八二]。こうしたマウンドを持つ火葬墓の広がりを知ることができる。

以上のことから、十二世紀後半代から十三世紀にはすでに東北地方の北半においても、火葬という葬法がとられていたことがわかる。また、これらの墓は積石などの何らかの墓上標識を持っていた。さらに、火葬という葬法のみを取り入れたのではなく、これに付随する儀礼的世界も同時に波及し、真言土砂加持といわれる作法に共通する葬送儀礼が存在することはこれまた重要である。しかしながら、これらの事例は現在までのところ、広く類例を見出し難いため、こうした葬法は特定の階層と結びついた葬法であって、広く行われていたわけではない可能性が高い。また、骨蔵器として使用されている陶器は、その地域を流通圏としていた中世陶器を使用している。山王坊遺跡は、瀬戸の流通圏とやや離れるきらいがあるが、この前段の東海系陶器の流通は、常滑が津軽地域には点的にではあるが出土するため、奥大道の流通経路によりもたらされたものであろう。

この時期になると、火葬骨蔵器を持ち板碑が伴う墓、骨蔵器をもたずに火葬骨のみを、石組みの中に納める、さらには供養碑である板碑が伴うなどという型式の墓が見られる。さらには、集団でこうした墓が営まれることも見られるようになり、その場所が特に重要視されてくるようになる。陸奥全域で、この型式の墓は展開し、十二世紀代から十三世紀代初めの墓よりも、その数量は増加してくる。

2　十三世紀代から十四世紀代の様相

十三世紀から十四世紀になると、板碑を伴った火葬墓が出現するという。宮城県岩出山町の境の沢遺跡では、康暦三年（一三八一）の紀年を持つ板碑と、骨蔵器と考えられる瓷器系陶器の甕が出土している。同じく小牛田町大館遺跡では、弘安五年（一二八二）の板碑と、骨蔵器と考えられる瓷器系陶器の甕が出土している。同じく古川市の安国寺西遺跡でも、永和三年（一三七七）の紀年を持つ板碑とともに瓷器系の甕が出土している。出土した瓷器系陶器の年代も十三〜十四世紀と考定されている［藤沼　一九七七］。これらは板碑の紀年とも整合し、板碑を伴う中世墓として捉えることが可能であろう。また、古瀬戸を使用した骨蔵器とその可能性がある資料が、藤澤良祐により集成されている。これによれば、青森県深浦町西浜折曽の関（甕杉板碑群）では、古瀬戸中Ⅲ期の灰釉画花梅瓶が出土している。岩手県花泉町藤田では、古瀬戸中Ⅱ期段階の優美な灰釉魚文広口梅瓶が、正中二年（一三二五）の紀年を持つ板碑の下から出土したという。福島県桑折町大榧遺跡では、古瀬戸前Ⅰb期段階の灰釉瓶子と、古瀬戸後Ⅰ期段階の灰釉印花文梅瓶が出土した。同白河市円明寺付近からは、古瀬戸中Ⅱ期段階の鉄釉印花文梅瓶が出土している［藤澤　二〇〇二］。これらもまた使用された古瀬戸製品は、十三世紀代から十四世紀代の後半にかけての年代観をもっている。この地域では、この時期に広範に骨蔵器の使用が見られるようになることがわかる。

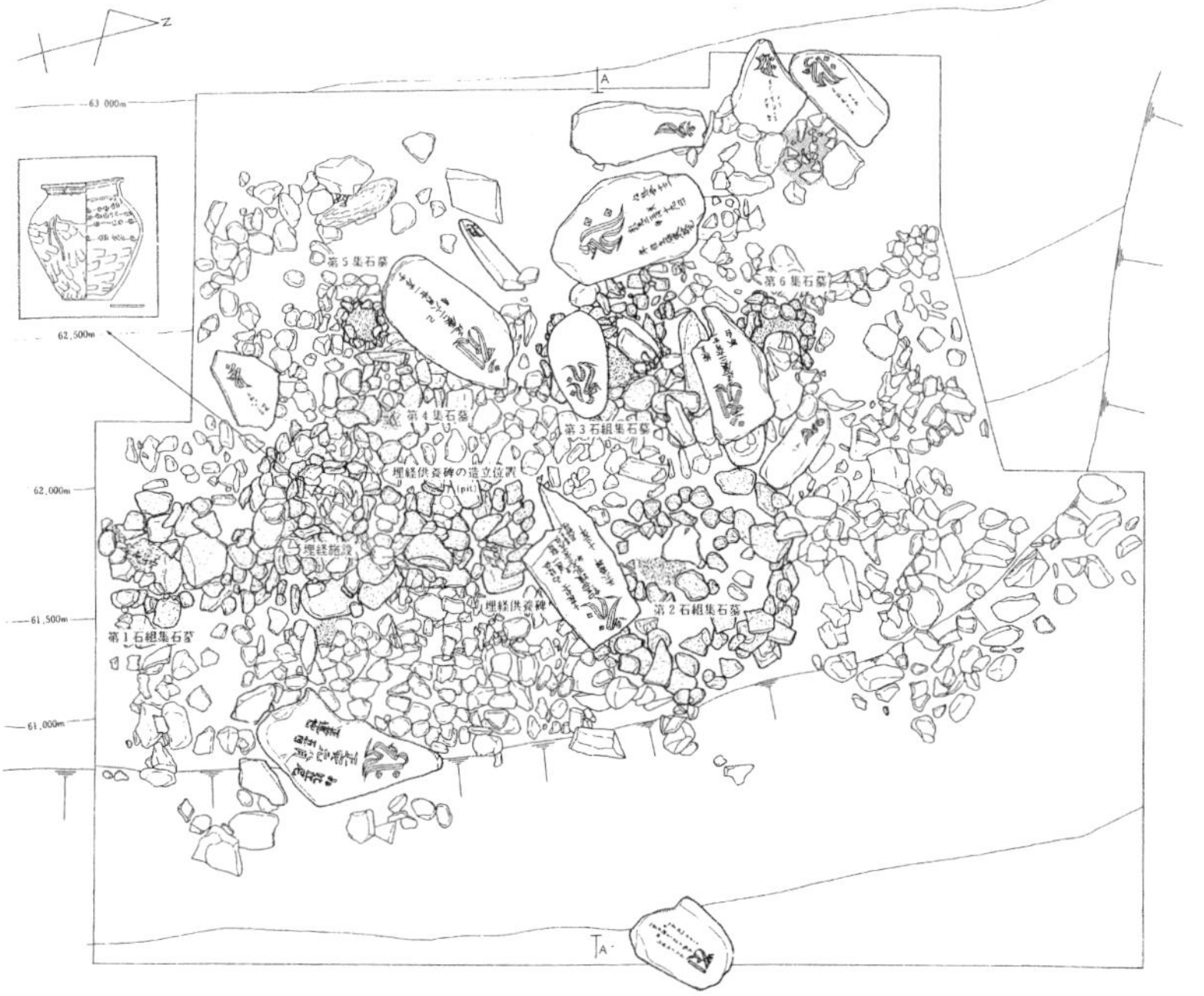

第４図　大門山遺跡

以上は点的な調査事例であるが、青森県平鹿町五輪堂遺跡［青森県教委 一九八〇、平賀町教委 一九八二］、宮城県河北町海蔵庵板碑群［宮城県教委 一九九九］、同名取市大門山遺跡［名取市教委他 一九八八］、福島県須賀川市籾山遺跡［福島県教委 一九七〇］、同郡山市音路遺跡［郡山市教委 一九九七］などは、面的に調査した事例と捉えられよう。

宮城県名取市の大門山遺跡（第４図）は、恵美昌之・千々和到によって分析報告された、中世墓地として著名である。ここは、熊野信仰と結び付いた墓所・供養所と評価され、板碑の年代からみると、営まれた時期は十三世紀中頃から十四世紀中頃であるという。このⅡ区調査地点には石組石郭の中に火葬骨を埋納している遺構が存在し、板碑との組み合わせを知ることができる。また同一箇所からは、常滑焼の壺が出土し、かたわらにある板碑は、その刻銘から経碑と評価されている。近接した箇所で火葬し、この石組内に納骨するという、分骨埋納とでも言うべき様相をうかがうことができる。板碑と埋経による供養、そして納骨、さらにはこれに付随して、墨書礫の施入という組み合わせをここでは知ることができる。

青森県平鹿町の五輪堂遺跡は、中世にこの地に勢力を有した曽我氏の寺跡という伝承を持つ。調査区には多数の土壙墓とともに、火葬土壙が検出された。調査区に近接して、板碑が四基あり、そのうち三基は嘉暦二年(一三二七)、嘉暦四年(一三二九)、貞和二年(一三四六)の紀年を持ち、十四世紀初めから中頃の年代を示す。この板碑は調査によって出土した板碑ではないため、土壙墓と板碑の関係には検討の余地を残すものの、この墓地と密接に関係しているものと考えられよう。板碑の文言には、「悲母第三成仏」や「悲母」という文言が見受けられ、供養碑として造営されていることがわかる。火葬土壙墓群との濃密な関係が想定できる。火葬土壙は円形の石組みを設けた中に火葬骨が収められている事例であり、宮城県名取市の大門山遺跡との共通性もうかがうことができる。火葬施設と火葬土壙墓、さらには板碑が組み合わされて墓地を形成する姿を知ることができる。板碑を伴う火葬墓が、この時期の北奥青森県域にも存在することは、こうした葬送が広く受容されていたことを示し重要である。

福島県須賀川市の籾山遺跡でも、五輪堂遺跡や大門山遺跡と同じような遺構や遺物群の展開がある。調査区に多数の土壙墓が検出され、火葬土壙も存在する。また、調査区内には多数の板碑が遺存しており、堤防状遺構という盛土の上を中心として、二〇〇基を超える数が出土している。板碑は、暦応二年(一三三九)から応安五年(一三七二)の紀年を持ち、十四世紀中頃を中心としている。経典に拠る銘文を持つと思われる墨書礫も出土し、火葬施設と火葬土壙墓、さらには板碑が組み合わされて墓地を形成する。

宮城県河北町の海蔵庵板碑群では、山の斜面に存在する板碑の集中地点が調査されている。板碑は弘安十年(一二八七)から文安四年(一四四七)までの紀年を持ち、板碑造営の中心時期は十四世紀中頃の前後にある。出土した板碑は八七基。この中には、板碑に伴って火葬骨が埋納されている事例があり、康安三年(一三六三)の紀年を持つ、「妙幸上座」の供養碑に伴う火葬骨は、妙幸上座本人のものと考えられている。さらに、この板碑に見られる回忌法要の銘文から、七回忌の回忌法要が過ぎるまで保管されていた可能性を指摘している［宮城県教委 一九九九］。

福島県郡山市の音路遺跡でも、火葬遺構や納骨遺構とともに、板碑が出土している。板碑には紀年銘はないものの、この地域の板碑の盛行する年代は十三世紀から十四世紀後半にかけての年代であるといい、先の事例と共通する年代観を持つ。納骨方法は、布や皮に納めた骨を埋葬したと想定されている。先の事例と共通する様相を見ることができる［郡山市教委 一九九七］。

以上のような様相を持つ遺跡はさらに類例を知ることができる。宮城県仙台市東光寺遺跡や、後述する同松島町に所在する雄島もこれらの事例に連なるものであろう［仙台市教委 一九八六ａ］。

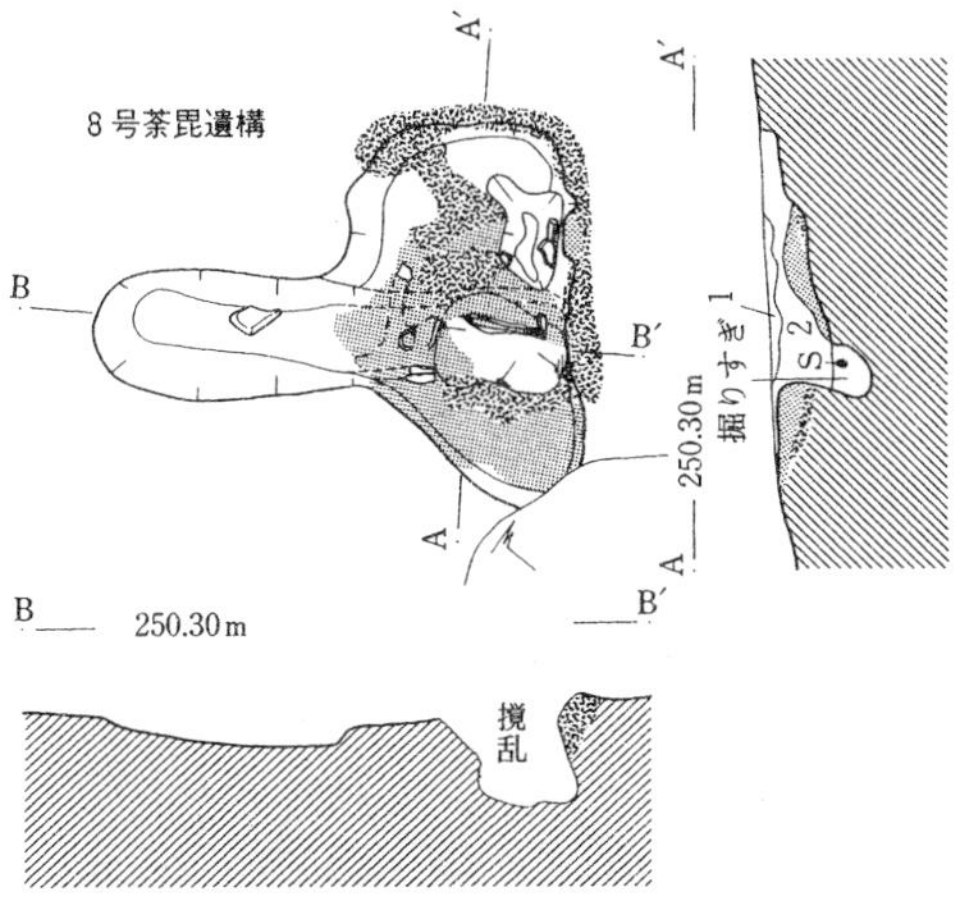

8号荼毘遺構堆積土
1．暗茶褐色土ブロック（埋土）
2．暗黄褐色土（焼土ブロック少量、炭化粒・骨片多量）

第5図　音路遺跡の火葬土坑

こうしたことから十三世紀後半から十四世紀半ばにかけて、集団で営まれる墓が陸奥全域にわたって展開することがわかる。以上の遺跡群は、おそらく選地された一角の火葬土壙で火葬し、石組み等の施設を設けた中に、おそらく全骨でない火葬骨を埋納して、供養のため板碑を造営しているものと思われる。さらに板碑の刻銘から見れば回忌法要を営むなどの要素が見受けられ、広範囲にわたり強い共通性がうかがえる。こうした共通性の背景には、祖先への供養が回忌法要として広く行われるようになったことや、これを管掌する宗教者の存在がうかがえる。また海蔵庵板碑群の分析では、ここは家族墓であったという推定をも試みている。選地された場所が、こうした供養を必要とした人々にとって、特別な意味(霊地・霊場)を持っていたことも見落とせない事実であろう。大門山遺跡の場合は、熊野信仰との結び付きを想定している。なお、壺甕類の陶器を火葬骨蔵器として使用することは、ほぼ十四世紀代で終了するものと思われる。

この時期の火葬土壙であるが、これらはほぼ方形を呈する土壙を基調としながら、土壙の長軸に対して、垂直方向か水平方向に溝がとりつくという型式を取ることが多い。方形土壙は燃焼室、方形土壙から延びる溝は通風孔と見ることができよう。地域的に多少の変化はあるが、土壙の壁や周辺が赤化するほどに高温で焼かれているものが存在し、仙台市王ノ壇遺跡では、こうした土壙の中に火葬骨がそのままの状態で置かれていた[仙台市教委 二〇〇〇]。火葬遺構は、ほとんど遺物を伴わないために、年代を決定する資料に恵まれず、報告書の年代観も、十二世紀あるいは中世であるとか、十五~十六世紀であるなどという報告があって一定しない。火葬土壙に近接する板碑などの紀年銘から推定すれば、十四世紀代の半ばにはすでに存在していたことがうかがえるため、ここでは、おおまかに中世の後半に出現すると捉えておきたい。ひとつ興味深いのは、こうした火葬を誰が行ったかということである。勝田至によれば、火葬を行った者たちは、近親者である場合が見受けられるという[勝田 一九九二]。収骨そして納骨も家族を中心とした近親者であるとも想定できようか。ただし、広範な地域で同様な事例が存在するのであるから、火葬の技術を持ちながら全国展開をする宗教者の姿も考えたいところである。

現在まで火葬土壙が検出されている遺跡は、岩手県紫波町「柳田館遺跡」、宮城県仙台市「王ノ壇遺跡」、同「松木遺跡」、同「中田南遺跡」、福島県福島市「倉ノ前遺跡」、同三春町「堀ノ内遺跡」、同郡山市「荒井猫田遺跡」、同「音路遺跡」、同柳川町「東昌寺・茶臼山西遺跡」、同会津坂下町「樋渡台遺跡」などを挙げることができる。

このような火葬土壙は全国的に広く分布することが知られ、最北の事例は北海道南部にまで及んでいる。北海道上ノ国町に所在する「夷王山墳墓群」や同瀬棚町「利別川口遺跡」、同松前町「上川墳墓遺跡」などがあり、和人の墳墓に関係する遺構と見られている［加藤 一九八四］。火葬墓が広く北海道の南部にまで分布することは、これらの葬送を管掌する宗教者たちの存在をうかがわせる。また、この地域には板碑も少数ではあるものの、分布することも知られている。おそらく火葬という葬送方法を持ちながら、全国的に展開した宗教者たちが存在したのであろう。こうした者たちが、なぜこのように広範に展開でき、さらには受け入れられたのかが興味深いところであるが、その背景の一つには、納骨信仰の展開があるものと思われる。次に納骨・収骨の事例について検討してみたい。

火葬骨を収骨・納骨するという行為に関連して、興味深い分析が試みられている。仙台市柳生に所在する「松木遺跡」では、火葬土壙が検出され、中に残されていた火葬骨の分析が行われた。長さ一二〇チセンほどの隅丸方形を呈するこのSK1054土壙からは、人骨二〜三体分にあたる約四九〇点の焼骨が出土した。しかしその中には「歯は非常に少なく、わずかに、歯冠をまったく欠損した歯根部が一点出土しているだけである。下顎骨・上顎骨には歯槽が残っており、焼かれた時点では歯は残っており、生前に抜去されたのではないと推定される」という。遺構の営まれた年代については、十二世紀〜十四世紀と時間幅を持つものの、火葬土壙の火葬骨の状態を知ることができる貴重な資料である［仙台市教委 一九八六b］。二〜三体分の火葬骨が遺存しているということは、火葬土壙が複数回使用されていたことを示している。また、歯の遺存状況の分析では、下顎・上顎には歯槽が遺存しているが歯骨はないという。このことは火葬後、下顎・上顎から歯骨のみ収骨し、別の所に納骨した可能性を指摘できる。同様に、仙台市中田に所在する「中田南遺跡」では、第一火葬墓から、一体分の火葬人骨が出土しているが「総量が少ないので、骨壺に納められた後に残った部分の可能性がある」という分析結果が得られている［仙台市教委 一九九四］。これまた、火葬後主要骨のみ収骨し、別の所に納骨し、それ以外の骨は残されていたという可能性を指摘できよう。

さて、収骨された遺骨は、はたしてどこに行くのだろうか。先ほどの検討からすれば、板碑などが営まれる近隣の墓所へ行く事態もあり得ようが、納骨のために長い距離を移動する事例も想定される。

考古学的には遺骨の行方を論証することは難しいが、宮城県松島町の雄島の例が注目される。雄島は、瑞巌寺の主要伽藍から南側の、松島湾に面した南北に長い小島である。ここは現在では、橋を渡って行くこともできる、小さな島にすぎないが、中世においては特別な空間として存在していた。詳しくは入間田宣夫［一九八三］、田中則和、佐藤正人［一九九二b］らの論考に拠られたい。

入間田宣夫は雄島を「死者の霊魂があい寄る特別の空間、今生から後生に移行する中間地点、彼岸にいたる橋頭堡」と表現している［入間田 一九九二］。まさにここは、この世とあの世の結節点であり、幽明の境であった。観応年間（一三五〇〜五二）にここを訪れた、僧宗久は、『宗久紀行』に次の一文を残している。「すこしへた〻りて小島あり、これなんをしまなるへし、小舟につなをつけて、くり返し、かよう所なり、此のしまに寺あり、来迎の三尊ならひに地蔵菩薩をするたてまつれり、をしまより南一ちやう計りさしいて〻、松竹おいならひて苔ふかく心すこきところあり、此国の人はかなく成りにける遺骨をおさむる所なり、その外発心の人の切りたるもとゆひなともおほくみゆ」［仙台市史 一九九五］と見え、このあたりがすでに、十四世紀半ばには納骨の場所であったことを知ることができる。このようなことを総合すれば、あくまでも想像の域を出ないが、松木遺跡で火葬され、遺骨から、歯骨だけを分離されたあと、この遺骨は、おそらく近親者の手で、中世奥羽の幹線である奥大道を北に向かい、さらには東光寺遺跡を左に見ながら東に向きを変え、松島雄島へと運ばれた。なぜならば、そこは此の国の人々の遺骨を納める納骨の霊場であった、と見ることもできよう（田中則和氏ご教示）。現在でも雄島には、白い火葬骨が一面に散らばっているところがある。納められた骨が今に残るのであろうか。

先に上げた遺跡では、板碑が伴う火葬骨を納める墓を、家族墓と捉えている事例があった。さらにこの時期には特定の一族が決められた墓所を選地している事例もあった。ここ雄島では、宗久の文脈を大きくとらえれば、「此国の人」と見えるため、これよりも大きな範囲で、納骨の主体をとらえることができよう。この時代には特定の一族と、

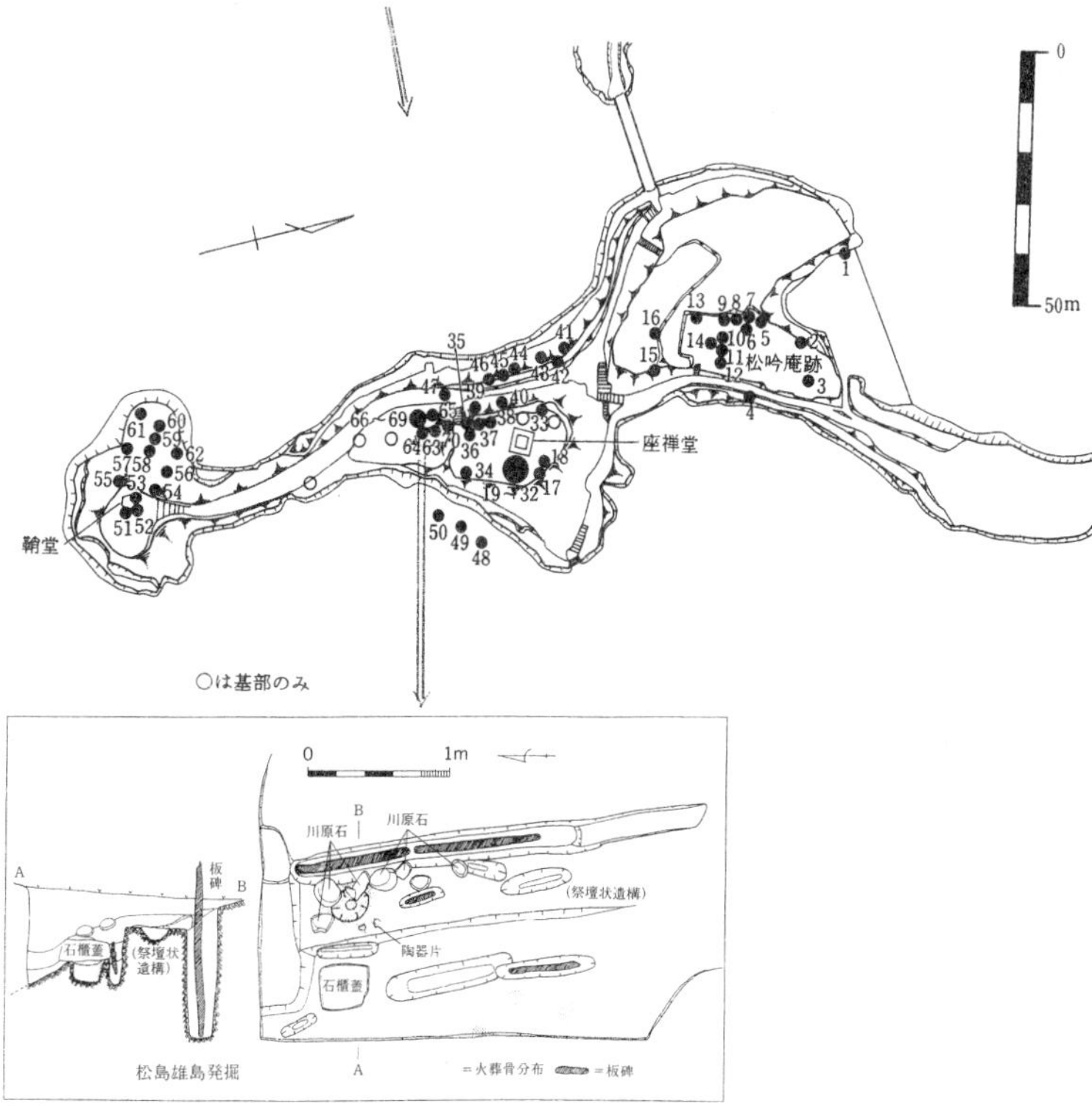

大型板碑の西側前面に構築された祭壇状遺構。

第６図　雄島の板碑分布

広く多数を受け入れる納骨の場が併存していたのであろう。

また、雄島には、かつて板碑が林立していたことを知ることができる。現在では、その痕跡を探すことも難しくなっているが、目を凝らすと、基礎部分のみとなった板碑の遺存をそこかしこに見ることができる。これらの板碑は、現在所在不明のものも含めれば弘安八年（一二八五）から貞和六年（一三五〇）の紀年を持ち、十三世紀後半から十四世紀半ばに集中して営まれている［宮城いしぶみ 一九八二］。この年代観は、さきにとりあげた遺跡群とも共通する、ここへの納骨の時期を暗示している。また、田中則和によれば、雄島一面に、人為的に穿たれた岩窟は、武士の都鎌倉周辺に墓所として営まれた、「やぐら」に共通するという［田中二〇〇〇］。

板碑を伴う墓は、やや型式を変えるが、近世にかかるあたりまで存続する。宮城県河北町牧野巣山塚跡では、独立した丘陵の東尾根に一辺約一二㍍の方形を呈する、高さ約一㍍の塚が営まれていた。中央部からは、二枚の永楽通宝とともに板碑の残欠が出土している。この塚が営まれた年代は永楽通宝の初鋳年と河北町の板碑の造営時期からみて、一四〇八年から十七世紀中頃という［宮城県教委 二〇〇〇］。これもまた、板碑を伴う中世墓の可能性がある。板碑が塚上に立つ、中世末から近世初頭の遺構の類例は、山形県長井市壇場遺跡に求めることができる。この一号墓は一辺約四㍍の方形を呈する、高さ約一㍍の塚であった。この墳頂には二基の板碑が倒伏しており、それぞれには寛永（一六二四～四八）の紀年が残されていた。また土壇の基底部中央には、火葬骨が円形に納められていた［国学院 一九九三］。

3　中世末の火葬墓の様相

この時期になると、火葬骨を墳丘中に多数納める墓が見られるようになる。陸奥全域で展開するものと考えられるが、いまだその数量は少ない。

岩手県紫波郡紫波町日詰にある墳館遺跡では大型の墳丘を持つ方形の墳墓が検出された［岩手県教委 一九八〇］。この中には、小さなピットの中に火葬骨が多数納められていた。注目されるのは第一号墓の造営過程である。最初に小規模な版築の方形墳丘を営み、そこにいくつかの小孔を穿ち火葬骨を納入するのであるが、興味深いことに、この最初に営まれた墳丘が、多数の火葬骨納入を重ねることで手狭になると、さらに墳丘規模を大きくして、再び多数の火葬骨を納入し、最終的には大きな版築の方形墳丘に移行していくという現象を見ることができる。この結果、墳館遺跡の第一号墓は、一つの墳丘の中に三二基もの納入孔を持つことになっている。中に納められる火葬骨は、霜降り状の火葬骨と表現され、炭化物と火葬骨とが斑に交じるという状況を呈している。

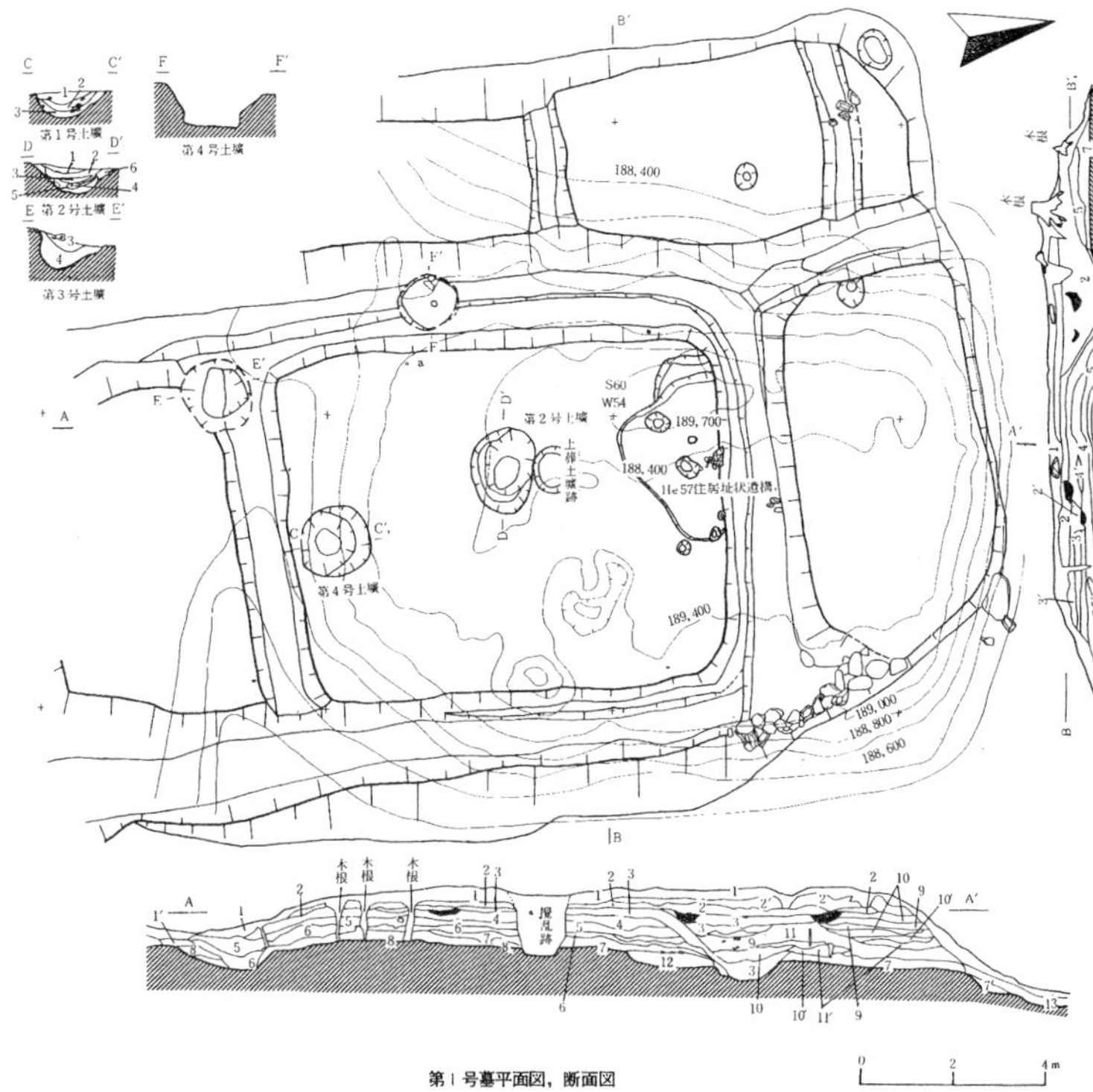

第１号墓平面図，断面図

第７図　墳館遺跡第１号墓

こうした集団墓とでもいうべき遺構の性格としては、家族墓や一族で営む墓所と想定するには、三二基という納入孔の数は、非常に大きい。また同一箇所で納骨を重ねて行く過程で、墳丘が手狭になり、さらに墳丘を版築し規模を拡大していくという造営過程も明らかである。この営まれた場所自体の選地に大きな意味があり、同所に営々として納骨されたのであろう。

墳館遺跡の第一号墓の類例としては、例えば宮城県古川市の清水側遺跡、山形県高瀬山遺跡、さらには新潟県方面にも求めることができ、東北中・南部から新潟まで広がる。

石川長喜によれば、火葬墓に施入されるのは渡来銭のみであり、寛永通宝は見出すことができないという。また、近世になると火葬墓はなくなり、すべて土葬になることからも、こうした火葬墓は中世末に営まれたものであるという〔石川 一九八三〕。中世の火葬による最後の墓制と見ることもできよう。

　同じ中世末には、現在に続く霊場への納骨の事例が存在する。納骨の霊場として信仰されている、福島県会津八葉寺への木製小五輪塔への納入である。ここでは、木製の小さい五輪塔の中に、紙に包んで歯骨が納められ、その種類は犬歯が多い。最古の木製小五輪塔の紀年は文禄五年（一五九六）であり、十六世紀でも最末となる。また、ここに結縁し納骨した人々は、慶長十一年（一六〇六）の棟札の銘文によれば、結縁念仏衆として郡山衆十人とあり、広く結縁納骨されていたことがわかるという〔八葉寺 一九七三〕。

　墳館遺跡のような、墳丘に多数納骨するという事例は納骨信仰の展開に連なって出現するのかもしれない。

まとめにかえて

　陸奥の中世の墓について、考古学的知見を中心として述べてきた。簡単に振り返れば、陸奥では十二世紀の終わりごろの時期に、火葬骨蔵器に中世陶器を使用する墓が出現するが、その数は少ない。ただしこれに付随する儀礼的世界も同時に波及していると見られることは重要であろう。十三世紀後半から十四世紀半ばの時期になると、火葬骨蔵器を持ち、かつ板碑が伴う墓や、骨蔵器をもたずに火葬骨のみを、石組みの中に納めるという、集団で営まれる墓が顕著になってくる。火葬土壙で火葬し、全骨でない火葬骨を埋納し、供養の板碑を造営しているという姿は、遠隔の遺跡であっても共通性が高い。また、板碑の刻銘からは回忌法要を営むなどの事例も見受けられる。さらには、雄島など特定の場所に納骨するという事例も見ることができるようになる。十六世紀から十七世紀代になると、納骨信仰の展開の中で、火葬骨のみを墳丘の中に納めるという型式の墓が見られる。

註

（1）小稿では、火葬墓を中心として、取り扱った。土葬墓の場合、埋葬された遺体は、土壌中の腐食により、遺構中の人体に由来する検出物が明瞭に残されない場合が多い。このため、人体に由来する検出物が割合に明瞭な、火葬墓に焦点化したためである。

（2）榊原滋高氏のご教示よれば、山王坊遺跡として、現在整備されている遺構は、その出土遺物からして、十三湊の最盛期と重複する十五世紀前半代が中心となるという。とすれば、この四耳壺の時期の遺構は、現在整備されている山王坊遺跡とはまったく別の遺構群である可能性が高い。十二世紀代の山王坊遺跡の様相にかかわるであろうことがらに関連して、新野直吉は、「平安時代末から鎌倉時代初・前期にかけて」の時期に「修験者や天台僧などが」、「日吉大社の鎮座する地形を意識して津軽の聖地を選定したに違いない」と見ている［新野 一九八七］。この四耳壺は、こうした山王坊の開基にかかわる者たちの墓に関係するのであろうか。

（3）藤澤良祐は、骨蔵器における共伴関係に注目し、骨蔵器を封じている蓋に使用された陶器と、骨蔵器に使用されている瀬戸製品との生産年代の相違を分析した。この結果、蓋に山茶碗が伴う骨蔵器では約七〇%、片口鉢が伴う骨蔵器では五〇%が、骨蔵器の方が生産年代が古いという。つまり、古瀬戸前期の骨蔵器は、少なくとも半世紀から一世紀の伝世期間を想定した方が良いというのである［藤澤 二〇〇二］。このような視点に立てば、山王坊遺跡出土品の古瀬戸草創期四耳壺も、伝世期間を考慮するべきであろうが、蓋などの年代比較資料の陶器が得られていないために、現状では年代比定のための詳細な検討は不可能である。なお、この骨蔵器の十二世紀後半という年代観からすれば、平泉藤原氏の根拠地である平泉遺跡群からも、類品の出土が想定されるところであるが、平泉遺跡群出土陶磁器の主体をなすのは、常滑や渥美、さらには貿易陶磁器である。山王坊で出土したような瀬戸製品は、平泉藤原氏の時代には一点も発見されていない。古瀬戸草創期の製品は全国的な規模で検討しても非常に数が少なく、その様相は必ずしも明らかでない部分が多いのではあるが、平泉遺跡群出土陶磁器に含まれないという様相からすれば、この墳墓の造営年代は、むしろ平泉藤原氏以降の年代を想定できるという可能性も残る。

（4）十二世紀代の土葬墓の例として、平泉町の本町Ⅱ遺跡が報告されている。ここは、柳之御所跡と北上川を挟んだ、対岸に位置している。ここからは、結界的意味を持つ「コ」の字状に巡る溝で囲まれた内部に、四八基の墓壙が検出され、中からは、人骨(火葬・土葬)、白磁、青磁、常滑や渥美さらには瀬戸の陶器片、六道銭などが出土しているという[岩手県教委二〇〇二]。その時代は、十二世紀後半から、少なくとも十五世紀代までと時間幅をもって捉えられている。資料が整理途上であることもあり、各遺構の時期も不明であるが、従来注目されていた平泉藤原氏の根拠地とは離れた立地となるこの遺跡の事例は、中世都市平泉の問題に新しい視点を提供しそうである。この場所の居住者の問題とともに、墓地の様相が注目されるところである。

参考文献

青森県教育委員会　一九八〇年「五輪堂遺跡発掘調査報告書」『青森県文化財調査報告書』第六〇集

石井　進　一九八六年「歴史と私」『歴史手帖』第十四巻十一号

石川長喜　一九八三年「発掘された墳墓について」『岩手県埋蔵文化財センター紀要』Ⅳ

入間田宣夫　一九八三年「中世の松島寺」『宮城の研究』第三巻　清文堂出版

入間田宣夫　一九九二年「東の聖地・松島　松島寺と雄島の風景」『みちのくの都多賀城松島 よみがえる中世7』平凡社

岩崎敏夫　一九九三年「山と日本人の祖霊観—はやま信仰の周辺—」『東北民間信仰の研究(続)』名著出版

岩手県教育委員会　一九八〇年「東北縦貫自動車道関係埋蔵文化財調査報告書」『岩手県文化財調査報告書』第五二集

岩手県教育委員会　一九八一年「大瀬川B遺跡発掘調査報告書」『岩手県文化財調査報告書』第五七集

岩手県教育委員会　二〇〇二年「第二回　平泉文化フォーラム資料」

恵美昌之　一九八九年「中世墳墓の地域的様相　東北」『考古学ジャーナル』第三〇四号

恵美昌之　一九九二年「大門山の板碑と墓」『みちのくの都多賀城松島よみがえる中世7』平凡社

勝田　至　一九九二年「村落の墓制と家族」『中世を考える　家族と墓制』吉川弘文館

加藤邦雄　一九八四年「北海道の中世墓について」『北海道の研究』第2巻　清文堂出版

郡山市教育委員会　一九九七年「音路遺跡」

国学院大学考古学資料館研究室　一九九三年「壇場遺跡」『国学院大学考古学資料館紀要』第一〇集

狭川真一　一九九五年「平泉型宝塔について」『岩手県考古学会』第七号

佐藤正人　一九九二年a「東光寺墓所・町場の板碑」『みちのくの都多賀城松島よみがえる中世7』平凡社

佐藤正人　一九九二年b「霊場雄島を発掘する」『みちのくの都多賀城松島よみがえる中世7』平凡社

山王坊跡調査団　一九八七年「山王坊跡」『北方日本海の中世宗教遺跡研究』第一集
設楽博己　一九九三年「縄文時代の再葬」『国立歴史民俗博物館研究報告』第四九集
仙台市教育委員会　一九八六年ａ「仙台市東光寺板碑群」『仙台市文化財調査報告書』第九三集
仙台市教育委員会　一九八六年ｂ「柳生」『仙台市文化財調査報告書』第九五集
仙台市教育委員会　一九九四年「中田南遺跡」『仙台市文化財調査報告書』第一八二集
仙台市教育委員会　二〇〇〇年「仙台市王ノ壇遺跡」『仙台市文化財調査報告書』第二四九集
仙台市史編さん委員会　一九九五年『仙台市史』資料編1　古代中世
田中則和　二〇〇〇年「松島―中世の霊場」『日本歴史の原風景』新人物往来社
田中則和　二〇〇一年「鎌倉・南北朝期における仙台平野の墓地とその周辺」『六軒丁中世史研究』第八号
千々和到　一九九一年「板碑石塔の立つ風景―板碑研究の課題―」『考古学と中世史研究』名著出版
中尊寺　一九九四年「中尊寺総合調査―第1次遺構確認調査報告書―」
名取市教育委員会他　一九八八年「大門山遺跡発掘調査報告書」『名取市文化財調査報告書』第二二集
新野直吉　一九八七年「津軽山王坊とその史的背景」『北方日本海の中世宗教遺跡研究』第一集
沼山源善治　一九八五年「東北北部の古代・中世墓について」『日高見国』
八葉寺五輪塔調査委員会　一九七三年『八葉寺五輪塔の研究』
平鹿町教育委員会　一九八二年「五輪堂遺跡」『平鹿町埋蔵文化財報告書』第二集
福島県教育委員会　一九七〇年「籾山遺跡」『福島県文化財調査報告書』第八一集
福山敏男　一九八三年「中尊寺金色堂の性格」『寺院建築の研究』下
藤澤良祐　二〇〇一年「埋納された古瀬戸製品―特に大型壺・甕類を中心として―」『瀬戸市歴史民俗資料館研究紀要』ⅩⅧ
藤沼邦彦　一九七七年「宮城県出土の中世陶器について」『東北歴史資料館研究紀要』第三巻
宮城いしぶみ会　一九八二年『松島の板碑と歴史』
宮城県教育委員会　一九九九年「海蔵庵板碑群」『宮城県文化財調査報告書』第一八〇集
宮城県教育委員会　二〇〇〇年「名主館遺跡ほか」『宮城県文化財調査報告書』第一八三集
八重樫忠郎　二〇〇一年「東北地方における中世初期陶磁器の分布」『日本考古学協会二〇〇一年盛岡大会研究発表資料』
山内紀嗣　一九八八年「天理市岩屋谷の古墓をめぐつて」『天理大学学報』第一五七集
山口博之　一九九五年「北海道東北地域の中世火葬墓概観」『シンポジウム中世の火葬―その展開と地域性―』東国歴史考古学研究所

帝京大学山梨文化財研究所
山口博之　一九九六年ａ「山形県の古代の人はどんな墓にはいったのか」『西村山の歴史と文化』Ⅲ
山口博之　一九九六年ｂ「平泉政権と田川氏」『田川の歴史』

中世出羽の屋敷墓

はじめに

屋敷墓は死者を屋敷地の一角に葬るものであり、現行民俗としても知られているが、すでに中世には存在した。小稿は、山形県山形市上敷免遺跡で検出された、十二世紀代平泉藤原氏の時代に遡る屋敷墓の意義について整理しようとするものである。

中世の屋敷墓は考古学研究さらに歴史学研究で取り上げられている。まず考古学研究であるが、原口正三は大阪府高槻市宮田遺跡2区の調査事例から、十二世紀中ごろの「屋敷の北東隅に一基の墓があり、死者は頭を北に仰臥し、手を胸の上で合掌していた。(中略)木棺に納め、枕頭や棺側に土師器の坏などを副葬し」ている遺構に注目し、「新たな屋敷の開設にあたった人物を、屋敷の守護者として祀ったものではなかったか」と考察を加えている[原田 一九八二]。古代末の集落の問題を考察する中で屋敷の構造に注視し、構えられる墓を屋敷墓(補注で使用)として評価し、その後の研究の方向性を決定した。次いで橘田正徳が、大阪府・京都府・兵庫県・岡山県などの調査事例を資料とし分析を行っている。屋敷墓を前期屋敷墓(十一世紀〜十四世紀前半)と後期屋敷墓(十四世紀後半〜十六世紀後半)とし、さらに近世から近現代までの屋敷墓を近世屋敷墓とする[橘田 一九九一]。遺跡で確認される屋敷墓について、時期差や階層性を指摘する視点は以前からあったが、より広範に資料を整理し屋敷墓の普遍性を見出したことにより、以降の屋敷墓理解の基礎的研究として注目された。小稿と関連する前期屋敷墓は百姓層に普及していたとする。さらに、狭川真一を研究代表者とする計画研究（二〇〇三年〜二〇〇七年）「墳墓遺跡および葬送墓制研究の観点から見た中世」（文部科学省科学研究費補助金特定領域研究『中世考古学の総合的研究—学融合を目指した新領域創生—』の一部）では、全国の中世墓の集成（以下『中世墓資料集成』）が行われ屋敷墓の事例も増加した。また狭川真一は、橘田正徳・勝田至の先行研究を踏まえつつ、奈良県内に屋敷墓が少ないことに着目し、「土地開発が古代にあらかた行われ、開発地に独自の権限を付属させる領主支配は発展せず」という地域状況を踏まえ、むしろ在地領主層が屋敷墓の受容層ではなかったかと見た［狭川 二〇一二］。次に歴史学研究では、勝田至が史料とともに考古学資料さらには民俗資料・絵画資料も取り込みながら屋敷墓とその意義について詳細な分析を行い、造営階層は、史料によれば在地領主クラスには一般的に存在するものの、発掘されている屋敷墓の多くは名主百姓身分のものと考えられるとする。その存在意義について「屋敷墓は開発地を守るために設けられたもので（中略）開発者はそれによって墓のある限り霊力を保持し、「草の陰」から子孫を監視し、土地を守り、時には憑霊によって土地処分に干渉する」のであると考察した。さらに、絵画資料の一遍聖絵には信濃小田切の里（現長野県佐久市）の「或武士の屋形」に屋敷墓が描かれていることをも示した［勝田 二〇〇六］。このような研究段階であることを念頭に置きつつまずは上敷免遺跡の分析を進めよう。

1　上敷免遺跡の屋敷墓

上敷免《じょうしきめん》遺跡は、山形県山形市大字成安《なりやす》字上敷免にあり、平成十七年五月七日〜十月七日までの期間で、山形県埋蔵文化財センターにより発掘調査が行われ、調査報告書が刊行されている［黒沼他 二〇〇七］。遺跡は須川の自然堤防上

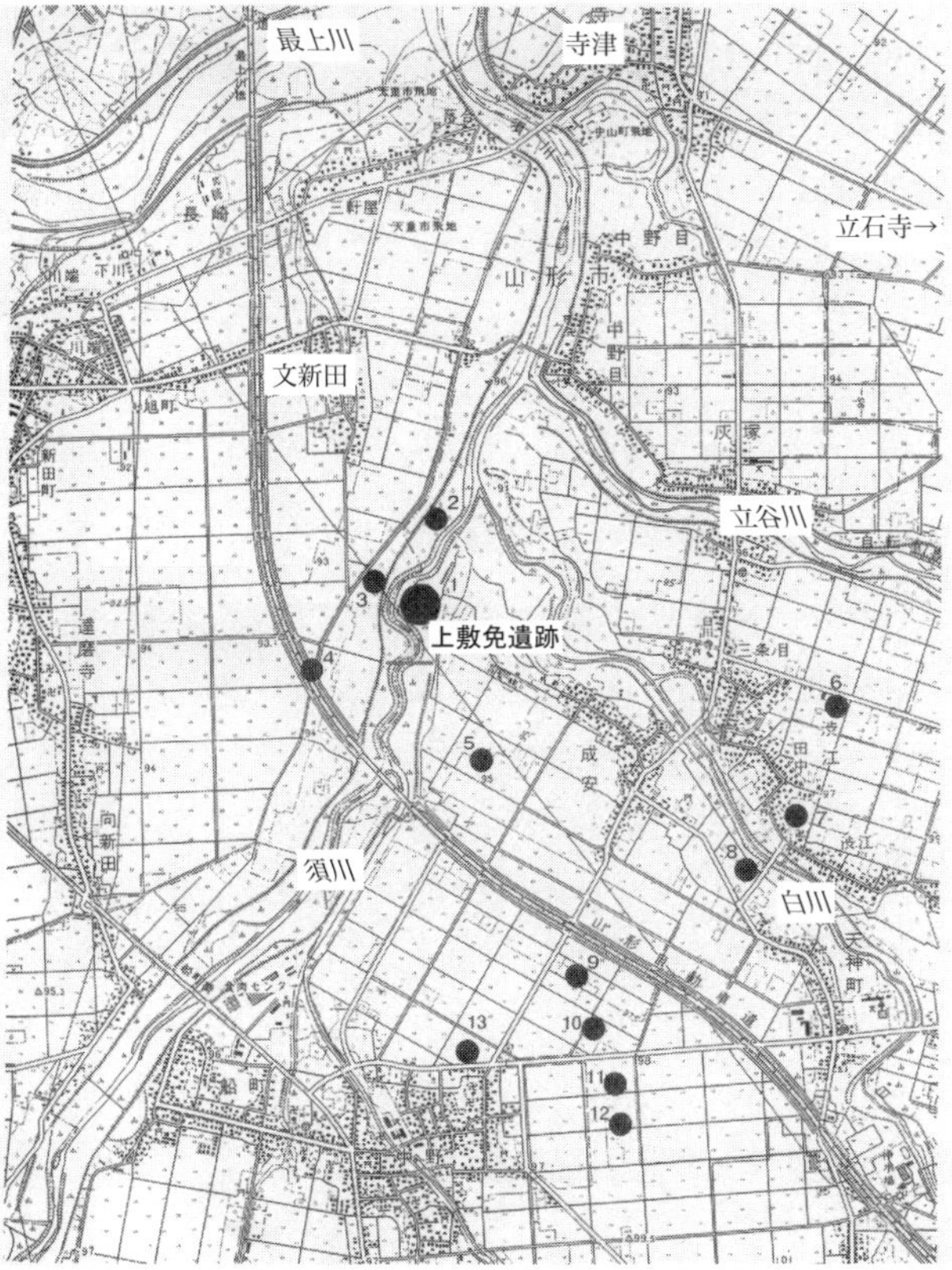

第１図　上敷面遺跡位置図

に立地し、標高は八九メートルを測る（第1図）。西側を現河道が走り、自然地形の標高の高い所に遺跡が営まれている。須川に沿って遺跡から北上すれば、約六〇〇メートル下流で白川（上流に城下町山形の北を流れる馬見ヶ崎川）に合流し、約四〇〇メートル下流で立谷川に合流し、さらに一キロほど北上すれば最上川へと連接する。最上川との合流点付近には、九世紀代の郡郷名である「最上」が墨書された須恵器坏が出土したという文新田《ぶんしんでん》（中山町）、古来最上川の川湊として重要であった寺津《てらづ》（天童市）がある。また近世城下町山形の川湊であった船町は、二キロほど須川を遡ったところにある。最上川舟運の基本的研究を行った長井政太郎によれば、最上川の「古くからの河湊と称すべきものは酒田・清川・清水・大石田・船町の五港のみであ」り、「谷地と船町は渇水期の終点であり、左沢と寺津は大船の終点」であったという［長井 一九三七］。上敷免遺跡の周辺は、最上川を介する河川交通の要衝にあたる地域性を持っていることがわかる。

上敷免遺跡の調査では、奈良時代、平安時代前期、平安時代後期の三時期の遺構が検出された。奈良時代と平安時代前期の遺構群は調査範囲の西側にまとまり、平安時代後期の遺構群は調査区の東側にまとまる。屋敷墓は遺跡東側平安時代後期の遺構群において検出された。ここからは掘立柱建物跡・土壙墓・井戸跡・土坑・カマド状遺構などが検出され、輸入陶磁器・須恵器系陶器・かわらけ・金属製品・石製品などが出土した。このほかに注目すべき資料として、八世紀前半のST660竪穴住居跡から「関東系土師器」と考えられる坏が出土している。菅原祥夫は「関東系土師器」の存在を住民移配の痕跡とみて、大化前後の社会変動を考察している[菅原 二〇一三]。「関東系土師器」の年代からすれば八世紀前半という時期は新しいが、関東方面からの移民がこの地域に行われた可能性を示している。また、九世紀後半のST26竪穴住居跡からは「□〔浄カ〕万下西寺」と墨書された須恵器坏が出土している。三上喜孝によれば、寺の前に複数の文字が見える場合、一般には寺名であり、この墨書表記は小字名を冠する寺名である可能性が高いという[三上 二〇〇七]。寺院と関連する遺構は明確ではないが、調査地以外に寺院が存在する可能性がある。いずれにしても、この地域はその時々の社会的状況と密接に関係する土地柄であることに注目しておきたい。

(1) 検出された屋敷墓(第2図)

発掘報告書によりながら遺構と遺物について整理したい。屋敷墓は、平安時代後期の遺物を出土した調査区の東側から、掘立柱建物・柵列とともに検出された。SH80とSH103の二遺構がそれにあたる。掘立柱建物のうちSB204(梁間二間、桁行五間、西と北に庇を持つ、柱間一・二㍍～二・一㍍、柱穴の直径二二～九〇㌢、深さ一〇～四〇㌢。ただし東側調査区外)が最大であり主屋と考えられよう。SB112はその付属建物であり、軸を同じくするSA862・863・864・865はこれらの建物群に関連する柵列であるととらえておきたい。ただし、これらの遺構群は調査区外に延びるため全容の把握はできていない。SH80とSH103遺構はSB204にすこし離れるものの、ほぼ主軸方向を同じくして営まれてい

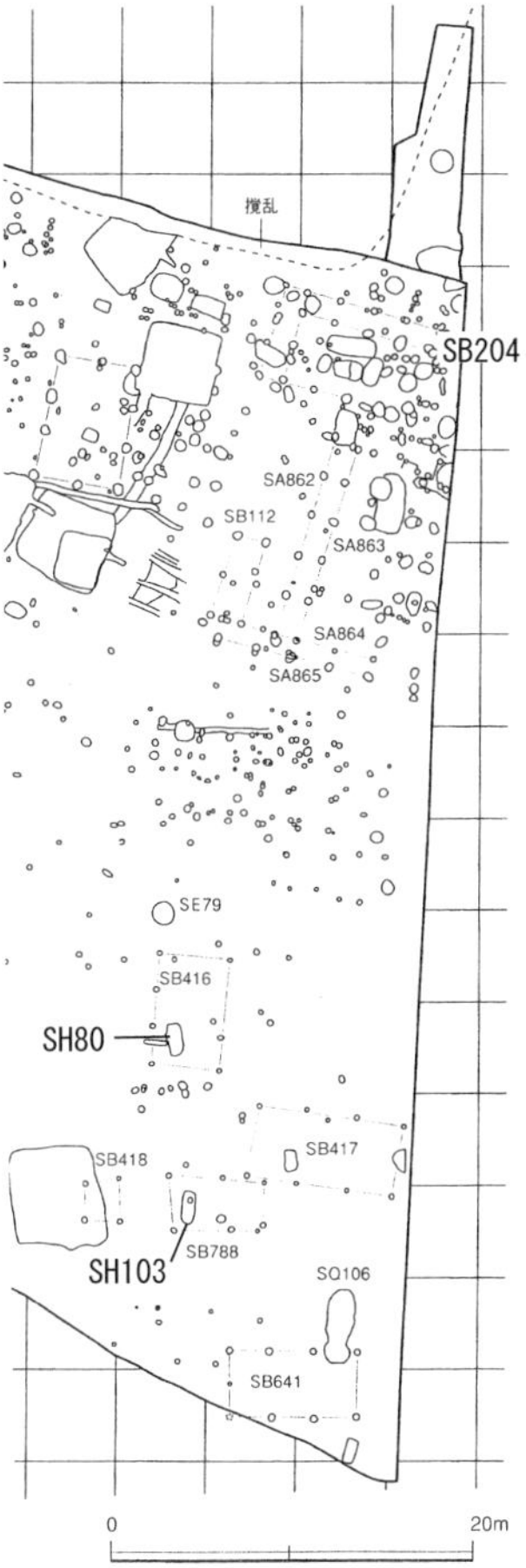

第２図　遺構配置図

る。このため二基の屋敷墓はＳＢ204を主屋とする屋敷に付随するものと考えておきたい。屋敷地を囲む溝などの遺構はない。なお、屋敷墓を囲むようにＳＢ416とＳＢ788の掘立柱建物が組まれているが、柱間と柱通が不揃いである。勝田至が指摘した、一遍聖絵に見える信濃小田切の里の「或武士の屋形」には、屋敷墓が塚状の構造物として描かれ、その周囲には施設を囲む石垣？や柱立ちの祠らしきものが見える。このため屋敷墓を囲むＳＢ416とＳＢ788の掘立柱建物とした柱穴の組み合わせは、柵や釘貫などの囲繞施設である可能性もある。

①ＳＨ80（第３図）

平面の規模は長軸一・六メートル、短軸〇・七メートルの方形を呈し、遺構底面までの深さは約五センチである。長軸はほぼ北を指し示し、遺構底面は平坦である。遺構内北側に骨片が遺存しており、頭位を北とする伸展葬である。副葬品はなく覆土も一層である。理化学分析の結果も土壙墓であることを示している。木棺があったかどうかは不明である。

②ＳＨ103（第３図・写真１）

平面の規模は長軸一・七メートル、短軸〇・七メートルの方形を呈し、遺構底面までの深さは約七センチである。長軸はほぼ北を指

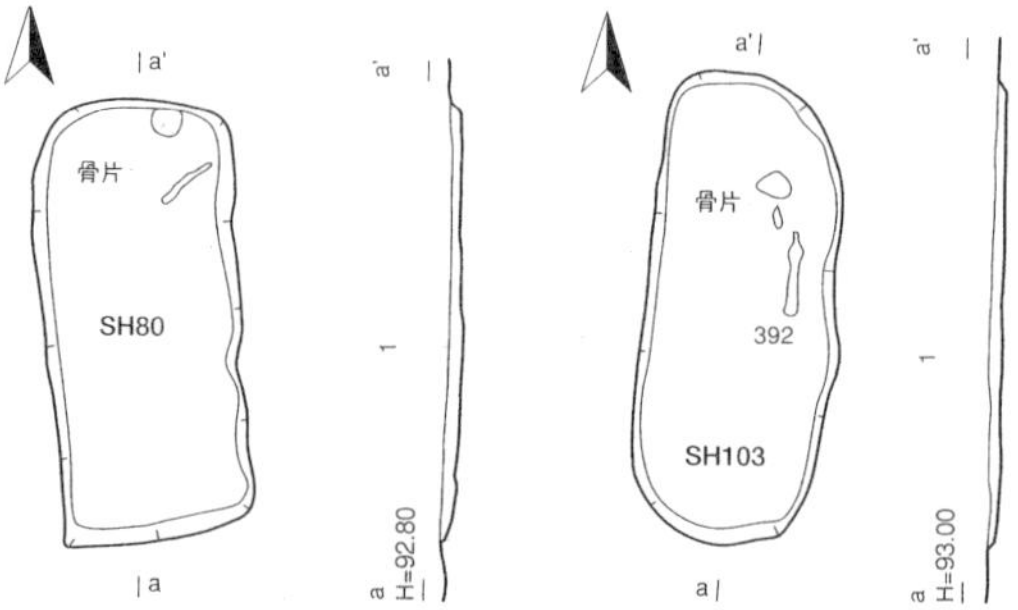

第3図　SH80・SH103 遺構拡大図

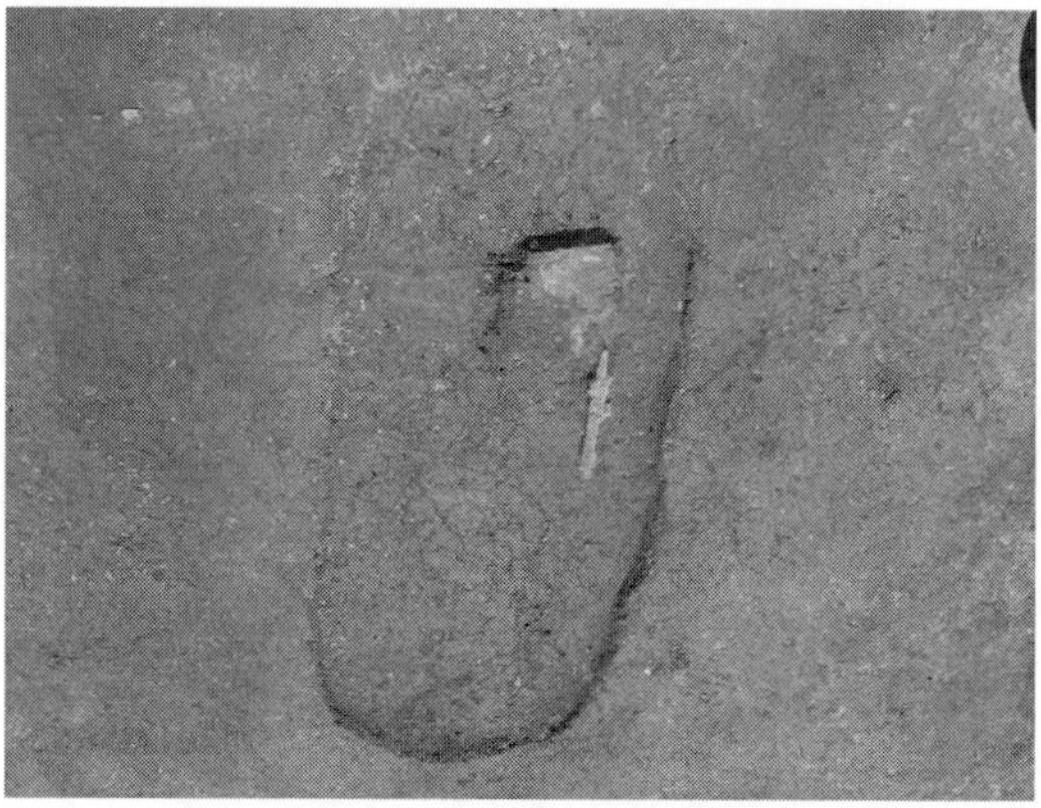

写真1　SH103 遺構（上が北）

し示し、遺構底面は平坦である。遺構内北側に頭骨が遺存しており、頭位を北とする伸展葬である。副葬品は身体の左側に長さ三二㌢の刀が副葬されていた。覆土は一層である。理化学分析の結果も土壙墓であることを示している。木棺があったかどうかは不明である。

SH80・103ともほぼ同形同大である。屋敷墓は単葬である場合もあるが、複数が存在する場合もあり、上敷免遺跡の事例は複数存在の事例となる。また、刀が体の脇に平行に置かれている状況などからすれば、遺構断面図では判然としないものの、遺体は木棺に納められていた可能性も否定できない。

(2) 出土した遺物

平安時代末の遺物は、須恵器系陶器（壺・甕・鉢）、青磁、白磁、かわらけがある。須恵器系陶器は短頸壺が一点、壺が四点、甕が一点、鉢が一点（いずれも個体数以下同じ）報告され、すべて珠洲I期に編年される資料である。青磁は大宰府分類で龍泉窯系青磁碗のI類に分類される資料と、同安窯系青磁碗に分類される資料が各一点報告されている。白磁は大宰府分類で白磁碗Ⅳ類に分類される資料が一点、同じくⅤ類に分類される資料が二点報告されている。かわらけはロクロかわらけが二点(口径が約八チセン前後の資料と一三チセン前後の資料)が報告されている。こうした遺物の組み合わせは十二世紀の第4四半期前後の遺物相を良く示している。平泉藤原氏の末期にあたる時期とみることができる。さらに、出土した須恵器系陶器は石川県の能登半島の突端付近の珠洲市周辺の窯で焼造された、いわゆる珠洲焼の資料を含む。珠洲Ⅰ期の資料は経筒の外容器あるいは、日用什器として山形県内陸に大量に搬入されている〔川崎・佐藤 一九七八〕。鶴岡市温海町鼠ヶ関の沖合いから引き上げられる事例(海揚がり)のあることから、日本海舟運と最上川舟運によりこの地に搬入されたと考えられる。最上川水運の利用が十二世紀代にも盛んであることを示す資料である。

以上、遺構遺物の検討からすれば、上敷免遺跡の屋敷墓は、十二世紀第4四半期前後に構えられた屋敷に伴って営まれていたと見ることができる。次に、屋敷墓の広がりについてもう少し視点を広げてみよう。

2 屋敷墓の広がり

まず、出羽国周辺の屋敷墓を整理し次に全国へと視点を広げてみる。

(1) 陸奥国(王ノ壇遺跡)と越後国(大坪遺跡)の屋敷墓

宮城県仙台市太白区大野田の王ノ壇遺跡から屋敷墓が検出されている。王ノ壇遺跡は名取川の自然堤防上に立地する。ここからは屋敷墓が五基(北部屋敷四基、南部屋敷一基)検出されている。すべて土葬墓であり、そのうち三基には木棺の痕跡が残る。屋敷墓からは遺体の頭部付近から漆器椀が一つ出土しているものが三基ある。いずれも十二世紀後半代の造営であるという[小川他二〇〇〇]。また十二世紀後半代の屋敷は平泉藤原氏期の在地領主クラスが営んだ屋敷ではないかとする[田中二〇〇四]。さらに遺跡の立地は名取川と幹線道路の結節点であるという[田中二〇〇五]。

新潟県阿賀野市寺社の大坪遺跡からも屋敷墓が検出されている。ここは五頭山地を阿賀野川が開析し新潟平野に流れ出る地点に位置し、すぐ脇には主要街道である会津街道が走る。南西二・五キロには主要河川である阿賀野川が流れる。東北九〇〇メートルに位置する横峰経塚に納められた墨書礫には、越後北部に勢力を有した城長茂とみられる銘が記されている。屋敷墓は三基確認され、SK453（木棺、棺外に漆器椀）・SK456（木棺、棺内に土師器小皿一点、棺外に漆器小皿二点）はSB4・5に近接し、SK2732（木棺、北壁に漆器皿二点）はSB34に近接する。十二世紀中葉から末葉の造営であり、越後城氏の盛衰に一致することからすれば、城氏に関連する有力者の居館跡である可能性があるという[荒川他二〇〇六]。

さて、王ノ壇遺跡と大坪遺跡の調査成果に学べば、屋敷墓は十二世紀後半代に営まれ、その位置は、上敷免遺跡同様、交通の要衝にあたることになる。さらに、遺跡はいずれも平泉藤原氏あるいは越後城氏といった地域権力にかかわる可能性がたかく、こうした権力にかかわる者が葬られたと考えられるという。また、副葬された漆器は遺体に近接して置かれたものと考えられ、その様相は北陸から西へ続く葬送に伴う儀礼との関連性を感じさせる。さらに屋敷墓の広がりを確かめてみよう。

(2) 全国の屋敷墓の広がり

狭川真一を研究代表者とする計画研究で集成された『中世墓資料集成』から、全国の屋敷墓の事例を抽出すれば一二五遺跡を数えることができる。このうち上敷免遺跡の屋敷墓と関連する中世前期（十一世紀〜十四世紀前半）の屋敷墓の事例は一一一遺跡であり、地域別内訳は以下である。〈東北地方〉宮城県1遺跡、〈関東地方〉千葉県4遺跡・神奈

川県1遺跡、〈中部地方〉石川県1遺跡・静岡県5遺跡、〈近畿地方〉三重県6遺跡・滋賀県2遺跡・京都府2遺跡・大阪府14遺跡・兵庫県10遺跡・奈良県6遺跡・和歌山県6遺跡、〈中国地方〉島根県1遺跡・岡山県2遺跡・山口県3遺跡、〈四国地方〉徳島県3遺跡・香川県9遺跡・高知県1遺跡、〈九州地方〉福岡県20遺跡・佐賀県5遺跡・熊本県3遺跡・大分県4遺跡・宮崎県2遺跡となる。地域別には東北地方1遺跡、関東地方5遺跡、中部地方6遺跡、近畿地方46遺跡、中国地方6遺跡、四国地方13遺跡、九州地方34遺跡である。

このほかに管見に及ぶ事例をいくつか追加することができる。水口由紀子は関東地方の事例として神奈川県綾瀬市宮久保遺跡、検討の余地をのこすものの東京都八王子市宇津木台遺跡を上げている〔水口 二〇一三〕。さらに島田美佐子は石川県・富山県方面の事例を集成している。梅原護摩堂遺跡(SK8とSB1)をはじめとして、中世前期の土壙墓が調査されており屋敷地とのかかわりに注目している〔島田 一九九四〕。さらに、前述の新潟県阿賀野市寺社の大坪遺跡の屋敷墓も追加することができる。さらに類例を追加することができそうだが判然としない部分(調査面積が少ないと墓と建物両方の把握は不可)が残る。地域的な分布状況は『中世墓資料集成』とほとんど変わらないものの、大坪遺跡・上敷免遺跡の屋敷墓を加えると、より北方への拠点的遺跡への展開が確かめられる。

傾向性からすれば、東北・関東地方に分布は薄く、北陸方面から北へと延びる可能性を見せつつ、東海地方よりも西側の地域に濃いことがわかる。中世前期十二世紀代の政治的経済的拠点は近畿地方と九州地方であったからこの二地域に多く、距離が離れるにしたがって逓減するのは理解しやすい。ただしその内容には地域差と考えられる様相を見ることができる。ここでは十分な分析はできないが傾向性としては、土師器皿の大小が複数組み合わされての副葬や、輸入陶磁器が副葬されるのは西日本に多く、土師器皿の大小が組み合わされて副葬されるのは石川県(三木だいもん遺跡)・富山県(梅原護摩堂遺跡)にまで及んでいる。静岡県の事例では山茶碗や山茶碗の小皿が出土するのみであり、北陸では陶磁器の副葬は見られず漆器椀と土師器が、東北地方でも陶磁器の副葬は見られず、一部に刀の副葬や頭部付近に漆器椀の副葬が見られる。なお、橘田正徳は土壙墓内の出土遺物を供膳具とみて、その様相をまとめている［橘田 一九九三］。また木棺も使用される場合とそうでない場合があり、遺体の埋置状況も東では伸展葬である場合が多いが、西では側臥屈葬である場合もある。次に上敷免遺跡の地理的位置についていくつかを整理してみたい。

3　上敷免遺跡の位置

まず周辺の状況を古代から時期ごとに簡単に整理してみよう。まず古代であるが、最上川は水駅が置かれるなど流通の大動脈として機能した。最上川に程近い中山町文新田の旧家には、九世紀代の郡郷名である「最上」が墨書された須恵器坏が伝えられている。この地域は古代には郡衙が置かれていた可能性が高く、出羽国最上郡の中心地域であろうことを以前に述べた［山口・須賀井 二〇〇四］。ここを最上郡の中心地とすれば、『延喜式』に記される最上駅が置かれたと考えられる。最上駅には駅馬伝馬とも出羽国で最大の数がそろえられていた。最上川・須川沿いであり河川交通の要衝であるこの地は、出羽国の交通のターミナルであったことになる。

中世前期には平泉藤原氏との関連が注目される。上敷免遺跡の下流にあたる、最上川の重要な川湊である寺津と山寺立石寺にその手がかりがある。山寺立石寺は貞観二年（八六〇）に慈覚大師円仁が開創したと伝えられる、山形市山寺にある天台宗の霊場寺院である。ここは立谷川が開析した峡谷に、巨大な凝灰岩の露岩が連なる特異な自然景観を示し、古くから霊場として知られていた。寺院は南面する露岩に美しく配置され、自然景観を基盤としつつも人工的な宗教景観を見せている。立石寺は平泉藤原氏とのかかわりも深かった。誉田慶信は『山寺名勝志』に常行念仏堂を藤原秀衡の菩提所と記すことから、立石寺は平泉藤原氏の影響下にあり、この地には平泉藤原氏の影響力が及んでいたと見る［誉田 一九九五］。

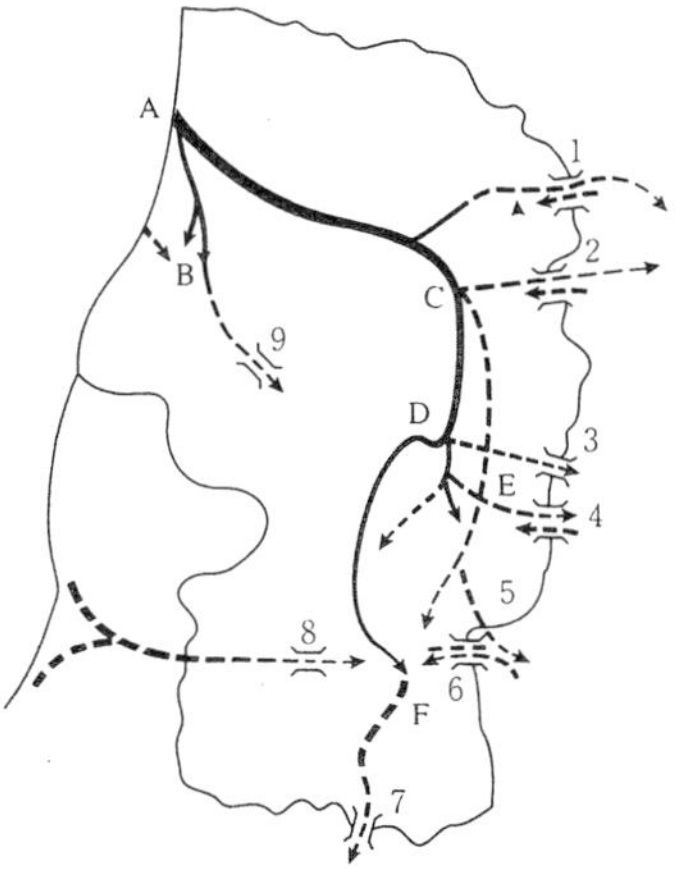

A酒田　B鶴岡　C大石田　D寺津　E山形　F米澤　1北羽前街道　2鍋越越（及び銀山越）3二口峠　4笹谷峠　5金山峠　6二井宿峠　7板谷峠　8宇津峠　9六十里越
実線は水路　点線は陸路　矢印は方向を示す。

第４図　近世交通路復元図

立石寺直下を立谷川に沿って東西に通る街道は二口《ふたくち》街道であり、古来陸奥から出羽へと抜ける最短ルートであり主要交通路であった。長井政太郎の近世交通路復元（第４図）では、寺津は近世最上川舟運において重要な湊であり、明治初年以前はここから二口峠を通して仙台方面への物資輸送がさかんであったとする。この結びつきはすでに平安時代末には存在していたと考えられる。立石寺から街道を西へとすすめば、荒屋原で南北に走る旧羽州街道と交差し、巨大な石鳥居（荒谷原石鳥居）が山寺に向けて立つ。さらに西へと進めば、最上川の支流須川河畔の寺津へと突き当たる。石鳥居は平安時代に営まれたものとされ、二口街道を通して寺津から陸奥側へという交通は平泉藤原氏の時代に遡ると考えられよう。

寺津とはおそらく立石寺の川湊ということではなかろうか。ここには日枝神社が鎮座している。現在の日枝神社の遷座は中世末と伝えるが、立石寺との関連性を重視すればそれ以前に成立していた可能性は十分にある。網野善彦によれば、十二世紀代に天台宗比叡山延暦寺と密接に関わる日吉社の神人が、北陸道を中心とする日本海で活発に商業活動を行った［網野 一九九八］。このことに学べば、日枝神社の存在は、宗教勢力に拠りながら流通路を押さえ商業活動を展開するものたちが、日本海から最上川へと遡り活動を展開させたことを示す可能性がある。

上敷免遺跡の屋敷墓の営まれた時期には、この地は陸奥へと結ぶ重要な交通路の基点であり、最上川を通して日本海へと結ぶ結節点ともなっていたのである。

まとめにかえて

上敷免遺跡の屋敷墓の存在意義について述べてきた。この地域はその時々の社会的状況と密接に関係する土地柄をもち、屋敷墓は十二世紀第4四半期前後に構えられた屋敷に伴って営まれていた。この地は陸奥へと結ぶ重要な交通路の基点であり、最上川を通して日本海へとつながる結節点ともなる交通の要衝であった。河川交通に関連してだが、建武元年（一三三四）の「中尊寺衆徒等言上状案」（『山形県史』第一五巻上）によれば、最上川下流の庄内町清川には中尊寺の所領が遺存する。最上川の河口湊である酒田の発祥は、平泉藤原氏の滅亡に際して、三六人の家臣とともに酒田に到来した「徳尼」に関係するともいう。平泉藤原氏との関係を示している上敷免遺跡の屋敷墓を営んだものたちは、陸奥国（王ノ壇遺跡）と越後国（大坪遺跡）の屋敷墓の事例に学べば、地域権力にかかわる可能性が高いということができる。古代から中世への大きな社会変化の中でここに新たな勢力を築いたものたちが、「草の陰」から子孫を監視し土地を守るために設けたものと考えることができる。さらにその者たちは平泉藤原氏に結ぶものたちであったのであろう。

参考文献

荒川隆史他　二〇〇六年「大坪遺跡」『新潟県埋蔵文化財調査報告書』第一五三集
網野善彦　一九九八年『日本中世の百姓と職能民』平凡社
小川淳一他　二〇〇〇年「王ノ壇遺跡」『仙台市文化財調査報告書』第二四九集
勝田　至　二〇〇六年「中世の屋敷墓」『日本中世の墓と葬送』吉川弘文館（初出は『史林』一九八八年）
川崎利夫・佐藤禎宏　一九七八年「山形県内の中世陶器について」『山形史学研究』第一三・一四号
橘田正徳　一九九一年「屋敷墓試論」『中近世土器の基礎研究』Ⅶ

橘田正徳　一九九三年「中世前期における土葬墓の出土供膳具の様相」『貿易陶磁研究』No.13
黒沼昭夫他　二〇〇七年「上敷免遺跡発掘調査報告書」『山形県埋蔵文化財センター発掘調査報告書』第一五九集
狭川真一　二〇一一年「鎌倉時代の墳墓と地域」『中世墓の考古学』高志書院
島田美佐子　一九九四年「墓」『梅原護摩堂遺跡発掘調査報告(遺構編)』
菅原祥夫　二〇一三年「陸奥国南部の国造域における大化前後の在地社会変化と歴史的意義」『日本考古学』第35号
田中則和　二〇〇四年「宮城県」『中世墓資料集成―東北―』
田中則和　二〇〇五年「東北地方中世墓の様相と画期」『東北中世史の研究』下巻　高志書院
長井政太郎　一九三七年「最上川の水運」『地理教育』四・五号
原口正三　一九八二年「大阪府高槻市宮田遺跡再論」『考古学論考』小林行雄博士古希記念論文集
誉田慶信　一九九五年「立石寺」『蝦夷の世界と北方交易』中世の風景を読む1　新人物往来社
三上喜孝　二〇〇七年「山形市上敷免遺跡出土の墨書土器」『山形県埋蔵文化財センター発掘調査報告書』第一五九集
水口由紀子　二〇一三年「中世成立期の屋敷地と墓地」『中世社会への視角』高志書院
山口博之・須賀井明子　二〇〇四年「古代出羽国郡郷名「最上」を記す墨書土器」『山形考古』第7巻4号

中世奥羽の墳墓堂

はじめに

小稿では山形県遊佐町大楯遺跡（遺跡の様相は第3部参照）で検出されたSB401礎石建物（写真1）について、東北地方ではまれな墳墓堂として評価し分析を加えることとしたい。日野一郎によれば墳墓堂は「人の死後、それぞれの仏縁のある堂社に遺骨を安置して、ある期間、供養につとめることとなり、ついにはその堂下に遺骸を埋葬し、その上に信仰佛を奉安してその加護を念ずることが行われた。それを墳墓堂または墓所堂とも称している」ものであり、「阿弥陀堂の下に墳墓を営むもの、法華堂の下に墳墓をつくるもの」があるという［日野 一九七五］。

大館遺跡のSB401建物は大楯遺跡の中でただ一つの礎石建物であり、三間×三間の四面堂に向拝が付いたものである。中央内陣と考えられる四本柱のほぼ真下の方形土坑に火葬骨片が遺存していた。

写真1　SB401建物跡（復元）　東より

1　SB401礎石建物の様相

遺構の規模は、大略東西八メートル×南北六・五メートルであり、建物は東西三間・南北三間をなし東側に短く一間延びるものであると考えられる（第1図）。基本的には三間四方の四面堂が東に一間延びたものと見ることができよう。一間四面堂に孫庇が付いたものと理解したい。柱間寸法は東西が西から七尺、八尺、七尺、五尺。南北方向は北から七尺、八尺、七尺となる。中央の内陣四本柱にあたる柱間の寸法がやや長い。東側建物中央に東西七尺、南北八尺の一間分の張り出しがあるが、これはのちに触れるが向拝と考えられる。建物は西側に礎石が三個遺存（黒アミで表示）していたため礎石建物であると考えられる。

この他の礎石は遺存していないが栗石が掘り方内部に遺存していたため、本来礎石があったことを知ることができる。礎石には火災の高温によって引き起こされたと思われる変色（赤化）と剥落があり、中央に剥

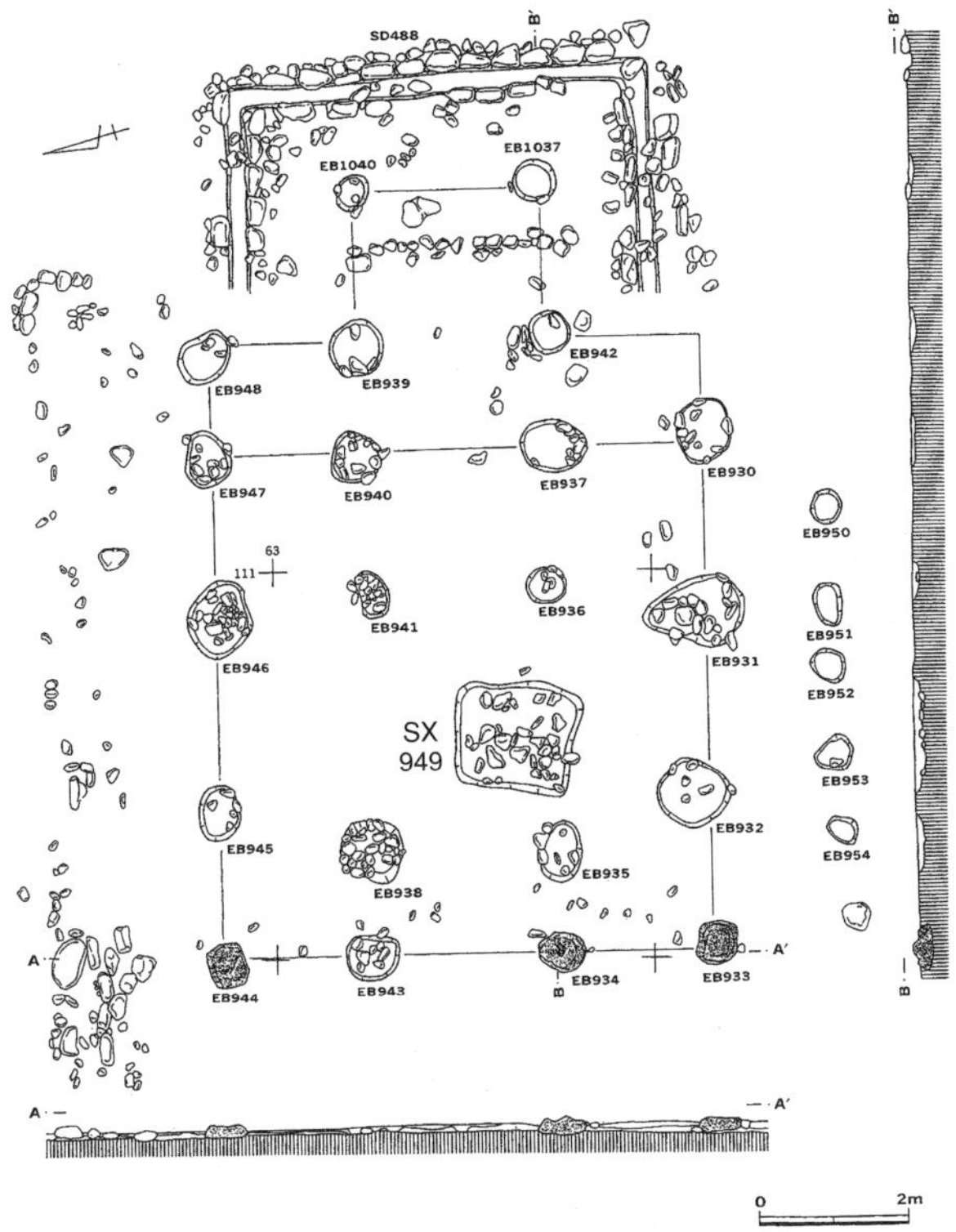

第１図　SB401 建物跡

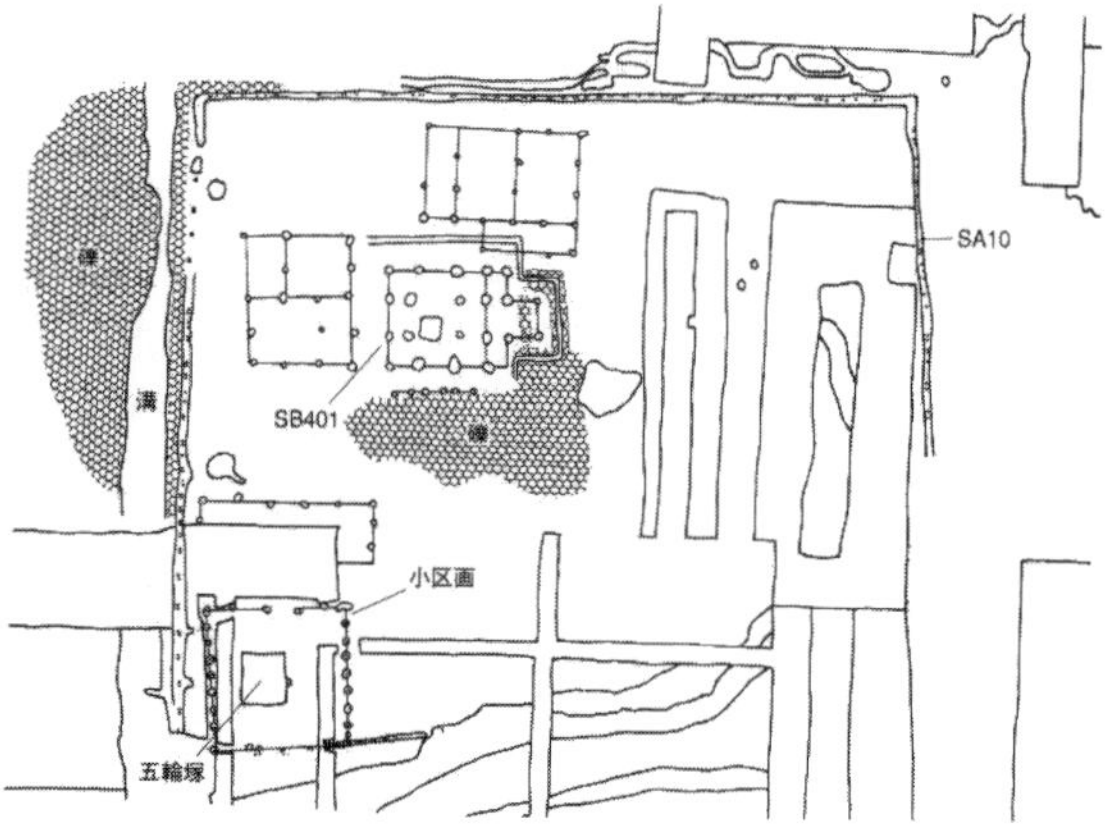

第２図　SB401 建物位置図

落の及ばない自然面が四角形を成して遺存していた。これを柱の当たりと見れば建物を構成していたのは角柱であったと考えられる。

内部には同じく礎石建ちの四本柱が立つ。西側の二本の柱が来迎壁を造り、これに接して須弥壇が営まれていた可能性があろう。四本柱の柱間寸法は南北が八尺、東西一一尺となる。東西の柱筋は側の柱筋と一致するものと見えるが、南北の柱筋は一致しない。注目すべきことに、この四本柱内部直下には東西一・三㍍×南北一・五㍍の土坑が掘り込まれ、中には火葬骨が納められていたのであった。

この建物には、東西四間・南北三間の建物を取り巻く一〇㍍×一〇㍍の石列と、東側に延びる向拝をも含めた形で取り巻く一二㍍×一三㍍の矩形をなす石列、二つの基壇状遺構を認めることができる。向拝が付く建物は東側で石列を切っているため、これによって先後関係を整理すれば、最初に東西四間・南北三間の礎石建物(1期)が成立し、その後、向拝が増築されたときに、東側に延長した建物を取り巻く形で一回り大きい基壇状遺構(2期)が成立したものと見ることもできる。

基壇状遺構は、地山の沖積層の上に礫を敷き詰め、炭化材を豊富に含む黒色層一〇〜一五㌢ほどを乗せ、さらにその上を五〜一〇㌢ほどのにぶい黄褐色の微砂質土層で覆うものである。地業層は黒色を呈しているため地業範囲を明確に見出すことができ、精巧な整地地業の痕跡を見ることができる。なお、SB401建物の北側と西側に接してある掘立柱建物は、屋根の重なりなどからすればSB401建物と同時期に営まれたものとは考えられず、後代のものと考えておきたい。

以上を整理すれば、SB401建物は、東西三間・南北三間であり、東側に短く一間延びるものであると考えることができる。時期的には建て替えが行われ、1期の建物に2期の建物は向拝を増築したものである。なお、このときには基壇の拡張が行われ一三㍍×一二㍍の規模となり、同時に雨落ち溝も設置されている。SB401礎石建物の四本柱の内部に営まれた土坑は墓壙であり、建物の四本柱に囲まれた部分には内陣が営まれ、そこには信仰仏を安置したと見ることができよう。信仰仏は向拝が東側に存在することからすれば、西に向いて拝する型式をとることになるため、阿弥陀仏と見ることができよう。阿弥陀仏を納める堂とすれば、SB401礎石建物は阿弥陀堂と見ることができよう。

墓壙の上に堂が営まれる遺構は、墳墓堂などとして文献に登場する事例に連なるものと考えられる。類例は平安時代を中心とする資料に多く見ることができ、勝田至が解説を付した丁寧な集成を行っている［勝田 二〇一〇］。集成を参考とすれば、応徳二年（一〇八五）の『醍醐寺新要録』巻三、上伽藍部、円光院篇には、上醍醐の円光院に本願の白河天皇中宮藤原賢子の遺骨を埋める。という記事があり、「奉渡仏壇之下」ということからすれば、仏壇の下に埋められたということになろう。さらに勝田の解説を引用すれば「藤原賢子（けんし・かたこ）は源顕房の女で白河天皇中宮となり寵愛された。その御願寺として上醍醐に円光院が建立され、応徳二年（一〇八五）上棟されたが、賢子は前年の応徳元年九月に没していた。供養は応徳二年八月二十九日に行われ、賢子の遺骨が仏壇の下に埋められた。慶長十一年（一六〇六）円光院跡の地中から石櫃が発見され、中に銅製三角五輪塔があった」という。付け加えれば、この醍醐寺円光院の三角五輪塔の事例は、五輪塔の塔制の初源を探るうえで注目される資料であることは広く知られている。

大楯遺跡の中心時期は十二世紀後半〜十三世紀代であり、見出された四面堂の類例を近隣で探れば、岩手県平泉町にある国宝中尊寺金色堂、福島県いわき市にある国宝願成寺阿弥陀堂（白水阿弥陀堂）、宮城県角田市にある国重要文化財高蔵寺阿弥陀堂などが現存している。これらはいずれも太平洋側であり日本海側の事例は知られていない。発掘調査を伴う日本海側の事例について検討を深めてみたい。なお、山形県藤島町長沼下通地区にある勝楽寺遺跡でも墳墓堂が報告されている。この事例については、本書の中世奥羽の六道銭の中で考察するが、六角堂の中央に火葬骨を納める土坑を持つものであり、四面堂とは異なるのでここでは詳述しない。遺跡は、永仁五年（一二九七）金沢文庫所蔵古文書に残る「羽州海辺御荘勝楽寺」に比定されている〔山形県 一九八〇〕。さらに、山形県内米沢市に所在する覚範寺遺跡でも、中世末の六角堂（墳墓堂）が検出されている〔米沢市教委 一九八八〕。

2　SB401建物跡の類例

①秋田県大館市矢立廃寺

秋田県大館市に所在する矢立廃寺では、北西部中腹の平場で礎石建ち三間四方の正方形の建物が検出された。十二世紀から十三世紀初頭の年代が考定され、平泉藤原氏との関連が指摘されている〔大館市教委 一九八七〕。このSB01建物の柱間規模は東西南北とも九尺、一〇尺、九尺であり内部の四本柱は東西南北一〇尺である。周囲に縁は巡らないものと考えられるが、地表に露出した礎石の測量のみ行われている。平面測量図での検討であり、実態の把握は限られていると言わざるを得ないが、周囲の発掘調査に伴って出土した遺物には、白磁碗・四耳壺、かわらけなどがあり、いずれも十二世紀代の年代観を示している。かわらけはロクロ成形と手づくね成形の二者がある。口径は手づくね、ロクロいずれも八～一〇センチ程度の小型のものと、一三～一五センチ程度の大型のものとがあり、大小二法量に分けることができる。出土したかわらけの年代観について、伊藤武士は十二世紀中葉から後半の年代であるとし、一一五〇年～一一九〇年の遺物であると整理している〔伊藤 二〇〇三〕。さらに高島成侑はＳＢ01建物跡について詳しい考察を行っている。「縁束を支える礎石が検出されていないところから、縁の回らないものとすると、一般の一間四面堂は考えにくいところである」とし、「三間堂とすると、禅宗様仏堂が想定されるかもしれない。しかしこの場合にも問題がある。土間床が確認されていないことや内部の四本の柱の内の前柱が抜かれていない、ということなどが挙げられる」として慎重な姿勢を見せているが、「建物跡の中では最も仏堂らしい形を示している」と評価している〔高島 一九八七〕。

矢立廃寺のＳＢ01建物跡は、大楯遺跡のＳＢ401建物跡よりも東西南北ともに一尺ずつ柱間が広い。また内部の四本柱の並びも違っており、さらには床下の墓壙も存在しない。建物規模では相違するが、時期的にはほぼ同時併存する仏堂の類例としてとらえることができる。

さらに大楯遺跡と時期を同じくして営まれる四面堂の類例を、新潟県方面にも見出すことができる。

②新潟県柏崎市田塚山遺跡

ここでは四面堂と関連施設が丘陵部の山頂平坦部から発掘調査により検出されている〔柏崎市教委 一九九六〕。遺構は仏堂本堂と考察されているＳＢ225建物跡、このまわりには縁が巡る。庫裡もしくは僧坊と考察されているＳＢ226建物跡、そして両者を繋ぐ廊下と考えられるＳＢ511建物跡から構成されている。この建物跡の周囲には、溝で囲まれた墳丘を持つ墓（墳丘墓）と土壙墓が営まれており、お互いに近接しながらも重複しないように営まれていることから、建物跡との密接な関連性が指摘されている。仏堂本堂と考定される建物跡と庫裡もしくは僧坊と考定される建物跡との間から西に向かえば、区画溝(ＳＤ１ａ)を持った墳丘墓が存在したものと考定されている。品田高志氏の教示によればここから西に目をやれば、遠く日本海を見ることができるという。

報告書では建物の存在を考察する中で、それぞれを、縁が巡る仏堂(ＳＢ225建物跡)、庫裡もしくは僧坊(ＳＢ226建物跡)、両者を繋ぐ廊下(ＳＢ511建物跡)とそれぞれを考察している。廊下とした柱穴列は左右対称の位置には存在せず、柱穴の距離間隔も一定しない。廊下の束柱の可能性は低いのではなかろうか。むしろ仏堂とそれを囲繞する柵列と庫裡あるいは僧坊と考えられる遺構が並列して存在したと見ることはできないであろうか。こう見たときには、ＳＤ１ａ溝が仏堂と庫裡あるいは僧坊のちょうど間に見えることになり、墳丘墓が建物の間から西側に望めることになるのである。なお、ＳＤ１ａ溝の内法は、仏堂と考察された建物とほぼ同規模であり、墳丘墓が仏堂と同様な平面規模で併存していた可能性が高い。

ＳＢ225建物跡は掘立柱建物跡であり、礎石建物ではない。この点大楯遺跡のＳＢ401建物跡とは相違する。建物は三間堂に縁がめぐるものと考えられている。建物の形は三間×三間のほぼ正方形を呈する。柱間は正面で中央の柱間が二・一一㍍、両脇の柱間は一・七一㍍を呈する。側面の柱間は東側が一・八一㍍、中央が一・九八㍍、西側が一・六七㍍となる。側面中央西側の柱穴はやや小さいのが特徴的である。この内部に四本柱が立つ。東西は二・一一㍍、南北は二・四六㍍となる。これは内陣を構成するものと考えられる。大楯遺跡のＳＢ401礎石建物の場合、この内部直下に墓壙とおぼしき掘り込みを持つが、田塚山遺跡では存在しない。

さて、この建物の造営時期であるが、遺構に共伴したかわらけの年代観から考定を試みている。本堂および庫裡あるいは僧坊跡からは十三世紀後半のかわらけが出土し、ＳＤ１ａ溝からは十二世紀末〜十三世紀初頭、ＳＤ１ｂ溝からは十三世紀前半から後半のかわらけが出土している。こうしたことからすれば、この仏堂の造営年代は十三世紀の後半となるが、ＳＤ１ａ溝を持つ墳丘墓との遺構配置の関連性から、すでに十二世紀末〜十三世紀初頭には存在したものと考定されている。十三世紀後半の年代観を持つかわらけの存在は「建て替えもしくは移転のための解体作業に際し混入した遺物の可能性が高い」と見ることができるという。

次に田塚山遺跡ＳＢ225建物跡と大楯遺跡ＳＢ401建物跡との比較を試みたい。この二つの建物跡は、基礎部分は礎石建物と掘立柱建物と相違するが、大楯遺跡ＳＢ401建物跡の西側、方三間部分と田塚山遺跡ＳＢ225建物跡とは、内部の四本柱で囲まれた空間を大きく取る点や、四本柱が外側の柱間配置と必ずしも柱筋が通らない傾向にあることなどが一致点として上げられる。規模は違うものの、柱配置は相似している。試みに大楯遺跡ＳＢ401建物跡に、田塚山遺跡ＳＢ225建物跡を一・一八倍して投影し、田塚山遺跡ＳＢ225建物跡の東西の中央の柱間を南北方向に一尺分離せば、大楯遺跡ＳＢ401建物跡の西側方三間部分とは、内部の四本柱の位置までが見事に一致する(第3図)。こうした操作を経れば、この二つの建物跡はほとんど相似形と言ってよい。

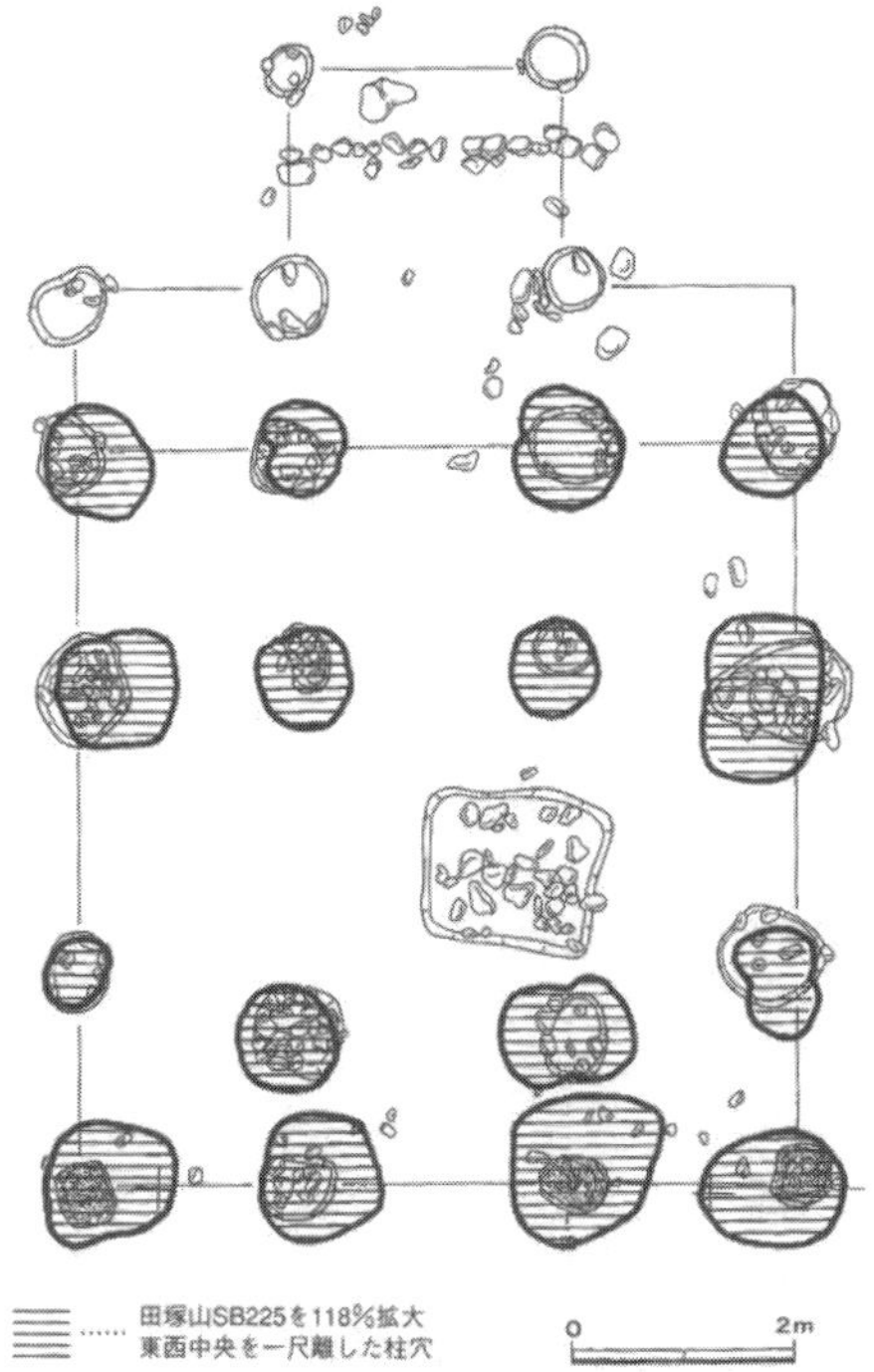

第３図　SB401 建物と
田塚山遺跡 SB225 建物跡比較

ついで地域としては離れるが構造の比較のために、大分県豊後高田市にある国宝富貴寺大堂を検討してみたい。これは正面三間・側面四間の優美な平安時代後期の建築であり、平安時代を代表する建物の一つとして知られている。山岸常人はこの建物を分析する中で、一間四面堂は基本形の他にいくつかの変形が存在することを指摘している。一間四面堂の変形には(A)前面に孫庇を取り付ける型、(B)母屋の奥行きを深くして長方形の平面とする型、(C)母屋と庇の柱筋をそろえない型、の三つの類型があるという［山岸 一九九〇］。大楯遺跡のSB401礎石建物はこの類型の(A)に適合する可能性がある。SB401建物は一間四面堂に孫庇がついた、一間四面堂の変形であると見ることができよう。さらに山岸常人は富貴寺大堂を「母屋は正方形であるが、前2本の母屋柱は側面の柱とは筋がそろわ」ず、「柱位置と無関係な架構もしくは柱を省略して架構をかける方式」により、富貴寺大堂は「仏壇の前に広い空間をとることができたのである」という。「仏壇前の空間を広くすることが求められた」のは、「一間四面阿弥陀堂内で行われる法要も阿弥陀仏の周囲を行道することが基本であった」とし、宗教行事の必要性から前面を広くとる必要性があったという。さらには「富貴寺大堂は墓堂であった可能性が高い。その根拠として本尊の床下にある大石と穴をあげることができる。このなかに何があるか不明であるが富貴寺に深い係わりのある人物の遺体もしくは骨が埋納されていたのではなかろうか」と続ける。先に大楯遺跡SB401建物の本尊は阿弥陀仏で、阿弥陀堂ではなかろうかと考えたが、こうした指摘に従えば、内陣の前が広く空いているのは、阿弥陀仏の周囲を行道するという宗教行事に関連する可能性も考えなくてはならないだろう。

まとめにかえて

墳墓堂の構造について勝田至は史料に基づいて整理し、1～5に分類している。それによれば「1 地上建造物に棺を入れ、扉を密閉するもの。史料では玉殿・玉屋と呼ばれることが多い。2 堂宇の中に火葬骨を安置するもの。改葬を前提とした一時的な安置も担ったものがある。3 堂宇の中に棺を入れるもの(土は掘らない)。4 堂宇の床下または壇下の土を掘って棺を埋めるもの。5 堂宇の床下または壇下の土を掘って火葬骨を埋めるもの」の五つである。

ついで「これらのうち1～3は地中に痕跡を残さないため発掘で墳墓堂と知ることは困難と思われるが、史料は多く」存在するという［勝田 二〇一〇］。大館遺跡のＳＢ401建物の様相は、このうちの5に該当する可能性があろう。醍醐寺円光院の白河天皇中宮藤原賢子の墓堂にも通じる。

同じく勝田至の史料集成（古代から鎌倉時代までの文献資料を対象）から、時期別に出現数量をみてみれば、九世紀代2例、十世紀代2例、十一世紀代21例、十二世紀代42例、十三世紀代27例、十四世紀代9例となる。もっとも勝田は、資料収集は代表的な例を採集し、かつ紀年が必ずしも明らかではない資料もあることを明記しているので、この数値は傾向を把握するためのものであると理解されたい。

おおまかな傾向性としては、古代に出現し十一世紀・十二世紀と増え、十三世紀から十四世紀には減少するので、平安時代末から鎌倉時代中期にかけての特徴的な墳墓であるとみることができる。また十二世紀の中ごろまでは天皇家や上級貴族にこの葬法をとるものが多く、十二世紀の半ばから後半になると治承五年（一一八一）に平清盛が死に際して播磨国山田の法華堂に遺骨を納めるよう遺言したということや、建久元年（一一九〇）源頼朝が上洛の途次、尾張国野間で平康頼が修理した父義朝の廟堂を見るなどの史料を知ることができ、受容層が武家へと拡大していることもわかる。

こうした墳墓堂の類例は考古学資料でさらに知ることができる。狭川真一を中心として行われた中世墓全国集成によって蓄積された情報から、全国の墳墓堂の調査事例を検索したのが第1表である（平成一四～一七年度文部科学省科学研究費『中世考古学の総合的研究』「墳墓遺跡および葬送墓制研究からみた中世」研究代表者狭川真一／元興寺文化財研究所）。

これによれば、全国には18件の事例を知ることができ、北は青森県から西は兵庫県まで分布しており、西日本の山陰・山陽・四国・九州地域での様相はいまひとつあきらかでないものの、おそらく全国的な広がりをもつ遺構である

第1表　墳墓堂一覧

青森県　十三湊遺跡　12～14世紀
1間×1間の掘立柱建物跡(SB07)と周溝(SD03)からなる「墳墓堂」に伴って骨片の集積箇所(SK61・SP39・170)が確認されている。
山形県　大楯遺跡第3・4次調査　12世紀中葉～13世紀中心
SB401は墳墓堂。おそらく阿弥陀堂。
山形県　勝楽寺遺跡　13世紀代
北精査地より六角墳墓堂(SH510)。墓壙底部に骨片様の遺物あり。SH510より宋銭16点(「開元通宝」「宋通元宝」「皇宋通宝」「聖宋元宝」)・骨片が出土。
宮城県　王ノ壇遺跡第1次調査　12c後半～15c
13c後半～14c前半には屋敷の二重の大溝区画外に隣接して、古墳を半分削平した平坦面に溝状土坑墓(長さ20m幅1m　火葬骨主体)を設け、上部に堂(墳墓堂か)を建てる。墳丘上には板碑3基が現存し、周辺より宝篋印塔や板碑片が出土している。
埼玉県　畠山館跡5次　13世紀中葉
掘立柱建物址：石組遺構を取り囲む。
富山県　梅原安丸Ⅳ遺跡　13世紀前半～14世紀前半
方形周溝遺構SD05・SK05。5.5m×5mの区画内に土坑ある
石川県　閨観音堂境内　中世後半
応永26年(1419)造立の観音堂参道と境内に石塔が群在。
長野県　玄照寺跡(上信越自動車道地点)　13世紀後半～15世紀後半
墳墓堂(SX01)は約6×6mの方形周溝墓状の遺構で、当初は約50cmのマウンドが存在した可能性が高い。周溝内部に長楕円形の土坑があり、底部に焼骨、焼土、炭化物が堆積。
山梨県　石之坪遺跡　12～16世紀
壇状遺構の中央には径1.5mの円形土坑があり、底には平らな石が置かれていた。
岐阜県　尾崎遺跡　12～13世紀
墳墓堂の可能性があると報告されている掘立柱建物跡1棟(1号建物址)である。
愛知県　田所遺跡　鎌倉
(墳墓)堂1棟、塚墓1基
大阪府　喜連東遺跡KR86-3次　12世紀～15世紀
墳墓堂跡SX01を検出。四周に溝をめぐらせた一辺6mの方形土壇で、溝を含めた規模は南北14.5m、東西16.0mを測る。南側の溝巾が狭く橋がかけられていた可能性がある。土壇上に遺構は残されていないが、一間四方の瓦葺建物が存在したと推測される。

ことが予想される。また、時期的には十二世紀～十四世紀を中心としており、平安末・鎌倉時代を中心とした時期に盛んであったことがわかる。東北地方の墳墓堂の調査事例を検索すれば、青森県十三湊遺跡（十二～十四世紀）、山形県大楯遺跡（十二世紀中葉～十三世紀中心）・同勝楽寺遺跡（十三世紀代）、宮城県王ノ壇遺跡（十二世紀後半～十五世紀）などがある。勝田が整理したように、文献に表れた墳墓堂は「（1～5の分類）のうち1～3は地中に痕跡を残さないため発掘で墳墓堂と知ることは困難と思われるが、史料は多く」あるということからすれば、考古学資料として理解できる墳墓堂は、墳墓堂として営まれたもののうちの一部でしかないことになる。

　大館遺跡で見出した墳墓堂は、史料に記載の多い畿内近国以外にも墳墓堂が存在することを示すとともに、地域権力の葬制として墳墓堂が受容されていたことを示している。

参考文献

大館市教育委員会　一九八七年『矢立廃寺発掘調査報告書』
伊藤武士　二〇〇三年「出羽北部―秋田県―」『中世奥羽の土器・陶磁器』高志書院
柏崎市教育委員会　一九九六年「田塚山遺跡群」『柏崎市埋蔵文化財報告書』第21集
勝田　至　二〇一〇年「墳墓堂史料」『古代中世の墳墓堂を考える』中世葬送墓制研究会
高島成侑　一九八七年「矢立廃寺の建物跡について」『矢立廃寺発掘調査報告書』
日野一郎　一九七五年「墳墓堂」『仏教考古学講座』第7巻　雄山閣
山形県　一九八〇年『勝楽寺遺跡発掘調査報告書』
山岸常人　一九九〇年「阿弥陀堂の中世的展開の一側面―富貴寺大堂を例に―」『中世寺院と仏堂』塙書房
米沢市教育委員会　一九八八年「覚範寺跡」『米沢市文化財調査報告書』26

中世奥羽の六道銭

はじめに

埋葬に際して銭貨を副葬あるいは供献する場合がある。現在では六文銭あるいは六道銭と呼ばれている埋葬における銭貨の使用例は、中世にはすでに存在していたことが知られている。

ここで取り扱う中世の銭貨とは寛永通宝を含まない銭種で構成されることを前提とする。周知の通り寛永通宝は寛永十三年（一六三六）の初鋳である。これは江戸時代に入ってやや時間の経過があって後のことであるが、鈴木公雄は寛永通宝とそれ以前の渡来銭を中心とする銭貨とは、寛永通宝の流通を境として急速に交替したことを明らかにしている［鈴木 一九九二］。寛永通宝を含むかどうかで、近世以前の銭貨であるかどうかを区別することは有効であろう。

1　奥羽の出土銭貨

最初に北海道から東北六県さらには新潟県の出土銭の事例について集成し、全体的な出土傾向を把握したい。使用する資料は東北中世考古学会が集成した『東北地方の中世出土貨幣』である［東北中世考古学会編 一九九九］。この集成では、北海道から東北六県さらには新潟県の事例について、出土銭貨を総覧している。この集成の数値をデータ処理した。

なお、出土銭集成という性格上、近世貨幣や近代をも含むが、作表にあたっては全体的な傾向を把握するために省略をしていない。また、志海苔出土銭はその数量が四〇万枚とも五〇万枚ともいわれ、数値化されているものだけでも、三〇万七四四九枚を数える［市立函館博物館・函館市教委 一九七三］。一カ所の出土量が膨大であり、この事例を含めれば一カ所の出土事例が資料全体に与える影響が大きい。このためこの資料には加えていない。

第1表はこの地域の全体的な出土数量を、銭種ごとに多いものから並べて示したものである。出土数量の多い貨幣は、皇宋通宝、元豊通宝、永楽通宝、煕寧元宝、元祐通宝、開元通宝が上位六種となる。このうち皇宋通宝、元祐通宝の数量が多く、残りの四種はほぼ同数であり、七位以下の出土数量は格段に少なくなる。

鈴木公雄は全国の出土備蓄銭一五二例二二八万枚を整理し、その出土総順位を一覧として表わしている［鈴木 一九九二］。これによれば上位六種は、皇宋通宝、元豊通宝、煕寧元宝、元祐通宝、開元通宝、永楽通宝となる。中世奥羽を中心とした地域の出土傾向（第1表）と比較すると、上位二種は同じであり、三位以下と比較し数量が多いのも共通する。特徴的なのは永楽通宝が次に位置することである。永楽通宝の流通量が多いと見ることができる。

ついで第2表は東北六県と北海道・新潟県出土銭貨の順位を整理したものである。各銭種の構成を上位二〇種について表した。永楽通宝は宮城・福島・新潟では最上位に位置し、北海道でも実質的には最上位となる。また、北海道・青森・秋田の北東北から北海道にかけては、無文銭の比率が高くなり、南東北と大きな差を見せる。

第3表は各県ごとの総出土銭貨数量に占める各銭貨の割合を累積したものである。各銭貨が各県ごとの総出土数量に占める割合を一覧することができる。北海道は寛永通宝が占める割合が非常に高く、銭種の構成が片寄るが、その他の県については、ほぼ同様な割合を示している。

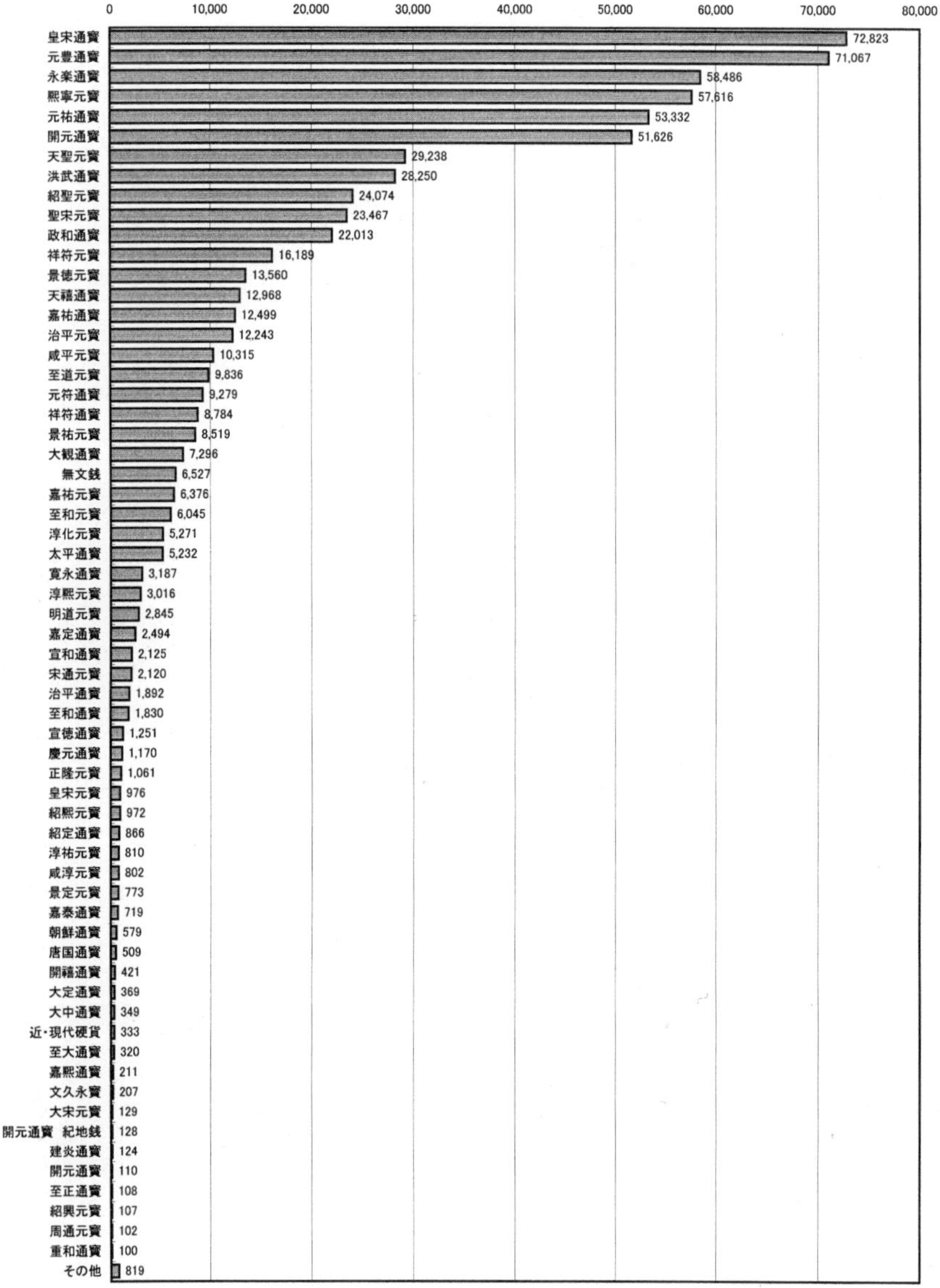
0
10,000
20,000
30,000
40,000
50,000
60,000
70,000
80,000
皇宋通寳 72,823
元豊通寳 71,067
永楽通寳 58,486
熙寧元寳 57,616
元祐通寳 53,332
開元通寳 51,626
天聖元寳 29,238
洪武通寳 28,250
紹聖元寳 24,074
聖宋元寳 23,467
政和通寳 22,013
祥符元寳 16,189
景徳元寳 13,560
天禧通寳 12,968
嘉祐通寳 12,499
治平元寳 12,243
咸平元寳 10,315
至道元寳 9,836
元符通寳 9,279
祥符通寳 8,784
景祐元寳 8,519
大観通寳 7,296
無文銭 6,527
嘉祐元寳 6,376
至和元寳 6,045
淳化元寳 5,271
太平通寳 5,232
寛永通寳 3,187
淳熙元寳 3,016
明道元寳 2,845
嘉定通寳 2,494
宣和通寳 2,125
宋通元寳 2,120
治平通寳 1,892
至和通寳 1,830
宣徳通寳 1,251
慶元通寳 1,170
正隆元寳 1,061
皇宋元寳 976
紹熙元寳 972
紹定通寳 866
淳祐元寳 810
咸淳元寳 802
景定元寳 773
嘉泰通寳 719
朝鮮通寳 579
唐国通寳 509
開禧通寳 421
大定通寳 369
大中通寳 349
近・現代硬貨 333
至大通寳 320
嘉熙通寳 211
文久永寳 207
大宋元寳 129
開元通寳 紀地銭 128
建炎通寳 124
開元通寳 110
至正通寳 108
紹興元寳 107
周通元寳 102
重和通寳 100
その他 819

第１表　北海道・東北地方中世遺跡出土貨幣　数量別

順位	北海道		青森県		岩手県		宮城県		福島県		秋田県		山形県		新潟県		総計	
1	寛永通寳	1,055	皇宋通寳	9,266	皇宋通寳	7,184	永楽通寳	188	永楽通寳	265	元豊通寳	1,958	皇宋通寳	5,136	永楽通寳	50,618	皇宋通寳	72,823
2	永楽通寳	340	元豊通寳	8,426	元豊通寳	6,551	元豊通寳	166	元豊通寳	184	皇宋通寳	1,803	元豊通寳	4,515	元豊通寳	49,153	元豊通寳	71,067
3	近・現代硬貨	333	熙寧元寳	7,030	熙寧元寳	5,316	皇宋通寳	154	皇宋通寳	148	熙寧元寳	1,449	熙寧元寳	4,078	皇宋通寳	48,957	永楽通寳	58,486
4	文久永寳	186	洪武通寳	6,639	元祐通寳	4,981	元祐通寳	114	寛永通寳	130	元祐通寳	1,429	開元通寳	3,719	熙寧元寳	39,424	熙寧元寳	57,616
5	皇宋通寳	175	開元通寳	6,503	開元通寳	4,733	熙寧元寳	108	元祐通寳	121	開元通寳	1,311	元祐通寳	3,693	元祐通寳	36,723	元祐通寳	53,332
6	洪武通寳	138	元祐通寳	6,151	天聖元寳	2,674	開元通寳	105	熙寧元寳	105	永楽通寳	1,059	天聖元寳	1,791	開元通寳	35,030	開元通寳	51,626
7	開元通寳	129	無文銭	5,168	政和通寳	2,365	洪武通寳	65	開元通寳	96	天聖元寳	739	紹聖元寳	1,746	天聖元寳	20,276	天聖元寳	29,238
8	元祐通寳	120	永楽通寳	4,134	紹聖元寳	2,334	天聖元寳	62	天聖元寳	93	政和通寳	675	政和通寳	1,674	洪武通寳	19,645	洪武通寳	28,250
9	元豊通寳	114	天聖元寳	3,542	聖宋元寳	2,103	政和通寳	51	紹聖元寳	55	紹聖元寳	670	聖宋元寳	1,545	紹聖元寳	16,375	紹聖元寳	24,074
10	熙寧元寳	106	聖宋元寳	3,164	寛永通寳	1,436	紹聖元寳	44	政和通寳	52	無文銭	629	永楽通寳	955	聖宋元寳	15,920	聖宋元寳	23,467
11	天聖元寳	61	政和通寳	2,823	祥符元寳	1,428	聖宋元寳	43	祥符元寳	50	聖宋元寳	610	祥符元寳	943	政和通寳	14,329	政和通寳	22,013
12	祥符元寳	52	紹聖元寳	2,807	嘉祐通寳	1,250	嘉祐通寳	28	景徳元寳	45	祥符元寳	546	洪武通寳	935	祥符元寳	11,078	祥符元寳	16,189
13	金銀貨	50	祥符元寳	2,076	景徳元寳	1,209	元符通寳	25	聖宋元寳	43	洪武通寳	416	天禧通寳	901	景徳元寳	9,417	景徳元寳	13,560
14	無文銭	47	天禧通寳	1,645	天禧通寳	1,186	景徳元寳	22	天禧通寳	42	景徳元寳	405	景徳元寳	896	治平元寳	8,805	天禧通寳	12,968
15	政和通寳	44	嘉祐通寳	1,597	治平元寳	1,034	治平元寳	22	洪武通寳	38	天禧通寳	391	嘉祐通寳	889	天禧通寳	8,753	嘉祐通寳	12,499
16	紹聖元寳	43	景徳元寳	1,551	至道元寳	929	天禧通寳	21	景祐元寳	27	咸平元寳	301	祥符通寳	708	嘉祐通寳	8,422	治平元寳	12,243
17	聖宋元寳	39	治平元寳	1,416	永楽通寳	927	咸平元寳	21	嘉祐通寳	25	至道元寳	290	咸平元寳	645	咸平元寳	7,279	咸平元寳	10,315
18	咸平元寳	37	至道元寳	1,196	咸平元寳	903	祥符通寳	21	至道元寳	23	治平元寳	285	治平元寳	640	至道元寳	6,817	至道元寳	9,836
19	天禧通寳	29	祥符通寳	1,187	景祐元寳	900	至道元寳	20	大観通寳	22	嘉祐通寳	270	元符通寳	638	元符通寳	6,378	元符通寳	9,279
20	天保通寳	28	元符通寳	1,114	元符通寳	876	寛永通寳	18	治平元寳	21	景祐元寳	215	大観通寳	551	景祐元寳	5,929	祥符通寳	8,784

第２表　各県別出土順位

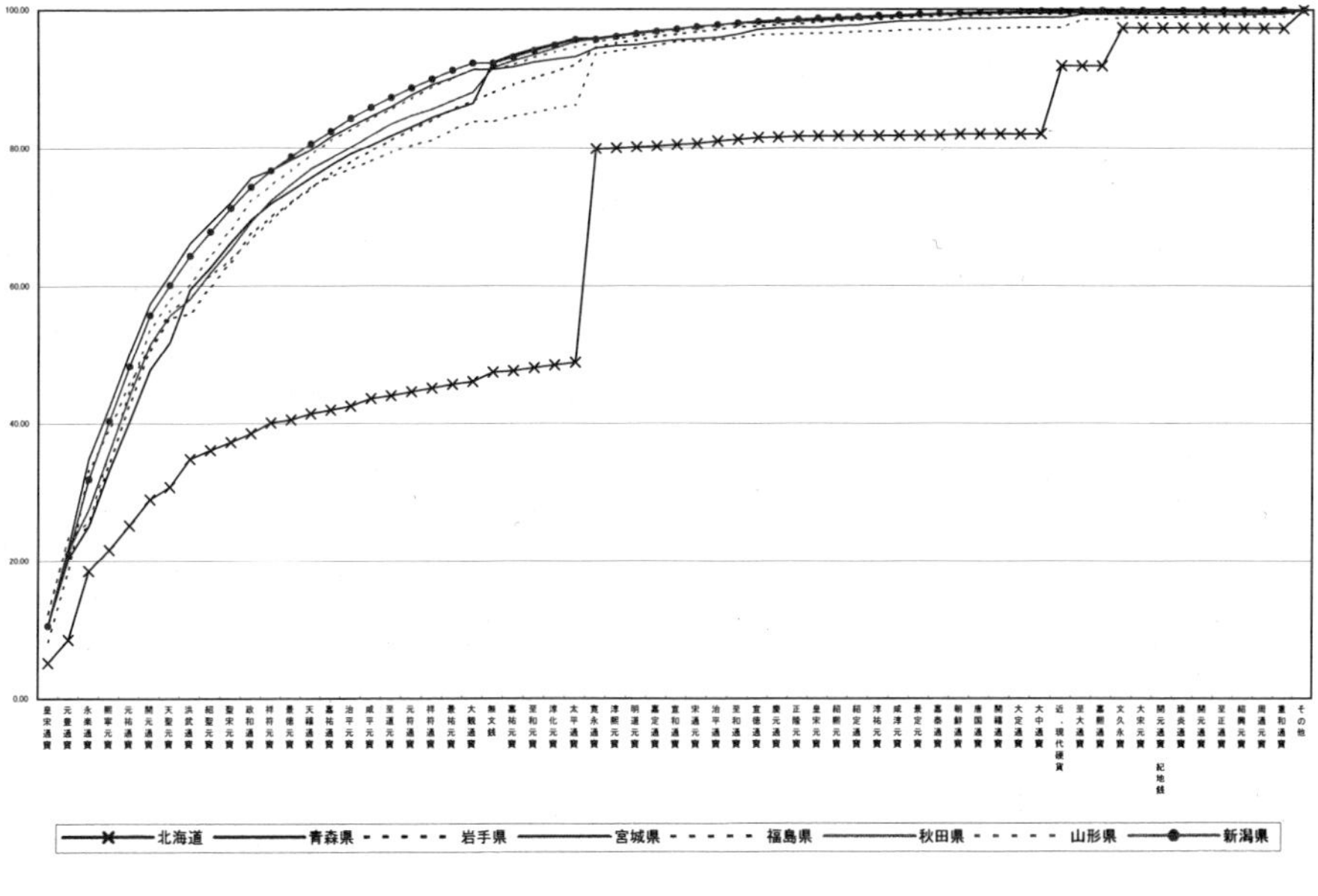

第３表　各県出土銭貨割合

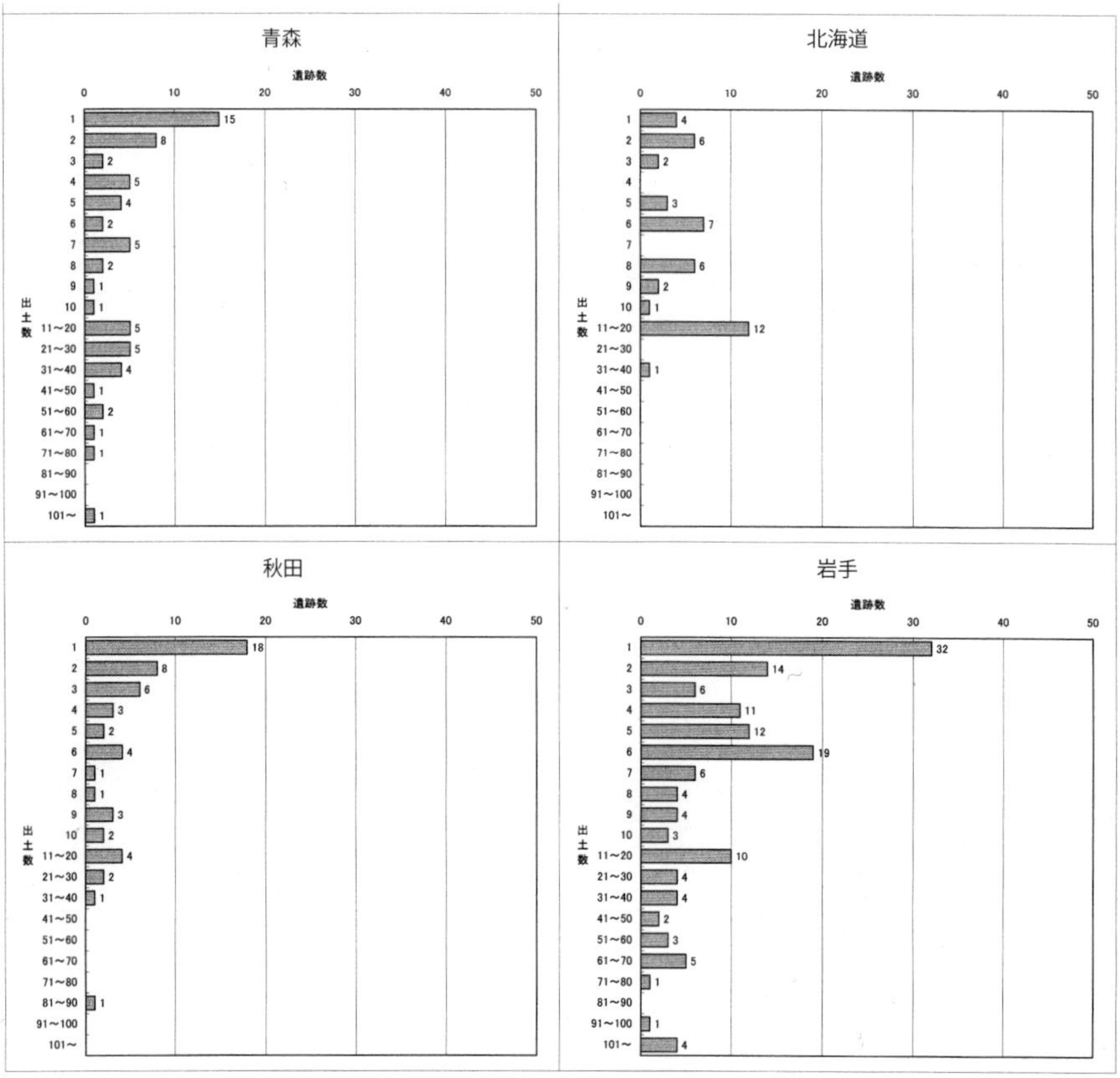

第４表　各県別中世墓埋納銭貨数(1)

2　中世奥羽とその周辺地域の銭貨を副葬する墓制

このような出土傾向を把握した上で、中世奥羽の銭貨を副葬する墓(第4・5表)について、遺構数・埋納数量などについて概観したい。

なお寛永通宝は近世貨幣であるため取り扱い上問題を残すが、寛永通宝とセットになって渡来銭が出土する遺構もあるため、問題を意識しつつも取り上げておきたい。

① **北海道の中世墓**　銭貨を副葬する墓は四四遺構。埋納数量は一一〜二〇枚が多く、次いで六枚。六枚は七遺構であり比較的多い。

② **青森県の中世墓**　銭貨を副葬する墓は六五遺構。埋納数量は一枚

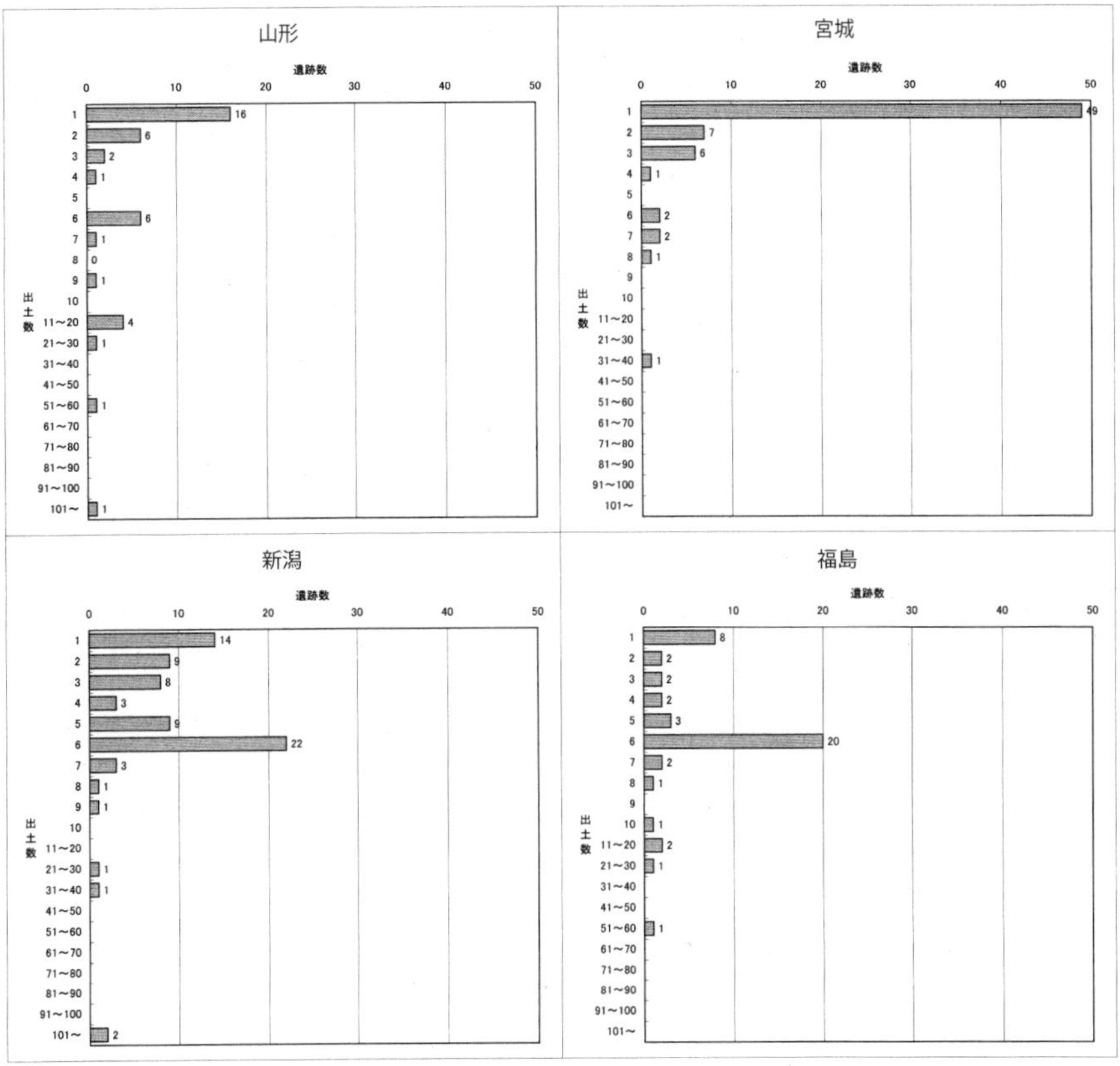

第5表　各県別中世墓埋納銭貨数(2)

が多く、次いで二枚となる。六枚は二遺構に過ぎない。興味深い事例としては、八戸市根城跡遺跡ＳＫ633から出土した銭貨は、土壙墓の遺体の足の下から九枚出土しているという。この類例は民俗事例として報告されている。岩手県の葬送儀礼に、「足には草鞋の上に小銭を敷き、さらにその上に真綿を置いてから、死者に足袋をはかせ草履をはかせる」行為がある［三浦他 一九七八］。共通性を知ることができる。

③ 岩手県の中世墓　銭貨を副葬する墓は一四五遺構。埋納数量は一枚が多く、次いで六枚となる。

④ 秋田県の中世墓　銭貨を副葬する墓は五五遺構。埋納数量は一枚が多く、次いで二枚となる。六枚は四遺構に過ぎない。

⑤宮城県の中世墓　銭貨を副葬する墓は六九遺構。埋納数量は一枚が多く、次いで二枚となる。六枚は二遺構に過ぎない。

⑥山形県の中世墓　銭貨を副葬する墓は四〇遺構。埋納数量は一枚が多く、次いで二枚となる。六枚は六遺構に過ぎない。

⑦福島県の中世墓　銭貨を副葬する墓は四五遺構。埋納数量は六枚が多く、次いで一枚となる。

⑧新潟県の中世墓　銭貨を副葬する墓は七四遺構。埋納数量は六枚が多く、次いで一枚となる。

以上、各県の事例を整理した。次に、墓坑に伴って銭貨が出土した事例を中世出羽で検討したい。

3　中世出羽の銭貨を副葬する墓制

山形県2遺跡（①〜②）、秋田県6遺跡（③〜⑧）について整理すれば以下のようになる。

①樋掛遺跡

山形県酒田市の北東約九キロの平坦地上に立地する集落遺跡である。標高は一四〜一五メートルを測る〔山形県教委 一九八二〕。西側には国指定史跡の「堂の前遺跡」が所在する。

調査では墓坑の集中する地域と建物の集中する地域の二箇所を発掘しており、両者は約二〇〇メートル離れている。建物の集中する地域と墓坑の集中する地域との関係は明確ではないが、建物の集中する地区から出土した珠洲系陶器は十五世紀代の年代観が示されている。墓坑群と建物群が同一の時期であると考えた場合、中世末には集落と墓域の両者は離れて存在していた可能性がある。

墓坑集中域からは、SH1〜6墓坑とSH8墓坑の合計七基の墓坑が検出され、そのうちのSH3〜6の四基の墓坑から銭貨が出土している。墓坑の平面形は円形（SH1・2・8）を呈するものと、隅丸方形（SH3〜6）を呈するものの二種類がある。隅丸方形の墓坑は規格的であり一辺の大きさは七〇〜九五㌢である。隅丸方形の墓坑からは炭化物と灰と有機物を含む埋め土が検出され、SH6墓坑からは人骨と歯の一部が出土している。炭化物と灰と有機物を含む埋め土が検出されたことから、隅丸方形の墓坑は火葬骨を埋葬した墓坑、円形の墓坑は土葬の可能性があることを報告している。

次に、墓坑内から出土した銭貨について、出土数量と出土状況についてみてみよう。

〈SH3墓坑〉隅丸方形を呈している。炭化物・灰・有機物を覆土に含んでおり、皇宋通宝1・元祐通宝2・紹聖元宝2・聖宋元宝1の6点の銭貨が出土している。

〈SH4墓坑〉隅丸方形を呈している。SH3と同様な覆土をなしている。開元通宝1・太平通宝1・景徳元宝1・天禧通宝1・天聖元宝1・至和元宝1・熙寧元宝1・元豊通宝2・元祐通宝2・紹聖元宝2・元符通宝1・聖宋元宝1・洪武通宝3・永楽通宝1の18点の銭貨が出土している。

〈SH5墓坑〉隅丸方形を呈している。この事例もSH3と同様な覆土をなしている。元豊通宝2・元祐通宝1・洪武通宝3・永楽通宝3の9点の銭貨が出土している。

〈SH6墓坑〉隅丸方形を呈している。この事例もSH3と同様な覆土をなし、骨片と歯骨が出土した。淳化元宝1・不明2の3点の銭貨が出土している。

それぞれの貨幣の初鋳年からすれば、最古は開元通宝の六二一年、最新は永楽通宝の一四〇八年となる。銭種構成の大半は北宋銭、次に明銭、一部に唐銭がはいる構成である。銭貨が埋置される位置や、埋置の状況については不明である。また、報告者は各遺構に存在する銭貨の枚数が3の倍数になることにも注目している。

② 勝楽寺遺跡

山形県藤島町長沼下通地区の北約五〇〇㍍に位置する。標高約四・五㍍の平坦な水田面に所在した［藤島町教委 一九八〇］。京田川と藤島川の合流地点付近に所在する。この地域には勝楽寺跡という寺院伝承が残り、永仁五年（一二九七）金沢文庫所蔵古文書に残る「羽州海辺御荘勝楽寺」に比定されている［山形県 一九八二］。発掘調査では掘立柱建物跡・土坑・溝跡などとともに六角墳墓堂が一基検出されている。報告書によればその規模は柱間ほぼ一㍍であり、柱間三尺・東西径七尺・南北径五尺の六角墳墓堂であるという。

この中央に直径約一㍍、深さ約八〇㌢の擂鉢形の墓坑がある。墓坑第2層中から一六枚の銭貨が出土した。基底部近くには白い骨片状のものが遺存していた。覆土中からは親指大の朱の固まりも出土している。土坑を掘った後に火葬処で荼毘に付した遺骨を埋葬し、土坑を埋め戻したそのあとで、銭貨を埋置しさらに埋め戻したものと考えられよう。十三～十四世紀の年代が考えられている。

おそらくこの遺構は勝楽寺に関係する寺僧の墓地と考えられる。土壙墓の上に六角墳墓堂が営まれることからすれば、勝楽寺の寺僧の中でも有力者であり、発掘区にはほかの墓坑が見受けられないことから考えても、開山あるいは中興といった寺院の成立、あるいは寺院の存立と密接に関係する僧の墓所であろう。

山形県米沢市に所在する覚範寺遺跡でも、この事例とは規模や所属時期などを違えるものの、六角墳墓堂が検出されている［米沢市教委 一九八八］。銭貨の出土銭種と数量は、開元通宝2・宋通元宝2・聖宋元宝1・皇宋通宝1・不明12となり、18点の銭貨が出土している。

初鋳年から見たときの最古銭は開元通宝の六二一年、最新銭は聖宋元宝の一一〇一年となる。銭種の構成は唐銭と北宋銭の組み合わせとなる。ただし不明銭が一二枚と多いため、このうちには最新銭の年代観を変える資料があることも予想される。

③ 地羅野遺跡

秋田県鹿角市の北東平野部から丘陵部への変換点に立地する。標高は約一五〇㍍、地羅野館と呼ばれる館跡である〔鹿角市教委 一九九三〕。遺跡の西側約一・五㌔には東北縦貫道が走る。発掘調査の行われた箇所は、第1郭と呼称される平坦部分である。ここからは、古代に属する住居跡や遺物のほかに、出入り口をもつ中世の竪穴住居跡と墓坑群が確認された。墓坑群は一列に並んでおり、報告書は墓道の存在を指摘している。この墓地は館跡に関係して営まれていたものであろう。銭貨が副葬された土坑は一基確認されている。

〈第19号土坑〉長軸一㍍、短軸〇・八㍍の隅丸方形を呈する。確認面からの深さは〇・二八㍍、堆積土東側中位から洪武通宝が一枚出土している。

土坑墓の営まれた年代は特定できないが、洪武通宝の初鋳年は一三六八年であるので、これ以降と考えられよう。

④当麻館跡

秋田県鹿角市毛間内の北側約三㌔、小坂川と汁毛川にはさまれた段丘が南に突出した舌状台地上にある館跡である〔鹿角市教委 一九八九〕。標高は約一五九㍍を測る。調査は当麻館の北端の郭の平坦地である。ここから、中世〜近世の掘立柱建物跡、竪穴遺構、土坑、焼土遺構、堀跡が検出された。このうち五基の土坑から銭貨と考えられる遺物が出土している。土坑の形状は円形・隅丸方形・長楕円形がある。

〈第2号土坑〉方形を呈する。北側壁よりの中位より鉄製品、西壁底面より陶磁器破片、北東隅底面より古銭（判読不能）一点が出土している。鉄製品は火箸、陶磁器破片は擂鉢破片であり十五世紀代と報告されている。

〈第10号土坑〉楕円形を呈する。北側壁底面に自然石が置かれていた。南西側底面に古銭（無銘銭）が二点出土。

〈第15号土坑〉楕円形を呈する。北壁中位より古銭（判読不能）が一点出土。

〈第25号土坑〉楕円形を呈する。中央下位より、古銭（洪武通宝）一点、南東壁よりの中位より古銭（無銘銭）一点が出土。

〈第30号土坑〉楕円形を呈する。北側壁底面より、古銭（無銘銭）一点が出土。

　このほかに調査区からは、元祐通宝、淳祐通(元)宝、無文銭などが出土しているが、寛永通宝は含まない。ここで無銘銭と報告されるのは無文銭である。青磁・白磁・染付・美濃などの陶磁器が得られており、それぞれの陶磁器の年代観から、遺構は十四～十七世紀に属すると考えられている。

　以上、銭種をまとめれば、墓坑と考えられる土坑から出土した銭貨と考えられるものは、北宋銭と無文銭の組み合わせとなる。元祐通宝の初鋳年は一〇八六年である。淳祐元宝は遺構外から一点出土している。これは南宋銭であり背面に「七」の文字をもつ。初鋳年は一二四一年となる。この事例をも含めれば北宋銭・南宋銭の組み合わせとなる。この他にSK7からは笄が出土している。

⑤ 後城遺跡

　秋田県秋田市市街地の西側秋田港に隣接する地区に所在する〔秋田市教委 一九七八〕。すぐ東側には秋田城が所在する。A地区飛砂層面からST002～ST021までの二一基の土壙墓が検出されている。このうち六基から銭貨が出土している。この遺跡の土壙墓は集落に付属する墓地ないしは、付近に寺院の伝承が残っていることから、寺院に付属する墓地ではないかと報告されている。これらの土壙墓のうちST018からは土葬の人骨一体分が出土している、実測図によれば頭位は南西、大腿骨の位置をも総合すれば側臥屈葬の葬法をとっている。そのほかの土壙墓は火葬骨が埋置されている。報告者は、土坑内で火葬したものではなく、ほかの地点で火葬した後、土坑に火葬骨の一部を埋置したものと報告する。土壙墓の形状は円形・楕円形・不整円形・方形がある。伴出している遺物は十三～十六世紀のものである。

　次に、墓坑から出土した銭貨について、出土数量と出土状態について見てみよう。

〈ST002〉ほぼ円形の形状を呈する。覆土中から細かい骨片とともに焼土と炭化材が出土した。元祐通宝が二点出土。

〈ST006〉楕円形を呈する。覆土中には多量に礫を含み、焼土と炭化材が含まれ、骨片も多い。開元通宝・皇宋通宝・嘉祐通宝がそれぞれ一点出土。

〈ST008〉ほぼ円形の形状を呈する。覆土中から焼土、炭化材とともに骨片が出土した。祥符通宝と元祐通宝がそれぞれ一点出土。

〈ST009〉楕円形の形状を呈する。覆土中には多量に礫を含み焼土と炭化材が含まれ、骨片も多い。歯骨も認められた。皇宋通宝が一点出土。

〈ST013〉円形の形状を呈する。覆土中には焼土と骨片が出土した。元豊通宝が一点出土。

〈ST015〉楕円形の形状を呈する。覆土には炭化物と骨片が多量に含まれる。熙寧元宝、元祐通宝、元符通宝、紹聖元宝が各一点、洪武通宝二点、合計六点出土。

銭貨を出土数量からみれば、最小はST002・009・014の一枚、二枚がST008、三枚がST006、最大は六枚のST015となる。銭種では唐銭が一枚、北宋銭が一二枚、明銭二枚という構成であり、大半は北宋銭という構成となる。

初鋳年からみれば最古銭は開元通宝の六二一年、最新銭は洪武通宝の一三六八年である。これら銭貨が埋置される位置や、埋置される状況については不明である。なお、他の調査区からも唐銭、北宋銭、明銭の永楽通宝と宣徳通宝も出土している。墓坑以外の他の調査区の事例を加えた場合にも、唐銭は少なく北宋銭は多く、明銭は少ない。

⑥ 秋田城跡

秋田県秋田市の西側寺内にあり、国指定史跡秋田城跡の中に位置している。丘陵上に立地し標高は四八㍍を測る。秋田城の第35次調査に伴って発見されたものである［秋田市教委 一九八二］。

調査では古代の土取り穴・竪穴遺構などとともに中世の井戸跡・墓坑・掘立柱建物跡などが検出された。墓坑は一一基確認され、そのうち六基から銭貨が出土している。墓坑の形状は長楕円と円形がある。営まれた年代については銭貨の中に寛永通宝を含まないことから近世以前という年代観を示すにとどまっている。次に土坑内から出土した銭貨について、出土数量と出土状況について見てみよう。

〈ST627墓坑〉平面形は長楕円を呈し、底面は船底形となっている。多量の炭化物に混じって骨片が出土している。ほぼ土坑の中央部から古銭が九点出土している。他には鉄釘が六本出土している。出土銭の銭種は、元豊通宝1・嘉定通宝1・洪武通宝2・永楽通宝1・咸平元宝1・不明5である。このうち嘉定通宝の背面には「二」が記されている。

〈ST628墓坑〉平面形は長楕円を呈している。中から三点の古銭が出土している。銭種は政和通宝1・熙寧元宝1・無銘銭1である。無銘銭は無文銭である。

〈ST629墓坑〉平面形は長楕円を呈している。中から七点の古銭が出土した。銭種は淳祐元宝1・祥符通宝1・祥符元宝2・聖宋元宝1・熙寧元宝1・不明1となる。

〈ST635墓坑〉平面形は長楕円を呈している。中から六点の古銭が出土した。うち三枚には炭化した布地と思われるものの付着が認められる。銭種はすべて不明となっている。

〈ST653墓坑〉平面形は長楕円を呈している。中から五本の鉄釘とともに三点の銭貨が出土している。銭種は洪武通宝1・不明2となっている。

〈ST656墓坑〉平面形は円形を呈している。中から九点の銭貨が出土。銭種は開元通宝2・天聖元宝2・熙寧元宝1・聖宋元宝3・不明1となる。

これら墓坑については形状は長楕円と円形の二通りを含むものの、その他の土坑を含めて考えた場合でも、長楕円の土坑の長軸方向がほぼ北―40度～45度―西の方位に限定され、土坑の大小はあるものの形態的にも統一されることは、同時期と考えても良いと思われる。

なお、葬法はすべて火葬である。ただし土坑内で火葬したかどうかについて報告者は触れていない。土坑の大きさは長軸一四五センチ～一六二センチであり遺体の大きさに合うが、短軸は二五センチ～六〇センチでありやや小さい。また、鉄釘が含まれるということは木棺や骨箱の存在を考慮せねばならず、他所で荼毘に付した後に土坑に埋納したとも考えられる。

銭貨の位置も注目できる。銭貨の位置が明確に記載されているのはＳＴ627があり、長楕円を呈する土坑のほぼ中央部に銭貨が納められている。これは北頭位西向合掌横臥屈葬のほぼ胸の部分に相当するとも考えられ示唆的である。

この他、中世の墓坑としては取り上げられていないもののＳＡ652ピット群からは、咸平元宝・元豊通宝・嘉定通宝・皇宋通宝が出土し、ＳＫ648では埋め土から寛永通宝が出土している。なお、全体の銭種の構成は唐銭・北宋銭・無文銭の組み合わせとなる。初鋳年からみれば最古銭は北宋銭の咸平元宝の九九八年、最新銭は永楽通宝の一四〇八年となる。

⑦ 待入Ⅲ遺跡

秋田県秋田市金足地区に所在する。遺跡は丘陵地の東に面する中腹部に立地している［秋田県教委 一九九二］。Ⅰ・Ⅱ・Ⅲの三地区を発掘し、二一基の火葬墓が検出された。このうち三基から銭貨が得られている。墓坑から出土した銭貨の出土数量と出土状態は次のとおりである。

〈第6号火葬墓（ＳＸ04）〉 楕円形を呈し覆土中から木炭が得られた。埋め土中には骨片が存在する。二点の銭貨が出土している。政和通宝1・不明1が重なって出土した。

〈第8号火葬墓（ＳＸ06）〉 楕円形を呈し、焼土・木炭片とともに多量の骨片が出土した。一点の銭貨が出土したが銭種は不明である。

〈第11号火葬墓（ＳＸ09）〉 直径二〇センチ、深さ二センチの小規模な皿状の掘り込みの中に火葬骨とともに、一点の銭貨が出土したが銭種は不明である。

⑧ 妻の神Ⅲ遺跡

秋田県鹿角市に所在し、中世の銭貨の事例がある［秋田県教委 一九八四］。ＳＫ53・54・57の三つの土坑から出土して

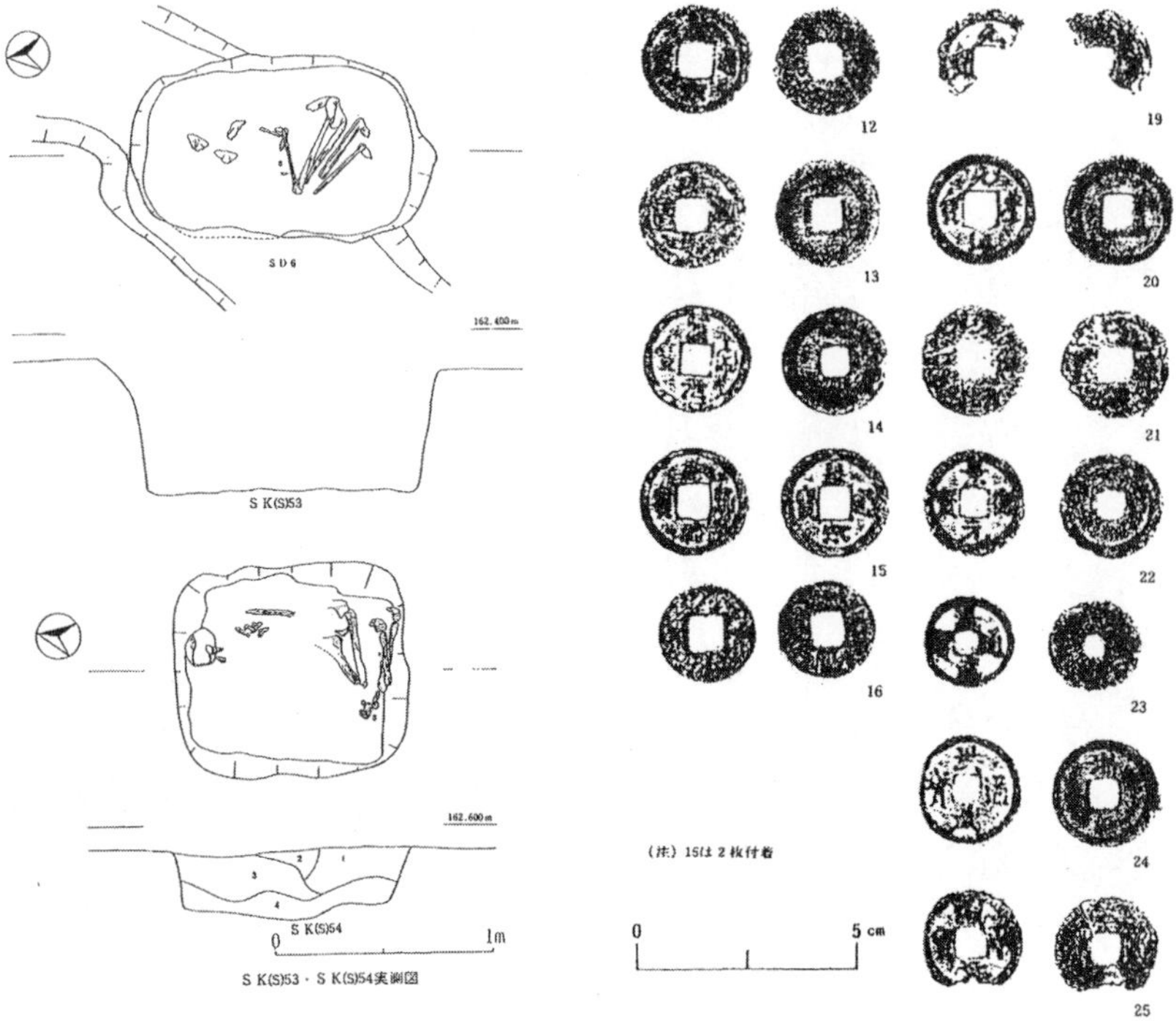

第１図　妻の神Ⅲ遺跡（左上が SK53 土坑）

いる。

〈SK53〉皇宋通宝1、嘉祐通宝1、聖宋元宝1、不明3、計六点。

〈SK54〉不明1の一点。

〈SK57〉洪武通宝2、元豊通宝1、治平元宝1、景徳元宝1、不明1の計六点。

SK53の事例は、北頭位西向合掌側臥屈葬の埋葬姿勢をとり、両手の間に板にはさんで六点の銭貨を持たせている。銭貨の埋置の位置の分かる好例である。

銭貨の数も六枚のセットが二組みあることは興味深い。

まとめ

中世奥羽とその周辺地域の渡来銭のうち出土数量の多いのは、永楽通宝・洪武通宝・皇宋通宝・元豊通宝・元祐通宝・開元通宝・熙寧元宝などである。これらは、各地域の出土数量の上位二〇種に含まれるものがほとんどである。埋納数は六枚が目立つ。これは六という現行民俗例と共通する数が、中世にあっても選択的に選ばれている可能性が指摘できる。

出羽の代表的遺跡は八遺跡、遺構数では二六例を検討対象とした。出土した銭貨の点数は一〜一八点までにわたる。これは遺存状況の差もあり、当時の点数がそのまま残されているか不明だが、ある傾向性は表していよう。出土点数ごとに遺構数を表せば、1点が8遺構、2点が5遺構、3点が4遺構、6点が3遺構、7点が1遺構、9点が2遺構、11点が1遺構、18点が2遺構となる。こういった点数のばらつきもまた全国的な傾向の上にある[出土銭貨研究会 一九九四]。六点がそろっている「完全セット」の事例は二例のみであり少ない。むしろ三の倍数の数量が一一遺構ありこの地域全体に及んでいることは興味深い。また、待入Ⅲ遺跡のＳＫ57土坑では、北頭位西向合掌側臥屈葬の埋葬姿勢で、両手の間に板にはさんで六点の銭貨を持たせていて、興味深い事例である。

以上、中世奥羽の出土銭貨概要と、銭貨を副葬する墓の概要、さらには出羽の事例を扱いながら具体的な墓の様相について整理した。

参考文献

秋田市教育委員会　一九七八年「後城遺跡」
秋田市教育委員会　一九八二年「秋田市城跡（第35次）」
秋田県教育委員会　一九九二年「待入Ⅲ遺跡」『秋田県文化財調査報告書』第224集
鹿角市教育委員会　一九九三年「地羅野遺跡」『鹿角市文化財調査資料』47
鹿角市　一九八二年『鹿角市史』
佐藤禎宏・矢口勲　一九七七年「庄内地方の古銭」『庄内考古』第14号
出土銭貨研究会　一九九四年「特集・中世墓出土銭貨」『出土銭貨』第2号

市立函館博物館・函館市教育委員会　一九七三年『函館市志海苔古銭―北海道中世備蓄古銭の報告書―』
鈴木公雄　一九九二年「出土備蓄銭と中世後期の銭貨流通」『史学』第61巻3・4号
東北中世考古学会　一九九九年『東北地方の中世出土貨幣』
藤島町教育委員会　一九八〇年『勝楽寺遺跡』
兵庫県埋蔵銭調査会　一九九四年『中世の出土銭』
三浦貞栄治他　一九七九年『東北の葬送・墓制』
山形県　一九八二年『山形県史通史編』第1巻
山形県教育委員会　一九八二年「樋掛遺跡発掘調査報告書」『山形県埋蔵文化財調査報告書』第52集
米沢市教育委員会　一九八八年『覚範寺遺跡』

出羽南半の中世古道――墓と道――

はじめに

出羽という地域は、現在の行政区分の秋田県の大半と山形県が範囲となるが、その南半山形県内の事例を取り扱いながら論を進めたい。山形県の中世古道の研究は、『山形県歴史の道調査報告書』などを通して事例を集積しているが、古道の現況報告がその中心となっている。本稿では近年事例が集積されつつある、山形県埋蔵文化財センターの発掘調査事例を中心とした、中世に所属するであろう道路遺構について分析し、中世古道の実態にせまってみたい。取り上げる遺跡は三遺跡、「塔の腰遺跡」では道と両側に営まれる都市的な場の様相、「高瀬山遺跡」では中世墓と道路遺構の様相、「荒谷原遺跡」では中世古道と宗教施設の様相について概観したい。

1　中世古道をとりまく歴史的・地理的状況

まず、山形県の中世古道をとりまく地理的・歴史的状況を最初に整理しておきたい。

山形県は、東側に奥羽山脈を越えて宮城県に接し、北は秋田県と接する。同じく西は新潟県、南は福島県と接している。西は日本海に臨み、東は奥羽山脈で太平洋側と隔絶する。このためか基本的に日本海側の気象条件や、歴史的状況に連動することが多い。

中世古道に先行する古代の官道について整理すれば次のようになる。

『延喜式』と『和名類聚抄』の記事には、陸奥側から出羽へと抜ける道の記述があり、官道に設置された陸駅と、最上川の河川交通を利用した水駅の存在を知ることができる。発掘事例としては、庄内地方の八幡町に所在する古代官衙跡と考えられる「八森遺跡」に関連した道路遺構の調査が知られている。しかしながら、古代の道については調査事例が少数であるため、その実相については不明な点が多い。

また、古代以来の交通体系という視点から論を進めれば、山形県のほぼ中央を貫いて日本海にそそぐ大河、最上川があり、この大河が交通路として利用されているという実態が重視される。すでに古代には『古今和歌集』に「もがみ川のぼればくだるいなふねの　いなにはあらずこの月ばかり」という和歌が載る。古代の末には最上川を利用した水上交通があったということは重要な視点となろう。近世でも最上川の河川交通のウエイトは非常に高い。河川交通から陸上交通へと重点が移ったのは、実は鉄道輸送が開始されて以降というところが実態であろう。

2　塔の腰遺跡の中世古道

最初に「塔の腰遺跡」で検出した道路遺構について検討しよう〔高桑他 一九九七〕。まず「塔の腰遺跡」の歴史的・地理的位置について、第1図を参照しながら概観したい。

左下に「湯田川」とあるが、ここから平野部へと延びる街道に、まず注目したい。この街道は、近世では「小国街道」といわれ、越後から出羽への街道として利用されている〔山形県教委 一九八〇〕。鎌倉幕府の軍勢がとおった街道で

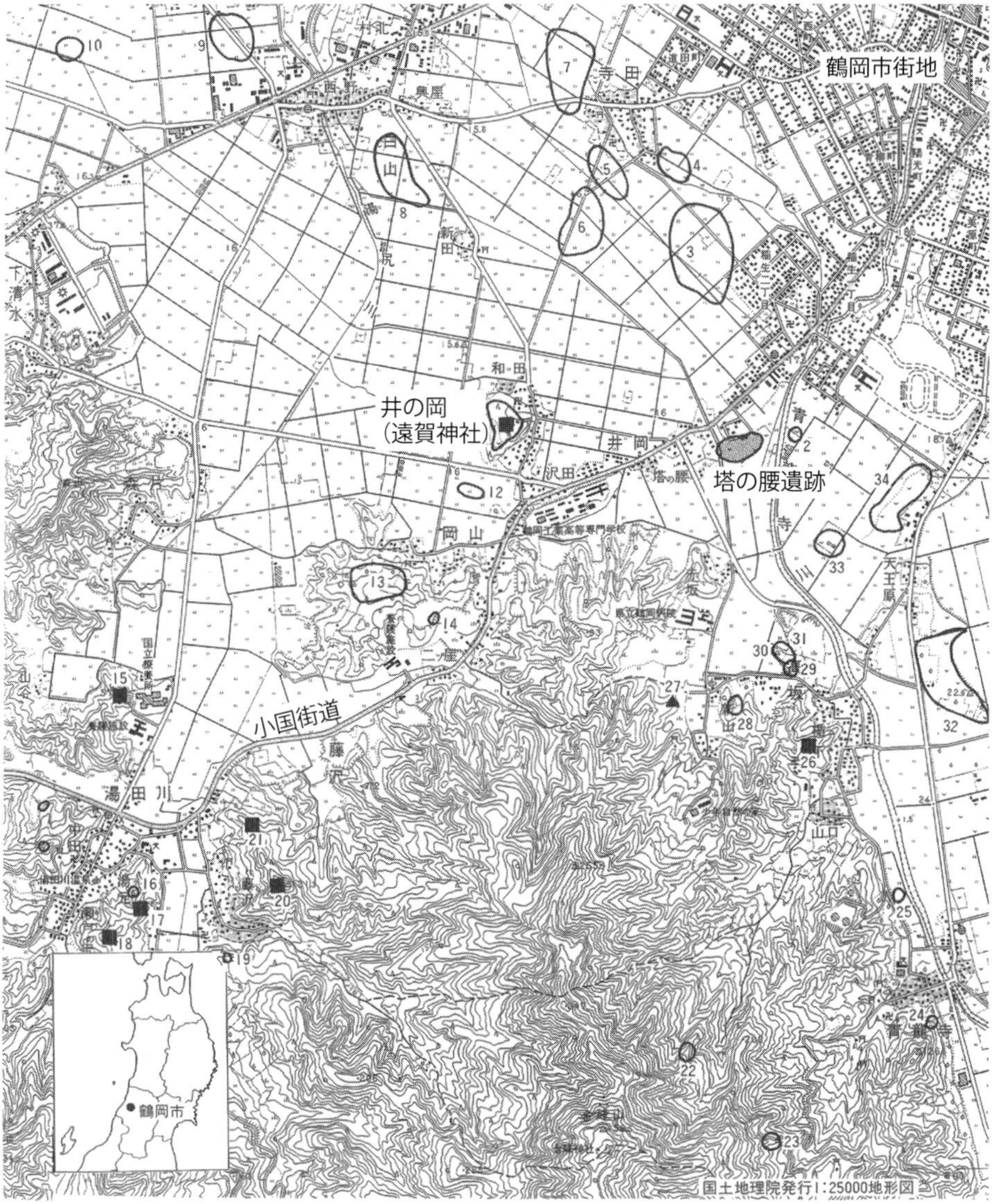

1塔の腰　2番田　3池ノ内　4大東　5月記　6後田　7大道下　8囲地田　9助作　10矢馳Ｂ　11井岡城　12井岡　13岡山Ａ　14岡山Ｂ　15鉢巻山館　16隼人山墳墓　17高野山館　18かき山館　19遊行上人墳墓　20藤沢館　21鍋倉Ａ・鍋倉Ｂ館　22金峯Ｂ　23小杉ケ沢　24山の内　25北内　26高坂館　27仏供沢窯　28杉ケ沢Ｄ　29杉ケ沢Ｃ　30杉ケ沢Ａ　31杉ケ沢Ｂ　32天王原　33三ケ水口　34鳥居上

第１図　塔の腰遺跡位置図

はないかと考えられ、他地域の事例発表の言葉を借りれば「鎌倉街道」「鎌倉道」とも共通する。この一帯は現在田川郡といわれており、九世紀代の成立である『延書式』には「田川」という郡名がすでに登場する。平安時代の末には、この古代の郡名を名字とする在地の勢力が存在し、これが『吾妻鏡』『義経記』に登場する田川氏である。田川氏は平泉藤原氏と政治的には深く結び付き、『吾妻鏡』文治五年（一一八九）八月十三日条には藤原泰衡の「郎従」と見える。文治五年八月十三日、奥州に侵攻した鎌倉軍の中で、北陸軍の中枢になった比企能員と宇佐美実政の軍勢がこの地に到る。藤原泰衡から防御を命じられた田川太郎行文と秋田三郎致文はこの田川地域を中心にして抗戦するが、敗れ梟首されることになる。この少し前、文治五年八月十日には陸奥側の激戦である、阿津賀志山の戦いが宮城県南部で繰り広げられ、ここで敗北した平泉藤原氏は滅亡の一途をたどることになるため、阿津賀志山の戦いと同時期に行われたこの田川の戦いは、日本海側の平泉方の趨勢を決する重要な戦いであったと評価することができる。

田川氏を滅ぼしたあと鎌倉軍はさらに日本海沿いに北上し、やがて東にと進行方向を変え、奥羽山脈を越え平泉に到る。塔の腰遺跡で検出された道路遺構は、こうした古代以来の道路と関係するものであろう。なお、この田川氏の墳墓と目される遺跡が田川地区に残されている。七日台墳墓群と呼ばれ、昭和の初年に調査され、一一基の方形石積の集石墓が確認され、十二世紀末から十三世紀代の骨蔵器に使用された珠洲焼の甕や副葬品とおぼしき和鏡等が出土している。七日台墳墓群の立地は、自らの居館である田川館と、越後から出羽へと抜ける街道を足下に見下ろし、さらには庄内地方の出入口という地理的位置をも占める。現在の鶴岡市街地に残る「大宝寺」は、『義経記』に見える、義経主従が頼朝の追及を逃れて平泉の藤原秀衡のもとに向かうさいの記述「かくて田川も発ち給い、大泉の庄大梵字を通らせ給い」などに見える、「大梵字（だいぼんじ）」という地名が転じて「だいほうじ」となったものであろう。なお、この地域に越後から出羽さらに陸奥へとぬける道が存在することは、ひろく認識されていたのではなかろうか。『義経記』に見える義経主従の平泉行きの逃避の順路は、田川からしばらく北上し最上川河岸に到り、さらに最上川沿いに東に向かい、奥羽山脈を越え陸奥側に抜け、そこから北上して平泉に到るという行程をたどる。

中世のこの地域の街道の展開を地図上で検討してみたい。鎌倉軍が通った道として、越後から田川、そして大宝寺を結ぶ道がある可能性について述べたが、このように考えた場合、今回提示した塔の腰遺跡の道路遺構はこの道にのってこないことになる。しかしながら、第２・３図を手がかりとしながら、井の岡から塔の越遺跡まで続いている直線的な道を、条里地割に沿う古代以来の道がもとになっていると想定することが可能であると考える。当初は田川から庄内平野に入るには、条里地割のなかにある塔の腰遺跡の道路遺構にのっていたが、鶴岡の町が城下町として整備されるにしたがって、道も城下に引き寄せられ、ついにはその方向を変化させ、現在のような鶴岡市街地に向って斜めに北上する形になったと想定しておきたい。この道路遺構は越後から出羽へと向かう、中世前期の幹線ととらえることもできるのではないだろうか。

第２図　塔の腰遺跡空中写真(西をのぞむ)

これを裏付けるように、航空写真(第２図)さらには明治二十七年に作成された、周辺の地籍図から見れば、井の岡という小山から東に直線的に延長した道路沿いにこの遺跡があることがわかる。さらにこの道路遺構の東側は、青竜寺川につきあたる。井の岡の山頂には式内社の「遠賀神社」があり、さらに「井岡寺」という古刹が存在する。神聖な丘陵をランドマークとし、そこから延びる直線的道路は、条里制が発達した古代的な景観を思わせる。条里遺構はこの地域では明確ではないが、地図からは、直線的な道や川の配置をうかがうことができるため、塔の腰遺跡は立地的には条里地割にのって発達していった遺跡ではないかとも考えられる。さらにもうひとつ、調査区のすぐ南側に流れる青竜寺川の存在を大きく評価したとき、川に近接する道路と遺構密集地という観点からは、『一遍聖絵』にあらわれる福岡の市のような場を想定することもできる。また、この道路遺構は、現在の井岡寺の参道に直結し、これが中世の景観を残しているとすれば、寺社の門前に展開する都市としての性格も想定することもできよう。

3　塔の腰遺跡の道路遺構

道路遺構（第3図）は、東西に七〇メートルほど検出され、両側に側溝を持つ。側溝の幅は一～二・五メートル、深さは約五〇センチで底面は平らになり、緩やかに立ち上がる。路面の形成は一回であり、作り替えなどは認められない。また、路面上の遺構や波板状凹凸などの加工痕は明確ではない。道幅は四～五メートルになる。路面上に遺構がほとんど見受けられないということは、道路遺構にともなった時期に両側の遺構群が営まれたことになり、塔の腰遺跡は、道路に面した遺構密集地という景観を呈していたことがわかる。

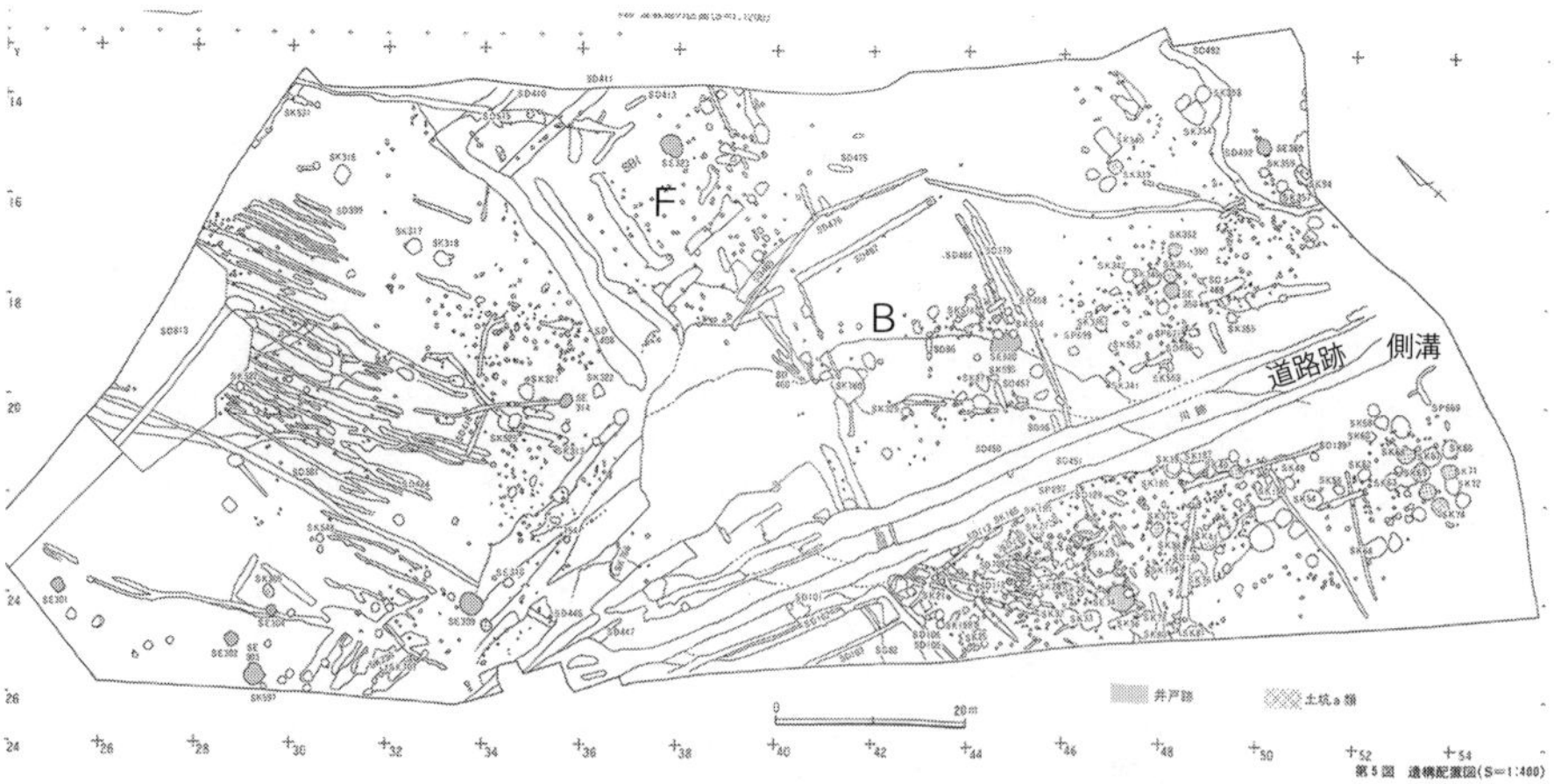

第3図　塔の腰遺跡遺構配置図

同様な構成をとる、福島県郡山市荒井猫田遺跡と比較すると、時期的には大体同じではあるものの、製鉄などの生産活動に連なるような遺物が少ない。生産に関する遺構が調査区以外に展開する可能性もあるが、現在のところ鋳物師などの活躍を想定させる、生産活動との関係は薄い。

出土遺物が多い箇所にはBやFという溝に囲まれた屋敷跡が存在する。なかでも中央にあるB区画は非常にしっかりとしている。こうした遺構配置は荒井猫田遺跡の様相と近似する。

塔の腰遺跡からは珠洲焼を中心とした国産陶器や土器と、少量の中国産の貿易陶磁器が出土している。遺跡の開始時期を示す遺物として、大宰府分類のⅡ類とⅤ類に比定できる白磁の碗があり、道路遺構の側溝部分から出土している。これらの白磁碗は十二世紀代の年代観を示している。この年代観をもつ遺物は山形では非常に少なく、数点しか出土していない。遺跡の隆盛時期を示す遺物としてとらえられるのは、鎬蓮弁文をもつ青磁の碗であり、十三〜十四世紀前後の年代観を示す。このような遺物の年代観からすれば、十二世紀末から十四世紀代にかけて営まれた、鎌倉時代の遺跡として評価できる。輸入陶磁器の組成を補完する国内産陶器である、珠洲焼などの年代観も貿易陶磁器と同様である。

4　高瀬山道跡群の道路遺構の様相

次に高瀬山遺跡の道路遺構について検討していきたい〔水戸 一九九七〕。高瀬山遺跡は山形県寒河江市に所在し、ここには、平安時代末に藤原氏の荘園が営まれる。荘園にかかわる史料の初出は、藤原忠実の日記『殿暦』の天仁三年(一一一〇)三月二十七日条の記載である。この内容は古代の交通と関係して興味深い。次いで鎌倉時代に入ると鎌倉幕府の有力御家人、大江広元が地頭職を得る。その後、大江氏が土着し、この地で十六世紀末までの約四〇〇年間

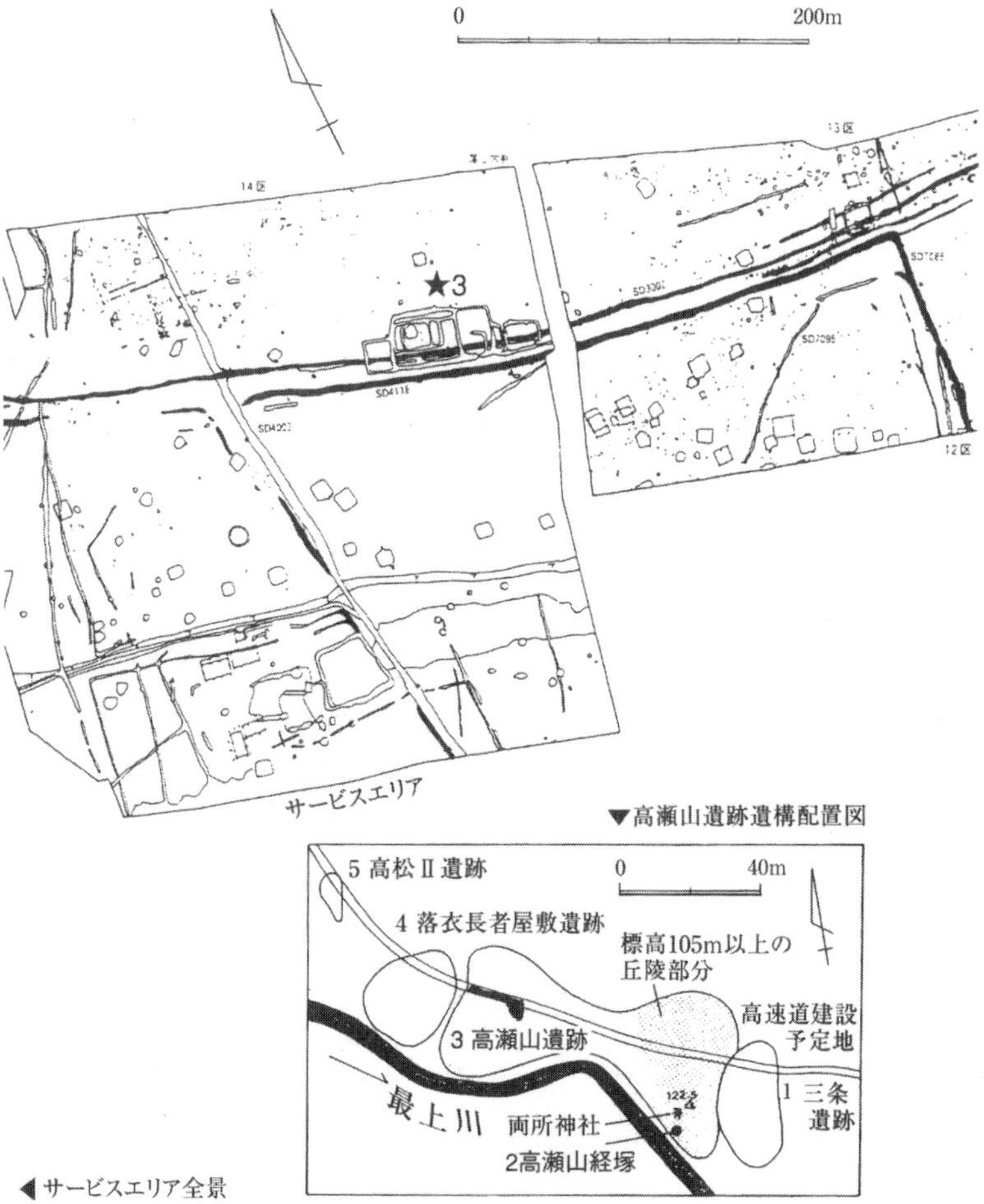

第4図1　高瀬山遺跡の道路遺構

支配を続けることになる。なお、寒河江市の古刹慈恩寺に残された中世売券には「高瀬郷」の記載が見え、この地域が寒河江荘の中心のひとつであったことが理解される［寒河江市教委一九九八］。

高瀬山遺跡は東北横断道に関わる緊急調査によって発掘されたものであるが、その調査面積は約三万㎡にもおよび、山形県で最大級の面積を持つ調査事例になる。この調査地区のすべての地域から、少量ではあるが中世の遺物が出土している。遺構配置図（第4図1・

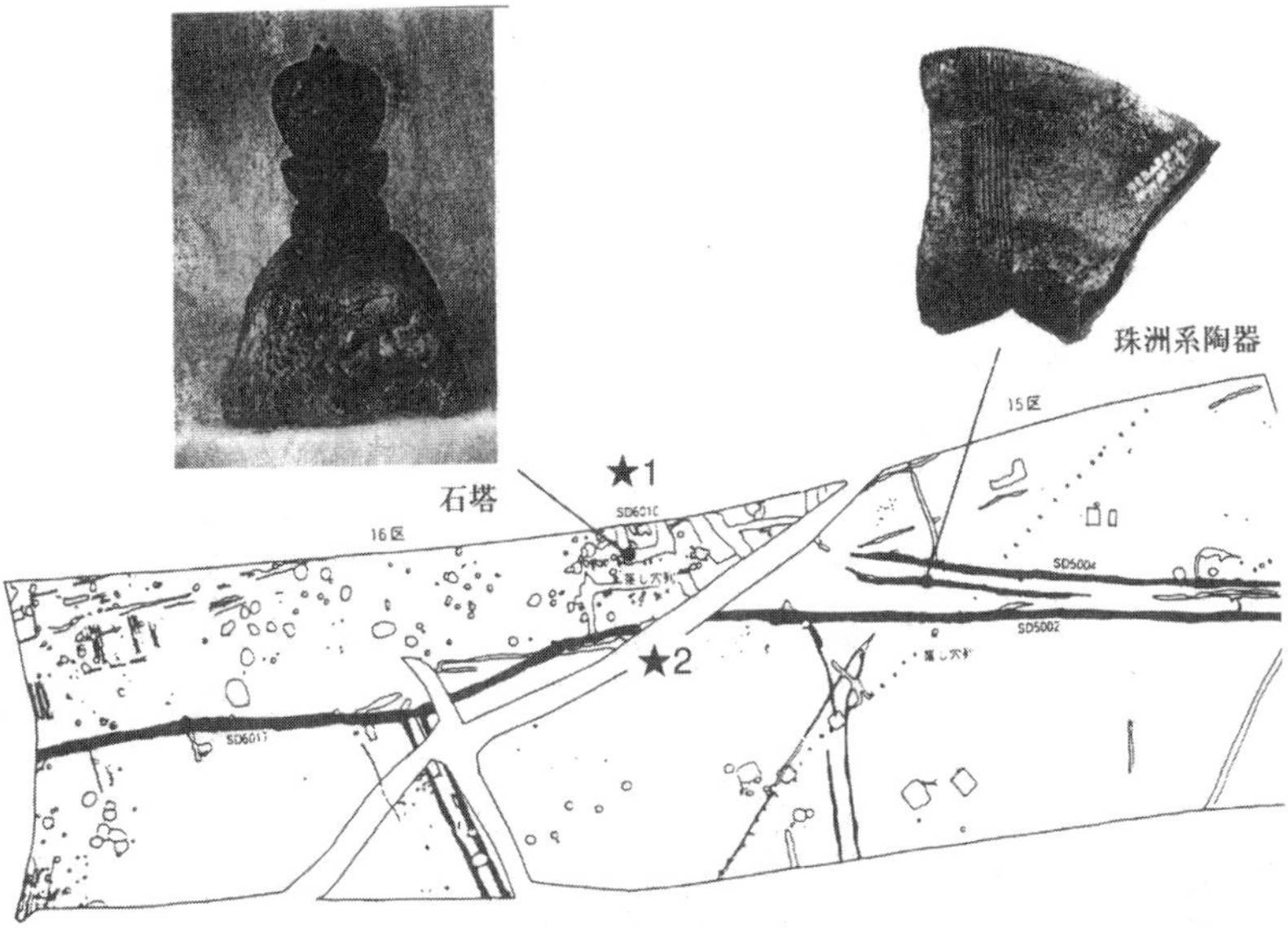

第４図２　高瀬山遺跡の道路遺構

2)から道路遺構を検討したい。調査区の東西を横断するように約六〇〇㍍にわたって道路遺構が検出された。両側側溝を持つ道路遺構であり、側溝の幅は約一～一・五㍍、道路幅は約二～五㍍となる。路面上の遺構や加工痕は明確ではないものの、一部に波板状凹凸らしきものも見受けられる。道路遺構には南北の道と東西の道とがあることがわかる。また、方形区画の遺構があり、道に沿うように検出されている。南北の道は同じような方向で、明確なもので三～四条認められ、そのいずれもが方向軸を共通して、二〇〇㍍ほど離れた最上川方向に到る。東西方向の道路遺構には約五㍍の幅を持つ遺構と、約三㍍ほどの幅を持つ遺構との二種類が認められる。★3の方形遺構は五㍍幅の道路遺構を切りながら、片方の側溝を共有しつつ三㍍幅の道路遺構の一部を形成しているため、当初五㍍幅の道路遺構であったものが、後代三㍍幅の道路遺構に変化していったと考えられる。十三～十四世紀の時期に約五㍍幅の道が存在し、その後三㍍幅の道が後になって出現してくるのであろう。

道路遺構自体が大きく分けて二時期存在することになる。

この地域の交通は、『古今和歌集』に詠まれたように、古代から中世にかけては、最上川の河川交通が中心となる。先に挙げた『殿暦』からもこの様相の一端を知ることができる。ことの顛末は不明であるが、出羽の国司である源光国が、藤原忠実の荘園である寒河江荘に乱入するという事件が起こる。この時期の出羽国府の所在は、諸説があるが寒河江のはるか西、日本海側の酒田市近郊「城ノ輪柵跡」であると考えられている。直線距離にしても約一〇〇キロ。乱入の経路としては、陸上の道を逆上り寒河江荘に到ると考えてもよいが、むしろ寒河江地区を流れる最上川を利用することの方が、利便性が高いと考えられ、この当時の主要交通体系をなす、最上川の河川交通をよりどころとして乱入していたとも考えられる。大規模な軍勢をつつがなく遠隔の地に送り込むことができた河川交通は、国衙勢力の支配の及ぶところであったのではないだろうか。

河川交通を重視したとき、高瀬山遺跡の道はどうとらえられるのであろうか、実は大河川に沿うように存在する道路遺構というありかたは、荒井猫田遺跡とそのすぐ東側を流れる阿武隈川との関係に共通する部分がある。陸路が河川交通を補完するという関係も想定しうるが、大規模河川のすぐ脇を道が走るというありかたに注目しておきたい。

高瀬山遺跡群出土の遺物は輸入陶磁器の劃花文碗、鎬蓮弁文碗、さらには象嵌を施した高麗青磁の梅瓶の破片があり、国産陶器の珠洲焼や在地陶器の年代から十三～十四世紀を中心とした遺跡であることがわかる。道路遺構の側溝からは珠洲焼のⅡ期の特徴をもつ擂鉢の底部破片が出土している。また、この道路遺構に側溝を共有するように営まれた、方形の周溝をめぐらす遺構からは、十六世紀代とおぼしき五輪塔の宝珠が出土したため、十三～十六世紀の中世の道路遺構と評価しておくことは妥当であろう。

ここで注目すべき遺構は、道路遺構に付随した★1～3と表した、方形に周溝がめぐる遺構である。とくに★3の方形に周溝がめぐる遺構(第5図)には火葬土坑(▲)がその周辺に分布している。火葬土坑の形態は長楕円形の土坑に、通風孔と思われる溝がとりつくものであり、この類例は中世末に非常に多く、一般に十五～十六世紀の年代を考え

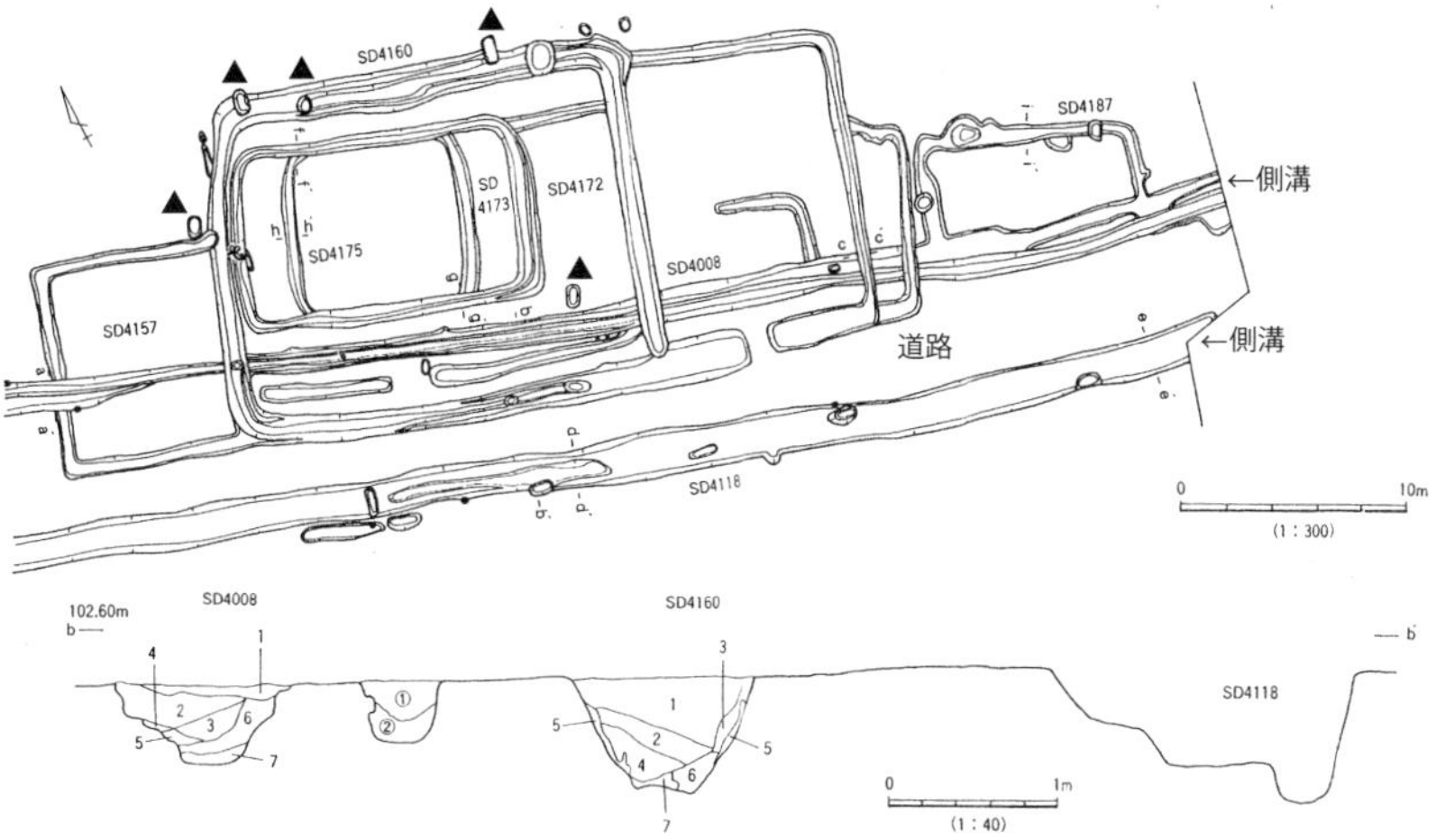

第５図　高瀬山遺跡の墳墓遺構（▲火葬土坑）

ることができる。★3の方形に周溝がめぐる遺構については類例を探しあぐねているが、宗教施設としての性格が強いものと考えられる。中心とおぼしき区画には、図の観察からは柱穴のようなものが見受けられるため、当初は仏堂として周囲に溝を持った建物が建ち、この建物に対して、墓域としての方形区画がとりついていき、幾重にも方形区画が重複するような、最終的な形態となったのであろう。また、この建物は、幾重にも組み合う方形区画にともなって火葬土坑を持つため、葬送や仏事と密接に関係したものであったこともわかる。

★1も同様な性格を考えることができる。これも方形に溝がめぐる遺構であるが、方形区画の中央に土坑が二つ存在し、周囲の溝からは五輪塔の宝珠や馬の歯などが出土した。中世の溝からは馬の歯が出土することはしばしばあるが、この事例は呪術に関係したものととらえられ、五輪塔の存在とともにこの遺構の性格を反映していると考えられよう。ここでは周囲に溝をもった土坑墓として考えておきたい。また、この場所の近辺にはシビトバヤシという地名も残り、これからも葬送の場であったことがわかる。★2も方形に溝をめぐらす遺構であるが、この周辺からは火葬骨を納める小ピット群が検出され、岩手県の墳館遺跡にある、方形の墳丘を版築し、この中に火葬骨を多数納入する事例と共通するものと考えられる[岩手県教委 一九八〇]。

さて、以上のような遺構の性格を視野に入れながら、この遺跡の年代的な景観の変遷を想定してみるとつぎのようになろう。

道路遺構がつくられた当初、十三～十四世紀には周囲に人口が集中するような箇所があった。掘立柱建物群で構成される遺構群が広がる第4図の東側部分をこの地区ととらえておきたい。これらの遺構群の総体を都市的な場と見るか、村落と見るかはあるが、こういった人口集中箇所を通り抜ける道であったことはまちがいない。しかしながら、中世末になると、この様相は一変する。掘立柱建物群を中心とする人口の集中地区は失われ、おそらく何らかの契機で集村化あるいは村落の移動が起こり、ここに立地した人口の集中地区は失われていったものであろう。十六世紀段階になると、まさに村の野原の一本道の形態になる。集落から集落へつづくそのあいだ、集落と集落の中間に横たわる空閑地域というような景観となる。そしてその場所はといえば納骨のための塚があったり、火葬施設を周囲にめぐらす仏堂があったり、というような景観となるのではないだろうか。余談にはなるが、この一本道を夜道に一人で歩くといったことがあるとすれば、鬼気迫るものがあるのではなかろうか。しかしながらこれもまた、ひとつの道のありかたを示すものではあろう。

5　荒谷原遺跡の中世古道と宗教施設の様相

こうした集落と集落の間の空閑地の道路を示す類例として、山形県天童市に所在する荒谷原遺跡(第6図)について述べたい[野尻他 一九八五]。

この遺跡は秋田から山形を通り陸奥側に抜ける中世羽州街道の調査事例であり、この現道部分を調査している。街道にほとんど平行して塚が存在し、道路遺構とともに調査されている。検出した道路遺構のもともとの形態は両側側溝とみておきたい。側溝の幅は一〜二メートルと幅広だが、向かって左側の側溝を観察すると、複数時期の重複が見られるため、本来の側溝幅は一メートル前後というところであろう。実測図から判断する限り、深さは五〇〜六〇センチ、路面幅は二〜四メートルである。路面の形成や加工痕については報告書には言及がなく、実測図を見てもあまり顕著ではない。

この遺跡で注目されるのは、道路遺構に近接して塚が営まれる景観である。道路と塚は十六世紀代には併存していたと考えられる。興味深いことに塚の内部からは、南側の裾の基底部付近から「和犬」と考えられる頭骨が二頭分出土した。1号獣骨とした個体は左の肩と首から頭骨、2号獣骨とした個体は頭蓋だけという出土状況であり、頭部だ

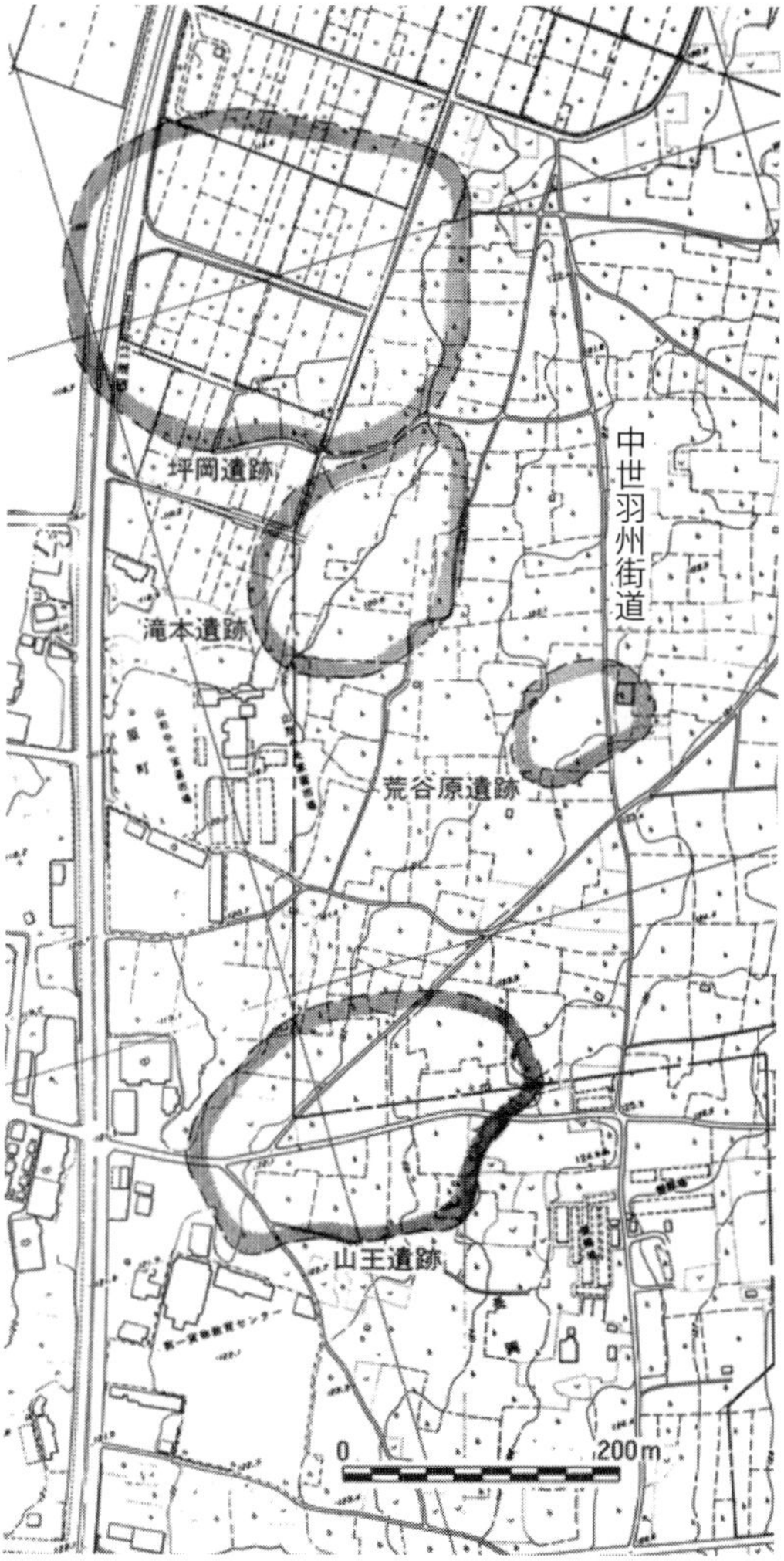

第６図　荒谷原遺跡位置図

けを切りとってから版築の中に突き込んで、その後に塚をつくっているのである。肩の骨なども見られるものの、頭部を塚に埋め込むという行為には、強い儀礼的要素が感じられる。十六世紀代と考えられる五輪塔の空風輪も同じ塚から出土しているため、中世の末にはこの景観は成立していたといえよう。

道路遺構と近接して塚が営まれるという景観は、寒河江市高瀬山遺跡で明らかになった、道にともなって周囲に方形の溝を持つ宗教施設が営まれるという、遺構のありかたと共通すると考えられる。おそらくこれらの塚も高瀬山遺跡の事例で想定したように、仏事や葬送あるいは呪術などの宗教的儀礼と密接に関係するのであろう。

では、この遺跡の道路遺構に注目した場合、地域的にはどのような位置に立地するのであろうか。荒谷原遺跡の位置図を見れば、当時の人口の集中地区はこの遺跡の北方舞鶴山と八幡山の間に存在する。ここは舞鶴山に構えられた天童城の城下地区であり、天正十二年(一五八四)の天童合戦により、天童氏の勢力がこの地から駆逐されるまで、都市的な場が存在した地域である。二つの山にはさまれたそのあいだには七日町という市町の地名を始め、中世の都市としての地名が遺存する。さらにもう一つの人口集中地区と考えられるのは、この遺跡のはるか南、旧石仏寺の所在するあたりと考えられる。このように考えれば、この荒谷原遺跡は、集落と集落の間の空閑地に所在することになる。中世の末、十六世紀のこのあたりの景観を想定すれば、野原あるいは耕作地や荒蕪地の中、周囲に人気もないところに塚があり、そしてその塚はきわめて宗教色の強いものであった。

参考文献

岩手県教育委員会　一九八〇年「東北縦貫自動車道関係埋蔵文化財調査報告書Ⅲ」『岩手県埋蔵文化財調査報告書』52集

寒河江市教育委員会　一九九八年「慈恩寺中世資料」『寒河江市史』一〇五頁

高桑弘美他　一九九七年「塔の腰遺跡発掘調査報告書」『山形県埋蔵文化財調査報告書』第50集

野尻侃他　一九八五年「荒谷原遺跡発掘調査報告書」『山形県埋蔵文化財調査報告書』第90集

水戸弘美　一九九七年「三条遺跡・高瀬山遺跡の陶磁器」『東北の貿易陶磁』日本貿易陶磁研究会
山形県教育委員会　一九八〇年「小国街道」『山形県歴史の道調査報告書』

上荻野戸村絵図に表われた樹木

はじめに

近世上荻野戸村（現山形県天童市荻野戸地区）を描いた一枚の絵図がある。天保九年（一八三八）戊戌閏四月に作成された羽州村山郡上荻野戸村の絵図である。ここではこの絵図の作成された背景を解明するとともに、絵図中にひときわ特徴的に描き出されている、六本の樹木の性格について考察を加えたい。

1　上荻野戸村絵図（第1図）

上荻野戸は六在家の存在に関わって歴史的に注目されてきた。六在家は山形県内の中でも、比較的資料が整っていることもあり、長井政太郎・工藤定雄［長井・工藤　一九五七］、誉田慶恩［誉田　一九七七］などにより分析が加えられている。本絵図についても六在家の性格を論ずる中で誉田慶恩［誉田　一九八一］が一部触れるとともに、北畠教爾［北畠　一九八二］は本絵図中の樹木の性質にまで及んで触れている。

絵図の大きさは縦二九㌢、横五七・五㌢の長方形であり、薄手の茶色っぽい料紙を使用している。中央から左寄り

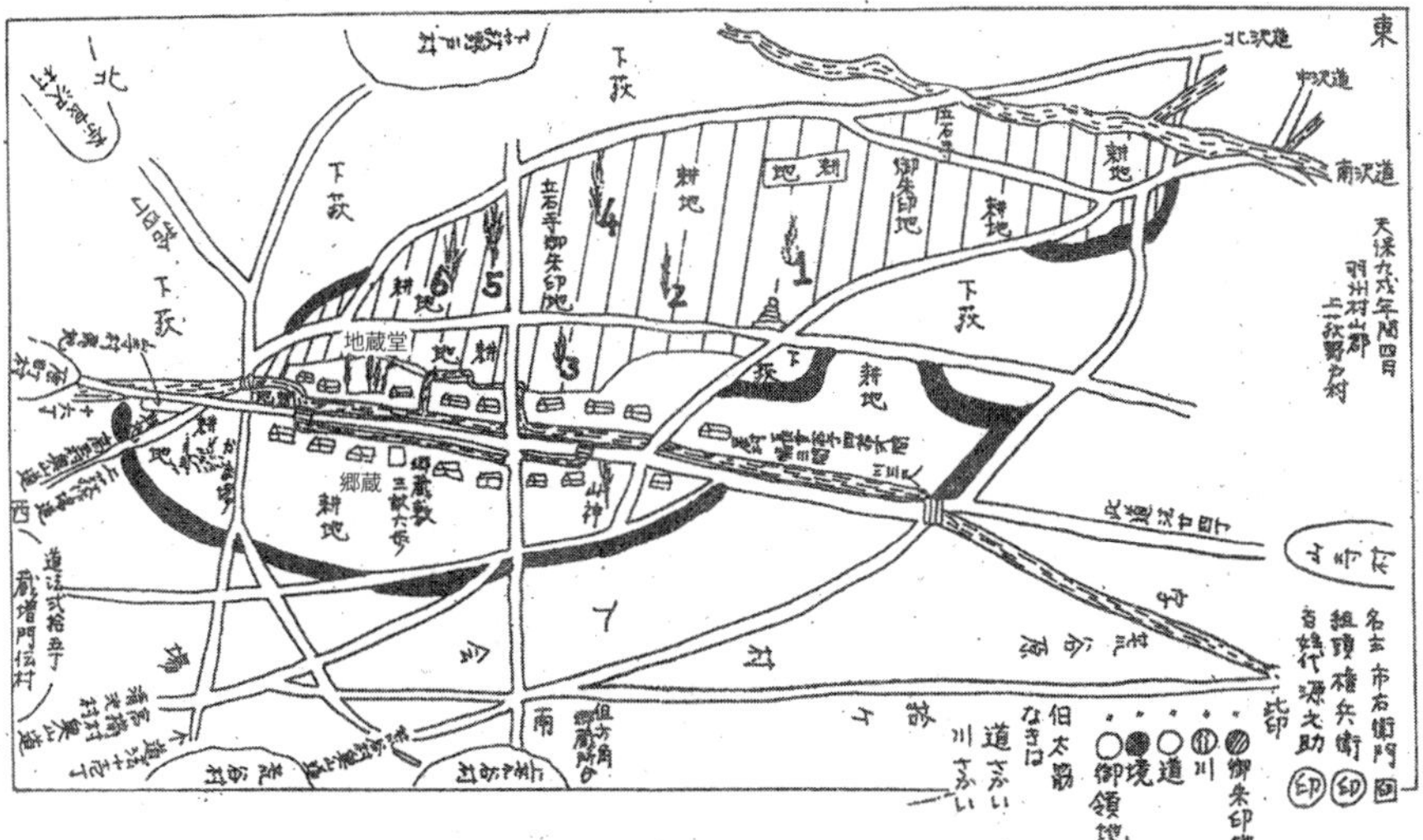

（本絵図は、原図をコピーし更にトレースしたものである）

第１図　上荻野戸村村絵図

の郷倉を描いている所で、縦に二枚の料紙を継いである。全体の表現方法は、郷倉の上から見回した俯瞰図という構成になる。絵図の左上が北を表している。

当村の名主市右衛門、組頭権兵衛、百姓代源之助の黒印が押印してあり、公的な絵図であると考えられる。本絵図中で使用している色は、御朱印地が草色、川は黄土色、道は茶色、境は黒であり、御領地として表される天童領はその他の部分としている。図中では、御朱印地は斜線、川は波線、境は黒と置き換えた。

村の様子を覗いてみよう。村の範囲は境を追いかけていくと、東から西へ長く延びる楕円形とでも表現できようか。家屋敷は絵図中央を西から東へ走る街道沿いに一七軒を数える他に郷倉が一棟、地蔵堂が一つある。この数はほぼ天保九年当時の戸数と一致すると考えていいだろう。御朱印地は村の中の約半分程の面積を持っている。これは図中央やや右上に明示されるように、立石寺領のことであり、この範囲こそはかつての六在家の所在を示すものと考えられる。

興味深いことに、この中には、六本の樹木がひときわ大きく描き出されている（１〜６）。図中央右寄りの十字路に層塔が見える。これは高柳在家にある層塔を表したものと思われるが、船筆を用いての加筆であり、近年のものである。図中央部に村落の中央を東から西へ向かって流れる用水と、村落の北側にも同方向へ向かって流れる用水の二本が示されている。いずれも大きな用水路ではなく、耕作に十分な水量をまかなうことができたのかどうかは不明である。水田は絵図中には見当たらない。畑作が優位な状況である。村中に地蔵堂がありまわりに木が四本程立っている。村中に寺は見当たらない。火葬場と思われる場所が村の西の境界領域にある。かま場と表され、うっそうとした薮あるいは林といった様子で描き出されている。これらの結果をまとめれば、村は図中央西から東へと抜ける街道沿いに発達しており、街村とでもいうべき姿を見ることができる。六本の樹木が残る六在家が所在した場所にはすでに家屋敷はなく、天保九年以前に現地に移っていたことがわかる。

次にこの絵図が作成された背景を探ってみたい。村絵図が作成されるのは、相論であるとか幕府巡見使が来るためであるとかの場合が多い。天保九年は四月から下荻野戸村奥山にかかわる入会山の利用や、入会領域についての論争がある(「天童市史編集資料」№19)。しかし、本絵図は本村領域のみを図示し、入会山等の相論に直接関係のある部分は欠落している。このことをみれば、本絵図は下荻野戸村との相論をめぐって作成されたのではないことになろう。天保九年閏四月は、幕府の巡見使が視察に訪れた月である。この絵図は巡見使の求めに応じて作成された可能性が高い。大木彬[大木 一九八五]によれば、天保九年の当地方にかかる巡見使は、御領巡見が松野熊之助、支配勘定柴木岩三郎・徒士目付満田作内の三人組で、四月一日に江戸を出立している。また私領巡見使が黒田五左衛門を長として、副吏中根伝七郎、目付役岡田右近の三人組で、四月十三日に江戸を出発している。いずれも一行は一〇〇人を越えている。天童宿泊は、御領巡見が閏四月十三日と帰路の五月二日、私領巡見が閏四月二十四日であり、宿舎は新本陣竹屋金子栄助宿、古本陣鱗屋伝兵衛宿、佐藤伊兵衛宿が充当されている。

巡見使に対して、村々では廻状(「天童市史資料」№18)を廻すなど、対策に追われていた実態をうかがうことができる。村絵図についても、天保九年御用留帳(同前)中に次のような「諸準備方廻状」を見る。

一、村絵図　是ハ東根ニおいて相認メ可申候間、当三月廿日御上納之節迄村々下絵図会所江御差出し可被成候

(後略)

このような経緯をたどって作成された「村々下絵図」が、本村絵図であると理解しておきたい。

2　荻野戸村の石造遺物

次に六在家と上荻野戸村の石造遺物について、簡単にふりかえりたい。

上荻野戸六在家について、「上荻野戸古事来歴」(『天童市史編集資料』No.19)によりながら確認しておこう。上荻野戸村の成立は貞観年中(八五九〜八七七)慈覚大師円仁が山寺立石寺開基の折、随身してきた六人の在家に始まるという。随僧は山寺を守護し、俗人六家は荻野戸に留まり、在家として立石寺への在家役を負担したという。六在家は「四月申の山王祭の神輿、行列の人夫」「萱千八百把の上納」「立石寺屋根普請の時に芝土を上納」するなどして立石寺と深く結びついていた。丸山茂[丸山　一九五八]によれば、この他にも、「ゑんどう豆、大根、ささげ、渋柿」等をも上納するという。

一方、こうした貢進関係のみならず、六在家は立石寺との宗教的本末関係とでもいうべき結びつきに支えられて、高い家格をも有していた。山寺立石寺の山王二十一社のうち六社は各在家に次のように下し置かれている。石堂在家(赤山明神)、富樫在家(八坂明神)、本木在家(住吉明神)、今在家(北野明神)、奥山在家(竹生島明神)、高柳在家(八幡大明神)、である。山王信仰は中国の天台山の山王祠にならって比叡山の地主神として最澄が祀ったのが最初といい、山王権現と称され天台宗の守護神であった。明治初年の神仏分離によって山王権現は日吉神社と改称している。こ

こでは明治十二年(一八七九)からはこの六社明神を、村内の八幡神社境内に合祀してあり、石製の万年堂が各社として現在も祀ってある。開発伝承のみならず、信仰の上からも両者の結び付きは深い。霜月十五日には「宮祭」を行い、古くは立石寺より代官が来て六人衆を饗応した。また、元和八年(一六二二)山形城主鳥居忠政が、山寺立石寺と争いを起こした。鳥居による立石寺神領の検地に反対し、立石寺の僧一相坊円海が鳥居忠政を断食呪詛に及んだという、このとき断食後の円海を背負って、立石寺に立ち戻ったのも六在家の人々であったという。この他にも、山寺立石寺の院家が年に一度若松寺へ参詣する時、荻野戸村の庚申塔の前にて経文を読誦することがあったという。この塔は悪王子といわれる二基の板碑のことと思われ、現在でもこの板碑は庚申塔と呼ばれている。このように、六在家は寺領在家として山寺立石寺と深い関係を有し、高い家格を維持してきた姿を見ることができる。「上荻野戸古事来歴」に述べるように、貞観年間にまで成立が遡るかどうかは不明だが、おそらく中世の早い時期には成立していたものと考えていいだろう。

寛永二十一年(一六四三)の「荻野塔村畑方本帳」では、まだ各在家は徴税単位の一つとして数えられているが、わずか三年後の正保三年(一六四六)には在家は地名化しており、今在家も今野と変化しているという[誉田 一九八二]。本来的な寺領在家としての性格は、近世初頭にすでに失われてしまっているのである。飲用水に困る在家衆が現在の地に移って来たとの伝承も、この時期あたりのことを示しているのであろうか。

立石寺領としての存続は明治まで追うことができる。明治四年(一八七一)には、立石寺領一四二〇石のうち一七八石四斗一升七合を上荻野戸の所領が占めている。

六在家が機能していた当時を偲ばせるものに、村内のいたるところに残されている中世に遡る石造遺物がある。古来荻野戸村は「荻野塔村」と呼ばれたという。おそらくこれは村中いたるところに存在する、板碑や石塔を指してのことであろう。川崎利夫によれば、前述の庚申塔と呼ばれる二基の板碑は、山寺産の凝灰岩を用い、頭頂部を高く成形する成生荘型の板碑である〔川崎　一九八四〕。一基は高さ一七五チセンであり、愛染明王の種子を刻む、他方は高さ一三九チセン。また、宮田には「寝仏」と呼ばれる倒伏した七、八基の板碑がある。最大のものは約二トメイ、弥陀の種子を刻む。これらの板碑を起こすと降雨に恵まれるとの伝承がある。いずれも成生荘型と考えられる。また、八幡社境内にも板碑が集められており、地区全体で一七基を数える〔川崎　一九八八〕。石倉にある石鳥居は、古い石材を両柱として活用している様子を見ることができる。高柳在家にある軸部球形の四層の層塔も注目できる。まさに荻野塔村と呼ぶにふさわしい。

3　魂の依り代としての大樹

絵図中に描き出された六本の大樹をどう捉えたらいいのだろうか。

北畠教爾は、『山形県史通史編第1巻』で六本の大樹を各在家に適合させている。すなわち、①赤山明神（石堂在家）、②八坂明神（富樫在家）、③住吉明神（本木在家）、④北野明神（今在家）、⑤竹生島明神（奥山在家）、⑥八幡大菩薩（高柳在家）と想定する。つまり、絵図中に六在家の所在を明示するように描かれていることから見て、かつては六在家の屋敷の傍らにあったもので、屋敷の所在を示していた樹木と見てよかろう。さらに絵図中にひときわ大きく描かれるということは、天保九年当時は相当な大木であったと考えられる。

屋敷の傍らに大樹が立つという姿は、勝田至の分析した屋敷墓の姿を想起させる〔勝田　一九八八〕。中世には屋敷墓に葬られた死者の魂は樹に宿り、その霊力が屋敷や田地を子々孫々に至るまで守護するという観念があった。中世前期にすでにみられる〝草葉の蔭から〟死者の霊が見ているという表現は、墓や死体に死者の人格が残るという観念の現れであり、屋敷中に墓所を設けるということは、屋敷地の所有権を補強し、イエの継続性を維持することになるという〔勝田 一九八八〕。おそらくこの樹木はこの地の開発主であった先祖を祀る墓としての機能を有するとはできないだろうか。六在家の所在した場所にあった大樹の下には石製の万年堂があったといわれるが、この万年堂と大樹の結びつきは、単に六在家に下し置かれた山王末社と神木という関係ではなく、開発領主の屋敷と、イエ永続を願う死者の霊の憑り代という意味も積極的に評価されなくてはなるまい。

4　上敷免遺跡の屋敷墓

中世のこの地に天台宗の活動が活発に展開するのは十二世紀代であるという。この十二世紀代の屋敷墓の実例が山形市成安上敷免遺跡で検出されている。六軒在家の屋敷墓として整理した事例について年代的根拠を示す資料に恵まれないが、天台宗の活動が活発になる時期ととらえれば、十二世紀代が成立時期としての可能性が高い。

この時期の遺構としての屋敷墓は、西日本では比較的一般的である。奥羽に分布を探すことは困難であったが、十二世紀代の本格的な屋敷墓の事例がいくつか確認され始めている。

こうした事例は、橘田正徳の整理した屋敷墓の事例と共通する〔橘田 一九九一〕。同様の事例は新潟県大坪遺跡でも知ることができる。十二世紀後半代には、この地域にも屋敷墓が及んでいたものと考えられる。

おわりに

上荻野戸六軒在家に関連する整理を行い、絵図中に描き出される大樹について、屋敷墓として評価した。

六軒在家は山寺立石寺との関わりが深く、密接な関連をうかがうことができた。天台宗はすでに古代にはこの地に及んでいた。山寺立石寺の開創や県内各地に色濃く残る、慈覚大師円仁の伝説などはこれを裏付けている。天台寺院の立地は山岳寺院が多いものの、山形盆地の平野部に位置する千手堂吉祥院も由緒を古代まで遡らせる天台寺院である。国指定重要文化財である木造観世音菩薩立像、県指定文化財である木造菩薩立像などの古代仏像が納められている。木造観世音菩薩立像は像高一七五㌢、平安時代の十世紀の作例であり、古来「出羽一仏」と呼び習わされてきた。平野部においてもこうした仏像を納める寺院が成立していた。

大石直正は中尊寺骨寺村絵図の中に方形区画の水田が見え、条里地割と共通する風景が描かれ、十二世紀代に天台系の聖によって開発された可能性を指摘している［大石 二〇〇二］。網野善彦は十二世紀代に日本海側に天台宗による開発が行われた痕跡を見出している［網野 一九九八］。このようにこの地に姿を見せ始める者たちが、六軒在家であると見ておきたい。

以上、上荻野戸村の絵図を分析した。本絵図は幕府巡見使の下向のために作成された絵図であり、絵図中に見える六本の樹木は、六在家の本来の屋敷の位置を表している。さらには、絵図中に見える六本の樹木は、イエ永続の願いのもとに、開発領主の屋敷墓の上に植えられた霊の憑り代と整理した。

参考文献

網野善彦　一九九八年「北陸の日吉神人」『日本中世の百姓と職能民』平凡社
大石直正　一九九八年「十二世紀における北奥の水田開発」『奥州藤原氏の時代』吉川弘文館
大木　彬　一九八五年「天保九年の巡見使をめぐって」『天童郷土研究会報』第13号
勝田　至　一九八八年「中世の屋敷墓」『史林』第71巻3号
川崎利夫　一九八八年「山形県内における板碑の形態と分布」『羽陽文化』第125号
北畠教爾　一九八二年『山形県史通史編第一巻』
橘田正徳　一九九一年「屋敷墓試論」『中近世土器の基礎研究』Ⅶ

長井政太郎・工藤定雄　一九五七年「在家と集落―山形県内に於いて見られる―」『山形大学紀要』第3巻4号
誉田慶恩　一九七七年『東国在家の研究』法政大学出版局
誉田慶恩　一九八一年『天童市史上巻』
丸山　茂　一九五八年『干布郷土史』

第2部　塔婆と供養

板碑と霊場

山形県の日本海側に位置する庄内地方は宗教史的に重要な位置にある。古代には日本海側最北の式内大社・小社が設けられた。古代末から中世を通しては、遠く都にまで影響力を持った、羽黒山伏を中心とする山岳修験が存在し、さらにこれらの流れは近世においては、湯殿山、羽黒山、月山への出羽三山信仰を形成していくのである。しかしながら、こうした列島的な宗教的位置付けに対しては従来注目されて来たものの、中世の人々に密接に関係し、庄内地方の在地の信仰を集めたであろう在地の信仰の様相について言及されることは少なかった。

中世には地域ごとの信仰を集めた在地の霊場、すなわち在地霊場が形成されることがある。これらの霊場の中にはその後の時代に信仰が継続することはなく、現在では忘れ去られてしまっているものも多い。中野豈任は新潟県北部を研究のフィールドとし、中世霊場の姿を明らかにしたのであった［中野 一九八八］。

このような視点から中世の様相を考えるとき、山形県庄内地方の中世の人々の在地の信仰を集めたであろう、在地霊場はどこにどのように見出すことができるのだろうか。古刹延命寺の宗教的環境を検討することにより、この問題にせまってみた。

(1) 霊場生石延命寺

日本海に面した港町酒田市の市街地の東方、庄内平野が出羽丘陵に接する辺りに生石地区がある。古刹延命寺は水田面より一段高い出羽丘陵の中腹に所在する。標高約六〇㍍を測り、西に庄内平野を一望する景勝の地である。現在は、真言宗智山派に属し、山号は生石山金剛峯延命寺。その由緒をたどれば、平安時代には天台宗であり、以降中世を通して背後にひかえる鷹尾山の修験とともに栄えたという。足下には東北地方でも最古級の弥生時代前期遺跡である生石2遺跡、北西には古代出羽国府に考定されている城輪柵跡、古代出羽国分寺と考定されている堂の前遺跡があり、出羽国開発の中心的地域をも一望できる。

古来延命寺は信仰の山鷹尾山の表口の別当とされ〔『出羽国風土記・巻四』〕、延命寺に参拝すれば、「鳥海山」「月山」「鷹尾山」の三カ所をまとめて参拝することができる、表拝所であるという〔酒田市教委 一九九三〕。鷹尾山信仰との緊密な関係がうかがわれる。また、延命寺の位置は大森山の中腹にあたることから、大森山とも密接に関係しているものと考えられよう。この延命寺の地理的環境こそは、中世在地霊場の存在と密接に関係すると考えられる。

中世の延命寺の繁栄を伝える史料は多くはない。わずかに、建保四年(一二一六)の紀年をもつ『三部経伝授記』がある。この史料は、羽州大石寺にて真言僧空寂ら八人が「大日経」「金剛頂経」「蘇悉地経」の三部経の伝授を受けたことの記録であり、伝授を受けた年代は承元五年(一二一一)から建暦元年(一二一一)と見える。三部経とは基本的な三つの経典を指すが、「大日経」「金剛頂経」「蘇悉地経」の三部の秘経は大日三部経と言われるものである。羽州大石寺とは、訓ずれば「オオイシテラ」となり、出羽国生石寺「オイシテラ」と考えられ、延命寺をさすという〔武田 一九八三・一九八五〕。すでに鎌倉時代の初期には有力な寺院であり、三部経の伝授を行うことができる地域の有力寺院であることが想像できる。

(2) 延命寺板碑群

延命寺を特徴づけ、中世の姿を今に残すものは、延命寺を中心としながら、延命寺と周辺の生石地区に分布する、特徴ある板碑群の存在である。これらの板碑は『生石板碑群』として、山形県指定文化財に指定されている。当板碑群についてはすでに、先学によって詳細な報告が尽くされている〔川崎浩　一九五四、渋谷　一九七七、川崎利　一九八三、伊比　一九九五など〕。これらの報告によりながら、板碑群の概要について述べてみたい。

酒田市を中心とする、飽海地方には、酒田市・平田町・八幡町の一市二町にわたって七三基の板碑が確認されている。これらは、単独で存在するものから、延命寺境内のように群をなすものまで、そのあり方は様々であるが、延命寺周辺に分布が濃密である。

このうちの三〇基が生石延命寺の境内にあり、延命寺周辺をも含めれば、飽海地方の板碑の大半がこの地区に集中するといえる。板碑の営まれた年代は、紀年銘のある板碑によれば、鎌倉時代末の正和三年（一三一四）から、室町時代初めの応永八年（一四〇一）までの八七年間となり、約一世紀にわたって営まれている。

写真１　酒田市生石の十二仏種子曼荼羅板碑　延文４年（1359）

延命寺の板碑は、山形県内に所在する他の地方の板碑とは様相を違えている。これらの板碑は安山岩質の成形を加えた石に種子を薬研彫りで刻んだものであり、区画線が明瞭であり、偈頌や紀年などの銘文を伴うことが多い。山形県内の他の地域の板碑は、成形しやすい凝灰岩を使用しながら、頭頂部を三角に突出させ、額部を作り出す型式が多く、また安山岩質の岩石を板碑の石材として選択することはあまりない。さらには板碑の表面に種子を刻むことはあっても、長文の偈頌や紀年、造立趣旨などを刻むのは非常に少ない。このような点からすれば、山形県内の他の地域に分布する板碑と大部様相を違えていることがわかる。千々和到はこの板碑群が営まれる背景には、山形県内陸部とここ庄内地方の板碑文化の流入経路の違いが考えられるという[千々和 一九八五]。独自の流入経路をもつ板碑が群をなし、しかも延命寺境内という一つの箇所に集中するという現象は重要であろう。

さらに特徴を述べれば、逆修板碑や供養碑など、造立趣旨の銘文がはっきりしたものも多い。板碑に刻まれる偈頌にも、円覚経を出典とする「地獄天宮偈」など、全国でも類例の少ないものが見られる。板碑の様式にしても、十仏から十三仏へという、忌日供養の移行過程を示す、「十二仏種子曼陀羅板碑」(写真1)が存在する。これは、弥陀三尊を中心として十二の種子を円形に配置したもので、周囲には、『菩提心論』の偈頌を、これまた円形に配してあるという、類例の少ない特色ある板碑である[望月 一九八六]。特徴ある板碑造営の姿を見ることができる。しかも、板碑や石塔などの石造遺物は、現在よりももっと多量にあったという伝承もあり、現在でも工事に伴って新たに板碑が発見されることも続いている。発掘などの調査の手が入れば、板碑の総数はさらに増加するものと考えられよう。

このような状況を総合すれば、中世の延命寺の景観は、山の中腹に板碑が林立する景観として復元することができるのではなかろうか。訪れる者に独特の宗教的感慨を持たせる、板碑の霊場とでもいうべき様相を示していたのではないだろうか。

この類例として、宮城県名取市にある「大門山遺跡」をあげることができる[名取市教委 一九八八]。千々和到によれば、ここは十四世紀初頭の紀年を持つ板碑群が存在し、一族が墓所を定めながら、供養のための板碑を造立し続ける一族の墓地と見ることができるという[千々和 一九九二]。またこの調査地点の背後の山頂には那智神社があり、名取熊野として著名である。山上には重要な宗教施設が営まれ、中腹には板碑群が営まれるという姿は、生石延命寺の板碑群と共通する。

一族が墓所として供養のために板碑を造立し続けることはここも同じであった。延命寺境内にある板碑の銘文に注目したとき、『弥陀・薬師・逆修碑』(興国七年：一三四六)と、『十二仏種子曼陀羅板碑』(延文四年：一三五九)には、「善阿」という人物が登場する。この善阿という人物が同一人とすれば、興国七年に逆修碑を営んだ善阿は、延文四年に『孝子』により菩提を弔われていることになる。両者の間隔は十四年であるため、一、三、七、十三(十二?)回忌のいずれかの法要にともなって、板碑を造営した可能性が高い。このことは、善阿の一族が連続してこの場所を供養の定点として、保持していたであろうことをうかがわせる。ここは、一族の供養の場として、意識されていた姿を見ることができるのである。

(3) 霊場に営まれた板碑群

なぜ生石延命寺を中心とした地域には、このように特徴的な板碑が集中するのであろうか。それはこの地域が中世の人々にとって、板碑の造営に適した場として認識されていたためであろう。

中野豈任は新潟県内の事例を分析しながら「極楽浄土の入口とも、この世の浄土とも考えられている場所が霊場であり、多数の人びとが参詣した」と見た〔中野 一九八八〕。さらにはそこには、造塔や納骨などが行われるという。生石延命寺を中心としたこの地域は中野豈任が明らかにした、中世に在地の信仰を集めた、在地霊場であったと見ておきたい。その地域性を整理しよう。

延命寺が所在する地域を、今度は酒田市街地を背にして東側からもう一度見上げてみよう。標高一五〇㍍前後の出羽丘陵の低く連続した山並みの中腹、標高六〇㍍ほどのところに延命寺は位置する。背後の丘陵中にはいくつかのピークが見え、このピークのひとつが標高一六〇㍍の大森山である。さらにその背後に標高三五二㍍の鷹尾山が控え、鷹尾山には経塚が営まれる。これらの状況を整理すれば、庄内平野↓延命寺↓大森山↓鷹尾山という重層性が見て取れる。この重層性こそは、柳田國男がいう「…千数百年の仏教の薫染にもかかわらず、死ねば魂は山に登って行くという感じ方が、今なお意識の底に潜まっているらしい…」と共通するものではないだろうか［柳田 一九四九］。この庄内平野→延命寺→大森山→鷹尾山というルートこそは、柳田の考え方を借りれば、魂の帰る路と言い換えることもできるのではないだろうか。

もう一つ注目したいのは、延命寺には「モリ供養」という宗教行事が八月にあり、ここに集う諸国の亡霊を供養するという。亡霊の集まる山でもあるのである。このように考えてくると、延命寺の背後にある大森山の大森とは、「あふ（会う）もり」と読み替えることも可能ではないだろうか。あの世とこの世の境界、幽明の一線、あの世や死者の魂といったものに邂逅する、特別な箇所と考えることもできよう。

写真２　清水のモリ供養
（山形県教育委員会 2009）

実は山形県庄内地方には、大森山に共通する「モリの山」と呼ばれる人家に近接した底平な丘陵があり、そこでは「モリ供養」と呼ばれる宗教行事が行われている。この行事は、民間信仰や人生儀礼を理解するうえで貴重な習俗であることから、「庄内のモリ供養の習俗」は平成十二年十二月二十五日に、国の「記録作成等の措置を講ずべき無形の民俗文化財」に選定された（写真2）［山形県教委 二〇〇九］。鈴木岩弓はモリ供養が行われるモリと呼ばれる空間は、必ずしも高山ではなく、相対的に高くなった「場」を示す用語であると見ている［鈴木 二〇〇九］。モリ供養が行われる空間として、もっとも有名な鶴岡市市街地の南の清水地区にある「モリの山」は、板碑などの中世にまで遡る石造遺物には恵まれないものの、死者の霊魂が集まる場所として著名である。ここは峰が三つに別れているため三森山ともいわれる。八月二十二日〜二十三日にかけて、参詣する者が多く、これを「森まいり」とか「森供養」とか呼んでいる。森の山は亡霊の集まる山であり、この期間に山に登ると、死んだ近親にそっくりな人に出会ったり、木陰から亡霊の話し声が聞こえるという〔戸川　一九五九〕。また、清水地区の子供達が「やっこ」として、参道に待ち構え、山を下る参詣者から小銭や米をせびる。さらには巫女の口寄せなども伴う。別当は月記山天翁寺であり、曹洞宗の寺院である。

これと同様な習俗は、直接比較に困難な一面はあるが、広く山形県一円に分布する。米沢市周辺の置賜地方では川西町小松にある「置霊山(おいためやま)」〔武田　一九七八〕、山形市周辺の村山地方では、山頂に平安時代末の経塚をもつ、山形市大森地区の「大森山」。東根市にある「大森山」などがある。この他にも、『山形県地名録』によれば、集落周辺には大森あるいは大森山と呼ばれる地名がいたるところに見受けられる。

このうち、東根市の大森山には中世に遡る在地霊場としての様相が見受けられるという〔石井　一九九〇〕。大森山は乱川扇状地のほぼ中央に独立して存在し、平坦地からの比高一二〇㍍を測る。山頂には平安時代末の経塚が数基営まれ、山裾には中世に遡る五智五仏の磨崖仏が営まれる。五智五仏の磨崖仏に近接して、洞窟があり、入り口の上方には六地蔵が刻まれている。付近には数カ寺の寺院が営まれていたという。

さらに、大森山の外周には、総高二㍍にも達する、中世の巨大な五輪塔が二基存在する。山頂からは眼前に弥陀の浄土である月山がそびえ立つ姿を望むことができる、まさに勝地であり聖地である。ここもまた中野豈任の整理した事例と共通する、中世の在地霊場としての性格が考えられよう。大森山の霊性を基盤としながら、周囲にさまざまな宗教的施設が営まれたものと考えられる。

大森山という呼称ではないが、中世の在地霊場の事例として、村山市河島地区に所在する河島山をも挙げることができよう。さらに岩崎敏夫は、モリの山あるいはモリという空間は、東北一円に広がっており、類似するモヤあるいはモヤ山という空間も同様であり、祖霊の集まる山としてハヤマ信仰と関連するという［岩崎 一九九六］。

おわりに

生石延命寺の事例を考える中で、いささか他地域に深入りし過ぎた観もあるが、延命寺板碑群などのように板碑が集中して営まれる背景には、その土地自体が板碑という供養の産物が、営まれるに相応しい状況が不可欠である。生石延命寺自体が、中世には在地の霊場であり、板碑が営まれるに相応の場所と考えられていたものであろう。こうした様相は山形県内のいたるところに今も見出すことができ、庄内地方のモリ供養などはその代表である。さらにこうした信仰は東北地方一円に広がる。

さて中世霊場は中世に突如出現したものなのであろうか、延命寺や大森山さらには河島山の場合、霊場のひとつの基点をなすであろう最も高い地点に、古代の経塚が営まれるということが重要なことは言うまでもない。さらに宗教的霊性と共感する自然環境も、中世霊場の成立には重要であるらしい。延命寺の場合、さらに想像をたくましくすれば、先に述べた、建保四年（一二一六）の紀年をもつ『三部経伝授記』の中に出現する、「羽州大石寺」という記述が興味深い。現在の延命寺の本堂の上には社殿があり、その背後の右側の斜面には大きな石が累々としている。こういった大石（おおいし）の存在こそが、「羽州大石寺」という文言と通ずるのではないだろうか。さらに述べれば、こうした累々とした石が存在する、普通の土地様相とは相違する状況こそが、霊性の根幹にあるのではなかろうか。こうした姿は山寺立石寺の様相とも共通すると見ることができる。

参考文献

石井浩幸　一九九〇年「「大森山・モリノヤマ」―地域霊場の実態―」『山形県地域史研究』第一六号

伊比隆司　一九九五年「庄内地方の板碑」『羽陽文化』第一三八号

岩崎敏夫　一九九六年「ハヤマ信仰と祖霊の概念―神道・修験道の原点―」『東北文化研究所紀要』第二八号

川崎浩良　一九五四年『山形県の板碑文化』

川崎利夫　一九八三年『板碑の総合研究地域編　山形県』

酒田市教育委員会　一九九三年『ジュニア版酒田の歴史』

渋谷敏己　一九七七年「飽海地方の板碑」『庄内考古学』第一四号

鈴木岩弓　二〇〇九年「モリ供養とは何か」『庄内のモリ供養の習俗』

武田喜八郎　一九八三年「建保四年の『三部経伝授記』について」『山形県地域史研究』第八号

武田喜八郎　一九八五年「藤原末期の古点本『秘蔵記』と筆者隆賢について」『山形県地域史研究』第一一号

武田　正　一九七八年「山形県の葬送墓制」『東北地方の葬送墓制』

千々和到　一九八五年「板碑にみる中世の文化」『山形県地域史研究』第二〇号

千々和到　一九九一年「板碑・石塔の立つ風景」『考古学と中世史研究』一六三～一九二頁

戸川安章　一九五九年『修験道と民俗』

中野豈任　一九八八年『忘れられた霊場』平凡社

名取市教育委員会　一九八八年『大門山遺跡発掘調査報告書』

望月友善　一九八六年「酒田市生石の一二仏碑について」『庄内考古学』第二〇号

柳田國男　一九四九年「魂の行くえ」『若越民俗』

山形県教育委員会　二〇〇九年『庄内のモリ供養の習俗』

成生荘型板碑の世界

はじめに

成生荘型板碑、「なりゅうのしょうがたいたび」と読む。凝灰岩製で頭部が突出する特徴的な形態をとり、刻銘はほとんど持たない。山形県の県庁所在地山形市のすぐ北側に位置する、天童市を中心とした地域に分布する。この地域は中世には成生荘と呼ばれ、成生という遺称地は現在に残る。中世の成生荘に特徴的な板碑の型式ということから、この呼称がある。小稿では、成生荘型板碑の研究史を整理しつつ、形態的な特徴や、板碑に伴う伝承などを手掛かりにしながら、この型式の板碑について分析し、成生荘型板碑の存在意義と、この板碑を取り巻く周辺世界を垣間見てみたい。

山形県内の板碑の総数は約、〇〇〇基以上であろうと推定されている。このうち現在の天童市内に所在する板碑は九九基であり、これに本来天童市内にありながら、流出したものを加えるとその総数は一〇一基(その後追加され一〇四基)ととらえられ、山形県内のほぼ一〇%という多数の板碑がここには存在することになる[天童市 一九五五]。その

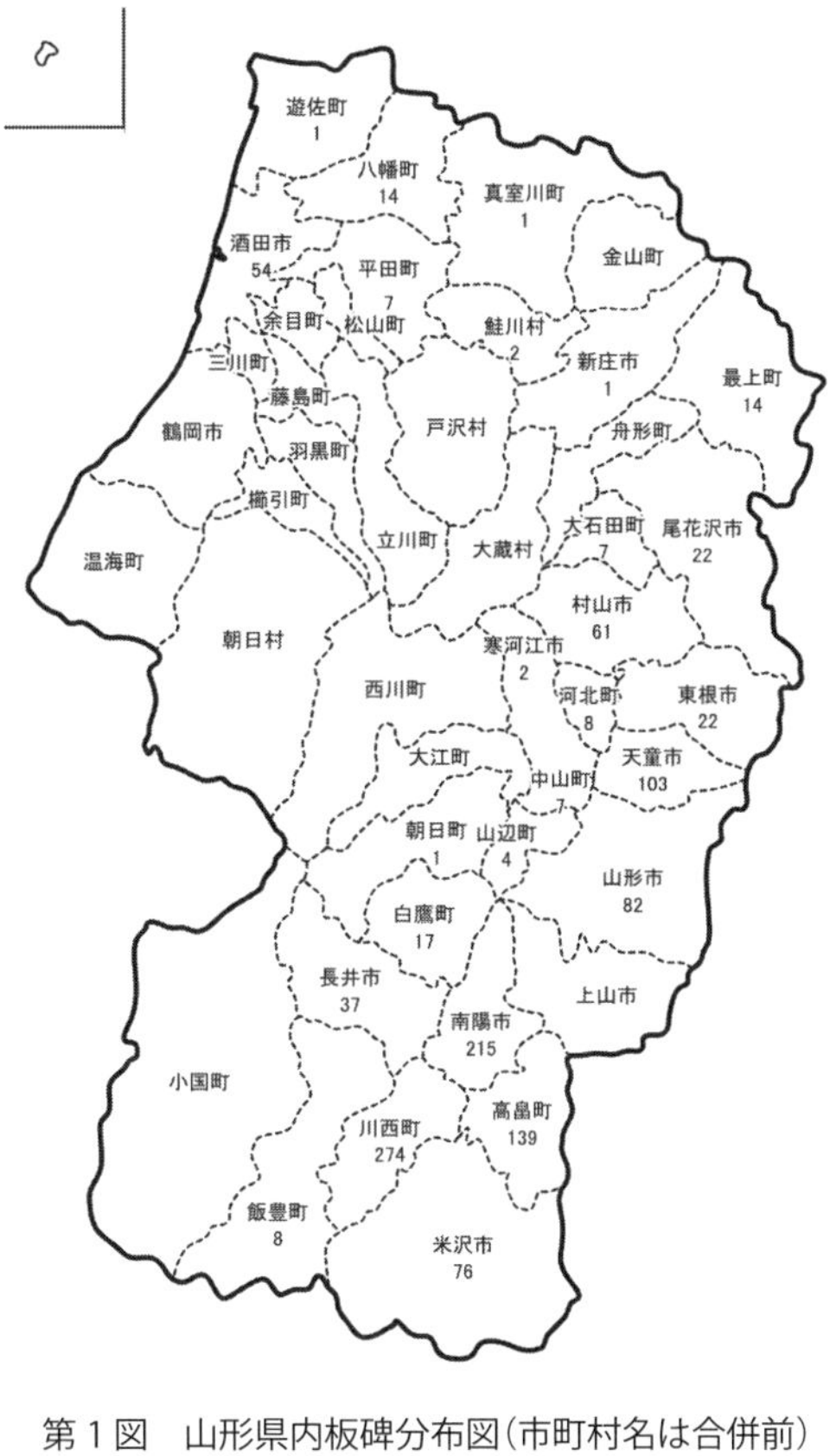

第1図　山形県内板碑分布図(市町村名は合併前)

うち成生荘型板碑は約七〇%であるという。とすれば、あくまでも推計ではあるが、数字の上からは成生荘型板碑は、山形県全体の板碑数量の約七%を占める板碑ということになる。

1　成生荘型板碑の成立について

「成生荘型板碑」という型式名は、川崎浩良が『山形県の板碑文化』[川崎　一九五四]の中で、山形県内の板碑を型式分類したときに使用した「成生荘型板碑」に起源をもつ[1](第2図)。川崎浩良は同書において、山形県の板碑研究の方向性を決定付ける業績を残した。川崎浩良の分類は主に板碑頭部の形態に着目し、これを指標として資料の相違点を見出し類型化したものであり、銘文の分析を中心として研究が進展していた当時の状況と一線を画し、板碑を一つの石造物として見つめ、その型式的特徴に注目した研究であったといえよう。千々和到はこの成生荘型板碑を指して「山形に特有のものと一応言ってよいと思う」と述べている[千々和　一九九五]。

成生荘型板碑の成立について、川崎浩良は、中世成生荘にその足跡を濃厚に残す時衆一向俊聖の唱導と板碑造営との関係を想定した。さらに成生荘型板碑の大きな形態的特徴である、頭頂部を高く突出させるという属性について、菩薩像の肉髻にその祖形をもとめた。つまり板碑の頭頂部は、通常、山形に突出し圭首となるが、菩薩像の肉髻を頭頂部に載せたために、このような特徴的なコブ状頭部を形成するというのである。このような視点からすれば、地域的な宗教文化の展開のなかに、成生荘型板碑の生成と展開を見出すことができるという認識が含まれていたことがわかる[2]。また、川崎浩良は成生(荘)型のほかに、置賜型、山形型、山寺型、飽海型、田川型などを分出し、それぞれを独立のものとして地域名を型式名に冠して分類した。この他に、米沢市を中心とする置賜地方の磨崖碑と、露岩を仏龕のように成型し板碑を彫り込む龕殿《がんでん》型碑も見出している。こうした地域名を冠した分類にふれて、縣敏夫は「注

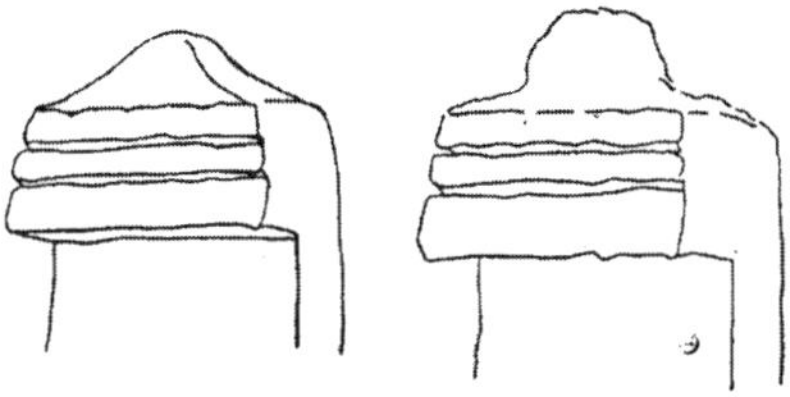

第2図　置賜型と成生型（川崎浩良 1959 より）

目すべきは〈県下の板碑実測〉の項で、一六〇点をあげ形態・内容をもって分類し、地域文化の特質に帰納させる独創的な方法論は斬新で、その後の板碑研究に影響をあたえた」［縣 一九八四］という。また、本書の刊行は山形県外にも影響を与えた。縣敏夫は『山形県の板碑文化』の出版以降、板碑文化を表題に取り入れた刊行物の例をいくつか取り上げながら、日本海側の板碑研究に影響を与えたことを述べている［縣 一九八五］。

『山形県の板碑文化』以降、山形県内の板碑の研究は、地域的形態に注目した、型式差を地域的特徴に置き換えつつ理解するという、型式分類を中心として進展していく。たとえば『郷土研究手帳』［山形県 一九八一］では、村山中東部型などいくつかの型式を分類し、安彦良重は仮称としながらも小国郷型を追加した［安彦 一九九五］。このように型式はさらに増加するが、基本的には川崎浩良の型式分類の延長線上にある。

川崎浩良に続いて、成生荘型板碑に積極的に論及しているのは川崎利夫である。川崎利夫は、こうした地域的展開を重視した研究方法を受け継ぎ、天童市内に展開する成生荘型板碑の細分した型式分類を行い（第3図）［川崎利 一九八八］、併せて編年作業を行い、成生荘型板碑の型式の変遷を、石仏から成生荘型板碑そして岩塔婆（山寺立石寺が代表）へととらえ、石仏を祖形としながら成生荘型板碑が展開するという見通しを持ち、成生荘型板碑の中世を通しての変遷を時間的・形態的に整理した［川崎利 一九九五］。さらに、成生荘型板碑の生成について「成生庄の念仏隆盛という独自の宗教的雰囲気の中で、前代の舟型光背による一光一尊式の植え込み式の石仏と板碑の習合により独特の頭頂部形態をもつ板碑を成立させた」とし、成生荘内の同一地域内で変化が起こり、石仏から板碑が生成したと説明する［川崎利 一九九七］。

成生荘型板碑の分布も川崎利夫によって考察されている。これによれば、現在の行政区分の天童市を中心としなが

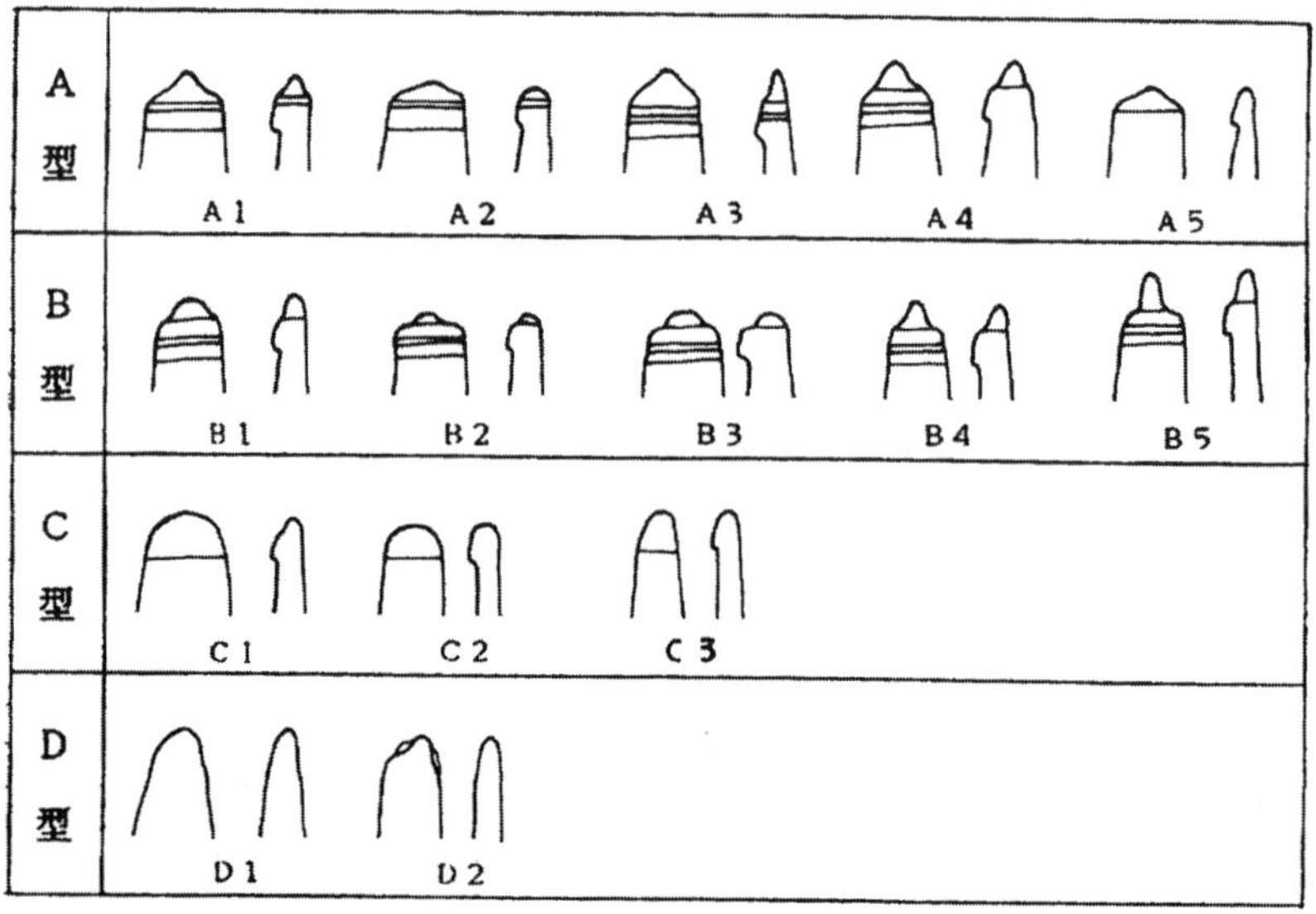

第3図　成生荘型板碑の形式分類（川崎利夫 1988 より）

ら、その周辺と、一部は山形市市街地を飛び越えてその東側にも分布するという〔川崎利 一九九八〕。なお、蛇足ながら、川崎浩良は川崎利夫の伯父という関係にある。

2　天童市内の成生荘型板碑

ここでは、川崎利夫を中心として行った天童市内の板碑の悉皆調査である『天童の板碑』〔天童市 一九九五〕に拠りながら、天童市内の成生荘型板碑について概観したい。

前述したように天童市内の板碑は頭部が突出する「成生荘型」という特徴的な形態をとるものが多数を占める。刻銘はほとんど持たない。成生荘型板碑の装飾に関係しては、天蓋・花瓶・香炉・前机といったものも持たない。碑面の金箔や漆などの装飾も、現在確認することはできない。

種子は持つが、たいていは一尊のキリーク（一〇基）であり、数量的にも多数を占めている。これ以外の種子はアーンク（三基）、バーンク（一基）、バン（一基）、アン？（一基）、タラーク（一基）、カーンマーン（一基）、ウーン（一基）、サク（一基）などがある。種子をもつ板碑は二〇基であり、全体の一八％

となる。また、同じキリークでも、正字と異体字があり、「原崎大仏板碑」「北目陽雲寺板碑」などそれぞれ字形が違う。一尊種子のみであり、後世の追刻を除いて三尊種子は見当たらない。

天童市内の板碑について、『天童の板碑』に記載のデータをもとに、やや見にくくはあるが、報告されている全点数について、第4・5図として掲載した。川崎利夫によれば、これらの板碑はA～D(第3図)の各型式に細分されるという[川崎利 一九八八]。

板碑の大きさは、大半が破片であるため全体を知ることのできる四七基について考察すれば次のようになる。なお、板碑の下面の調査が完全ではないため、正確には実測値として示した値も、推定の域を出ないものがある。このうち、一〇〇チセン以下の高さを持つものが三一%、一〇一～一六〇チセンが四三%、一六一～一九〇チセンが一五%、二一〇～四二五チセンが二%となる。このようなことからすれば、一〇一～一六〇チセンのものが最も多く、これよりも大型の一六一～一九〇チセンが少なく、二一〇～四二五チセンは五基のみと少数となる。小型のものには、窪野目一楽壇のように、ほぼ同型同大のものがまとまる傾向がある。小型の板碑が集中して立てられていた状況を想定することができる。

成生荘型板碑である原崎大仏板碑(一六二頁参照)は地中埋没部分を除く高さは四一七チセンであり、おそらく総高は四五〇チセン近い規模であると考えられ、山形県内では最大であり東北地方でも最大級の板碑のひとつである。縦長のキリーク一尊を蓮台に乗せ、やはり刻銘は持たない。成生荘の政所と考えられる二階堂屋敷に向かう古道に南面して立っている。古道に面する大型板碑という姿が注目される。蓮台を持つものはこの事例のみである。これら二一〇チセンを越す板碑は、種子をもつ丁寧な作りのものが多い。

さて、成生荘型板碑の営まれた年代であるが、これらの板碑の年代を示す史料としては、窪野目一楽壇板碑にのこる墨書の「応永九年(一四〇二)」の紀年が注目される。同所には同型同大の板碑が三基出土し、この時期にはこうした小型の板碑が、おそらく集中して営まれていたことがわかる。さらにこれらの板碑はすでに成生荘型板碑の特徴

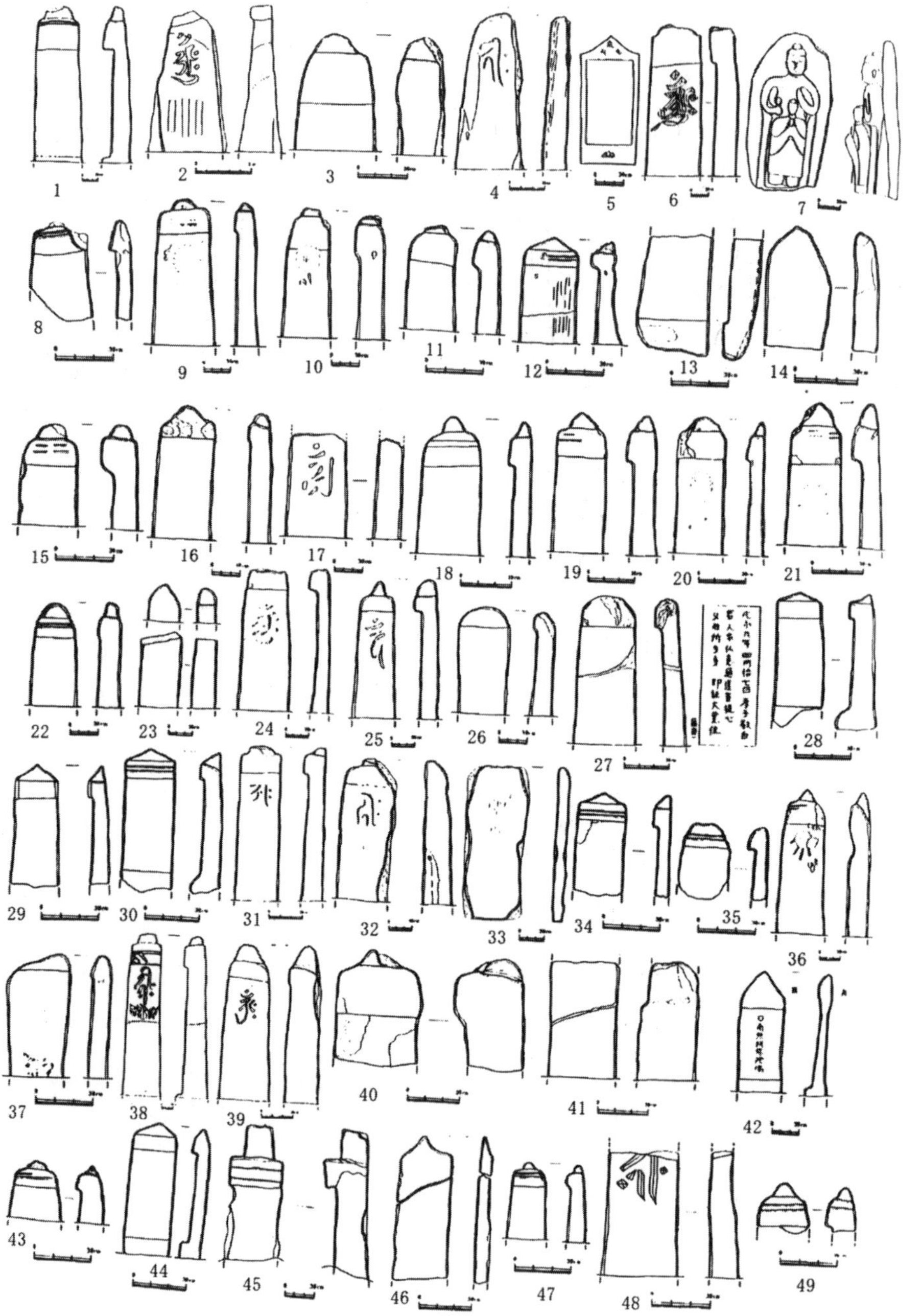

第４図　天童市所在板碑(1)

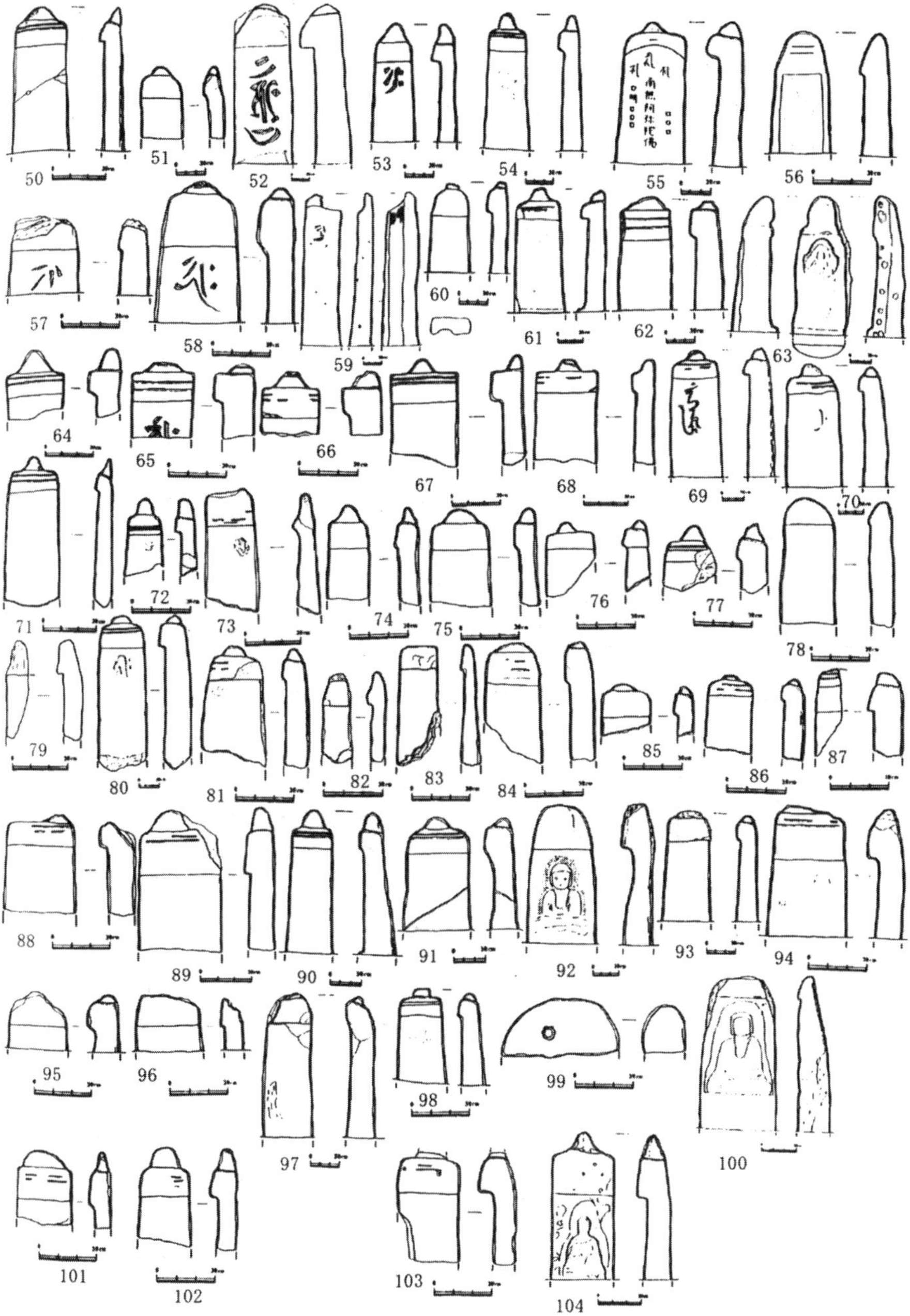

第５図　天童市所在板碑(2)

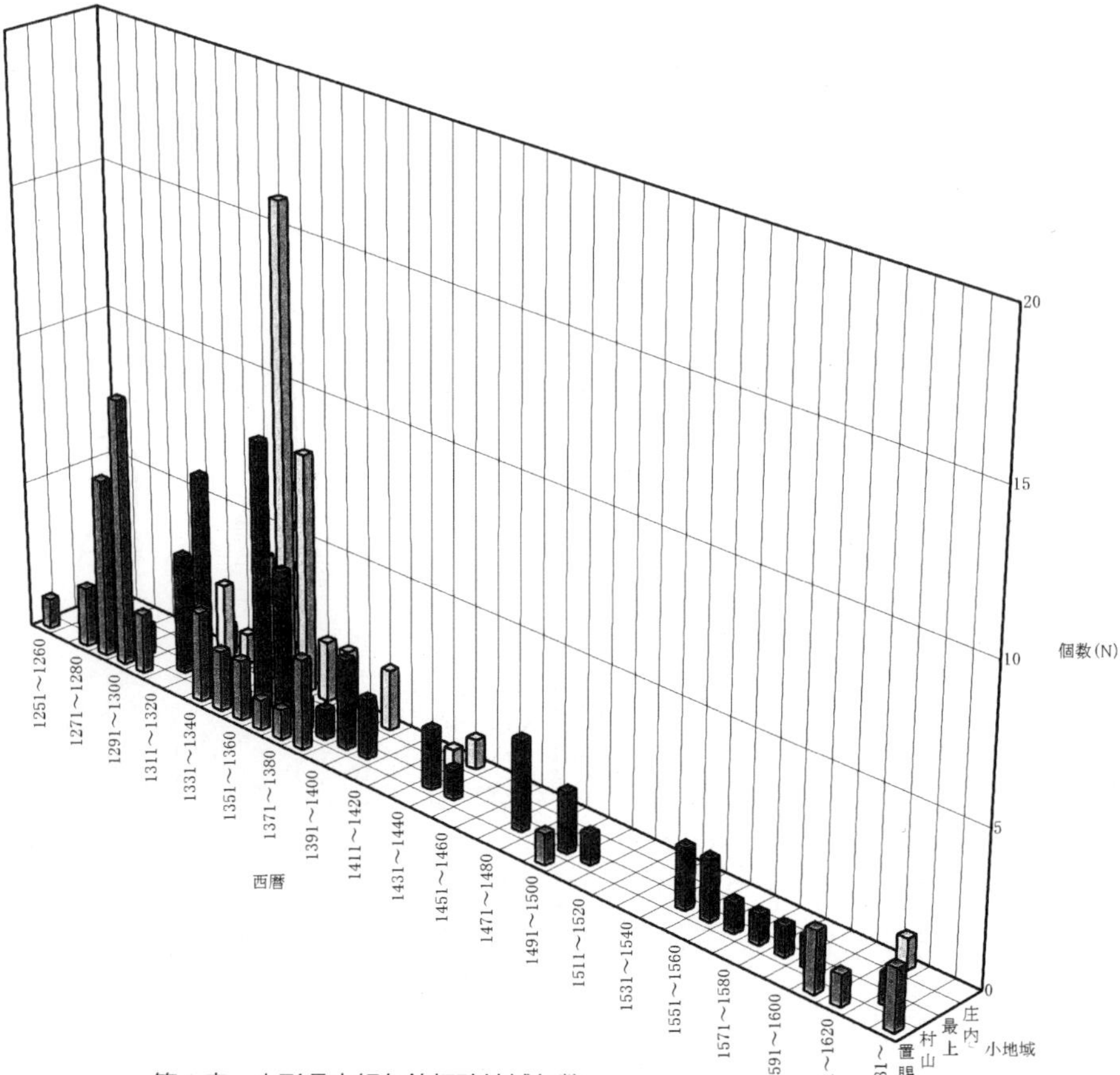

第１表　山形県内紀年銘板碑地域毎数

を有してはいない。おそらくこの十五世紀初頭という時代には、成生荘型板碑の型式はすでに失われていたと考えられよう。

山形県内の紀年銘のある板碑について、『山形県史古代中世史料２』により抽出し表として示した(第１表)。これによれば、各地域により板碑の営まれていた年代に差があることが読み取れる。山形県内の最古の紀年を持つ板碑は、南陽市竹原阿弥陀堂の「正元元年(一二五九)」であるが、天童市に近接する山形市内では、最古の紀年を持つ板碑は、山寺峯裏洞窟板碑の「永仁四年(一二九六)」である。その南、上山市の最古の紀年を持つ板碑は、前丸森板碑の「応長元年(一三一一)」となる。さらに、この表からは板碑造営のピークは十四世紀代にあることがわかる。県内の紀年を持つ板碑を参考とするかぎり、天童市周辺では、十三世紀の最末から板碑が営まれ始めたと想定することができる。

このようなことから成生荘型板碑の造営年代を推定すれば、おそらく最初に十三世紀末〜十四世紀の初頭前後に種子のある大型のものがまず営まれ、十五世紀の初頭前後頃、応永年間ころには小型化し、成生荘型の特徴は失われてしまったと見ることができる。この年代観は川崎利夫が『羽陽文化』第一三八号〔川崎利一九九五〕に示した編年表のセリエーションともほぼ符合する。とすれば、成生荘型板碑は十四世紀から十五世紀の約一〇〇年間に営まれ、そして、衰退して小型化するとともに頭部の突出という特徴も喪失していったと見ることができる。

3 成生荘型板碑にみる銘文

銘文の存在を知ることができる資料は、窪野目一楽壇出土板碑と上貫津出土板碑の二基のみと非常に少ない。また、銘文が板碑の碑面に直接彫り込まれることはなく、墨書で表記されたもののみが残る。刻銘を持たず墨書による銘のみが残る姿が注目される。なお、山形県内の墨書板碑は、山形県東根市や同南陽市でも類例が報告されている〔東根一九九九、錦一九九五〕。このうち東根市の日塔沼の北から出土した板碑は「額の二線も墨で書かれた墨書の板碑」であったという。中世には多数の墨書板碑があったことがわかる。成生荘型板碑は背面の加工痕が粗いが、表面は平滑に仕上げられている。これも墨書などのための調整と見ることもできる。

このうち上貫津出土墨書板碑は、銘文は記録されているものの、すでに亡失しており、現在、墨書板碑の全体を知ることのできる資料は、山形県全域を見ても、窪野目一楽壇出土の板碑のみである。窪野目一楽壇出土板碑には、「応永九年四月拾七日　孝子敬白　若心来仏恵　通達菩提心　父母所生身　即起大覚位」と銘文があるが、現在では墨書は薄く判読できない。上貫津出土板碑には「毎日作是念　以何令衆生　得入無常道　速成就仏身」の銘文が存在したと報告されている(3)[川崎 一九五四]。

さて、窪野目一楽壇出土板碑と上貫津出土板碑に記された偈頌であるが、加藤政久の編んだ辞典を参照すれば、それぞれの意味と出典は次のとおりとなる[加藤 一九九〇・一九九三]。窪野目一楽壇出土板碑は「若人(心)求(来)仏慧(恵)通達菩提心　父母所生身　速(即)証(起)大覚位《( )内は板碑の表記》」。金剛頂瑜伽中発阿耨多羅三藐三菩提心論(不空訳)の最後の偈頌が出典であり、「若し人仏慧を求めんに、菩提心に通達《つうだつ》すれば、父母所生の身なれども、速やかに大覚位を証《さと》らん」との意になる。上貫津出土板碑は「毎自(日)作是念　以何令衆生　得入無上(常)道　速成就仏身《( )内は板碑の表記》」。妙法蓮華経巻第五如来寿量品第十六にある韻文が出典であり、「毎《つね》に自から是念《このねん》を作《な》す、何を以てか、衆生をして無上道に入り、速やかに仏身を成就せん」の意となるという。

つぎにさらにこの事例について検討してみたいが、一楽壇出土の菩提心論板碑の冒頭の部分は「応永九年四月拾七日 孝子敬白」と見え、その後に「若心来仏恵　通達菩提心　父母所生身　即起大覚位」の菩提心論偈が連続する。冒頭の部分は、応永九年(一四〇二)四月十七日に、おそらく父母の供養のために、その子供が造立したものであるという、板碑造営の趣旨を表しているものととらえられるが、こうした紀年と造立趣意が最初に表記され、次に偈頌が続くという銘文の構成は、なじみが少ない事例であり、その構成は特殊である。宝篋印塔では紀年が冒頭に位置する構成は見受けることがあるが、板碑ではほとんど類例を探ることはできない。ではなぜこのような構成をとるのであろうか。碑面を観察すると、墨書は碑面全体に広がるように書かれている。また、書かれている状況も上から下に向かってきちんとした構成をとるのではなく、文字はやや斜めになっており、雑な感じさえ受ける。千々和到は、新潟県新発田市宝積寺館跡から出土した墨書板碑について、回忌法要にさいして追善供養のためにささげられた諷誦文を墨書したものととらえ、供養終了とともに埋納されることが予定されていた塔婆であると考察した[千々和 一九九四]。

窪野目一楽壇出土の菩提心論板碑も、銘文の構成が粗雑であり、回忌法要などのためにその場で書かれた墨書板碑の例ではないのだろうか。表記も佛慧が佛恵、速が即と表わされるなど、原典を傍に書写したというよりは、記憶を頼りに、その場で一気に書き上げたという印象を受ける。その後、宝積寺館跡から出土した墨書板碑同様すぐ埋められたのではなかろうか。このために普通は消えてしまう墨書が、約六〇〇年もの間残っていたのであろう。また、種子がない小型の板碑であることも、こうした供養の場で使用された板碑である可能性が強いと考えられる。こうした供養に伴って埋納された成生荘型板碑は、清池鳥居原出土の板碑をとりあげた村山正市の報告にあるものもその事例に付け加えることができよう(4)[村山 一九八三]。

さて、こうした、墨書された史料の類例として、窪野目一楽壇の近接地域である、大清水地区に所在する「高野坊遺跡」から「墨書礫」が近年出土した。この墨書礫は、応長元年(一三一一)の紀年を持ち、宮城県利府町の道安寺横穴より出土した、弘安六年(一二八三)に次いで、現在のところ、墨書礫としては全国で二番目に古い紀年を持つ資料である。この拳大の墨書礫は、窪野目一楽壇出土墨書板碑とは約一〇〇年間の時間差があるが、石材に墨書で銘文を書くという行為は共通のものであると考えられる。高野坊遺跡出土の墨書礫の銘文の構成を検討すれば、礫の表裏に墨書された銘文は、本来は表面の一面に書かれるべきものであり、表面を上面、裏面を下面として配置を変えたとき、墨書礫の銘文は板碑の銘文の配列と同じものとして復元することができるというのである(三宅宗議氏ご教示)。

墨書礫は、本来は平安期に、経塚の副納遺物として納入されていたものが、供養という行為に関係して、十三世紀後半ころから墨書礫のみで独立して納められるようになる。ということを述べたことがある[山口 一九九八]。類例は少ないものの、三宅の指摘とこうした墨書礫の性質とを考えた場合、墨書礫の銘文と板碑の銘文の共通性を指摘することができる。一つの可能性としては、墨書礫の成立が、墨書板碑の成立に影響したともみることができようか。

4　成生荘型板碑にみる伝承

成生荘型板碑に伝承が付随する例としていくつかの事例をあげれば、原崎大仏板碑（笠仏／庚申塔／削って飲む）、上荻野戸宮田寝仏板碑（寝仏〈寝ている板碑を起こすと雨が降る〉）、上荻野戸悪王子宮板碑（庚申塔）、上荒谷図像板碑（子安観音）などがある。これらの信仰や伝承は、追善供養さらには現世や来世の平安を祈るという、板碑本来の意味とかけ離れている。こうした事態は板碑造営の本来の目的であった供養という意味づけが時間の経過とともに忘却されて変化し、石塔としての信仰、庶民信仰の世界に取って代わられ、後世に付随したものとして理解される事例が多い。しかし、板碑造営の趣旨がその伝承に残されている可能性はないだろうか(5)。

たとえば、奈良沢月山神社板碑には「平家地蔵」の呼称がある。同じ呼称を持つ板碑として、「平家地蔵」と呼ばれる板碑が山形市切畑地区にもあり、故竹田賢正が注目していた。さらに類例をあげれば、平家地蔵と呼称される石造遺物は新潟県五十公野《いじみの》竜昌寺にも存在する。ただし五十公野の事例は板碑ではなく石仏であり「平家仏（平家地蔵）」と呼ばれている［中野 一九八八］。わずか三例の事例ではあるが、板碑がなぜこのような「平家地蔵」などという名称を持つにいたったのだろうか。竹田は、宗教者が民衆に切り込むとき教理経典といったものによって立つのではなくて、文学や身近な宗教体験を手掛かりとしていたのではないかという考えに立っていた。つまり、宗教者が平家物語を使って民衆の中に切り込んでいったのではないかと考究したのである。そのために「平家地蔵」という板碑が残るという。

実際に宗教的な場面で平家物語が語られた史料を見出すことができる。伏見宮貞成親王の日記である『看聞日記』応永二十五年（一四一八）三月十二日条に、「……抑矢田地藏堂此有勧進平家。平家最中地蔵菩薩錫杖ヲ振給。仏躰聊動御云々。平家聴聞芝居物共見之不思儀事也（下略）」と見える。矢田寺地蔵堂の地蔵菩薩の前で、おそらく平家物語を催したときに、地蔵菩薩が錫杖を振って動いた、というのである。矢田寺の地蔵堂はその前年の四月三十日に炎上しているため、再建のための勧進をした際の事件であった［望月 一九八九］。この記事は、中世には平家物語は宗教的な場で語られる物語であったことを象徴していよう。思い起こしてみれば、小泉八雲の『怪談』に登場する「耳なし芳一」は、この世に思いを残した霊魂たちに呼び出され、墓所で平家物語を語り、ついには両耳を失うのであった。このように平家物語は、民衆の前で語られる鎮魂の物語りといえるのではなかろうか。中世京都でも、平家物語の語られた場所は、葬送の場に近い寺堂などの「鎮魂を要する冥府との通路」にあたるところが多いという［石井 二〇〇〇］。

板碑には金箔などで華麗な荘厳があったことも明らかになっている。成生荘型板碑には、現在こうした装飾を見出すことはできないが、華麗な装厳があったことは想像に難くない。金箔などで装厳された板碑を前にして、平家物語を行う場面があれば、大きな宗教的感慨を与えるのではなかろうか。奈良沢月山神社板碑の「平家地蔵」という名称を持つ板碑には、由来を調べる手掛かりは何も残っていないものの、人々の板碑に対する思いとでもいうべきものを、その名称から読み取ることはできはしまいか。

5　成生荘型板碑と類似している資料をどう考えるか

成生荘型板碑は天童市内を中心として分布する特徴的な板碑として理解されている。しかし、その類例はないのであろうか。凝灰岩製の板碑という視点で類例をもとめれば、九州地方をはじめ日本各地に分布する。隣県の宮城県や福島県にも凝灰岩製の板碑は存在する。頭部が突出するという形態的特徴を重視するときにも、その類例は山形県内の他地域や山梨県などに少数存在する。これからの成生荘型板碑研究の視点として、こういった広範な比較研究の上に立つ立場が求められよう。そのなかで成生荘型板碑の一般性と特殊性も浮かび上がってくるものと考える。ここでは、頭部が突出するという形態的特徴を持つ板碑のいくつかを紹介しながら、成生荘型板碑と類似する代表的事例を検討してみたい。

頭部が突出する類例として次の資料に注目する。①山形県南陽市漆山地蔵堂板碑〔錦　一九九五〕、②山梨県北巨摩郡須玉町江草仁田平片山　輿水家墓地所在板碑〔持田　一九九二〕、③青森県平鹿町大光寺遺跡出土木製品〔葛西　一九九九〕。①②は石造遺品、③は木製品である。

①山形県南陽市漆山地蔵堂板碑は、高さ一八一センチ、上部幅七九センチ、下部幅八九センチ、額部一六・五センチ、厚さ二二センチほどであり、種子はアクが刻まれる。この板碑の頭部はお椀を伏せたような形状をなし、成生荘型板碑と共通する。川崎利夫の分類ではB型に分類されるものと考えられる。錦三郎は南陽市内に所在する板碑をA～Gの7型式に分類し、そのうちのB型が成生荘型板碑と共通する頭部をもつという。しかしながらB型は、漆山地蔵堂板碑のみがあげられているにすぎない。南陽市内に所在する板碑は約一〇〇基であり、そのうちのごく少数であるということになる。成生荘型板碑に類似した板碑がこの地にあるということを注目しておきたい。

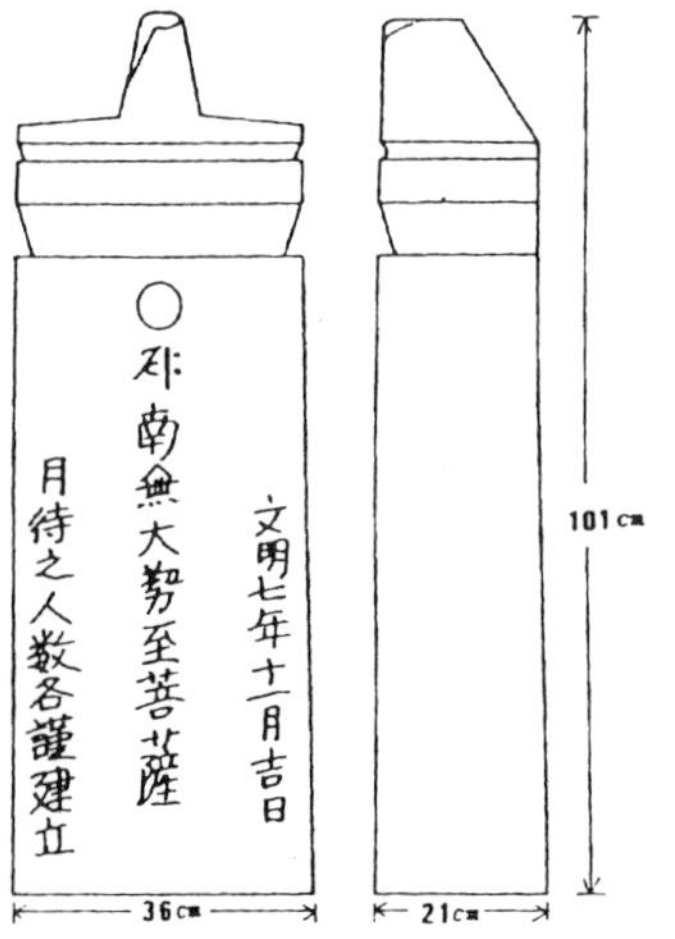

第6図　輿水家墓地所在板碑

②山梨県北巨摩郡須玉町江草仁田平片山の輿水家墓地所在板碑（第6図）は、高さ一〇一センチ、上部の幅は三四・五センチ、下部で三六センチ、厚さは上部で三四・五センチ、下部で二一センチである。刻銘に「○キリーク　文明七年十一月吉日　南無大勢至菩薩　月待之人数各謹建立」と見え、月待の板碑であることがわかる。頭部は烏帽子状に整形され、成生荘型板碑と同様に突出している。この型式は川崎利夫の分

第７図　大光寺新城出土木製品

類には適合するものを見出せない。しかしながら、頭部が突出する板碑の形状が遠隔の地にあるという事実は重要である。これもまた、付近の板碑には類例を見出すことはできない頭部形態であるという。

③青森県平鹿町に所在する大光寺新城跡遺跡からは成生荘型板碑と形態的に類似する木製品が出土している。この遺跡は中世にこの地に勢力を有していた、南部氏の拠点として営まれた城館跡である。成生荘型板碑の類例として注目した木製品は、ＳＤ08という大光寺城を取り囲む外堀から出土し、堀の東側の土留めとして使用されていた（第７図）。共伴遺物として、人骨の頭部とともに五輪塔破片や笹塔婆などの宗教遺物が出土している。このＳＤ08の営まれた時期は、出土遺物の年代観から十五～十六世紀と想定できる。報告書によれば、木製品の形状は、「長さ約一五七センチ、幅約三五センチ、最大厚約九・五センチ、最低厚約二センチの規模を有している。頭部と思われる部分は逆台形状の突起があり、その下が半月状に盛り上がり、二条の刻線が施される。その盛り上がりから下は平坦に削られている。さらに下は腐朽しているもののやや厚みをもたせている」ものであり、その使用については、「おそらくこの部分を地面に差し込まれ板碑状に起立するので

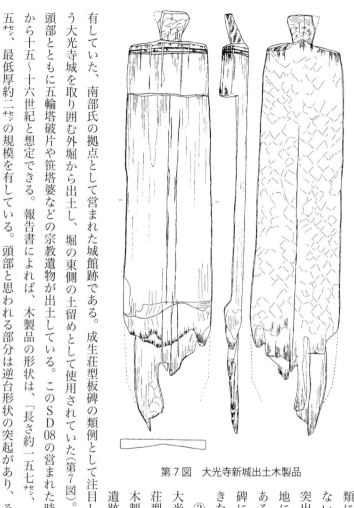

第8図　勝山館跡出土木製品

あろう」と推定している。種子などの痕跡はないという。また、裏面は削りの痕跡が全体におよんでいることが見て取れるが、表面は平滑である。板碑の特徴である二条線がきちんと刻まれているということからすれば、まさに、木製の板碑とでもいうべきものである。同様の木製品と考えられるものが、全容をうかがい知ることはできないものの、他にも数点出土している。

大光寺新城遺跡の所在する青森県津軽地方は、青森県内でも板碑が集中する地域であるが、ここに所在する板碑の形状は「県内の板碑は、自然石を加工したいわゆる自然石板碑に属するもので素材に安山岩が多用されている」という〔高橋 一九八三〕。石造遺品の板碑の様相は、いわゆる「自然石板碑」の型式をとると理解される。同一地域にありながら、大光寺新城遺跡ＳＤ08出土木製品の形状とは異なっていることになる。

このような板碑状を呈する木製品の類例は、北海道上ノ国町の勝山館でも見受けることができる〔上ノ国町 一九八二〕（第8図）。報告書によれば「全長約一五六チセン、幅二二チセン、頭部の厚さ七チセン、体部の厚さ二チセンを有する大型のものである。形態的には頭部は丸みを帯びるように削りを入れ整形されている。頭部と間に段を有し、体部は極めて薄い。体部表面はていねいに加工される。多数の擦痕あり。裏面はやや荒く整形される」。大光寺新城遺跡の事例と同様に、体部の表面がていねいに加工されているということは、表面に墨書などが施されていた可能性を想定することができ

る。(6)

①南陽市漆山地蔵堂板碑、②須玉町板碑の事例の存在は、これを成生荘型板碑というのかどうかがまず問題とされなくてはならないが、①漆山地蔵堂板碑については、川崎利夫の分類にも同一の事例は存在するが、成生荘型の板碑そのものであったとしても、成生荘からもたらされたものだとは言い切れないだろう。あくまでも南陽市あるいはその周辺で成生荘の影響下とは無縁に、作製されたものと見るべきであろう。②須玉町板碑は成生荘型板碑の型式分類には登場しない。しかしながら、山梨県内では類例を見ない板碑であるという。では、成生荘型として考えることはできるのであろうか。石材や銘文から考えても、やはりこれは、須玉町かその周辺で作製されたものであろう。いずれの事例とも成生荘型板碑と型式比定することはできないと考えられる。成生荘とこれらの板碑作製については、無縁と見なくてはなるまい。

このような遠隔の地域での頭部形態の類似は、むしろ、全国的展開で共通するような、なんらかの祖形といったようなものがあり、その受容の過程で成生荘型板碑のような頭部形態が、地域を変えながら生成するとは考えられないだろうか。この共通の祖形とでもいうべきものが木製品を素材として現れたとき、大光寺新城遺跡で出土したような頭部が特徴的に突出する木製品が出現するとは言えまいか。ここでは、木製品に伴う遺物として、人骨の頭部とともに五輪塔破片や笹塔婆などの宗教遺物が出土している。考えてみれば板碑や五輪塔などの石造遺品と塔婆のような木製品とは供養の場に同時に存在する。同一風景に存在する両者は、素材を異にするだけで、きわめて類似する存在ととらえることもできるだろう。このためにこのような特異な木製品が生成されたと考えることはできないだろうか。成生荘型板碑の形態について、一つの地域を限りながら生成し展開したという、地域的様相を重視してきた。変化の原因をそこに帰結させるのではなく、広域比較の中で頭部が突出する類例を見出すことができるのであるから、広域にある一つの範型の中の一つの表現型式と見ることのほうが妥当なのではなかろうか。木製品は、板碑と型式を交換しながら、相互に影響し合って存在している。とまでは言い切れないが、頭部形態の遠隔の地での類似は注目される。

まとめにかえて

ここでは天童市内の板碑を語る上で重要な視点であるにもかかわらず、十分に述べられない事柄について簡単に紹介したい。天童市内の図像板碑については、川崎利夫の論稿を参考とされたい〔川崎利 一九七六〕。板碑の流通の問題も残った。これには石工の問題と同時に、どういった方法で造営されたのかとか、種子はだれが書いたのかなどという、中世の宗教的世界を構成する様相も重要な視点となるが[7]、今回は触れることはできなかった。

註

(1) ここで、成生荘型板碑について補足しておきたい。川崎浩良は、『山形県の板碑文化』の中で、成生荘型板碑と成生型板碑と二つの呼び方を使用している。つまり型式名に「荘」がつく場合とつかない場合とがある。また、「荘」も「庄」と表記される場合があり、この時点においてすでに、型式名に混乱が見られる。川崎浩良が成生荘型板碑を型式として見出した意図は、「所謂成生型と称せられるものは弘安元年(一二七八年)出羽成生庄地頭二階堂藤原行村の裔出羽七郎左衛門尉行頼(佛向寺縁起には頼直とある)の信仰を得て成生に至り、仏向寺の開山となった一向上人俊聖の指導によって起つたと思われる板碑型で、もとは鎌倉型に則(ママ)り只頂部を如来の肉髻に準じて瘤を載せた様にしたものである。恐らく此の形は一向上人の信仰せる阿弥陀如来の頭戴を奉載して、本覚浄土門の精神を表したものであろう」〔川崎 一九五四：二一〜二三頁〕。というように、地域的宗教文化が他の地域にはない特殊な頭部を持つ板碑を作り出したと、説明するところにあると考えられる。こうした認識の底流には、型式の変化が成生荘という一地域の中で展開するという意識が見える。

(2) 千々和到は「型というものを地域名称で呼んで、それだけで説明がつくかと言うと必ずしもそうではない。もうすこし分類というものを考えた方がよいだろう」と指摘している［千々和 一九九五］。成生荘型に類似する板碑は、ほかの地域にも存在しているため、型式名と型式分類基準は、再考されねばならないと考える。新潟県や山梨県に所在する、遠隔の他地域の、成生荘型と類似する板碑の存在が注目されるが、成生荘地域の板碑の存在が直接的影響を与えて、他地域の板碑の成立に関与したとは到底考えられない。以上のことを意識しつつ、消極的にではあるが、ここでは頭部の特徴を指標とした時に、山形県内では、中世の成生荘を中心とした地域に、特徴的に見出すことが可能であることから、地域的な特徴を示している、型式的特徴ととらえおきたい。

（3）山口が『天童の板碑』に原稿を寄せた際に、上貫津出土板碑については、川崎利夫の報告［川崎 一九九五］に従って「原崎山出土板碑」としたが、上貫津出土板碑として、すでに川崎浩良が報告しているため、混乱を避けるため「上貫津出土板碑」と呼んでおく。

（4）さらに付け加えれば、東根市小林B遺跡の埋納板碑の事例について川崎利夫は、自然埋没といった状況ではなく、板碑はあるとき一気に埋められた状態であることが観察されたという［川崎利 一九七八］。小林B遺跡は乱川扇状地上に象徴的に存在する独立丘である大森山の麓であり、ここは中世には在地の霊場であり、山頂の経塚をはじめ、山形県では類例の少ない磨崖仏も営まれている。このことを考え合わせれば、板碑を大森山に供えるという目的で埋められた可能性を想定できまいか。

（5）この指摘は、中世宗教史の研究者であった故竹田賢正氏から何度かいただいたことがある。竹田氏はご自身の宗教者としての体験をふまえ、民衆に切り込むときの宗教者の唱導は教理経典といったものではなく、唱導文学や身近な宗教体験が重要になろうと常々話されていた。この立場は［竹田 一九八八］に述べられている。

（6）このような木製品は何と呼ぶべきなのであろうか。このような板碑型を呈する木製品は、絵画史料の中で注目されてきた。縣敏夫は『餓鬼草紙』『北野天神縁起絵』『一遍上人絵伝』中に見える塔婆を報告し、『餓鬼草紙』に見える、塚の上に立つ板卒塔婆を、「盛土塚の上に三基の卒塔婆が立つ。木製と思われるが、頭部は墨で塗られ、板碑型式の成立が窺える。」と分析した［縣 一九七七］。大光寺新城遺跡と上之国勝山館跡から出土した木製品は、頭部が墨で塗られたかははっきりしないが、こうした中世絵画史料に見受けられる「板卒塔婆」と共通する可能性がある。他方、報告書中では、この木製品を表すのに「碑伝」という言葉が使われている。「碑伝」とは、山伏が入峰修行の秘法を後世に伝えるために建てる標識のことであり、頭部は山形となり額部が形成され、ここには二条線が施される場合がある。石田茂作により板碑の祖形と提唱されたこともある。現在、木製の碑伝が残され、羽黒山には石製の碑伝も残されている。大光寺新城遺跡は山伏の修験とかかわりがどのようにあるかは把握していないが、木製品に伴う遺物として、人骨の頭部とともに五輪塔破片や笹塔婆などの宗教遺物が出土している。このような状況からすれば、ここは供養に関係する地ととらえられ、この木製品は「板卒塔婆」と呼ぶのがふさわしいのかもしれない。

(7)　成生荘型板碑が特徴的な頭部形態を持つという事実からすれば、一元的生産を考えなくてはならない。一元的に石工などの工人層を抱えることのできる有力者として成生荘の東方にある、著名な天台寺院山寺立石寺を想定できる。ここはその存立基盤そのものが成生荘型板碑の原材料である凝灰岩質の岩山である。関係を考えたくなるところだが、成生荘型板碑の成立に関係して川崎浩良は、時衆一向派の一向俊聖との関係を想定している。立石寺は天台宗の東北の要衝であり、時衆一向派といかなる関係を有したかは不明である。さらには、立石寺周辺には、成生荘型よりも山寺型の板碑が多い。単純に立石寺の抱える石工集団が成生荘型板碑を作製したとするには、いささか解決されるべき前提があるのではなかろうか。

参考・引用文献

縣　敏夫　一九七七年「絵巻に見る板碑」『考古学ジャーナル』第一三二号
縣　敏夫　一九八四年「主要文献解題」『板碑の総合研究　総論』柏書房
縣　敏夫　一九八五年「東北における板碑研究の沿革(一)—板碑名称の変遷を中心として—」『歴史考古学』第一五号
石井　進　二〇〇〇年『中世の村を歩く』朝日選書六四八
葛西　励　一九九九年「大光寺新城跡遺跡(第4・5次調査)」『平鹿町埋蔵文化財報告書』第二四集
加藤政久　一九九〇年『石仏偈頌辞典』名著出版
加藤政久　一九九三年『続石仏偈頌辞典』名著出版
上ノ国町教育委員会　一九八二年『上之国勝山館跡Ⅲ—昭和五六年度発掘調査整備事業　概報—』
川崎浩良　一九五四年『山形県の板碑文化』出羽文化同好会
川崎利夫　一九七六年「天童市内の弥陀陽刻板碑」『羽陽文化』一〇三号

川崎利夫　一九七八年「板碑を掘る―東根市小林B遺跡における埋没板碑の発掘―」『羽陽文化』第一〇七号
川崎利夫　一九八八年「山形県内における板碑の形態と分布」『羽陽文化』第一二五号
川崎利夫　一九九五年「成生荘型板碑論」『羽陽文化』第一三八号
川崎利夫　一九九七年「出羽国成生荘における中世の石仏と板碑」『日本の石仏』八三号
川崎利夫　一九九八年「県内における板碑の地域性について」『山形県文化財保護協会専門部会調査研究報告書』二号
高橋　潤　一九八三年「青森県」『板碑の総合研究2　地域編』柏書房
竹田賢正　一九八八年「板碑偈文「阿字十方の伝承系譜について」―民衆念仏信仰研究の一視点」『山形県地域史研究』第一四号
千々和到　一九九四年「石の文化」『岩波講座　日本通史』第九巻、岩波書店
千々和到　一九九五年「板碑にみる中世の文化」『山形県地域史研究』第二〇号
天童市史編纂委員会　一九八〇年『干布地区資料(2)』天童市史編集資料第一九号所収
天童市立旧東村山郡役所資料館　一九九五年『天童の板碑―石にこめる願い―』
中野豈任　一九八八年『忘れられた霊場』平凡社
錦　三郎　一九九五年「南陽市内の石造文化財―中世の南陽―」『南陽市史編集資料』第二五号
東根の歴史と民俗を探る会　一九九九年『東根の石碑石仏』
村山正市　一九八三年「天童市鳥居原の埋蔵板碑」『羽陽文化』第一〇八号
持田友宏　一九九二年「甲斐国の板碑　2」
望月信成　一九八九年『地蔵菩薩』学生社
山形県文化財保護協会　一九八一年『郷土研究手帳』
安彦良重　一九九五年「最上地域の板碑」『羽陽文化』第一三八号
山口博之　一九九八年「なぜ書くの？―高野坊遺跡出土の墨書礫紀年銘資料によせて―」『郷土てんどう』第二六号

板碑と木製塔婆——山形県と大分県の板碑の類似から——

はじめに

板碑は北海道の南部から鹿児島県南方の離島までの広い範囲で営まれた中世の代表的石造物であり、近世までを見通してもおそらく日本で一番広い分布域を持つ石造物のひとつとなろう。

全国で板碑を見せていただく機会があるが、遠隔地域での形態類似に驚かされることがある。山形県域特に米沢を中心とする置賜《おきたま》地域に分布する板碑と、大分県の国東半島を中心とする地域の板碑の形態類似はその最たるものである。実はこうした形態類似についての指摘は古く、山形県の板碑研究の先駆けである川崎浩良は、一九五四年に著した『山形県の板碑文化』で山形県域の板碑と大分県域の板碑との形態類似についてすでに述べている。小稿は山形県に分布する板碑と大分県に分布する板碑の形態類似について整理しつつ、その背景を木製塔婆との関係から探ろうとするものである。

1　山形県の板碑と大分県の板碑

山形県と大分県の板碑形式の類似についてはすでに古くから知られていた。川崎浩良は、両者の類似について鎌倉からの導入の結果であるとした［川崎 一九五四］。播磨定男も両者の類似に触れ、全国の板碑の出現といわゆる整形板碑と自然石板碑の発生に関連させ、一元的な発生よりも多元的に発生していることを指摘している［播磨 一九八九］。原田昭一は二〇〇四年の段階で、両者の類似について、板碑文化のいずれも他地域からの影響のもとに成立している地域であることから、直接的な交流があるかどうかは不明としつつ、その信仰基盤がきわめて近似していることを生成の理由と考えている［原田 二〇〇四］。これら先行研究に学べば、山形と大分には同様な板碑が存在し、遠隔の地であり直接的な板碑交流の痕跡は見出しにくいが、その背景には、一元発生的な板碑の展開のため、全国で類似板碑の生成が起こる可能性や、板碑造立の基層となる信仰の類似などが考えられることとなる。

さて、山形県の板碑と大分県の類似板碑についていくつかを提示してみよう。

第1〜4図の板碑四点はいずれも凝灰岩・安山岩質（石材名は報告に従う）の板碑である。四点いずれもが、首部がとがり、首部と額部を区画するように二条線が刻み込まれ、額部は突出する。さらに額部の左右両側面は面取りが施されている。塔身部には種子あるいはこれに組み合って紀年さらには造立趣意などが刻まれている。塔身部の直下には基礎突起がある。さらには厚みのある板状の石材を利用している。とくに額部の突出と基礎突起の突出が大きく、さらに造形素材として安山岩か凝灰岩質の立体造形が容易な石材が選ばれていることも共通している。図示した板碑の営まれる時期は十三世紀半ばから十四世紀半ばであることからすれば、この類似は少なくとも鎌倉時代の半ばから後半には起こっていたことになる。次にそれぞれの地域の様相を概観しておきたい。

(1) 山形県の板碑

山形県に所在する板碑の総数は、国立歴史民俗博物館の東国板碑データベースに採録されている数を参考とすれば

第１図　山形県南陽市
正元元年大日板碑

第２図　山形県南陽市
文和三年阿弥陀板碑

一〇二七件である。山形県最古の板碑は、置賜地方の南陽市竹原にある山形県指定文化財の正元元年（一二五九）大日板碑（第1図）である。首部と額部を区画するように二条線が刻み込まれ、額部は突出し基礎突起があり凝灰岩製である。正元元年は東北地方で営まれた板碑に残る紀年としても古い。また置賜地方で最大級なのは、南陽市にある凝灰岩の阿弥陀一尊種子を刻む四一二㌢の文和三年（一三五四）阿弥陀板碑（第2図）である。山形県内2位の大きさを誇り、山形県指定文化財である。

川崎浩良は山形県に所在する板碑を対象として、いくつかの形式分類を試みている［川崎 一九五四］。すなわち、山形県域の各地域名を型式名として分離し分類した、成生（荘）型（以下成生荘型板碑）、置賜型、山形型、山寺型、飽海型、田川型である。川崎浩良以降、川崎利夫によっていくつかの形式が追加されているが、基本的には川崎浩良の形式分類の延長上にある。

川崎浩良分類のうち成生荘型、置賜型、山寺型、田川型は石材に凝灰岩を用い、いずれもが、首部がとがり、首部と額部を区画するように二条線が刻み込まれ、額部は突出する。塔身部の直下には基礎突起がある。ただし、首部の整形が、成生荘型の場合は菩薩の肉髻のように突出し、山寺型は丸くなり、置賜型と田川型は典型板碑のように三角に突出するという特徴がある。山形型と飽海型はいわゆる自然石板碑である。これらは各地域の基層をなす岩脈から得られる石材の分布にある程度対応している。すなわち、凝灰岩の整形しやすい石材が入手可能なところでは、成生荘型、置賜型、山寺型、田川型などの立体的な板碑が営まれ、そうでないところでは山形型、飽海型の自然石板碑が営まれるのである。

(2) 大分県の板碑

第3図　大分県国東市
正応四年弥陀三尊板碑

第4図　大分県国東市
元亨二年阿弥陀種子

大分県の板碑については原田昭一が詳細な調査を行っている〔原田二〇〇二・二〇〇三a・b〕。大分県は石造物の豊かな地域であり、国東塔をはじめ多種多様な石造物が中世には営まれている。最古の紀年銘板碑は、国東市にある大分県指定史跡護聖寺板碑にある、安山岩の弥陀三尊種子を刻む一九六チセンの正応四年（一二九一）板碑である（第3図）。また、同じく国東市にある大分県指定文化財長木《ちょうき》家板碑は西日本最大規模を誇る、安山岩の阿弥陀種子を刻む三三八チセンの元亨二年（一三二二）板碑（第4図）である。いずれもが、首部がとがり、首部と額部を区画するように二条線が刻み込まれ、額部は突出する。塔身部の直下には基礎突起がある。さらに護聖寺板碑、長木家板碑とも額部の左右両端が面取りされている。また、山香町の建武元年（一三三四）本篠板碑は安山岩の阿弥陀一尊を刻み、首部が菩薩の肉髻のように突出し成生荘型に近似している〔原田 二〇〇三ａ〕。

原田昭一は国東半島の板碑と川崎浩良の分類した「置賜型」板碑の類似について、同様なものが遠隔の二地域で流行することを認めつつも、「厳密な類似点が確認できるものはごく数点にすぎない」としている〔原田 二〇〇四〕。

首部と額部を区画するように二条線が刻み込まれ、額部は突出し塔身部の直下には基礎突起がある板碑が集中的に製作されるのは、この二つの地域の大きな特徴である。大分県の板碑の場合、額部や基礎突起が別石になる場合などもあるが、全体としての形態の類似は間違いない。

２　類例の広がり

さて、山形県と大分県の板碑に共通する顕著な特徴である、首部がとがり、首部と額部を区画するように二条線が刻み込まれ、額部が突出し、塔身部の直下には基礎突起がある基本的に板状の資料について、管見にふれる限りであるが全国での類例を整理してみたい。なお、額部と基礎突出については突出の程度が少ないものと大きいものがあり、資料下半が埋没するなどのために基礎突起の突出程度が判然としないものもあり、さらには写真画像や実測図などの調査であるため、不正確な部分があることをあらかじめ断っておかなくてはならない。

採集できた資料には、石製、土製、木製、鉄製の資料が存在し、よく知られている資料も含まれている。以下素材ごとに概略を述べてみたい。

(1) 石製資料

各地の資料を『板碑の総合研究』〔坂詰編 一九八三、以下坂詰〕、『日本石造物辞典』〔日本石造物辞典編集委員会 二〇一二、以下石造物〕を中心とし、拾いあげれば次のようになる（市町村名表記は文献の表記に習う、以下同じ）。首部がとがり、首部と額部を区画するように二条線が刻み込まれ、額部が突出し、塔身部の直下には基礎突起を持つ板状の遺物は次のように展開する。

①**東北地方**　宮城県の東側地域に安山岩製の名取市愛島北目・弘安六年（一二八三）銘板碑など少数がある。山形県の天童市周辺と米沢市周辺の置賜地域に凝灰岩を石材として多数、同じく福島県中央部から西部にかけての地域に凝灰岩を石材として多数あり、特徴的な板碑として、建治二年（一二七六）の郡山市如宝寺石造曼荼羅碑伝型板碑などがある〔坂詰〕。また、岩手県平泉町に阿弥陀種子一尊を刻む一三四センチの文永九年（一二七二）銘・凝灰岩製の積善院阿弥陀種子板碑があるが、この形態は類例の少ないものという〔石造物〕。

②**関東地方**　栃木県那須町に弥陀一尊碑など北部地域に少数あり、石材は凝灰岩・安山岩・花崗岩などがある〔坂詰〕。神奈川県鎌倉市に阿弥陀三尊種子を刻む、九〇センチの正中二年（一三二五）銘安山岩製のいわゆる相模型板碑である光明寺阿弥陀三尊板碑〔石造物〕などがある。

③**北陸地方**　石川県鶴来町薬師寺址に金剛界大日如来碑、福井県高浜町に一七六センチの応安七年（一三七四）箕田一尊板碑などがある〔坂詰〕。新潟県上越市上真砂勝名寺にバン種子を刻む大光寺石製（凝灰岩）板碑があり、興味深いことに置賜型と同様、額部側面が面取りされている〔水沢 二〇一二〕。

④**中部・東海地方**　山梨県に須玉町若神子長泉寺に二五六センチの文安三年（一四四六）の名号板碑、三重県上野市に一三四センチの元亨元年（一三二一）安山岩製の慈尊寺板碑などがある〔坂詰〕。

⑤**近畿地方**　滋賀県日野町村井に県内在銘最古となる二一五センチの延慶三年（一三一〇）花崗岩製の三尊種子板碑、京都府田辺町極楽寺に京都府で本格板碑に準じた最古のものである正中二年（一三二五）花崗岩製の弥陀三尊種子板碑、大

阪府池田市西畑町に大阪府で最古の紀年銘板碑である弘安八年（一二八五）の天満宮板碑、兵庫県尼崎市に応永四年（一三九七）花崗岩製の題目板碑などがある〔坂詰〕。和歌山県高野町にバン種子を刻む一六五センチの建治二年（一二七六）花崗岩の高野山種子板碑〔石造物〕などがある。

⑥中国・四国地方　島根県安来市に鎌倉時代末から室町時代初期の二六〇センチの凝灰岩製の仲仙寺板碑、徳島県板野町に一六七センチの観応三年（一三五二）の大日如来種子板碑などがある〔坂詰〕。

⑤九州地方　福岡県福岡市箱崎に四三センチの永享二年（一四三〇）砂岩製の梵字板碑、鹿児島県根占町に鹿児島県最古の一三六センチ・正応六年（一二九三）板碑などがある〔坂詰〕。熊本県荒尾市にある阿弥陀三尊の種子を刻む七八センチの元応二年（一三二〇）凝灰岩製の賀庭寺阿弥陀三尊種子板碑〔石造物〕、なども追加することができる。大分県は前述のごとく多数分布し、宮崎県・鹿児島県にも多い。

さらに、九州地方での現地調査をもとに、特徴的な資料として次の板碑を追加することができる。宮崎県では「城ヶ崎俳人墓碑並びに板碑群」にある弥陀三尊種子を刻む二二八センチの正和三年（一三一四）板碑、えびの市彦山寺跡にある二一五センチの正中二年（一三二五）板碑、日南市大迫寺跡石塔群にある胎蔵界曼荼羅種子を刻む一六六センチの正中二年（一三二五）板碑〔甲斐・伊豆　一九七八〕、歓楽寺の墓標群にある板碑などがある。

第５図　鹿児島県三島村硫黄島天寿二年板碑

鹿児島県では、湧水町田尾原供養塔群にある正平十四年（一三五九）板碑、同じく湧水町の稲葉崎供養塔群の板碑、霧島市の沢家墓標群の板碑などがある。さらに、鹿児島県の離島である三島村硫黄島には多くの中世石造物が存在する。ここは『平家物語』に登場する、後白河法皇の側近で法

第６図　鹿児島県三島村硫黄島平家墓

勝寺執行であった俊寛の配流先擬定地の一つとして有名である。中世石造物に額部と基礎突起の突出する板碑の例がある。天授の板碑と記されるバンとクーン二尊種子を刻む天寿二年(一三七六)板碑(第5図)、平家墓に五輪塔や角柱塔婆とともにある応永年間の板碑(第6図)、安徳帝墓所に五輪塔とともにある板碑などがある。宮崎県と鹿児島県の事例はいずれも阿蘇山の凝灰岩製であろうと考えられる。

限られた集成からではあるが、特徴的な点を上げれば次のようになろう。まず典型板碑(武蔵型板碑)の卓越する関東地方には、置賜型に類する板碑は少ない。もっとも、額部と基礎突起の突出する例はこの地域に多数あるが、山形あるいは大分の板碑と較べるとその度合いは小さい。また、各地域にあって初発の板碑がこの形をとることがあり、集成の観点もあろうが古いものが多い傾向にある。さらに、東北地方南部と九州地方南部には普遍的に存在し、額部と基礎突起の突出という立体造形可能な石材の供給が関係している可能性が高い。呼称は九州地方と東北地方以外では、碑伝型と認識されているものが多く、奥羽型あるいは九州型板碑が他地域に移入したか、影響を与えたために客体的に存在するという見解も見られる。使用される石材には「凝灰岩」「安山岩」「花崗岩」などが選択される。古いものは凝灰岩などの軟質の石材が選択され、鎌倉時代後半以降になると硬質石材である花崗岩なども選択される傾向がある。粘板岩系の石材などはノミなどを使用して、山腹の岩脈や露岩などの岩塊から板状の剥離を引き起こし薄い石材を得るのだが、凝灰岩などの額部と基礎突起の突出する板碑に選択された石材は、ツルハシなどで直方体に石を整形し石材を得ているため、素材を得る方法がまったく違っていることも重要である。置賜型に近い板碑は割合と長い石材を利用している傾向がある。ちなみに最も長い石材の利用は、山形

第7図　山形県天童市大仏板碑

県天童市原崎にある、凝灰岩製の阿弥陀種子一尊を刻む「大仏《おぼとけ》板碑」であろうと考えられ、高さ四二五センチ、幅九〇センチ、厚さ五〇センチを測る（第7図）。紀年はないが、鎌倉時代から南北朝にかけての造立であろう［山口 二〇〇二］。

(2) 土　製

　首部と額部を区画するように二条線が刻み込まれ、額部は突出し塔身部の直下には基礎突起がある形態に注目してきた。額部の突出と基礎突起が顕著ではないものの、正面形が類似する資料が土製品にある。

　岡山県倉敷市にある安養寺経塚から「土製塔婆型題箋」が八本出土している（第1表1）。とがる首部と横条線を持つ方柱状の土製品と板状の塔婆型「瓦経」がある。出土品は「備中安養寺裏山経塚出土品」として一部が国重要文化財に指定されている。経塚は三つありこのうちの第1経塚から「土製塔婆型題箋」が八本、第3経塚からは首部がとがり二条線が刻み込まれた板状の塔婆型「瓦経」が出土している。第1経塚出土の題箋は長さ約二八センチ、幅三センチであり法華経の経題、品題が刻まれている。第3経塚から出土した板状の塔婆型「瓦経」には、応徳三年（一〇八六）の紀年がある。千々和實はこの瓦経を評価し、板碑に近似する塔婆型がすでに古代に成立していることを指摘し、「首部横条線は十三世紀前半の碑伝や板碑の発生以前にも、かなり普及していた」と見た［千々和 一九八七］。千々和は、この時期には広く類例が存在すると見ていたのであった。また、紀年がはっきりする板状を呈する考古学資料としては、十一世紀代に遡る事例となり最古のものである。

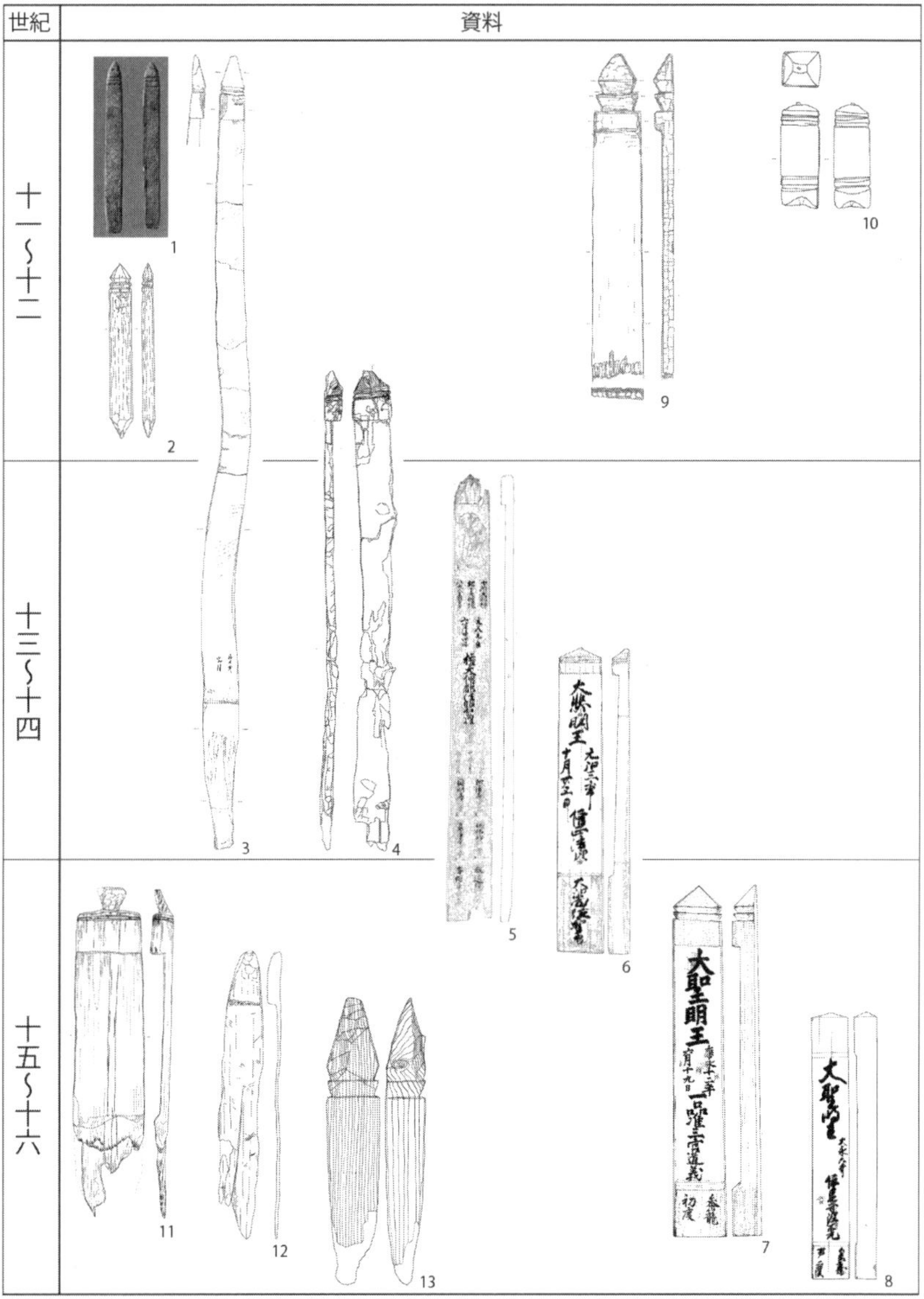

1 安養寺裏山経塚　2 城原三本谷南遺跡　3 山持遺跡　4 吉谷亀尾前遺跡　5 〜 8 葛川明王院
9 野々江本江寺遺跡　10 社宮司遺跡　11 大光寺新城遺跡　12 上ノ国勝山館遺跡　13 脇本城跡

第 1 表　木製塔婆等変遷図（縮尺任意）

(3) 木　製

首部に数条の横線が入る塔婆型の木製品がいくつか知られている。試みに分類すれば、I類：首部と額部を区画するように二条線が刻み込まれ、額部は突出し塔身部の直下には基礎突起があるもの。II類：首部と額部の区画は側面の一～二段の端刻みだけで横条線はなく、額部の突起と基礎突起がないもの。

I類は碑伝状の木製品や木製塔婆などと記載される場合があり、大型の木製品であることが多い資料である。II類は比較的小型であり笹塔婆などと記載される場合が多かった資料である。特に十三世紀以前に注目しながら類例を整理すれば次のようになる。

①九州地方　中島恒次郎によれば、佐賀県佐賀市大西屋敷遺跡1区の井戸から、十二世紀後半代の木製の卒塔婆が出土している。また、佐賀県神埼市城原三本谷南遺跡からも十二世紀後半の木製塔婆が出土している［中島 二〇一二］。三本谷南遺跡の木製塔婆は長さが四〇チセン近くある大型の笹塔婆である。表面には南無大日如来や南無妙法蓮華経などの如来名や経名が記されている。いずれもII類の資料となる。しかしながら南無（以下不明）と記される資料には、三〇チセンに満たない小型ながらもI類の特徴を持つ資料が存在し、興味深いことに置賜型板碑と同様、額部両端が面取りされているように見える（第1表2）。

②山陰地方　中森祥によれば、山陰両県では二一件の木製塔婆の出土がある。とくに島根県松江市タテチョウ遺跡、同原の前遺跡、出雲市山持《ざんもち》遺跡、鳥取県米子市吉谷亀尾前遺跡からI類の大型の木製塔婆が出土している。このうち山持遺跡からは、大型で三～四メートルほどもある、首部と額部を区画するように二条線を刻み込み、額部は突出し塔身部の直下には基礎突起がある形態をなし、塔身部には種子が墨書される木製塔婆が複数出土している（第1表3）。吉谷亀尾前遺跡からも同様な木製塔婆が出土している（第1表4）。このうち山持遺跡の塔婆は伴出遺物からは平安時代、年代測定からは十三～十四世紀という年代観が示されている［中森 二〇一二］。平安時代から鎌倉時代の資料と見てお

きたい。山持遺跡の木製塔婆は、長大なものでありかつ複数存在する。また、頭部は黒く塗られていた形跡があり塔身部には墨痕が複数残っているが判読できるものはわずかである。整形された板材を使用するというのではなく、立ち木の曲がりやねじれをそのままにして頭部をつくり、塔身部を削りだし、基礎突起を残している。全体の形状は屈曲している。全体の五分の一程度が土中に埋まっていたものであろう。年代は、大まかに平安時代末〜鎌倉時代と捉えておきたい。また、鳥取市にある高住平田遺跡からもⅠ類の大型の木製塔婆が出土し二点報告されている。一点はまっすぐな木材を使用し、一点は山持遺跡の事例と同じ屈曲した木材を使用している。いずれも三〜四メートルほどもある大型のものであり、首部と額部を区画するように二条線が刻み込まれ、額部は突出し塔身部の直下には基礎突起がある形態をなす。塔身部には種子と銘文が墨書されるが判然としない［鳥取県文化教育財団編 二〇一二］。山持遺跡の事例からして鎌倉時代前後の資料とみておきたい。

これらの出土資料は河川護岸などに転用されている場合が多い。このことからすれば、川沿いに立てられていた可能性がある。また、塔身部の風化のため墨痕が浮き上がって見えることからすれば、立てられて風雨にさらされたのちに役目を終え、護岸用の用材として再利用されたものと考えられ、造立された時期はもっと古くなることもわかる。興味深いことに置賜型板碑と同様額部側面が面取りされている。

③近畿地方　葛川明王院は滋賀県大津市の山中にあり、比叡山東塔に属する天台回峰行者の道場である。ここには参籠後にその趣旨を記した卒塔婆が残され、いわゆる碑伝の形をとるものがあり、葛川明王院参籠札として国の重要文化財に指定されている。慶長末年（一六一四）以前のものが五八本存在する。最古のものは元久元年（一二〇四）の四メートルほどもある卒塔婆で上端は三角形をなし二条線は不明なものの、もとは地面に立てられていたものである（第1表5）。いわゆる碑伝の形をとるものは六〇センチ〜一二〇センチ内外のものが多く（第1表6・7・8）、これは地面には立てずに建物に打ち付けたり、長押にかけたりしたものと考えられている。元弘元年（一三三一）から永禄九年（一五六六）にかけ

ての紀年があり、なかには足利義満や日野富子、足利義尚の自筆にかかる資料もある［元興寺 一九七六］。資料はほぼ、Ⅰ類の首部と額部を区画するように二条線が刻み込まれ、額部は突出し塔身部の直下には基礎突起があるものである。塔身部には年号や造立の趣旨が墨書されている。置賜型板碑と同様、額部角が面取りされているものもある。頭部が五輪塔型をなす、五輪塔碑伝・長足五輪塔婆も多く残されている。

こうした碑伝形式の資料としては、大峰山修行にかかる奈良県下北山村の森本坊の真木碑伝が最古の紀年を持つ。永仁三年（一二九五）に大峰山に入峰したことを刻み込む、一二〇㌢ほどの自然木の枝を削ってつくったものである［奈良博 一九八五］。もっとも頭頂部が三角形に突出することはなく、いままでとりあげてきた塔婆とは趣がちがっている。

④北陸地方　安中哲徳によれば、石川県七尾市小島西遺跡で十一世紀末から十二世紀の木製卒塔婆が出土している。この資料はⅡ類の首部と額部の区画は側面の一～二段の端刻みだけで横条線はなく、額部の突起と基礎突起はないものであるが、笹塔婆よりは長く、様相を異にしている［安中 二〇一二］。

さて、石川県珠洲市野々江《ののえ》本江寺《ぼんこうじ》遺跡から、「木製板碑」一基（第1表9）と「木製笠塔婆」二基の合計三基の木製塔婆類が出土し注目を集めた［石川県埋文 二〇一二］。木製板碑は基礎突起を欠失するものの、Ⅰ類の首部と額部を区画するように二条線が刻み込まれ、額部は突出し塔身部の直下には基礎突起があるものであろう。現存長は一九三㌢を示し、材質は貴重なヒノキ材である。理化学的年代測定（AMS法）で一〇四一年～一〇六六年の年代が算定されている。伴出した笠塔婆は長さが約二㍍、それぞれの塔身にあたる竿1が一〇三二年～一〇四八年、竿2が一〇五四年～一〇七九年・一一二三年～一一四一年の年代が算出されている。出土状況や遺物の状態を含め考定した結果、これらは「概ね十二世紀代に造立されたと考えられる。ただし、十一世紀代までの遡上の可能性を否定しない」とする［伊藤 二〇一二］。

この資料について時枝務は、「木製板碑」という用語は矛盾しないこと、木製板碑は、石製板碑に先行して存在しており、餓鬼草紙に描かれた木製板碑は野々江本江寺遺跡の事例と親近性が高いことを整理している［時枝 二〇一一］。狭川真一は笠塔婆の復元を試みた。豊富な調査資料をもとに、額部をつけた塔婆の復元を行うとともに、従来絵画資料でのみ知られていた木製の笠塔婆は、各地方の拠点となるところに確実に普及していたことを整理した［狭川 二〇一二］。これらに学べば、十一世紀から十二世紀には、木製板碑は石製に先行しており、笠塔婆は各地の拠点に普及していたことを知ることができる。また、筆者も二〇一一年十月二十八日に石川県埋蔵文化財センターを会場として開催された、環日本海文化交流史研究集会「中世日本海域の墓標—その出現と展開—」に参加し、報告する機会を得るとともに、木製板碑と笠塔婆熟覧の機会を与えていただいた。笠塔婆の一部に朱彩が残っている可能性があることから、笠塔婆は朱彩される事例（「中尊寺経」「河本家本餓鬼草紙」「曹源寺本餓鬼草紙」に描かれる笠塔婆）があり、また『吾妻鏡』文治五年（一一八九）五月八日条には「…塔婆被塗朱丹也…」とあることから、十二世紀から十三世紀の笠塔婆には朱彩があることを整理した。さらに木製板碑などの供養塔婆は『一遍上人絵伝』の「上野の踊屋」（第8図）の場面には、水辺に立てられる木製塔婆が描かれている。野々江本江寺遺跡の位置は金川の河畔であり同様な立地を示すため、遺跡は木製塔婆が営まれるに相応しい立地にあることも整理した［山口 二〇一二］。

④中部地方　長野県千曲市社宮司遺跡から、平安時代末期の全国的に見ても類例の少ない六角木幢が出土し長野県宝に指定されている。木幢は論旨の展開と離れる印象を与えるが、木幢の軒先の装飾である風鐸が、頭部がとがり区画の二条線をもつ資料となっている（第1表10）。風鐸は一〇チセンほどの小型の資料である。理化学年代測定（ＡＭＳ法）で九八〇年〜一〇三〇年の年代が算出されており、ほかの部材の測定結果を勘案すると、十一世紀前半〜十二世紀中ごろに六角木幢の年代は収まるという［長野県文振 二〇〇六］。十一世紀〜十二世紀中ごろにかけて、表現形式として頭部がとがり区画の二条線をもつものが存在したのである。原田昭一は社宮司遺跡の六角木幢の存在から石塔に先行して同形の木製品が存在しており、古式の石塔が存在しない地域には木塔が存在していた可能性を指摘している［原田 二

〇〇九〕。

⑤東北・北海道地方　東北地方では十三世紀までのⅠ類の大型の木製塔婆は知られていない。Ⅱ類の小型の笹塔婆は、十二世紀代の岩手県平泉遺跡群や、十三世紀初頭と考えられる山形県鶴岡市後田遺跡で出土している。

十三世紀以降の事例とはなるが、木製塔婆がいくつか出土しているため触れておきたい。青森県平川市にある大光寺城跡の堀跡から土留めとして使われていた木製塔婆が出土している（第1表11）。Ⅰ類の、首部と額部を区画するように二条線が刻み込まれ、額部は突出し塔身部の直下には基礎突起がある資料である。長さは一五七㌢で長大であり、十五世紀から十六世紀にかけて営まれたものである。同様の木製品はほかにも数点出土している〔葛西 一九九九〕。さらに、北海道上ノ国町勝山館でも同様な木製塔婆を見ることができる（第1表12）。長さ一五六㌢であり基礎突起が風化のため判然としないが、十五世紀から十六世紀にかけて営まれたⅠ類の木製塔婆であると考えられる〔上ノ国町教委一九八二〕。また、秋田県男鹿市脇本城でも十六世紀代と考えられる木製の塔婆が出土している（第1表13）。復元すれば三㍍を超えるような大型の木製塔婆であり、中世墓地からの出土であった。Ⅰ類の首部と額部を区画するように二条線が刻み込まれた資料ではあるが、角柱状をなしている〔男鹿市教委 二〇〇五〕。青森県域にはこうした塔婆を現在でも墓地に立てる風習があり、こうした習俗の初源に関連するものかもしれない。

さて各地方の主として十三世紀までの資料を対象として瞥見したが、こうした分布をみると日本海側が卓越するようにも見えるが、鉄製の資料さらには絵画資料を含めると様相はちがってくる。

⑷ 鉄　製

栃木県宇都宮市清巌寺には鉄製の塔婆（鉄塔婆）があり、国重要文化財に指定されている。長さは三三七㌢を測る長大なものである。正和元年（一三一二）の紀年を有し、キリーク一尊を記した下に阿弥陀三尊の図像が鋳出され、その下に造立趣意が続く。首部と額部を区画するように二条線が刻み込まれ、額部は突出し塔身部の直下には基礎突起がある木製塔婆Ⅰ類のものである。基礎突起には蓮弁の装飾が施されている。鋳造という自由に造形が可能な場合、Ⅰ類の塔婆型製品を作ることがあると見ることができよう。関東地方にも置賜型と形態的に類似する資料が、鋳鉄製ではあるが存在することになる。むしろ本来塔婆の理想的な姿として求められるのは、こうした造形であったと見るべきではなかろうか。

(5) 絵画資料

絵画資料にあらわれた卒塔婆は窪田涼子が整理している。『餓鬼草紙』『一遍上人絵伝』『天狗草紙』『春日権現験記絵』『慕帰絵』『石山寺縁起』『弘法大師行状絵詞』『法然上人絵伝』『善信聖人絵』『善信聖人親鸞伝絵』『遊行上人縁起絵』『称名寺絵図』に卒塔婆が描かれているという[窪田 一九九五]。これらの場面には、日本全国の絵巻の主題に由緒の場所が描かれていることからすれば、日本全国に卒塔婆が立つ風景がひろがっていたことを示しているともとることができる。当然脚色はあるだろうが、出土資料が示す日本海側が卓越するという事実は、一面を示しているのであって、全国に同じような木製塔婆が立っていたことを教えていると見ておきたい。

絵画資料の塔婆には五輪塔婆が多い。Ⅰ類とした大型の頭部がとがる資料は少ない。Ⅱ類とした笹塔婆は、『餓鬼草紙』に笠塔婆の左右に首部がとがる、おそらく木製の卒塔婆が二本たつ塚(墳墓)が描かれるが、この三尊形式の塔婆の周りにぎっしりと並べられた卒塔婆などがこれにあたろう。藤澤典彦は『兵範記』仁安二年(一一六七)七月二十七日条に見える「…其邊立六萬本小卒土婆…」がこうした事例になろうことを整理している[藤澤 二〇一二]。笹塔婆は、十二世紀後半、岩手県平泉遺跡群の池跡から出土した事例では、十斉日信仰などに使用されたことがわかっている[高橋 二〇〇〇]。

第８図　一遍上人絵伝「上野の踊屋」

第９図　一遍上人絵伝「善光寺門前の塔婆」

絵画資料のうち、『一遍上人絵伝』には、高野山をはじめさまざまな場所に卒塔婆が描かれている。とくに注目したいのは、先ほどの「上野の踊屋」の場面であり水辺に営まれた卒塔婆である（第8図）。繰り返しになるが、こうした塔婆は水辺に営まれることも多かったのではなかろうか。山陰地方の大型の木製塔婆は川の中や護岸に転用されていたものが、発掘調査で出土したものである。野々江本江寺遺跡は川のすぐそばの立地であるし、大光寺新城遺跡でも堀の護岸に転用されていた。もうひとつ注目したいのは、その高さと形状である。「善光寺」の門前右側には木製塔婆が描かれている（第9図）。大きな卒塔婆は塀を超えてはるか上に伸び、形はねじれている。こうした巨大な卒塔婆は、ほかにも描かれている。山持遺跡の木製塔婆を目の前にすると四㍍あまりの巨大さに驚かされるが、こうしたサイズは実は普通のことであったのであろう。また、山持遺跡の木製塔婆はねじれていることも述べたが、こうしたこともまた普通のことであったのであろう。

もうひとつ注目しておきたいのは、根津美術館所蔵の国宝「絹本着色那智滝図」である。本図は鎌倉時代後期に描かれた絵画と考えられており、中央に那智滝を雄大に描き、傍らに拝殿を添えまわりに二基の塔婆が立っている。この塔婆は弘安四年(一二八一)の亀山上皇参詣の折のものという[奈良博 一九八五]。さらに滝壺近くの巨木に打ち付けられた塔婆を見ることもできる。いずれも巨大である。弘安四年(一二八一)という年代に信をおくならば明王院の卒塔婆にややさきがけ、鎌倉時代後期に卒塔婆状の木製品がすでにあったことを知ることができる資料となる。

まとめにかえて

山形と大分の板碑の類似を考えるためにずいぶんと遠くまできてしまった。

山形と大分の板碑は、遠隔の地域であるにもかかわらず、類似することの背景には、板碑と同形をなす石製以外の塔婆の存在があるのであろう。これは木製資料や絵画資料あるいは鉄製資料などを参考にすれば、全国で展開した可能性が高い。

まとめれば、この形は、十一世紀代に表現形を整え、首部と額部を区画するように二条線が刻み込まれた細長い遺物は、経塚の題箋や六角木幢を装飾する風鐸の表現に使用された。十一世紀代後半から十二世紀代になると、野々江本江寺遺跡に見られるような、額部は突出し塔身部の直下には基礎突起がある巨大な遺物へと成長する。木製塔婆Ⅰ型と見たものがこれにあたる。十二世紀から十三世紀代になると、より大きく表現も誇張される表現形式をとり、山持遺跡や吉谷亀尾前遺跡出土遺物のようになる。十三世紀から十四世紀になると明王院の碑伝のように洗練された形に整えられていく。十五世紀から十六世紀になると洗練された形を残しながらも、大光寺新城遺跡出土遺物のような形をとり、最後には脇本城出土遺物のように角柱状になり、おそらく青森県の墓地の塔婆にみられるように、近世そして現代とつながっていくという大まかな見通しを示しておきたい。

こうした資料は、石製品や鉄製品でもその形を表されることがあった。山形と大分の板碑の類似はⅠ類の木製塔婆が同地域に展開し、軟質の立体的造形が可能な石材があったことから、石製品としても作られたものではなかろうか。またそれは全国的にあったことで、このために程度の差はあるものの、首部と額部を区画するように二条線が刻み込まれた。このために額部が突出し塔身部の直下には基礎突起がある板碑が全国に展開することになるのかもしれない。

それではなぜこういう形が重視されなくてはならなかったのであろうか。磯野治司は板碑の起源について中国唐代の幡にその起源を求めている。幡のモチーフが十世紀の半ばを下限とするころに日本に将来され、幡のモチーフが卒塔婆化していくために、初期の板碑には幡の名残をとどめた事例が散見するという［磯野 二〇一二］。幡の正面形が板碑の正面形を決定したと見ることもできるであろう。藤澤典彦も板碑に刻まれる珠文を幡の鉦止めの鉦頭の表現としてとらえ、「板碑の源流を考えるときに黄金塔の鉦頭文を考慮するなら、幡も源流の一つとして考える必要があるだろう」という［藤澤 二〇一〇］。

宮城県石巻市狐崎にある観応二年（一三五一）のサク一尊を刻む一三二センチの板碑は、この地方に特徴的な粘板岩系の石材を使用し、サクを月輪で装厳しながら外側に頭部が突出し端刻みのある武蔵型板碑と通じる形を線刻している［石巻市史 一九九二］。また、宮城県河北町にある一二六センチのキリーク一尊板碑と一三一センチのバク（カ・改刻のため種子判読困難）一尊板碑にも武蔵型板碑と通じる形をわざわざ線刻している［宮城県桃生 一九九四］。板碑にとって幡に基づく正面形が非常に重要なものであったことを示している事例と見ておきたい。

それでは、なぜ山形と大分の板碑や野々江本江寺遺跡出土遺物、吉谷亀尾前遺跡出土遺物のように額部と基礎が突出しなければならないのだろうか。明確な答えは持ち合わせないが、塔身部に記される、種子や偈文さらには造立趣旨を保護あるいは装厳するために、塔身部の上部と下部が突出してくるということはないのであろうか。全体を主尊が安置された厨子に見立てたとでも言い替えられようか。『日本文徳天皇実録』嘉祥三年(八五〇)四月十八日条に「…深草陵堵婆所藏陀羅尼。自發落地。遣參議伴宿祢善男。就加安置。…」と見える。本文の解釈は難しいところがあるのだが、仁明天皇の深草陵の塔婆に納められていた陀羅尼が落ちてしまったので安置しなおしたと解釈しておきたい。古くは塔身部に陀羅尼なりを籠め置くことがあった可能性があろう。板碑の場合これが種子などに変わっていくのだろうが、最も重要なものがそこにはあるということはまちがいなかろう。こうした意識があったため額部と基礎を突出させ装厳を加えるのではなかろうか。広域に存在することからすれば、額部と基礎突起の突出というのは本来求められる要素であったのかもしれない。

以上、山形と大分の板碑の類似に触れながら、主として木製品との関連から類似の理由を整理してみた。

参考文献

安中哲徳　二〇一二年「加賀・能登における古代末~中世前半期の墓地と墓標」『石川県埋蔵文化財情報』第27号

石川県埋蔵文化財センター　二〇一一年『珠洲市野々江本江寺遺跡』

石巻市史編纂委員会　一九九二年「資料編2古代中世」『石巻市史』第8巻

磯野治司　二〇一一年「板碑の起源に関する一視点」『石造文化』3

伊藤雅文　二〇一二年「珠洲市野々江本江寺遺跡出土木製塔婆類について」『石川県埋蔵文化財情報』第27号

男鹿市教育委員会　二〇〇五年「脇本城」『男鹿市文化財調査報告書』29集

甲斐常興・伊豆道明　一九七八年『日向の石塔』

葛西　励　一九九九年「大光寺新城遺跡第4・5次調査」『平鹿町埋蔵文化財報告書』第24集

上ノ国町教育委員会　一九八二年『上ノ国勝山館Ⅲ』

川崎浩良　一九五四年『山形県の板碑文化』

元興寺仏教民俗資料研究所　一九七六年『明王院の碑伝』

窪田涼子　一九九五年「描かれた卒塔婆」『神奈川大学日本常民文化研究所論集』12
坂詰秀一編　一九八三年『板碑の総合研究』2　地域編　柏書房
狭川真一　二〇一一年「特論2　木製塔婆の検討」『珠洲市野々江本江寺遺跡』
高橋美央　二〇〇〇年「志羅山遺跡第66次調査出土の笹塔婆についての考察」『岩手県文化振興事業団埋蔵文化財調査報告書』第三一二集
千々和實　一九八七年『板碑源流考』平凡社(初出一九七二年)
時枝　務　二〇一一年「特論1　木製板碑について」『珠洲市野々江本江寺遺跡』
鳥取県文化教育財団編　二〇一二年『高住平田遺跡1』
中島恒次郎　二〇一二年「中世日本海側の墓標その出現と展開─九州─」『石川県埋蔵文化財情報』第27号
長野県文化振興事業団　二〇〇六年「一般国道18号(坂城更埴バイパス)埋蔵文化財発掘調査報告書1」『長野県文化財センター発掘調査報告書』78
中森　祥　二〇一二年「山陰における中世前期の墓標と墓」『石川県埋蔵文化財情報』第27号
奈良国立博物館　一九八五年『山岳信仰の遺宝』
日本石造物辞典編集委員会　二〇一二年『日本石造物辞典』吉川弘文館
播磨定男　一九八九年『中世の板碑文化』
原田昭一　二〇〇二年「板碑集成(その1、豊後南部)」『古代文化談話叢』第四八号
原田昭一　二〇〇三年a「板碑集成(その2、豊前)」『古代文化談話叢』第四九号
原田昭一　二〇〇三年b「板碑集成(その3、豊後北部　附、補遺)」『古代文化談話叢』第五〇集(上)
原田昭一　二〇〇四年「板碑変遷史」『古文化談叢』第五一号
原田昭一　二〇〇九年「角塔婆変遷史」『石造文化財』第一七号
藤澤典彦　二〇一〇年「鹿児島県姶良郡(現：霧島市)稲葉崎板碑群をめぐって」『坪井清足卒寿記念論集』
藤澤典彦　二〇一二年「墓上の石塔」『中世石塔の考古学』高志書院
水沢幸一　二〇一一年『仏教考古学と地域史研究』高志書院
宮城県桃生郡河北地区教育委員会　一九九四年『北上川下流域のいしぶみ』
山口博之　二〇〇一年「成生荘型板碑の世界」『中世奥羽と板碑の世界』高志書院
山口博之　二〇一二年「東北地方の塔婆類と野々江本江寺遺跡出土塔婆」『石川県埋蔵文化財情報』第27号

古代陸奥の造塔——新田(1)遺跡出土の相輪状木製品——

はじめに

青森県青森市の石江遺跡群のひとつ新田(1)遺跡から、仏教に関係すると見られる特徴的な木製品が出土している［青森市教委 二〇一〇］。この資料中に「塔身」として報告されている木製品(写真1・2・3)がある［木村 二〇一〇など］。特徴的な木製品であるがその性格はいまひとつはっきりしなかった。

小稿は、これを相輪状木製品、つまり古代に作成された木製の相輪に類する資料と評価し、類例を探りながら、不明確な部分があることを承知しつつ、その性格と使用について考えようとするものである。

最初に遺跡の評価について簡単に触れておきたい。遺跡の立地する青森市周辺の陸奥湾沿岸は、中世には外ヶ浜あるいは率土浜と呼ばれ、能の演目の一つである『善知鳥』の舞台ともなった。平泉藤原氏との関係も深く、『吾妻鏡』文治五年九月十七日条には「関山中尊寺事、(中略)先自白河関。至于外浜。廿余ヶ日行程也。其路一町別立笠率都婆。其面図絵金色阿弥陀像。計当国」とある。白河関から外ヶ浜の間、二十日余の行程の道に一町ごとに笠塔婆を立てたことが記され、平泉藤原氏との直接的な結びつきが存在したことを示している。

陸奥湾に近接する新田(1)遺跡は、新幹線新青森駅周辺の開発によって調査された、十世紀後半から十一世紀前半を

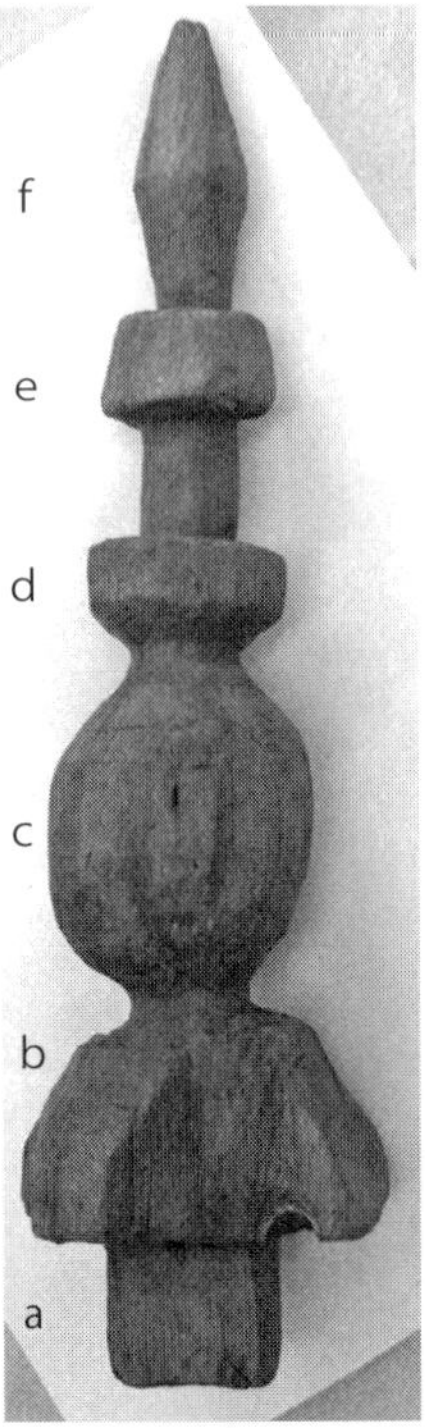

写真１　相輪状木製品(1)

写真２　相輪状木製品(2)

写真３　相輪状木製品(3)

中心とする遺跡である。本州最北端に位置する青森県域では稀な資料が、多種かつ多量に出土して注目された。特徴的な、かつ今までの調査では得られていなかった仏教関係資料（仏像の光背、仏手、持物、小像など）や施釉陶器、さらには文字資料を多種大量に含むなど、青森県を含む北奥地域の古代史像を塗り替える遺跡であると見られている。

次に新田(1)遺跡に触れた文献であるが、小稿に関連する先行研究として、新田(1)遺跡の地域的あるいは政治史的位置づけについては、鈴木靖民[鈴木 二〇〇四]、斉藤利男[斉藤 二〇〇六]、小口雅史[小口 二〇一〇]、八重樫忠郎[八重樫 二〇一二]などがあり、ついで『新青森市史』においてさらに位置づけが整理されている[青森市史 二〇一〇]。発掘調査成果についての基本的な整理としては、木村淳一[木村 二〇〇八・二〇一〇]がある。

さらに小稿にかかわる仏教関係資料については、須藤弘敏[須藤 二〇一〇a・b]の整理と考察がある。

1　相輪状木製品の出土状況

相輪とは塔婆の屋根の頂部に載る金属製の装飾であり、インドのストゥーパの土饅頭から宝傘までの形が変形したものといわれる。とくに薬師寺東塔の相輪（第1図）は有名である。小稿で取り上げる資料は、平成十五年（二〇〇三）に出土したものである。

まず、出土状態と年代について、木村淳一の論考［木村 二〇一〇］と発掘調査報告書［青森市教委 二〇一〇］、さらに須藤弘敏の論考［須藤 二〇一〇a］をもとに整理すればつぎのようになる。

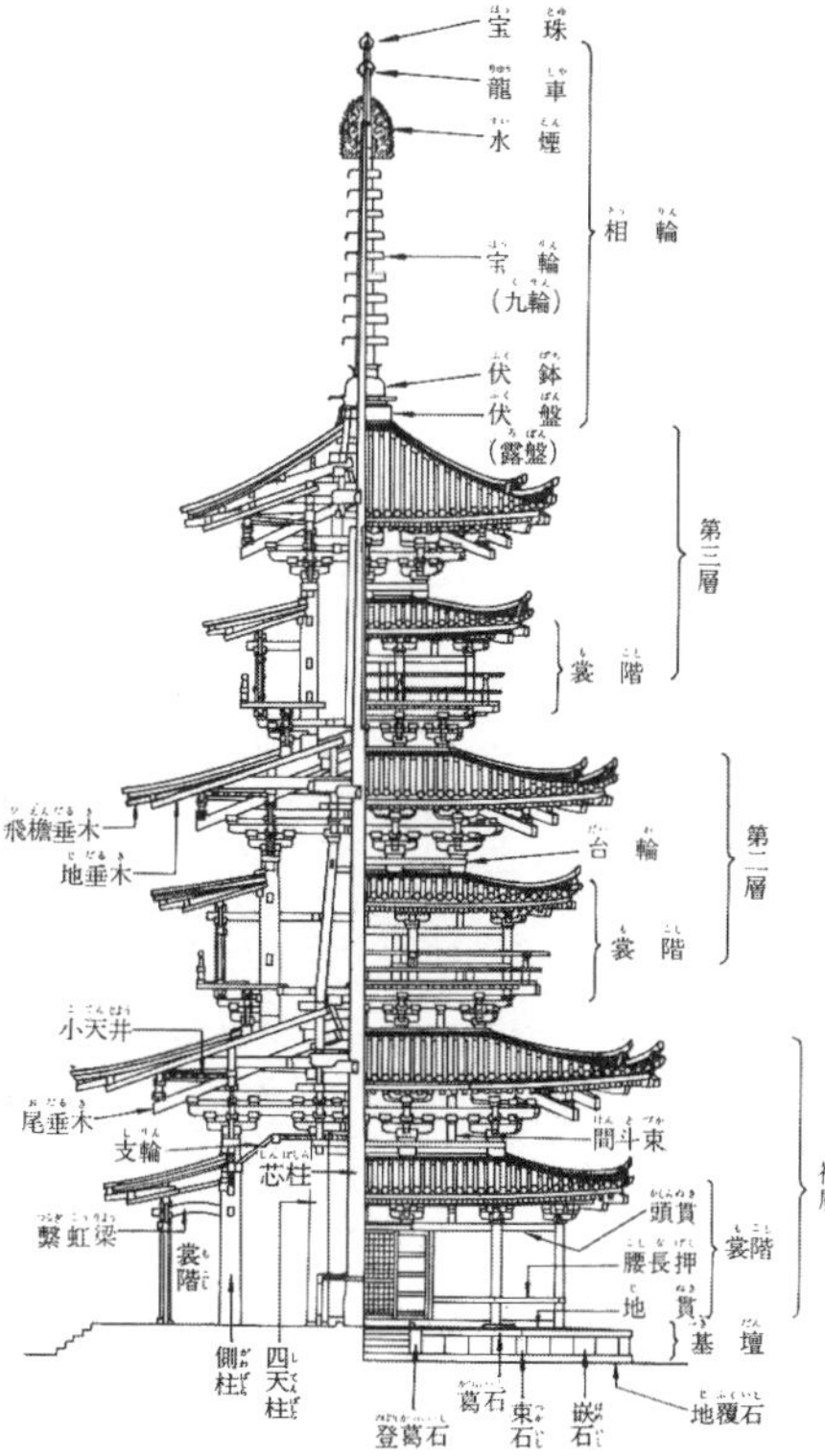

第1図　建築部分の名称（薬師寺東塔）

(1) 出土位置

新田(1)遺跡は、標高四～五㍍の丘陵上とその周辺の沖積低地に営まれている。相輪状木製品は溝跡から出土している。調査区の北側にあたる丘陵上には竪穴住居跡、土坑、井戸跡、溝跡などを主体とする居住域が展開し、調査区の南側にあたる沖積地からはSD01a溝跡をはじめとする遺構が検出され、おびただしい量の木製品が出土した。注目する相輪状木製品は、W―１―37Ａ・Ｃ区のＳＤ01ａ遺構から出土している。木村淳一によれば、溝跡からは「檜扇・木製祭祀具（斎串・馬形・鳥形・蛇形・刀形・鏃形・陽物）・仏教関連物（供養具・持物・火焔光背など）・男性神像・独楽・木簡・木簡状木製品・下駄・菰槌・鋤・竪杵・紡織具・編組製品・櫂・杭・部材などの資料が出土し」、さらにその素材となった樹種は「在地で採取可能なアスナロがほとんどである」という［木村 二〇一〇］。

多種多量な木製品の素材が搬入されたものではないということは、木製品の生産が在地で行われていたことを示す可能性が高い。この地域で仏教関連の木製品を生産できる体制が整っていたこと、さらにはそうした仏教関連の木製品がこの地では必要とされ、寺院などの造営も行われていたのであろうことを示している。

(2) 年　代

つぎに資料の年代であるが、新田(1)遺跡の営まれた時期にかかわる絶対年代の算定が理化学的方法で行われている。ＳＤ01とは異なるが、Ｂ４区ＳＤ102の中層から出土した板材から算定した年輪年代は一〇二一年の伐採年を示し、共伴した他の板材の年輪年代も一〇一七・一〇二二の伐採年を示す［木村 二〇一〇］。年代観と共伴遺物の相対年代の分析から「溝跡を中心に十世紀後半〜十一世紀代の土師器や須恵器、多量の木製品がみつかって」いる遺跡と整理されている［青森市教委 二〇〇四］。

この年代観からすれば、注目する相輪状木製品は、日本の平安時代にあたる十世紀後半から十一世紀にかけての資料ということになる。この時期中国に目を転じれば、北方では九〇七年に契丹（遼）が樹立され、南方では九三七年に大理国が樹立され、中原では九六〇年に北宋が樹立される。

(3) 出土した仏教関係遺物

須藤弘敏の整理によれば、出土した仏教関係遺物には、①鉄鐃、②仏手、③金剛杵状木製品、④未開敷蓮華状木製品、⑤水瓶形木製品、⑥火焔光断片、⑦神像甲、⑧神像乙、⑨塔身(写真1～3)があり、塔身は「多宝塔などの上に載る塔身のように思われるが、あまりに素朴な造形であることとその単純な構造と風雨で磨耗してもいないため実際に塔に用いたものとも思われない。室内の法会儀礼に用いた可能性もあまり考えられず、その用途は不明である」と整理した。さらにこれらの造形は「現在知られる限り青森最古の仏教造形である」と位置づけられるという[須藤二〇一〇a]。単体で出土したのでなく、そのほかの仏教関係遺物とともに出土し、かつ青森最古の仏教造形であることは重要である。

2　相輪状木製品の特徴

須藤弘敏は本資料(写真1～3)を多宝塔などの上に載る「塔身」と見ている。多宝塔は、五重塔などの多重塔とともに日本で建てられた塔の形式としては古くからある。

写真4　法隆寺百万塔

塔は多くの場合(相輪塔などはあるが)塔身と相輪から成り立ち、五重塔などの多重塔の場合、軸部・組物・軒を最上重まで組み上げた塔身と、縦に独立してすえられる心柱の上に載せられる相輪からなる。小型多重塔では、法隆寺に伝わったことで有名な百万塔(写真4)は、三重小塔で塔身と相輪の二つから構成され、一木で造った塔身内部に陀羅尼を納め、別の部材である相輪で蓋をするような構造となっている。こうした事例に習い、小稿では資料を塔身でなく相輪、つまり塔の上部を構成する構造物と見ておきたい。仮に相輪状木製品と呼んでおく。いうまでもないことだが、相輪は仏塔の象徴であり、下から露盤・伏鉢(覆鉢)・受花(請花・受華)・九輪(宝輪)・水煙・竜車・宝珠そしてそれらを繋ぐ擦管からなる(第1図)。なお、宮城県多賀城市高崎にある多賀城廃寺は、古代国家の東北支配の拠点であった多賀城の付属寺院であるが、ここからは、相輪の各部品を繋ぐ擦管が発掘調査によって出土し注目を集めた[伊東ほか 一九七〇]。なお、相輪塔あるいは輪塔と呼ばれる、相輪が塔身とは組み合わず単独で樹立する事例もある。日光輪王寺のものなどが有名であり、金属製の円柱の上に相輪をとりつけ、中に法華経・大日経などの経巻を納めたものである。最澄が初めて延暦寺に建てたという。

次に相輪状木製品の形状と法量さらに材質について整理したい。

素材は木であり、在地で材料の取得が可能な樹種である、ヒノキ科の常緑高木アスナロを使用している。付け加えれば、仏教関係遺物のうち仏手のみ樹種はカツラであるという。

(1) 相輪状木製品の形状(写真1・2・3)

相輪状木製品は一木で作られ六つの部分からなると見ておきたい。写真1で上方を指している方を先端として、下から、仮にa・b・c・d・e・fと表記し、特徴的な各部位を分けておく。実見した形状を説明すれば次のようになる。

①a：方形に作られ横断面形も方形を示す。
②b：台形状に作られ厚みがあり横断面形は方形を示す。
③c：鶏卵の形状を示し中央部は筒状に造られ上下は丸みが強く横断面形は円形を示す。
④d：上面は平坦を意識し下面は椀状に作られ横断面形は円形を示す。

⑤ｅ：台形状をなし横断面形は円形を示す。
⑥ｆ：上下に引っ張られたような細長い宝珠状をなし横断面形は円形を示す。

(2) 相輪状木製品の法量

各部位の法量を発掘調査報告書［青森市教委 二〇一〇］と、実見に際して計測した数値を示せば次のようになる。無論正確なものではないので、正確な数字は本報告書に拠られたい。なお、総高は約二九㌢である。

①ａ：縦約三・二㌢、横約三・二㌢
②ｂ：縦約四・九㌢、上端約五・一㌢、下端約八・三㌢
③ｃ：縦約六・七㌢、横約六㌢
④ｄ：縦約二・二㌢、横約四・六㌢
⑤ｅ：縦約二・二㌢、上端約三・六㌢、下端約四・二㌢
⑥ｆ：縦約八㌢、横約二・八㌢

(3) 相輪状木製品の部位名称

以上(1)〜(3)を考え合わせながら、ａ・ｂ・ｃ・ｄ・ｅ・ｆの各部位について、一応次のように考えておきたい。ａ＝差込のホゾ、ｂ＝露盤?、ｃ＝伏鉢?、ｄ＝請花、ｅ＝竜車、ｆ＝宝珠、この他にｃ〜ｄのつなぎの円柱部分は擦管と見ておきたい。ｅ＝竜車とｄ＝請花の間には宝輪が何層か組み合わされるのが普通であり、多くの場合九輪（八輪などの場合もあり）だが、本資料では省略されていると見ておきたい。問題となるのはｃ＝伏鉢とした鶏卵形の部分であるが、直接的な比較には慎重（用語も含めて）を期さなければならないが、新田(1)遺跡とほぼ年代を同じくする、遼代の中国山西省応県仏宮寺釈迦塔の覆鉢は鶏卵状の球体を示す［徐小英ほか 二〇〇七］。こうした事例もあることを留意しておきたい。

このように説明を要する資料であり、類例は探り当てていないことをまず断っておかなければならない。

3　相輪状木製品の類例

塔の上部を構成する相輪と見た場合、新田(1)遺跡の主体時期前後での比較資料としてつぎのようなものがある。管見に触れる情報ではあるが、古代に仏塔の象徴である相輪が樹立されるものは、①多重塔・②多宝塔・③瓦塔・④経筒・⑤石塔・⑥泥塔・⑦その他（仏像持物・磚・戒壇・塚など）を上げることができる。

概略を示せば、①多重塔の事例は白鳳期から存在し、②多宝塔は平安期から顕著になる。③瓦塔は、関東地方の事例を参考とすれば、八世紀末〜九世紀中葉をピークとする［池田 二〇〇〇］。瓦塔は多重塔を陶器で模したものであるから、塔制は多重塔と傾向を同じくしているものの、相輪は実際の木造の多重塔より大きく造られる傾向がある。④経筒は経塚の造営に伴う遺物となるから、当然平安時代後半にその中心があり、以降の時期に連続してゆく。⑤石塔は白鳳期に多重塔が出現し、奈良・平安時代を通して展開する。平安時代末に五輪塔、鎌倉時代に入ると宝篋印塔、無縫塔などが出現し、さらには中世を代表する石造物である板碑が登場する。以降種類を増やしてゆく。⑥泥塔はすくなくとも奈良時代には盛んに展開する。瓦塔と同様に相輪が大きく造られる傾向がある。相輪が塔を構成する要素として重視されていたためであろう。⑦その他であるが、仏像の持物として相輪状の製品が見られる。山川均によれば、法隆寺金堂多聞天の持物である方形の塔身上に立つ四本の相輪、同じく法隆寺夢殿救世観音光背頂部に描かれる、多聞天持物と似た塔、さらに法隆寺の橘夫人厨子の扉絵に描かれた、菩薩がささげ持つ塔等がある［山川 二〇〇七」。これらの塔はいずれも方形の塔身をもち、上部に三～四本の相輪が立つものである。相輪の形状は、覆鉢の上に五～七枚の宝輪がかさなり、頂部に火焔宝珠と見られるものがあり、その間を擦管で繋いである。さらに、奈良県長谷寺の国宝「銅板法華説法図」は法華経見宝塔品にある、釈迦説法時に大塔が湧出したことを表した奈良時代の優品である。中央に六角三重の多重塔があり、塔の上には三本の相輪が立つ。中央の相輪は宝輪が九枚、左右の塔は宝輪が八枚である。水煙と龍車そのうえに宝珠を持つ構成となっている。この他に磨崖仏にも古代に遡る相輪の事例がある(狭川真一氏教示)。こうした事例は中国に先行事例として存在する。河北省邯鄲市の鄴城の東に位置する「佛造像埋蔵坑」から出土した「白石背屏像残件」(石造：東魏・北斉、五～六世紀)、また根津美術館所蔵の如来三尊像(石造：北魏、六世紀)にも、方形の塔身をもち上部に三～四本の相輪が立つ塔の陽刻がある。さらに、考古遺物として陶器製香炉の蓋につく摘みにも相輪状の表現が見られる。検討しようとする時期とは異なっているが、十三世紀代の金属製の舎利容器などにも一部には相輪とおぼしきものがある。なお、泥塔については後ほど詳しく述べたい。

以上のように古代には相輪あるいは相輪状の装飾が広く行われていたことがわかる。とくに新田(1)遺跡の営まれた、十～十一世紀代にかけての事例が存在することを確認しておきたい。ただし、木製相輪の事例は、法隆寺百万塔などの事例を除いて判然としない。相輪の遺存例は多くは金属製または陶・土製であり、塔身の上層に加飾するように使われるのである。

以上の検討からすれば、相輪は塔身上に樹立する場合がほとんどである。しかしながら考古学資料からすれば、石積みや土積みの基壇の上に相輪が樹立する場合がある。これは先ほどあげた⑦の事例に連なるものであると考えられ、古代において陶製の相輪が石積の上に樹立される場合があることや、積石塚の上に相輪が立つ事例もあることが知られているのである。

さて、新田(1)遺跡の相輪状木製品を考えた場合、それが何に樹立する可能性があるのかを考えなくてはならないであろう。多重塔や仏像の持物、小型宝塔などをその候補として考えることが一般的なのであろうが、これらは新田⑴遺跡の出土資料では明確ではない。それでは、こうした資料に樹立する以外の形で使用された可能性はないのであろうか。こうした観点から、相輪状木製品は何に樹立する可能性があるのか。比較事例として奈良時代の岡山県熊山戒壇陶製相輪、大阪府堺市大野寺の土塔（どとう）と奈良県奈良市の頭塔（ずとう）、さらには熊本県熊本市池辺寺百塚の事例を上げながら検討を加えてみたい。

4　遺跡遺物に見る相輪の類例

新田⑴遺跡に先行する、奈良時代の事例とはなるが、陶製の相輪が石積の基壇の上に樹立している事例がある。

⑴　熊山戒壇

岡山県赤磐郡熊山町の熊山（標高五〇〇㍍）にある国指定史跡熊山戒壇は、方形三段の石積遺構である（写真5）。山頂から目を南に転じれば瀬戸内海を望むことができる眺望のよい土地である。この積石遺構は特異なもので江戸時代から良く知られている。この遺構に関係して陶製の相輪が出土している。

石積遺構は熊山一帯に分布し全部で三三箇所確認されているが、規模は異なり石積の段数などもさまざまである。報告書によれば、その所属時期は「須恵器や奈良時代後半の古瓦が出土している」という。もっとも良く知られている熊山神社境内1号石積は、四段の石積みを持つ。一段目が略方形を呈し高さ〇・八㍍各辺約一一㍍、二段目は矩形を呈し高さ〇・九七㍍各辺が八㍍～七・六㍍、三段目は矩形を呈し高さ一・二㍍各辺が五～五・四㍍、さらにその上に四段目が載り、破壊のため詳細が不明だが復元は方形に行われており、高さ一・二五㍍、各辺は最も残りの良い東側で三・五㍍を呈している〔熊山町教委　一九七四〕。一層目は整地の意味合いもあってか西側に発達するが、東側はもともと標高が高いためもあってか発達していない。このため、東側には三段(写真6)、西側には四段(写真7)となる。

この三層目には、四方に龕が穿たれている(写真8)。さらに四層目の中央には盗掘のために掘られた二㍍ほどの穴があり、もともとあった石室を破壊している。この石室の中に三彩小壺を納めた陶器製の筒型容器(相輪)が安置されていたという。

現在、熊山神社境内1号石積は積石塚本体には近寄れないようになっており、龕の構造や、頂部の石室の様相を知ることができない。しかしながら、このほかの遺構ではこれらの様相を観察できる遺構があり、南山崖3号(C3)

写真5　熊山神社境内1号墳石積(1)

写真6　熊山神社境内1号墳石積(2)

写真7　熊山神社境内1号墳石積(3)

を踏査することができた（写真９）。破壊が著しいもののこの遺構も基本的には三段の積石塚であり、二段目の四方に龕（写真10）を持つ。頂部には石室（写真11）がある。おそらくこの石室と類する遺構が営まれていたと考えてよかろう。なお、出宮徳尚によれば方形三段で中段に四方の龕を持つ石積遺構は熊山神社境内１号塚とこの遺構のみであるという［出宮二〇〇五］。

さて、樹立していた陶器製筒型容器であるが、三層の筒型管が重なり頂部に火焰宝珠を戴く逸品であり、宝輪を欠くものの相輪と見てよかろう。現在この資料は奈良県天理市天理大学参考館の所蔵となっている。

近江昌司はこの資料について詳細な考察を加えている。陶器製筒型容器（写真12）の構成部分のそれぞれの法量は、

写真８　熊山神社境内１号墳石積(4)

写真９　南山崖３号石積(1)

写真10　南山崖３号石積(2)

写真 11　南山崖 3 号(3)

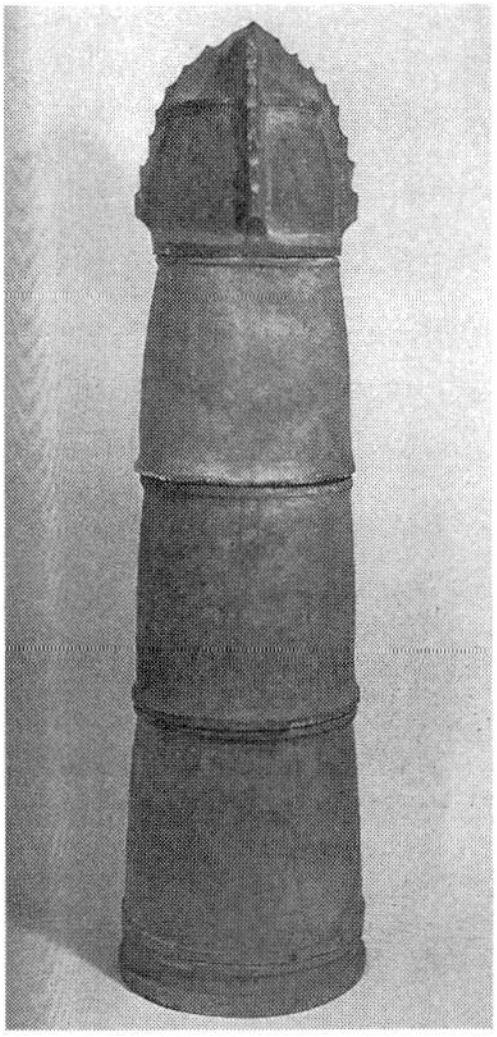

写真 12　陶製筒型容器

第 2 図　熊山神社境内 1 号石積と陶製筒型容器相輪

基底部九・八センチ、第1円管四〇・五センチ、第2円管四一・〇センチ、第3円管三七・〇センチ、蓋三七・八センチであり、総高は一六一・〇センチを示し巨大である。所属年代は、製作技法と窯資料との比較検討から八世紀後葉の奈良時代末葉に位置づけている。また、この陶器製筒型容器が掘り出された当初には、内部に三彩小壺が納入されていたが亡失したという。さらに他遺跡の事例を参考としつつ、第1〜第3の各円管接合部には宝輪が三枚かみ合わされ、石積の上に樹立(第2図)していたであろうと推定する[近江 一九七三]。陶器製筒型容器は石積の上に樹立していた相輪であると見たのである。まさに卓見である。

奈良時代後半という年代観は、新田(1)遺跡を遡るが、石積の基壇の上に、別の素材で作られた相輪が樹立する場合のあったことに注目しておきたい。

熊山戒壇に類似する積石塚は最近報告例が増えてきている。義則敏彦の教示によれば、兵庫県たつの市周辺でも発見されている。さらに、積石塚の事例は国外にまでその分布を拡大する。斎藤忠は韓国南部の熊山戒壇遺跡に類似する遺跡について四遺跡を報告している〔斎藤 二〇〇二〕。こうした類例がすべて同様な性格を持つのかどうかは今後の研究に俟つしかないが、さらなる広がりが国内外に確認されていることは留意しておく必要があろう。さらに付け加えれば、坂井隆は東南アジアから中国・朝鮮半島までを通覧しながら、こうした石積みの塚にも論及し、仏塔の伝播について考察を加えている〔坂井 二〇〇八〕。東南アジアの巨大な構造物である、ボロブドール（インドネシア）やコーケー（カンボジア）などがこの事例につながるかどうかは今後の検討を俟つしかないが、東南アジアから中国・朝鮮半島に展開する仏塔の様相を理解する上では重要な視点となろう。

写真13　大野寺土塔

写真14　大野寺土塔復元模型

(2) 土塔（どとう）

こうした塚の国内の類例として、大阪府堺市大野寺の国指定史跡土塔（どとう）がある。これは神亀四年（七二七）に行基が造営した大野寺の施設である。行基ゆかりの大野寺の境内に築かれている〔堺市埋文 二〇〇六〕。これは各層に瓦を葺いて積み上げた、奈良時代の十三重の土の塔（12層までは平面方形、最上重13層は平面円形）である。円形の最上重には八角形の建物が営まれていたと考えられ、ミニチュアの想定復元模型が現地に展示されている。基壇は一辺が五三・一㍍、高さが八・六㍍以上と、古代の建築物としては巨大である（写真13）。各段には瓦が葺かれ、瓦には人名が記されていて、造営時に知識・結縁を募ったらしいことがわかっている。相輪の様相ははっきりしない。ただし展示品のごとく八角形の建物（写真14）が営まれていたとすれば、建物の上に相輪が樹立していた可能性は高いと思われる。

(3) 頭塔（ずとう）

さらに、奈良県奈良市高畑町にある国指定史跡頭塔の事例を忘れることはできない。東大寺権別当実忠が神護景雲元年（七六七）に造立した土塔であり、入唐僧である玄昉の首塚と伝えられているのでこの呼称がある。頭塔は石積の塔（写真15）であり、一辺三二㍍高さ約一・五㍍の方形基壇に方形の壇を七段積んでいる。各段に瓦屋根をかけ、各面奇数壇の石積に四四体の石仏を配置している。最上重の第7壇上面には心柱の抜き取り痕がある。復元では建物は八角円堂に復元され、高く相輪が樹立されている［奈文研 二〇〇一］。土塔の事例と似る。

写真15　頭塔

(4) 池辺寺跡

熊本県熊本市池辺寺跡（写真17）の事例では、平安時代の石積の小規模なマウンドに石製の相輪が樹立されている。石積み群は基壇部との境界に南北に築かれた石垣の西側斜面に広がり、東西四五・六㍍、南北四五・六㍍の正方形区画の中に規則性を持って配置されている。斜面部の標高は石垣の上部で一二九

写真16　池辺寺跡出土相輪状石製品

メートル、斜面部西端で一四一メートル前後を測り、比高差約一二メートルを示す。東西五五メートル、南北五五メートル、面積三〇二五平方メートルの緩斜面にある。石積み群の配置は、1区画二・四メートル四方の正方形を東西南北それぞれ一九区画、計三六一区画を碁盤目状に設け、区画の中に交互に造られている。石積み群は東北隅の一部を欠失するが、東西一〇基、南北一〇基、計一〇〇基が整然と配置されていたと考えられている［熊本市教委 一九九〇］。

軽石質の相輪状石製品（写真16）は、百塚遺跡C地点の西側斜面部から出土したものである。本来、石積み遺構を構成していたものが崩落したとみられる礫群中に混在した状態で検出され、石積み遺構の頂部に相輪状石製品が樹立しており、それが崩落したため基礎の礫群に混在したと考えることができるという。こうしたことを勘案し、想定図では石積の塚の上に露盤を据え、その上に石製相輪が樹立している状態が復元されている。

以上、重要な事例について概観した。

さらに、熊山戒壇で出土した資料と類似する陶器製の相輪の例も追加されている。岐阜県美濃国分寺跡では、瓦製の相輪状製品が出土している。法量は基底部の径が一四・一センチ、高さが二二・九センチであり、「下部6層までが塔屋で、上部4層が相輪を表現する」土製百万塔と報告されている。さらに興味深いことに、伏鉢と考えられる大型の陶器製資料も存在する。下端の直径五〇センチ、高さ一八センチで、厚さが二・五センチほどであり、上部に直径一〇センチほどの円形開口部があって、擦管がさしこまれたのではないかという［大垣市教委 二〇〇五］。土製百万塔と報告されている資料は、小規模な基壇の上に樹立される相輪とみることはできないだろうか。伏鉢と考えられる陶器製資料が存在することは、

写真17　池辺寺跡百塚遺跡現況

陶器製の相輪と伏鉢の組み合わせで、基壇上に樹立していた可能性を考えておきたい。

以上からすれば、相輪は必ずしも仏像や多重塔などの建造物、さらには金属製品などにのみ樹立されるのではなく、石積あるいは土積の塔にも営まれることがあり、素材には陶製などのバリエーションがあることがわかる。この事例は、奈良時代から平安時代にかけては、ひろく日本全国に展開していたこともわかる。新田(1)遺跡出土の相輪状木製品は、こうした事例に連なる資料と理解できまいか。

実は新田(1)遺跡の年代に近い十一世紀代にも、遺構に伴いながら相輪が単独で出土している事例がある。京都府向日市西陣町遺跡では、十一世紀後半の方形周溝状遺構の周溝中から石製の相輪が単独で出土している［木村泰 一九八五］。この遺構は火葬した場所をそのまま墓所とした火葬塚の事例として重要であり、当時の上級貴族から王家の葬法を示すものであるという［狭川 二〇一二］。西陣町の遺構については、周囲の柱穴との関連性も含めて想定復元が行われており、方形周溝の内部に塚が築かれ、その上に宝塔が立ち、さらにその上に石製の相輪が樹立する形となっている。つまり出土した相輪は宝塔の部品ということになる。この復元案は当然妥当性をもつものであるが、塚のうえに直接相輪だけが樹立する場合も想定できる（狭川真一氏教示）。さらに、藤澤典彦は「平安時代末の真言系の『葬法密』に「掘地作墓、土塔之形也、土塔之上立率都婆…」と記すように、土盛は塔と認識されていた。土塔と言うとき、イメージされていたのは堺市・家原寺（＊筆者注：大野寺）土塔や奈良市・頭塔などであろう」という［藤澤 二〇一二］。盛り上げたマウンドの土盛り自体が塔と見られていたことがわかる。塔とみなされた塚の上に直接石製の相輪が樹立していた可能性があるのである。考えてみれば、そもそもの仏教発祥の地であるインドとその周辺にあるストゥーパの事例では、マウンドの上に相輪のもととなった傘蓋が樹立するので、こうした事例は古くから存在することがわかる。

奈良時代には石積基壇に相輪が樹立していたものが、新田(1)遺跡の年代である十世紀から十一世紀の平安時代末になると、土積の基壇に樹立するようになってきたというおおまかな傾向性を知ることができる。

次に、塚の上に相輪が樹立する背景として、泥塔作成にかかわる経典との関連を整理しよう。泥塔は全国に広がっていた。宮城県多賀城市多賀城廃寺でも多数出土している。多賀城廃寺は多賀城の付属寺院である。古代国家の東北地方支配の拠点である古代陸奥国府多賀城と新田(1)遺跡と関連が深いことは言うまでもない。

5　泥塔と相輪

泥塔は、泥土を型に入れて作製した小塔であり、一度に多数が製造され供養されるところに大きな特徴がある。すでに奈良時代に存在し多宝塔や三重塔などの形がある。平安時代から鎌倉時代にかけては五輪塔の泥塔も造られる。畑大介の整理によれば、泥塔は東北から九州の全国九〇ヶ所ほどで発見され、分布の中心は近畿にある。発見地点は国分寺をはじめとする寺院跡が多く、発見基数は万近くにおよぶものから一～二基に至るまでさまざまである［畑 一九九七］。多賀城廃寺跡の調査では、破片でかぞえて二六九四個にのぼる泥塔が発見されている。一古代遺跡からこのように多数の土塔が出土した例は全国的にもないという。出土した場所とその数は、講堂跡二六八三個、僧房跡二個、金堂跡六個、南大門跡一個、塔跡二個の計二六九四個であり、講堂跡からの出土が多い。講堂跡から出土した土塔は宝塔形であり、ほとんど全部が型造りで、縦割りの二枚の型に粘土をはさんで作成している。最後に型から出し、塔身のところを指の腹でおさえ、屋根のところを指先でつまんで形を整えている。長さ七・〇チセン〜八・五チセンの資料が多い[伊東ほか 一九七〇]。

この泥塔を作るのは厳密な「泥塔供養作法」に則って進められた。木下密運によれば、「泥塔供(養)作法は『仏説造塔延命功徳経』(大正蔵経、経部二、第一〇二六)にもとづいて、密教の阿闍梨が次第を作成したもので、流派によって作法の細部にちがいを見るが、大要は異なるものではない」という[木下 一九七二]。さらに木下はその手順(第一〜第十二)について次のように詳述している。

第一に、妙華をとって陀羅尼で加持し壇上に散布する。第二に、挺植(ねばつち)で泥団を作るとき阿字観(あじかん)をなす。このとき陀羅尼で二一辺加持する。第三に、泥をこねるとき娑頗(そは)字観をなす。泥を水晶、頗胝迦宝(はり、頗黎)のように観ずる。第四に、赤土を塗るとき火色観をなす。乾いた赤土をまんべんなく塗り、含字(かんじ)観をなす。泥がとけた金の色に見える。第五に、陀羅尼で加持して泥団を模(かた)に入れる。第六に、法身真言(ほっしんしんごん、法身偈の梵文。仏像・塔等を作るときこれを収む)を入れるとき、陀羅尼で加持してから印子(模)に入れる。第七に、塔の模を椎打する。第八に、打ちおわって、手で塔階を作る。第九に、塔を模より出す。第十に、塔を模より出して安置する。第十一に、塔を安置しおわって、手で塔頂を整える(按ずる)。第十二に、塔頂に傘蓋を置く。かくして塔を造りおえるのであるが、それぞれの所作をしながら経に説くそれぞれの陀羅尼を唱えるのである。この経にいう塔の形は、インド等に多く見かけられる頭の丸い、塔上に傘蓋のあるストゥーパのことである。

また、この経典は空海の三十条策子中にも見られることから、早くから日本の密教家には知られていたという[木下 一九八四]。注目すべきは、法式に則って作られた泥塔は、本来インドのサンチーなどの仏塔(写真18)の形を模しているものであることである。木下の示した泥塔資料には、京都大学所蔵の「京都府法勝寺泥塔」があり、これはイン

写真18　サンチー仏塔

ドのサンチーなどの仏塔とおなじ円形の土饅頭形を呈している。『仏説造塔延命功徳経』に説く、法式本来の形をとどめている資料と見ることができようか。さらにこの上に相輪が樹立（手順第十二）するのである。また、空海の活躍時期から見れば、八世紀末〜九世紀には『仏説造塔延命功徳経』は知られていたことになる。

まとめにかえて

平成十五年（二〇〇三）に出土した新田⑴遺跡出土の木製品について、これを十世紀後半〜十一世紀代の木製相輪に類する資料と考え、その性格と使用について考えてきた。

日本古代に仏塔の象徴である相輪が樹立する資料としては、相輪塔あるいは輪塔と呼ばれる、相輪が塔身とは組み合わず単独で樹立する事例を除けば、①多重塔・②多宝塔・③瓦塔・④経筒・⑤石塔・⑥泥塔・⑦その他（仏像持物・磚・戒壇・塚など）を挙げることができた。つまり日本古代には広く相輪状の装飾が行われていたことがまずわかる。

しかしながら新田⑴遺跡の相輪状木製品を考えた場合、多重塔や仏像の持物、小型宝塔などがその候補として考えられるが、何に樹立する可能性が高いのかはいまひとつはっきりしなかった。

相輪は塔身上に樹立する場合がほとんどであるが、考古学資料からすれば、石積みや土積みの基壇の上に相輪が直接樹立する場合があることがわかってきている。その実例として、奈良時代の岡山県熊山戒壇陶製相輪・土塔・頭塔、さらには熊本県熊本市池辺寺百塚の事例などを検討し、相輪が必ずしも仏像や多重塔などの建造物、さらには金属製品などにのみ樹立されるのではなく、石積みあるいは土積みの塔に直接樹立することがあり、その素材にも陶製や石製のバリエーションがあることを示した。おそらく新田(1)遺跡と同様の木製相輪もあったことは想像に難くない。

新田(1)遺跡の年代からは遡るものの、八世紀末~九世紀には知られていた『仏説造塔延命功徳経』により作成される泥塔の存在も重要であった。泥塔出土地の分布の中心は近畿にあるものの、東北から九州の全国各地で発見されている。つまり泥塔を作る法式として『仏説造塔延命功徳経』に則る泥塔供作法は、古代奥羽にも知られていたのではないかと考えられる。法式に則って作られた泥塔は、インドのサンチーなどの仏塔の形を採り、相輪を石積みあるいは土積みの塔に直接樹立することと近い。

さらに、新田(1)遺跡と同じ、十一世紀代に相輪が単独で遺構に伴いながら出土している事例がある。京都府向日市西陣町遺跡では、十一世紀後半の方形周溝状遺構の周溝中から石製の相輪が単独で出土しているのである。積土の塚を塔と見てその上に相輪を樹立した可能性がある。

以上からすれば、新田(1)遺跡の相輪状木製品が何に樹立するのかを明確には示しえないが、石積みや土積みの基壇の上に相輪が樹立する場合があることを重視しなければならない。小規模な石組みや塚状の高まりは塔とみなすことができるため、こうした高まりの上に直接樹立していた可能性を指摘してみたい。

参考文献

青森市教育委員会　二〇〇四年「石江遺跡群発掘調査概報　新田(1)　高間(1)遺跡」『青森市埋蔵文化財調査報告書』第81号
青森市教育委員会　二〇一〇年「石江遺跡群発掘調査報告書Ⅲ」『青森市文化財調査報告書』第一〇七集—1
青森市史編纂委員会　二〇一〇年『新青森市史—原始・古代・中世編—』通史編 第1巻
池田敏宏　二〇〇〇年「瓦塔」『古代仏教系遺物集成・関東』

伊東信雄ほか　一九七〇年『多賀城跡調査報告Ⅰ―多賀城廃寺跡―』
近江昌司　一九七三年「備前熊山仏教遺跡考」『天理大学報』第八十五輯
大垣市教育委員会　二〇〇五年『史跡　美濃国分寺跡』
小口雅史　二〇一〇年「古代末期の北方世界」『古代末期の境界世界―城久遺跡群と石江遺跡群を中心として―』森話社
木下密運　一九七一年「泥塔供作法について」『六波羅蜜寺民俗資料緊急調査報告書』第１分冊
木下密運　一九八四年「小塔」『新版仏教考古学講座』第３巻　雄山閣
木村淳一　二〇〇八年「日本海域における古代の祭祀―木製祭祀具を中心として―」『石川県文化財情報』19号
木村淳一　二〇一〇年「青森市石江遺跡群の特質」『古代末期の境界世界―城久遺跡群と石江遺跡群を中心として―』森話社
木村泰彦　一九八五年「長岡京跡右京第一三〇次」『長岡京市埋蔵文化財調査報告書』第２集
熊本市教育委員会　一九九〇年『池辺寺跡Ⅰ―百塚遺跡Ｃ地点・堂床遺跡発掘調査報告書―』
熊山町教育委員会　一九七四年『熊山遺跡』
堺市埋蔵文化財センター　二〇〇六年『史蹟土塔』
坂井　隆　二〇〇八年「古代における仏塔の伝播―ボロブドゥールと奈良頭塔の関係について―」『日本考古学』25号
斎藤　忠　二〇〇二年『仏塔の研究』第一書房
斉藤利男　二〇〇六年「安倍・清原・平泉藤原氏の時代と北奥世界の変貌」『十和田湖が語る古代北奥の謎』校倉書房
狭川真一　二〇一一年『中世墓の考古学』高志書院
徐小英ほか　二〇〇七年『中国古塔造型』
鈴木靖民　二〇〇四年「平安後期・北奥の祭祀・交易・経営拠点と交流―青森市新田⑴遺跡の歴史的意義―」『東アジアの古代文化』一二一号
須藤弘敏　二〇一〇年ａ「新田⑴遺跡の仏教関係遺物について」『古代末期の境界世界―城久遺跡群と石江遺跡群を中心として―』
須藤弘敏　二〇一〇年ｂ「第１節　古代の造形」『青森県史　文化財編　美術工芸』
出宮徳尚　二〇〇五年「熊山南山崖石積遺構―その実測調査報告―」『吉備地方文化研究』第15号
奈良国立文化財研究所　二〇〇一年「史跡頭塔発掘調査報告」『奈良国立文化財研究所学報』第62冊
畑　大介　一九九七年「玉里村立史料館の泥塔について」『玉里村立史料館報』第８号
藤澤典彦　二〇一二年「墓上の石塔」『中世石塔の考古学』高志書院
八重樫忠郎　二〇一二年「考古学からみた北の中世の黎明」『北から生まれた中世日本』高志書院

山川　均　二〇〇七年「石造寶篋印塔の日本への将来について」『中日石造物の技術的交流に関する基礎的研究』シルクロード学研究センター

中世前半期の追善仏事——石造物銘文を中心に——

はじめに

小稿は主として中世前半期における追善仏事の様相を石造物銘文から整理しようとするものである。追善（または追薦）仏事とは死者の冥福を祈って仏事を営むことであり、死後次の世に生をうけるまでの四十九日間の中陰における七日ごとの仏事や、死後元年目の一周忌、二年目の三回忌、六年目の七回忌など毎年の命日における仏事などがある。

石造物にもこうした内容は当然記され、『歴史考古学』誌上で収集された情報は約九〇〇〇を数える。さらに、石造物は日本全国に存在するため、広範な比較の中で特徴を把握することが可能であり、当時の追善供養などについて一般性（広域的要素）と特殊性（地域的あるいは限定的要素）を理解することができる。いずれにしろ、中世前半で供養の全国的な情報を、数千件という数量で知り得る資料は石造物銘文以外にはない。

一方、こうした特徴を持つ反面、追善仏事の体系を理解することはなかなか困難である。つまり石造物は広範に分布するが断片的であるという弱点をもっている。文献史料は、石造物銘文に記されない仏事などの具体的内容や、家族あるいは一族との関わりなど、当時の社会情勢を知ることができる強みがある。

このようなことを念頭に、まず石造物銘文の追善仏事の記述を整理し、さらに文献史料に拠りながら理解を深めてみたい。史料は『歴史考古学』誌上で行われた石造物銘文集成の守備範囲とほぼ同時代史料である『玉葉』と『吾妻鏡』を主とする。

小稿関連の追善あるいは回忌法要にかかる先行研究には、圭室諦成〔一九六二〕、高木豊〔一九七三〕、千々和到〔一九八八・一九九一〕、望月友善〔一九八六〕などがあり、筆者も一部論じたことがある〔山口 一九九六〕。

1 分析対象データについて

分析対象とする石造物銘文は、『歴史考古学』の第22・24・28・31・35号〔歴史考古学研究会 一九八八・一九八九・一九九一・一九九二・一九九四〕の集成(以下「銘文集成」)によるものであり、五冊には約九〇〇〇件のデータが集録されている。採録の期間は奈良時代辛巳歳の群馬県高崎市山名町神山「山ノ上碑」から南北朝前期の貞治二年・正平十八年(一三六三)に及び、日本国内を網羅するという重厚なものである。集成に当たられた方々にこころより敬意を表したい。分析にあたっては歴史考古学に集積された全データをエクセルに打ち込み、エクセル上で必要な処理を行った。

2 石造物銘文に見る追善仏事

まず追善仏事の歴史的な展開についてその概要を見てみよう。圭室諦成が『古事類苑』に拠りながら、整理した中陰と年忌の初出と文献は次のようになる〔圭室 一九六二〕。七七日『続日本紀』慶雲四年(七〇七)、百ヶ日『日本書紀』天武朱鳥元年(六八六)、一周忌『続日本紀』天平宝字元年(七五七)、三年忌『源平盛衰記』文治二年(一一八六)、七年

1325				1			1	1					2	5
1326		1		2									1	4
1327		2		3		1								6
1328		1		1	2				1				1	6
1329													1	1
1330				2										2
1331				2										2
1332		1		1	2			1					1	6
1333		1	3	1	1	2		2					1	11
1334		3	2	1	1			1						8
1335		2		3	2								1	8
1336		4	1	2		2		2						11
1337		3		1		1		1						6
1338		2				1								3
1339		1		2		1		2					2	8
1340						1							1	2
1341		2		1				1					3	7
1342		1				1	2			1				5
1343		1	1	1	1			1						5
1344				1	1		1	1					2	6
1345			2	3	1									6
1346								1						1
1347				2									1	3
1348				1										1
1349				1	1									2
1350				1		2							4	7
1351		1		2	1								2	6
1352				1		3	1						1	6
1353			1					1					1	3
1354			1		1	1	1							4
1355		1		1	1	3								6
1356			1			1	1						2	5
1357				1	1								1	3
1358		2		1	1	2								6
1359		2			1									3
1360		1	1	3			1	1					4	11
1361		1	1	3	3	1	1						2	12
1362		1			1	3	1	2					1	9
1363		3		2	1	1	2				1		1	11
総計	1	82	28	81	36	43	14	47	3	1	1	1	46	384

※35年は1363年に1基ある。本文参照

第１表　忌日供養一覧

西暦	7日	35日	49日	100日	1年	3年	7年	13年	17年	23年	25年	27年	33年	総計
1239				1										1
1241		1												1
1257								1						1
1259				1										1
1269					1									1
1271								2						2
1272		1						1						2
1273				1	1			2						4
1274								2						2
1275			1	1		2								4
1276		1			1									2
1278								1						1
1279					1									1
1281			2											2
1283		2		1										3
1284		2												2
1285			1			1		1						3
1286						1								1
1287			1	1										2
1288		1		1	1		1							4
1289		2		1				1						4
1290		2						1						3
1291		2		2										4
1294		2				1		1						4
1295		1		2										3
1296			1					1						2
1297			1											1
1298		1						1						2
1299		1		2	1	1						1		6
1300		1		1	1									3
1301						2								2
1302		1						1						2
1303					1			2						3
1304				1				2						3
1305		2		2				1					1	6
1306		2						2						4
1307				1				1					1	3
1308			1		1									2
1309			2	1				2						5
1310		1	1	2		1								5
1311								1	1					2
1312		1		2				1						4
1313		1		1	1								1	4
1314		1		1									1	3
1315		1											1	2
1316		3												3
1317	1	1	1											3
1318			1			2								3
1319		2		2		1		1	1					7
1320		1		2	1									4
1321		2	1			3							4	10
1322		4		2	1									7
1323				2	1	1								4
1324		2					1						1	4

忌『普明国師語録』貞治三年(一三六四)、十三年忌『沙石集』承安元年(一一七一)、三十三年忌『光厳院御記』元亨二年(一三二二)、十七年忌『康富記』宝徳二年(一四五〇)、二十五年忌『親長卿記』明応三年(一四九四)、百年忌『南方紀伝』貞治六年(一三六七)、古代にはすでに中陰の仏事が行われ、古代から中世にかけて十三回忌などの年忌仏事が営まれ、時代を経るごとにその回数が増加していくことがわかる。

また速水侑によればこうした仏事の成立は中国の『預修十王生七経』(略して十王経)を原形としているとし、この信仰が日本に伝えられ、中世にはさらに発達して偽経である『地蔵菩薩発心因縁十王経』(略して地蔵十王経)が作られたという。この内容は「初七日」「二七日」「三七日」「四七日」「五七日」「六七日」「七七日」「百日」「一年」「三年」の十回に、合計十人の冥府の王の審判を受け、その功徳さらには追善の様子によりあるものは成仏し、あるものは人・天さらには地獄へと送られるというものである[速水 一九七五]。望月友善は山形県酒田市生石延命寺の『十二仏種子曼陀羅板碑』(延文四年・一三五九)に注目し、十仏から十三仏へという、忌日供養の移行過程を示すものとしている[望月 一九八六]。この板碑は弥陀三尊を中心として十二の種子を円形に配置したもので、周囲には『菩提心論』の偈頌を、これまた円形に配するという特色ある板碑である。当初は十仏事でありその後十三仏事へと発展し、現在では追善仏事はさらに増加している。『十二仏種子曼陀羅板碑』はその過程を現すものである。

こうした概要を踏まえつつ、石造物の銘文を見てみよう。中世前半期(行論の都合上古代のデータを一部含む)の石造物銘文について、追善仏事を表す次の語句を銘文集成に調査した。「初七日」「二七日」「三七日」「四七日」「五七日」「六七日」「七七日」「百日」「一周忌」「三年忌」「七年忌」「十三年忌」「十七年忌」「二十三年忌」「二十五年忌」「二十七年忌」「三十三年忌」「三十五年忌」「百年忌」である。この語句のうち銘文集成から特徴的に得られたのは、「初七日」「五七日」「七七日」「百日」「一周忌」「三年忌」「七年忌」「十三年忌」「十七年忌」「二十三年忌」「二十五年忌」「二十七年忌」「三十三年忌」「三十五年忌」であった(第1表)。

この検索結果にはいくつか調査上の困難がつきまとったため、果たしてすべてについて調査が完了しているのかどうかはまだ不安が残るが、数度の検討を重ねた結果であるので、一応の結果は出せたのではないかと考えている。次に各追善仏事について銘文集成から見た様相を整理してみたい。

3　追善仏事の様相

採集できた各追善仏事を表すと考えられる忌日について述べてゆきたい。傾向としては十三世紀中頃に追善仏事が石造物には刻まれ始め徐々に増加していき、忌日の種類も増加してゆくことがわかる。とくに鎌倉時代の後半、南北朝にかけては増加が著しい。これは石造物自体の数量の増加とともに、追善仏事がより多数の人々に受容されてきたことが大きな原因であろう。この背景には千々和到が指摘したように、連続して一定の場所を定めて一族の墓所が営まれるなどの、石造物造立者一族の連続性もあるのではなかろうか〔千々和 一九九一〕。

⑴　各追善仏事の特徴

まず銘文集成採録の追善仏事について、点数、表記、初出、地域、銘文、刻まれる石造物、特徴など基本的な観点から見てみよう。

①　「初七日」

一件のみ採集できた。銘文は「初七日」という表記に注目し採集した。宮城県石巻市吉野町御所ノ入（市町村名表記は銘文集成に従う。以下同）の自然石塔婆。表記（紙数の関係上銘文集成の表記にある改行を圧縮し記載。以下同）は「文保元年丁巳六月初七日　敬白」（24巻143頁（銘文集成の巻次と頁数を表示。以下同、文保元年：一三一七）が銘文集成の初七日の初出となる。なお『広辞苑』には七日ごとに死者の追善を営むべき日。初七日から四十九日に至る各7日目の法要。源氏物語柏木「―の御誦経」と見え、源氏物語の成立年代からすれば、長保三年(一〇〇一)以降、寛弘七年(一〇一〇)頃までには初七日仏事は成立していることになる。また、この用例であるが「六月初めの七日」と読めなくもない。銘文集成の用例を探れば「五月初日」「八月初四日」「十一月初四日」などを採集することができるため、検討を要する事例であることを付記しておきたい。

②「五七日」

八二件を採集することができた。銘文は「五七日」と「三十五日」という表記に注目し採集した。「五七日」「当五七忌」「相当五七日」「相当五七日之忌辰」「五七日追善也」「五七日善根」「亡魂五七日」「聖霊五七日」「幽儀三十五日」「三十五日」「相当三十五」「悲母為三十五日」「慈父為三十五日」「聖霊三十五日」「幽霊三十五日」「三十五日相当」「三十五日也」「三十五日忌辰日」などがある。

初出は埼玉県飯能市中山智観寺の板碑で、表記は「仁治第二暦辛丑季冬／廿四日丁丑当悲母比／丘尼名阿弥陀仏五七之／忌辰建弥陀三摩耶／一基之石塔矣」(22巻28頁・仁治二年：一二四一)である。分布は青森県から宮崎県にわたり東北地域から九州地域まで展開する。ただし六六基は東北に分布し、関東には五基、北陸一基、近畿二基、四国五基、九州三基であり東海・中国地域には分布を見ない。東北の分布は大半が青森県と宮城県であり、日本海側の山形県と秋田県には一基しか存在しない。なお全体を通して言えることではあるが、供養に対する文言を刻む石造物は青森県・宮城県に圧倒的に多い。

先の埼玉県飯能市中山智観寺板碑には「当悲母比丘尼名阿弥陀仏五七之忌辰建弥陀三摩耶一基之石塔」とあり、母の名阿弥陀仏の五七之忌辰に当たって弥陀三摩耶の石塔を一基立てたと記される。このほかにも三十五日に石塔を造立していることを記す事例は多く、青森県弘前市中別所石仏の自然石塔婆では「右当三十五日忌辰石塔婆三本／立之志者奉為高梠故西円／禅門聖霊也／正応元年　戊子　七月廿三日源光氏敬白」（22巻135頁・正応元年：一二八八）と見える。三十五日にあたって石塔婆を三基立てるということになろう。石塔婆三基というのは弥陀三尊などの三尊仏を想起させる。この板碑の場合は石塔婆とあるので石塔と考えられるが、必ずしも石製ばかりではない。『餓鬼草紙』には木製の塔婆が塚の上に三本立っており、中央が高く両脇は低く作られている。絵巻に見られるような木製の場合があったことに留意しなくてはならない。ついで千葉県佐原市大根西蔵院名号二連塔婆の表記には「光明遍照／十方世界／念仏衆生／摂取不捨／右□□慈父聖／霊三十三ケ年也／南無阿弥陀仏／右志者為悲母聖／霊三十五日也／暦応二年三月日敬白」（31巻69頁・暦応四年：一三四一）と見える。暦応四年三月に父の三十三ケ年の追善法要を営むとともに母の三十五日の追善法要を営んだと考えられ、残された者が二親の法要を営むことがわかる。

なお、銘文が刻まれる石造物はほとんどが板碑や自然石塔婆であるが、五例（他に線刻五輪塔二例）ほど五輪塔の部材に記銘する事例が存在する。和歌山県に二例、愛媛県に一例、熊本県に二例であり、いずれの所在も西日本である。和歌山県橋本市市脇相賀神社五輪塔地の水輪には、「右奉為先考正五位／永仁二年三月廿八日／蔵人禅門法覚聖霊／孝子坂上長澄／往生極楽証大菩薩相／同幸王丸　敬白／当三十五日忌辰造立之」（24巻12頁・永仁二年：一二九四）。中世の石造物は東国では圧倒的に板碑が多く、西国では一部の地域を除き板碑以外の、五輪塔を中心とする石造物が多数を占めることはよく知られている。

③「七七日」

二八件を採集することができた。銘文は「七七日」「四十九日」という表記に注目し採取した。「七七忌辰」「七七ケ日」「七七日」「当七七日忌辰」「四十九日」「四十九日」「四十九日忌辰」「相当四十九日御忌」「四十九日立之」「聖霊四十九日」「四十九日崇仏」「四十九日為也」「相当四十九日」などがある。初出は宮城県桃生郡矢本町鹿妻願成寺の自然石塔婆であり、表記は「（胎蔵マンダラ）意趣者相当過去幽儀／大施主并／建治元年　乙亥　仲秋廿三日／孝子敬白／四十九

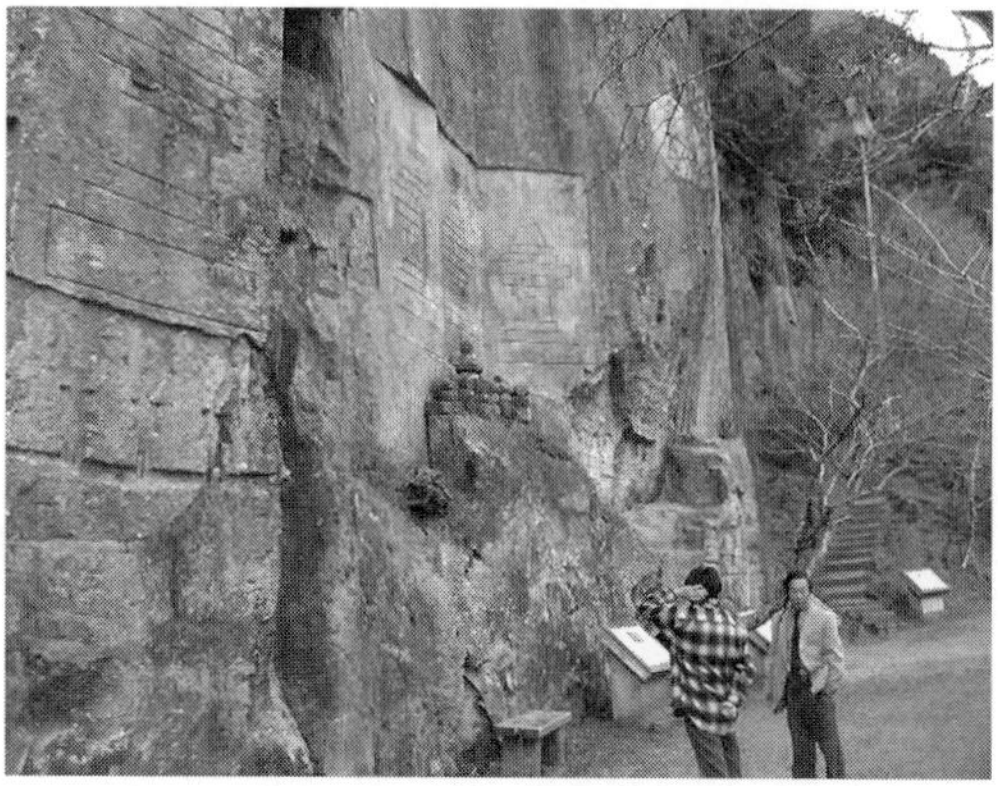

第１図　川辺町清水の磨崖宝篋印塔

日忌辰□造立也」（22巻80頁・建治元年：一二七五）である。青森県から鹿児島県に分布する。興味深いことに福島県南部に一一例存在し、全体の分布傾向からすれば偏在を示す。特に福島県須賀川市周辺に六例（十三世紀後半から十四世紀半ば）が集中する。大半は板碑や自然石塔婆に刻まれるが、磨崖碑に刻まれる事例が福島県と鹿児島県に合計四例存在する。さらに宝篋印塔が二例（一例は鹿児島県川辺郡川辺町清水の磨崖宝篋印塔・第１図）、五輪塔が三例あり銘文はいずれも地輪に刻まれている。唯一の石造宝篋印塔は滋賀県坂田郡山東町清滝徳源院宝篋印塔であり、銘は基礎に刻まれ「当禅宗聖霊／四十九日立之／永仁五年／十月廿九日」（24巻24頁・永仁五年：一二九七）とある。

さらに、七七日にはまとめてほかの忌日の供養を執り行っていたらしい。岩手県北上市稲瀬町極楽寺自然石塔婆には、四十九日の銘文を持ち紀年を有する自然石塔婆と、紀年をもたず忌日供養のみを記す五基の自然石塔婆がある。四十九日銘文の表記は「延慶三年十二月廿九日／庚戌／奉為亡妻／泰山王／七七日／大施主最教」であり延慶三年（一三一〇）の紀年を持つ。残りの五基の自然石板碑塔婆にはそれぞれ「普賢宗帝最教／三七日」、「薬師五官王／六親父母為／四七日／乃至法界衆生也」、「地蔵炎応王／最教／五七日／為尾張房□□」、「観音平等王／最教／百ケ日」、「弥勒五道転輪王／最教／第三年」（24巻97頁）と記される。紀年をもつものが一基、残りは紀年をもたず忌日が記されていることからすれば、これら六基の自然石塔婆は仏事の施主である最教により延慶三年の七七日供養に際して同時に営まれたものと考えることができるのではなかろうか。最教は亡き妻のために三七日・四七日・五七日・七七日を行い、さらに百ケ日・第三年の追善仏事をも行ったと考えておきたい。十仏信仰では「初七日」「二七日」「三七日」「四七日」「五七日」「六七日」「七七日」「百日」「一年」「三年」の一〇回にあたる忌日に追善が必要となる。集成には「初七日」「二七日」「六七日」「一年」の四回分の忌日を刻む石造物が見当たらない。本来はあった可能性が高い。追善仏事の実態を示す貴重な資料と見ておきたい。

④「百日」

八一件を採集することができた。銘文は「百日」という表記に注目し採取した。「百箇日之忌晨」「百ケ日忌晨」「一百ヶ日忌景」「一百ヶ日」「百ヶ日」「一百日」「相当一百ケ日」「相当百日」「一百ケ日追善供養」「百日」などがある。初出は和歌山県伊都郡高野町高野山の町石五輪卒都婆であり、表記は「右相当亡□比丘尼定智幽霊百箇日之忌晨造／立之但智往生之日依令奉加早生之分慾我／名字是為結一仏浄土之勝縁也兼為円仏／経心両聖霊乃至法界衆生往生極楽矣／百六町／比丘尼慈観／文永拾季癸酉十一月五日／沙弥明智」（22巻77頁・文永十年：一二七三）。

銘文は東北から九州の石造物に展開する。ただし五一基は東北に分布し関東には八基、近畿一二基、中国一基、四国一基、九州八基であり、東海・北陸地域には分布を見せない。東北の分布は大半が宮城県と福島県であり、日本海側の山形県と秋田県には三基しか存在しない。興味深いことに七七日と同様に福島県に濃密な分布を示し、十三世紀末から十四世紀の半ばにかけて、福島県いわき市周辺に分布が集中する。いわき市四倉町薬王寺には「弘安十年（一二八七）／七月三日／一百ヶ日」に始まり、延文六年（一三六一）に至る八基の自然石塔婆が営まれている。これはおそらく地域権力の一族墓なのであろう。

⑤「一周忌」

三六件を採集することができた。銘文は「一周」という表記に注目し採取した。「一周忌」「一周忌辰」「相当慈父一周」がある。初出は福島県郡山市安積町大谷地の自然石塔婆であり、表記は「右相当悲母幽儀／文永六年四月三日

孝子 敬白／一周遠忌造立之」（22巻64頁・文永六年：一二六九）であり、東北の宮城県から九州の鹿児島県に展開する。興味深いことに千葉県佐倉市周辺に四基が集中する。一五基は東北に分布し、関東には一一基、近畿六基、九州四基であり、東海・北陸・四国・中国地域には分布を見せない。東北の分布は大半が宮城県と福島県であり、日本海側の山形県と秋田県には存在しない。銘文の刻まれる石造物はほとんどが板碑と自然石塔婆であり一部に宝篋印塔がある。

また複数の忌日供養を同一の石造物に連記する事例がある。福島県いわき市四倉町長友大宮作長隆寺自然石塔婆の表記は次のようになる。「為妙□百／ケ日一周忌也／正和二年正月卅日」（24巻118頁・正和二年：一三一三）。ここでは百ケ日と一周忌が連記されている。次いで三重県亀山市亀山城東丸亀山神社の宝篋印塔基礎には「□悲母卅三廻／之追善並迎孝／孫禅観尼一周／之忌景為頓証／×乃至法界平／ホ利益造之／正慶元年壬申七月廿日／願主沙弥道智」（28巻123頁・元弘二年：一三三二）と刻まれ、沙弥道智の母の卅三忌と娘の禅観尼一周忌が連記されている。これまた供養が連続している一例となる。

⑥「三年忌」

四三件を採集することができた。銘文は「三年」という表記に注目し採取した。「第三年之忌辰」「第三年」「相当第三年」「第三年忌景」「第三廻之忌辰」「三回忌辰」「第三ヶ年忌辰」「第三年忌」「第三回忌」がある。

初出は和歌山県伊都郡高野町高野山の町石五輪卒都婆であり、表記は「当先妣比丘尼幽霊性明第三年之／忌辰造立也荅斯一心慇懃之／丹誠遂彼九品託生之素懐而也／百五町源氏沙弥定智／文永十二年二月廿一日」（22巻82頁・文永十二年：一二七五）である。なお百日の忌日供養の初出も高野山の町石五輪卒都婆であったことは興味深い。

分布は東北の青森県から九州の鹿児島県まで展開する。ただし分布には偏りがある。二一基は東北に分布し、関東に五基、近畿七基、四国一基、九州九基であり、東海・北陸・中国地域には分布しない。東北の分布は大半が宮城県と福島県であり、日本海側の山形県と秋田県には一基しか存在しない。また鹿児島県に十三世紀後半から十四世紀半ばにかけて七基が集中する。

興味深いこと山形県南陽市赤湯町東正寺磨崖板碑（第2図）と、後に触れる滋賀県八日市市市辺大蓮寺では磨崖碑に「三年忌」銘文が刻まれている。さらに三重県上野市白樫慈尊寺板碑には「右相当悲母妙阿第三年忌辰／□□一石面一乗妙典一部十□心経／一字一巻八万四千基石塔造立□□／専祈得脱乃至法界平ホ利益牟／元亨元年 辛酉 十二月八日 教子ホ 敬白」（28巻32頁・元亨元年：一三二一）と見える。母妙阿の第三年忌辰にあたって法華経を記した八万四〇〇〇の礫石経を納めたと見ておきたい。三回忌の仏事としてこうした埋経があったことがわかる。

第２図　南陽市東正寺永仁２年（1294）磨崖板碑

先の滋賀県八日市市市辺大蓮寺宝篋印塔基礎には「（／正面）右為二親第三年／（左面）兄弟六人／（背面）四月日／藤井国房／嘉暦二年」（28巻81頁・嘉暦二年：一三二七）、二親の第三年の追善仏事として兄弟六人が宝篋印塔を営んだと記される。これまた追善仏事は家族の手によって執り行われるものであったことを示している。さらに同じく大蓮寺の三尊磨崖石仏には「元亨 辛酉 元季四月日造立了／（如来立像）為生阿弥陀仏現在也／（如来立像）為西念房第三年也／（如来立像）為字六母三十三年也」（28巻31頁・元亨元年・一三二一）には西念房第三年と母三十三年とが併記されている。この大蓮寺をおそらく一族の寺として意識している者たちがあり、十四世紀の前半に連続して追善法要を営んでいたのであろう。鹿児島県姶良郡栗野町稲葉崎墓地の文和四年（一三五五）二連板碑にも「相当一週忌」「相当第三年」が連記され、供養の連続性を知ることができる（35巻67頁）。

⑦「七年忌」

一四件を採集することができた。銘文は「七年」という表記に注目し採取した。「聖霊第七年」「第七年」「七ケ廻」「七年」「第七箇年忌景」「七季忌」「七年忌辰」「七ヶ年」「為七年也」がある。初出は埼玉県北埼玉郡騎西町下崎西円寺板碑であり、表記は「右志者為慈父聖／霊往生極楽／弘安十一年二月彼岸第六番／右志者為悲母聖霊第七年也」（22巻135頁・弘安十一年：一二八八）である。

東北の宮城県から九州の大分県に展開する。ただ五基は東北に分布し関東には三基、北陸一基、四国一基、九州三基であり、東海・近畿・中国地域には分布を見せない。東北の分布は宮城県のみであり、日本海側の山形県と秋田県には分布しない。石造物の種別はほとんどが板碑と自然石塔婆である。

⑧「十三年忌」

四七件を採集することができ数量が多い。銘文は「十三」という表記に注目し採取した。「十三回忌辰」「十三年」「十三年忌辰」「十三ヶ年」「十三年也」「十三廻之忌」「相当第十三天」「第十三廻忌辰」「十三廻忌」がある。初出は埼玉県東松山市下青鳥浄光寺板碑であり、表記は「右過去慈父為奉訪／正嘉元年丁巳九月日／十三回忌辰造立如件」（22巻42～43頁・正嘉元年：一二五七）とある。十三世紀半ばに遡る非常に早い事例である。

東北の青森県から九州の鹿児島県に展開する。ただし一七基は東北に分布し関東には九基、近畿一二基、四国一基、中国二基、九州六基であり、東海・中国地域には分布を見せない。東北の分布は大半が青森県と宮城県であり、日本海側の山形県と秋田県には一基しか存在しない。銘文が刻まれる石造物は板碑と自然石塔婆が大半であるが、宝篋印塔や宝塔、六面石幢もある。

興味深いことに埋経行為を示す事例が多い。大阪府池田市西畑町西畑天満宮板碑には「右造立意趣者相当祖母第十三年刻六万／本卒都婆手自奉書写法華経一部八巻開／結二経心阿等経浄土三部経阿弥陀名号／ホ所奉蔵埋地輪之下也依孝子之善根開／聖霊之覚夢餘薫所及一切普利敬白／弘安八年 乙酉 四月七日大法印行覚敬白」(22巻124頁・弘安八年：一二八五)と見え、大法印行覚が祖母第十三年にあたり法華経一部八巻とともに開結二経を書写し、浄土三部経とともに五輪塔の地輪の下に埋めたことが記される。付近に地下に埋経を持つ五輪塔があり、その標識としての意味がこの板碑にあったものかもしれない。六万本の卒塔婆というのはおそらく五輪塔の周りに立てられた笹塔婆のことであろう。『餓鬼草紙』には塚の上に立てられた、三本の卒塔婆の周囲をびっしりと方形に囲む、小さい塔婆が描かれている。おそらくこうした光景が展開したのであろう。宮城県名取市大門の事例でも埋経施設の隣に標識としての自然石塔婆が存在し、塔婆の周辺からは埋経施設とともに高さ三三㌢ほどの常滑焼の甕が出土している。この自然石塔婆は埋経の供養碑であろうと整理されている[恵美 一九九二]。

　埋経に関連する事例はさらに追加することができる、兵庫県赤穂郡上郡町下村西方寺跡宝塔塔身には「没故散位／平朝臣為／十三年／奉納／如法書写妙／法蓮華経／永仁六年戊戌／九月十六日／歓進沙門／□□敬白」(24巻29頁・永仁六年：一二九八)。さらに滋賀県犬上郡甲良町池寺西明寺宝塔塔身銘には「奉造立如法経塔一／右僧□□為生□□／二親□此願之刻□／良後相当先師□□□／聖霊十三年供養□／勧進諸人造立之／乃至法界平等利益／嘉元二年十二月日／大工平景吉」(24巻61頁・嘉元二年：一三〇四)、ついで大分県東国東郡見地字岡板碑には「右志者亡父迎十三年之／遠忌祈四八相之妙果所写／者八軸之妙文所刻者大日／遍照形躰資幽得道廻施不限／建武元年四月七日然秀敬白」(31巻10頁・建武元年：一三三四)とある。

　こうしたことからすれば、十三世紀後半から十四世紀半ばにかけて、十三回忌には経典を書写し埋納するという事例が全国的に行われていたことがわかる。十三回忌は特に重要であったということであろう。

⑨「十七年忌」

　三件を採集することができた。銘文は「十七」という表記に注目し採取した。「十七年忌」「往生十七ケ年」がある。初出は山梨県北巨摩郡双葉町竜地五輪塔の地輪であり、表記は「右志趣者過去慈／悲聖霊相当十七／年忌日奉造立五／輪塔一基乃至／法界平等利益　応長辛亥八月日／孝子敬白」（24巻108頁・応長元年：一三一一）である。母親の十七回忌にあたって五輪塔を造営したことが記されている。山梨県、東京都、宮崎県に展開する。

⑩「二十三年忌」

一件のみ採集することができた。宮城県栗原郡一迫町柳目妙教寺題目自然石塔婆であり、表記は「我亦為世父　相当二十三年悲母聖霊成仏／南無妙法蓮華経　右志者為　康永元年八月十九日敬白／□□□患者　乃至法界平等利益也」（31巻74頁・康永元年：一三四二）である。

⑪「二十五年忌」

一件のみ採集することができた。徳島県名西郡神山町北養瀬山本家畑板碑であり、表記は「為道月禪門二十五回×也／貞治二季十一月四日敬白」（35巻151頁・貞治二年：一三六三）である。

⑫「二十七年忌」

一件のみ採集することができた。鹿児島県薩摩郡東郷町南瀬観音堂角柱塔婆であり、表記は「□至法界　衆生□／尊霊廿七年彼岸　永仁七年月日孝子敬白」（24巻35頁・永仁七年：一二九九）である。

⑬「三十三年忌」

四六件を採集することができ数量は多い。銘文は「三十三」という表記に注目し採取した。「相当三十三年忌辰」「第三十三年」「三十三年」「三十三年忌景」「三十三年忌」「三十三ケ年」「聖霊三十三廻」「三十三年造立」「三十三ケ年也」「三十三廻」「三十三年之遠忌」「三十三廻」「爲三十三年」「三十三廻之追善」などがある。

初出は兵庫県加西市北条町東高室西福寺墓地板碑であり、表記は「右志者相当三十三年忌辰／十方仏土中　十二月孝子／唯有一乗法　嘉元三年／無二亦無三　十六日　敬白／除仏方便説」（24巻69頁・嘉元三年：一三〇五）である。

東北の青森県から九州の鹿児島県に展開する。ただし一四基は東北に分布し関東には一〇基、近畿九基、中国一基、四国二基、九州一〇基であり、東海・北陸地域には分布を見せない。東北の分布は大半が青森県と宮城県であり、日本海側の山形県と秋田県には一基しか存在しない。青森県から鹿児島県に分布する。先にも触れたが興味深いことに、銘文中に三十三年忌と他の追善仏事が組み合わされている事例が四例ほどある。死後まもない人物の追善供養を行うに際して三十三年の遠忌も付け加えようということだろうか。

⑭「三十五年忌」

一件のみ採集することができた。宮城県栗原郡栗駒町松尾菱沼自然石塔婆であり、銘文は「右悲母妙心／三十五年忌辰也／貞治二年四月十五日夢阿敬白」(35巻143頁・貞治二年：一三六三)である。

4　その他の特徴について

(1) 同一者が複数回の追善供養を受ける事例について

先に述べてきた追善仏事を表すと考えられる銘文中に、複数の追善仏事が同一資料に記載されている事例があることを述べた。つまり五七日の事例で述べた千葉県佐原市大根西蔵院名号二連塔婆に見るように三十三年忌＋三十五日などという事例である。これは記載される被供養者が当然のことながら、父と母のように違っていることになる。

ここでは同一の被供養者が複数の石造物に出現する事例、つまり同一人が繰り返し追善仏事を受けている事例についてその代表的なものを見てみたい。

①青森県弘前市中別所石仏自然石塔婆

i：高杉郷主

・「右当過去高椙郷主源泰氏／五七忌立石塔以□善之□／□生死因速生上刹而已　謹立／元応三 辛酉 二月二十九日」（28巻24頁・元応三年：一三二一）
・「始知衆生　本来成仏／生死涅槃　猶如作夢／右造立石塔之旨者当故／高杉郷主第三之忌修此／善根願□□趣之□苦／到菩提之彼岸而已／元亨三癸亥二月廿五日／法主謹立」（28巻44頁・元亨三年：一三二三）
両者の隔たりは二年である。両者には「高杉郷主（源泰氏）」が登場する。これを特定の個人名とするかどうかは議論が残るが、この銘文からすれば、五七忌の追善供養を元応三年（一三二一）に石塔を立てて行い、さらに三回忌にあたる元亨三年（一三二三）に追善供養を行ったものと考えておきたい。

ii：一法師丸

・「右志者為一法師丸聖霊五七日／刻支提一基将法界衆生利／益故也　永仁六年戊戌三月廿六日敬白」（24巻25頁・永仁六年：一二九八）
・「右為□□一法師／丸一十三年忌□／石塔一□□／□　／延慶二年二月□」（24巻90頁・延慶二年：一三〇九）
両者の隔たりは十二年である。「一法師丸」が登場する両者の銘文からすれば、五七忌の供養を永仁六年（一二九八）に行い、さらに十三年忌にあたる延慶二年（一三〇九）に石塔を立て追善供養を行ったものと考えておきたい。

②山形県酒田市生石延命寺板碑

・「右志者為沙弥善阿逆修／依頼捨有為妄執等証無／為真理月／右志者為氏女七分全得／願依修善等竜女之作仏／興国七季丙戌仲夏中旬施主敬白」（31巻112頁・興国七年：一三四六）
・「若人求仏恵通達菩提心父母所生身即証大覚位　孝子敬白　／（八葉院形ノ十二仏梵字）／右志者為善阿幽靈成等正覚頓証□□　延文二季二月十五日」（35巻99頁・延文四年：一三五九）
延命寺境内にある板碑の銘文に、被供養者として「善阿」が登場する。この善阿という人物が同一人とすれば、興国七年(一三四六)に逆修碑を営んだ人物が、延文四年には孝子により菩提を弔われていることになる。両者の間隔は十四年であり、この間に善阿が死去し、子供たちが一、三、七、十三回忌のいずれかの法要にともなって、延文四年(一三五九)に『十二仏種子曼陀羅板碑』を営んだ可能性が高い。このことは、「善阿」の一族が連続してこの場所を供養の定点としていたことを伺わせる〔山口 一九九六〕。

実はここは供養に相応しい場所でもあった。延命寺は亡霊の集まる山であるというのであり、死者の魂といったものに邂逅する特別な場所と考えられてきた。現在も延命寺では「モリ供養」といって、集まってきた亡霊たちを供養する行事が行われているのである。なお『十二仏種子曼陀羅板碑』(延文四年)について望月友善が詳述していることは先に述べたとおりである〔望月 一九八六〕。

③宮城県名取市大門山

・「　右志者為道一／延慶二年己酉八月十一日敬白／往生極楽故也」(24巻91頁・延慶二年：一三〇九)

・「第三年　孝子／ア　応長元年　／往生　道一」応長元年(一三一一)(銘文は千々和到〔一九九一〕より)

千々和到が詳細な分析を行っている。それによれば、「延慶二年板碑」に「道一」が亡くなり、「応長元年板碑」は三回忌にあたるという〔千々和 一九九一〕。なお十五世紀代の事例とはなるが、千々和到は宮城県石巻市長谷寺の事例についても分析している。ここでは「禅空」という被供養者が追善供養を受けていると考えられる銘文が三つ存在(応永二十九年三回忌、永享四年十三回忌、宝徳四年三十三回忌)している〔千々和 一九九一〕。この事例については年代的に小稿で扱っている年代を超えているので、紹介にとどめたい。

(2)『阿字十方』偈文と追善供養

追善仏事の銘文を持つ石造物の中に『阿字十方』の偈文(『十方三世仏／一切諸菩薩／八万諸聖経／皆是阿弥陀』)をも

つものがある。

①五七日

宮城県石巻市山下町一丁目禅昌寺自然石塔婆

・「十方三世仏／一切諸菩薩／八万諸聖経／□□□弥陀／右志者為聖霊五七日／延元二年十一月十七日／忌景法界平等利益也」（31巻30頁・延元二年：一三三七）

②百日

宮城県石巻市真野萱原長谷寺自然石塔婆

・「十方三世仏／一切諸菩薩／八万諸聖教／皆是阿弥陀／右志者為／一百ケ日故也／貞治二年七月廿一日孝子敬白」（35巻142頁・貞治二年：一三六三）

③一周忌

宮城県石巻市高木竹下観音堂自然石塔婆

・「十□□□／一切諸菩薩／八万諸聖教／皆是阿弥陀／右志趣者／妙儀一周忌辰也　貞治二年二月敬白」（35巻143頁・貞治二年：一三六三）

この偈文に注目したのは故竹田賢正であった〔竹田　一九九六〕。『阿字十方』の偈文は正確には『阿字十方三世仏／弥字一切諸菩薩／陀字八万諸聖経／皆是阿弥陀』であるが、先にあげた銘文にあるように、文頭の『阿字／弥字／陀字』が記載されないことに大きな特色がある。石造物には十三世紀半ばから十四世紀の半ばまで刻まれ、一〇基ほど確認されるという。このうち三基に追善仏事に関連する忌日が刻まれていることになる。竹田賢正は「（前略）板碑の造立唱導にあたって、偈文は「阿字十方…」の省略されない形で伝えられたが、そのとき、阿弥陀の三字は秘密（秘傳）として、すなわち、口傳で伝えられるべきものとして唱導されたのではないか。その結果、板碑の偈文に、阿、弥、陀の三字が削除されることになった。（後略）」と見た。このような指摘を参考とすれば、五七日・百日・一周忌など追善仏事にかかわって『阿字十方』の偈頌が使用されたときには、板碑の唱導を行う唱道者は仏事を営む者たちに、口伝にて文頭の省略された『阿字／弥字／陀字』を含んだ『阿字十方』の偈頌を伝えたのであろう。

石造物は単独で存在すると思いがちだが、造営には宗教者と供養者が密接に関連していたものであろうことを示していると理解しておきたい。

5 史料に見る中世前半期の追善仏事

次に石造物銘文の理解のために、追善供養を取り巻く様相について文献史料を整理し参考としたい。史料は石造物銘文集成の時期範囲とほぼ同時代史料である『玉葉』と『吾妻鏡』を主としている。中世前半期の石造物銘文について、追善仏事の忌日を表す語句を銘文集成と同様に『玉葉』と『吾妻鏡』を対象として調査した。なお調査したのは吉川弘文館版の「新訂増補国史大系本　吾妻鏡・玉葉　データベース CD-ROM 版」である。得られた情報については、適宜刊本で補足したがこれまた十分な集成とは言えない部分が残る。

「銘文集成」には忌日供養を表すと考えられる記載を三八四件ほど見ることができる。この内訳を出現順で記せば、「五七日」「百日」「十三年忌」「三十三年忌」「三年忌」「一周忌」「七七日」「七年忌」「十七年忌」となる。なかでも「五七日」「百日」が圧倒的に多く「十三年忌」「三十三年忌」「三年忌」がその約半数、「一周忌」「七七日」「七年忌」はやや多く、「十七年忌」は少数でのこりは稀となる。以下に触れる史料に頻出する「月忌」についてはほとんど見ることができない。まず『玉葉』にはこのうち七日ごとの追善仏事と「百日」「一周忌」「十三年忌」（建久四年正月十四日条「相当高倉院十三年御忌」、建久四年十二月五日条「故女院〔皇嘉門院〕御忌日也、今年当十三年」）などが記される。七日ごとの追善は多く、そのほかの忌日供養の数は次第に減少し「十三年忌」はわずかである。史料に特徴的なのは月忌という月ごとの忌日に行う仏事と、臨時に行う仏事である。調査しえた範囲での追善仏事は、死後七日ごとの中陰の仏事＋百日＋年忌＋月忌＋臨時の仏事の組み合わせとなる。

『吾妻鏡』には石造物銘文集成の追善仏事うち、「初七日」「二七日」「三七日」「四七日」「五七日」「六七日」「七七日」「百日」「一周忌」「三年忌」「十三年忌」が記される。このうち「七七日」「一周忌」「三年忌」「十三年忌」の記載が多い。また追善仏事の傾向は『玉葉』と同じであり、追善仏事の中心は死後七日ごとの中陰の仏事＋百日＋年忌＋月忌＋臨時の仏事となる。月忌は月々の命日の仏事であるから、とくに大きな仏事ではないので石造物などは造営しなかったのかもしれない。おおまかには石造物と史料は、出現の傾向性を同じくしていると見ておきたいが、とくに『吾妻鏡』の記載は興味深い。

⑴『吾妻鏡』に見る追善仏事

まず『吾妻鏡』を手掛かりとして追善仏事の様相を見てみよう。

①源頼朝の追善仏事

源頼朝は源義朝の三男として生まれた。久安三年（一一四七）に出生し、建久十年（一一九九・四月改元により正治）の正月十三日に死去（享年五三歳：満五二）している。源頼朝の死の原因は、前年の暮れ建久九年（一一九八）十二月二十七日に相模川で催された橋供養からの帰路での落馬によるものという。このことについての記事は『吾妻鏡』には収められていない。

なお、この相模川にかかる橋であるが、大正十二年九月一日の関東大震災及び、大正十三年一月十五日の余震に伴う液状化現象により、橋脚の跡と考えられる木材が水田の中から出現した。これは「旧相模川橋脚」として、大正十五年に国史跡指定されている(神奈川県茅ヶ崎市)。

源頼朝の死去(建久十年正月十三日)以降追善仏事が営まれる。正治二年(一二〇〇)正月十三日条には

十三日庚子。晴。入夜雪下。殆盈尺。椀飯。土肥弥太郎沙汰也。迎故幕下将軍周闋御忌景。於彼法花堂。被修仏事。北条殿以下諸大名群参成市。仏。絵像釈迦三尊一鋪。阿字一鋪。(以御台所御除髪。被奉縫之。)経。金字法華経六部。摺写五部大乗経。導師 葉上房律師栄西 請僧十二口 布施 唱導師 錦被物十重 綾被物廿重 帖絹百疋 染絹百端 綿千両 糸二千両 白布百端 紺布百端 藍摺二百端 鞍置馬十疋 加布施 沙金三十両 五衣一領 請僧口別 錦被物五重 綾十重 帖絹三十疋 染絹三十端 綿五百両 糸千両 白布三十端。

と記され、源頼朝の一周忌の仏事は法花(華)堂で行われた。法華堂は法華三昧を行う道場であり、貴人の納骨堂(平清盛など)としても使われた。仏事は絵像の釈迦三尊が懸けられ、御台所(北条政子)の髪で縫った阿字も懸けられた。経は金字で描かれた法華経六部と摺写の五部大乗経(華厳・大集・大品般若・法華・涅槃の五経の総称)、導師は日本臨済宗の祖である栄西であり請僧十二人が伴っていた。導師には一定の布施のほかに布施がさらに加えられ、さらに請僧にもそれぞれ布施があり手厚かった。

この後法華堂では、正月十三日あるいは各月の十三日に次々と追善供養が営まれている。つまり正月十三日は頼朝の追善供養を行う忌日として定められ、さらに各月の十三日もまた追善供養の日として定められていくようである。

正治二年(一二〇〇)正月十三日「迎故幕下将軍周闋御忌景。於彼法花堂」、建仁元年(一二〇一)十一月十三日「今日迎故将軍家御月忌。於法華堂」、建仁三年(一二〇三)十月十三日「於法花堂。被修故大将軍御追善」、建仁四年(一二〇四)二月十三日「法花堂御仏事。導師摩尼房阿闍梨云云」、承元三年(一二〇九)十月十三日「当于故右大将家御月忌。於法華堂。被修御仏事」、建暦元年(一二一一)十月十三日「今日当于幕下将軍御忌日。参彼法花堂」、同年十二月十三日「将軍家御参法華堂。有恒例御仏事云云」、建保三年(一二一五)三月十三日「御参法花堂。被修御仏事」、建保

四年(一二一六)五月十三日「将軍家令参法花堂給。被修仏事云云」、同年十二月十三日「将軍家御参法華堂。有恒例御仏事。尼御台所同御参云云」、貞永二年(一二三三)正月十三日「武州参右大将家法花堂給。今日依為御忌月也」、寛元四年(一二四六)十月十三日「左親衛被参右大将家法花堂。令聴聞恒例御仏事給云云」、宝治元年(一二四七)九月十三日「左親衛令詣右大将家法花堂給。恒例御仏事」、宝治二年(一二四八)閏十二月十三日「相州。左親衛等令参右大将家法華堂并右京兆墳墓堂等給。恒例御仏事之上」、建長二年(一二五〇)三月十三日「右大将家法花堂御仏事。雖為恒例。猶有別供養等事」、建長四年(一二五二)正月十三日「右大将家於法華堂被行恒例仏事」。正月十三日あるいは十三日には月忌として法要が営まれ、追善供養が半世紀にもわたり連続して行われていることがわかる。

興味深いことに、元久元年(一二〇四)九月十三日には、法花堂御仏事のあと盗人が別当大学坊に入り頼朝の御遺物など重宝を盗んだという。この盗賊は同年十一月十七日に武蔵国で捕まり宝物は差し押さえられ、早くも次の十八日には法花堂にあった御剣以下の重宝は返された。ここは頼朝由緒の遺品が納められる場でもあったのである。また文暦二年(一二三五)九月一日には「右大将家法花堂湯屋失火」と見え、法華堂には湯屋があったことがわかる。建久三年(一一九二)三月二十日に後白河法皇の御追福として百ヶ日の温室を設け、往反の諸人や土民等が浴すべきの由、立札を路頭に立てて示したこともあった。この湯屋も供養のために諸人に施されたのであろうか。

②北条義時の追善仏事

さらに追善仏事の様相を北条義時の事例から詳しく見ることができる。義時は鎌倉幕府の執権であり幕府の実権を掌握した。長寛元年(一一六三)に生まれ貞応三年(一二二四)六月十三日死去している。貞応三年六月十三日「十三日己卯。雨降。前奥州病痾已及獲麟之間。…遂以御卒去。(御年六十二)」、ついで六月十九日には「初七日御仏事」が行われ、六月二十六日には「二七日御仏事被修之」、七月四日には「今日三七日御仏事也」、同月十一日「今日四七日御仏事」、同月十六日「五七日御仏事」、同月三十日「今日四十九日御仏事也」、八月二十二日「故奥州禅室百ヶ日御仏事。今日被修之」。一年が過ぎた嘉禄元年(一二二五)六月十三日「今日相当故京兆周闋。武州新造釈迦堂被遂供養。導師弁僧正定豪。請僧二十口。相州已下人人群集」と見え、一周忌が営まれている。さらに嘉禄二年(一二二六)六月十三日には「十三日丙申。晴。迎右京兆第三年忌辰。依之。大慈寺釈迦堂被供養之。導師求仏房。施主武州也」と見え、さらに嘉禎二年(一二三六)五月二十七日「廿七日壬午。武州被進発。是依相当故右京兆十三年。於北条為被修御仏事也」として十三回忌の追善供養が行われている。

義時の事例では、死去の後「初七日御仏事」→「二七日御仏事」→「三七日御仏事」→「四七日御仏事」→「五七日御仏事」→「四十九日御仏事也」→「百ヶ日御仏事」と連続して営まれ、さらに元年忌の「故京兆周闋」→三年忌「右京兆第三年忌辰」→十三年忌「右京兆十三年」と仏事が重ねられている。この他に臨時の仏事や供養も行われている。こうした仏事の営まれ方は当然、地方の地域権力を掌握している者たちの参考ともなったであろうし、影響を受けたことは想像に難くない。また、こうした地域権力が石造物造営の主体者ともなっていた。

(2) 五輪塔と埋経

先に見た大阪府池田市西畑町西畑天満宮板碑銘文から、五輪塔と埋経の事例について検討した。これに類する事例が『玉葉』養和二年(一一八二)四月十六日条に記されている。

丙辰、陰晴不定、此日、如法経終写功、奉埋最勝金剛院山(故女院御墓所近辺也)、先奉書終之後、余書願文并名帳奉入筒了、入筒之後、書手各付封、其後補闕分(経円阿闍梨勤之)、次十種供養(日来道場、依無便宜、奉渡御経於御堂)、導師智詮阿闍梨也、十種両方儲之、其外供養八灯、其後奉渡法性寺、聖人四人之外、有仮聖人等、御経奉出之後、余、大将、僧都同車向法性寺、自他道参会也、自御所門内歩行、輿傍奉埋之後、以石(兼運置之)築垣、其上立石五輪塔(法性寺座主被書梵字也)、其後於御墓所読阿弥陀経了、帰参御堂之後帰宅、今日十種供養、

養和二年四月十六日に如法経を最勝金剛院山の故女院御墓所近辺に入筒し埋めた。その後石垣を築き、その上には法性寺座主の書いた梵字を記した五輪塔を立てたというのである。この事例について三宅敏之は、最勝金剛院山は法性寺最勝金剛院の近くの山であろうとしている〔三宅 一九八三〕。現在、兼実の姉である女院の皇嘉門院聖子の墓所は、京都市伏見区深草本寺町の近くに定められている。なお、皇嘉門院聖子は治承五年(一一八一)に亡くなっているため、一周忌の追善供養に関係し、経塚の標識として営んだ可能性もあろう。本事例の年代はやや早いが、先に述べた大阪府池田市西畑町西畑天満宮板碑に記される内容と共通すると見ておきたい。

なお五輪塔の造営については、元暦二年(一一八五)四月五日条に「戊午、天晴、法性寺山立五輪卒都婆二本了、同依夢想也、今日、隆職宿禰来、談世上事」と記され、さらに元暦二年(一一八五)四月二十七日条に「庚辰、天晴、此日、神鏡神璽自朝所入御大内、先有行幸云々、子細可尋記之、自今夜、即被行内侍所御神楽云々、東大寺勧進聖人来、余奉渡可奉籠大仏之舎利三粒、奉納五色五輪塔、相具願文、其上入錦袋、是又五色也」、文治元年(一一八五)八月二十一日条にも「辛未、内府送札被悦示、与比巴於侍従事、再三有慇懃之詞等、彼拾遺、鍾愛殊甚之故也、入夜隆職宿禰来、此日、五輪塔三百五十基、於鳥羽勝光明院、随被勧出者、有供養云々」と見ることができる。

五輪塔は平安時代末に出現し、狭川真一が舎利信仰の関わりから詳しく整理をしているので参考にされたい〔狭川 二〇〇二〕。なお『玉葉』に記された五輪塔は、すべて石造物とは限らない可能性がある。木造あるいは金属製品の可能性も考えなくてはならない。

まとめにかえて

中世前半期の追善仏事について銘文集成と『玉葉』『吾妻鏡』から瞥見してきた。まず銘文集成であるが、集成データが持つ固有の問題点は措くとしても、銘文集成を読みこむことはなかなか大変なことであった。銘文表記が数行に分かれている場合や、忌日を表す語句が分離して表記される場合があることにも配慮しながらの作業であった。大きな問題としては、十二年忌などは尊像をあらわす梵字が十二あることから、十二年忌と見ることができるわけだが、十二年忌という直接の語句はその石造物に刻まれないため、銘文集成のデータからは採集できないことなどがあった。基礎的作業である忌日の採集は十三などの数字の記述を手がかりとしたため、種子などから忌日を調査する必要も当然あったのだが行えていない。労作である銘文集成を活かす研究としてはまだまだ不十分であると深く感じた。

次いで文献史料であるが、『玉葉』と『吾妻鏡』を同時代資料として扱いながら、中世前半の追善仏事について検討を行ってきた。石造物銘文で出現する追善供養は、必ずしも文献史料の内容と同じではないこともわかった。石造物銘文における出現は、「五七日」「百日」「十三年忌」「三十三年忌」「三年忌」「一周忌」「七七日」「七年忌」「十七年忌」順であり、「五七日」「百日」が圧倒的に多く「十三年忌」「三十三年忌」「三年忌」がその約半数、「一周忌」「七七日」「七年忌」はやや多く、「十七年忌」は少数、この他は稀となり、「月忌」についてはほとんど見ることができない。『玉葉』にはこのうち七日ごとの追善仏事と「百日」「一周忌」「十三年忌」が重なり、『吾妻鏡』には七日ごとの追善仏事「百日」「一周忌」「三年忌」「十三年忌」が重なる。全体からすれば「百日」「一周忌」「十三年忌」が、出現が多い共通する要素であるということになろう。史料に記される追善供養の一部が石造物には刻まれるということなのであろう。

なお、本研究は狭川真一を代表とする科学研究費「日本中世の葬送墓制に関する発展的研究」（研究代表者 狭川真一／課題番号 21320152）の一部を使用している。

参考文献

恵美昌之　一九九二年「大門山の板碑と墓」『よみがえる中世』第7巻
圭室諦成　一九六二年「葬式と仏事」『明治大学人文科学研究所紀要1』
狭川真一　二〇〇一年「五輪塔の成立とその背景」『元興寺文化財研究所研究報告二〇〇一―増澤文武氏退職記念―』
高木　豊　一九七三年『平安時代法華仏教史研究』平楽寺書店
竹田賢正　一九九六年「板碑偈文「阿字十方」の伝承系譜について―民衆念仏信仰研究の一視点として―」『中世出羽国における時宗と念仏信仰』
千々和到　一九八八年『板碑とその時代』平凡社選書
千々和到　一九九一年「板碑・石塔の立つ風景―板碑研究の課題―」『考古学と中世史研究』
速水　侑　一九七五年「五　地蔵信仰の民衆的展開」『地蔵信仰』塙新書49
三宅敏之　一九八三年「藤原兼実の埋経」『経塚論攷』
望月友善　一九八〇年「初期十三仏碑と年忌供養」『歴史考古学』第14号
望月友善　一九八六年「酒田市生石の一二仏碑について」『庄内考古学』第二〇号
望月友善　一九九〇年ａ「鎌倉時代の忌日供養塔婆について(上)」『歴史考古学』第26号
望月友善　一九九〇年ｂ「鎌倉時代の忌日供養塔婆について(下)」『歴史考古学』第27号
山口博之　一九九六年「中世霊場の風景」『月刊歴史手帳』第24巻10号
歴史考古学研究会　一九八八・一九八九・一九九一・一九九二・一九九四年「石造品銘文集(一)～(五)」『歴史考古学』第22号・24・28・31・35号

第３部　寺社と城館

遊佐荘大楯遺跡と鳥海山信仰の中世史——空間の考古資料論——

1　中世考古資料論のあゆみ

中世の考古資料が積極的に評価されたのは、日本考古学の歴史からすれば、それほど古いことではない。しかしながら、石井進が「最近の日本中世史学界が活性化した大きな理由の一つは、間違いなく考古学の成果の導入にある」と述べたように、日本中世史を理解するうえで、考古資料は大きな役割を期待されている［石井 一九九七］。こうした研究を主導した一つに、一九九〇年から帝京大学山梨文化財研究所で開催された一連のシンポジウム（六回）があげられる。この中では中世史研究にかかわる文献史学・考古学の交流のみならず、民俗学・地理学・建築史学とも交流が行われ、学際的な理解がはかられた。一九九三年には「中世資料論の現在と課題」シンポジウムが実施され、中世の考古学資料論が土井義夫によって報告されている［土井 一九九五］。

こうした成果を踏まえて、空間の考古資料論とはいかに理解されるのであろうか。最初に中世の考古学的研究の進展を含めて、考古学研究における考古資料論について、整理しておきたい(1)。

中世の考古学的研究について、中世考古学、中近世考古学という研究分野が示されている［鈴木 一九八八、宇野 二〇〇〇］。これらの用語は、一九七〇年代から本格的に用いられるようになってきた。この時期から中世考古学という名称を表題に使用した論考が発表され始め、赤星直忠[一九八〇]、坂詰秀一[一九八二・一九八六・一九九二]、斎藤忠[一九八三]、大三輪龍彦[一九八四]、土井義夫[一九九〇]、小野正敏[一九九二]、小花波平六[一九九二]、松下正司[一九九二]、萩原三雄[一九九三]、前川要[二〇〇三]などを見出すことができる。

当初は中世の宗教遺物・遺跡に研究の重点があったが、次第に土器・陶磁器などの生産や流通の様相、城館や都市論といった研究に展開していった。こうした研究内容の深化には、草戸千軒町遺跡や一乗谷朝倉氏遺跡の調査、著名な中世都市遺跡である平泉遺跡群、鎌倉遺跡群の調査が重要であった。

一九八〇年代前後から発掘調査が爆発的に増加し、中世遺跡の調査資料が急速に蓄積されたことも、中世考古学という用語が盛んに使用されるようになった一因になっている。また、一九八〇年代から九〇年代、鎌倉遺跡群・平泉遺跡群、あるいは磐田一の谷中世墳墓群では、遺跡の保存運動が歴史学と考古学の研究者を中心として展開された。保存運動にかかわって遺跡の評価が双方の協業のもとに行われたことで、考古学や歴史学、建築史学などの研究者間の交流が生まれ、中世遺跡の評価は考古学研究だけで下すべきではないことも広く理解されるようになってきた。

歴史学研究者の中世遺跡への積極的関与も、一九八〇年代前後から活発になってくる。中世考古学という表題を含む論文として、豊田武[一九七七]、石井進[一九九一ａｂ・一九九七・一九九九]、網野善彦[一九九七]、峰岸純夫[二〇〇三]などの業績をあげることができる。玉井哲雄は建築史の立場から論及している[玉井 一九九七]。さらには、こうした関心の延長上に、網野善彦・石井進・福田豊彦監修『よみがえる中世』全八巻(平凡社、一九八八〜一九九四年)、網野善彦・石井進編『中世の風景を読む』全七巻(新人物往来社、一九九四〜一九九五年)のシリーズが編まれた。

考古学の定義は、浜田耕作によって「考古學は過去人類の物質的遺物(に據り人類の過去)を研究するの學なり」(Archaeology is the science of the material remains of the human past)と示されている[浜田 一九二二]。なお浜田の考古学の定義と文献史、中世考古学のかかわりについては、石井進が詳述しているところである[石井 一九九九]。同じく考古資料について浜田は「(前略)金石土木の類いより成れる建築物、その集團たる市街、彫刻、繪畫、各種の工藝品武器家等に至るまで、苟も人類の意識的に製作したる一切の空間的延長を有する物件を網羅するのみならず、其の無意識的に殘したる手澤足跡の印影等に至るまで之を包括し、更に人類の飼養せる家畜食用せる動物の遺骸其の排泄物の類をも逸す可きに非ず。(後略)」とする[浜田 一九二二]。

考古資料には、土器や石器などの「遺物」、竪穴住居跡や倉庫の跡、陶器の窯などの「遺構」さらには「遺跡」がある。小野山節は、遺跡を「(前略)遺物や遺構の存在する場所、またはかつて存在した場所であって、一定の拡がりを持つことが多い。したがって人間活動の痕跡が、その時代の関係を保ちながら閉じこめられている可能性のもっとも強いところ(後略)」であるとする[小野山 一九八五]。

考古資料とは、人類の残した物質的遺物であって、人類が残した物質的遺物そのものすべてであると見てよかろう。こうした立場は中世にあっても不変である。

考古資料についていくつかを振り返ったが、文献資料と違って考古資料は、石井進が述べるように寡黙であり、論理的に読み解く作業が必要となってくる。さらには、伝世する文献資料と違い、考古資料自体は原則としてある時点で廃棄された資料であるという特性をもっている[石井 一九九九]。小野正敏はこうした議論を踏まえながら「考古資料論」を展開し、中世の考古資料を使用しての歴史研究の見通しを示している(2)[小野 一九九五]。

2　考古資料論と空間

中世考古学で使われる空間という用語は、小野正敏が一乗谷朝倉氏館の様相を分析する中で使用している[小野 一九九四・一九九七]。小野はどのような場所にいかなる遺物が存在したのかを確認したうえで遺構を評価し、館や町屋等として位置づけなければ、遺跡全体の空間は読み取れないとする。このように遺跡内部にあって、分析対象である遺物が使用される場を明確に把握しようとするとき、空間という用語が使用されている(3)。

空間という用語のほかにも、村落景観などとして使用される、「景観」という用語も中世考古学研究にあってはなじみが深い。

この〝景観〟という語彙は、本来地理学で用いられる概念のひとつであった。岡田俊裕によれば、ドイツ地理学界で十九世紀末ごろから使用された概念である「Landschaft」に起源を持つという。日本での地理学概念としての使用は、一九二五年頃からであり、植物学で植物群落の様相を言い表わすのに、「植物景観」を使用していたのを、地理学の概念として使用したものという。「景観」のほかに、「風景」「景相」「景域」「風景形態」「環象」「風土」「地郷」「風景形態」がこの時期以降使用されている［岡田 二〇〇二］。内田芳明は、日本人の風景認識を検討しながら、「景観」を、「狭い部分の局部的・場所的外観を言うのに使われ」るとし、こうした表現として「風景」を使用し、古くからの大和言葉である「けしき(景色)」という言葉を合わせ紹介している［内田 二〇〇一］。

歴史地理の分野で多く使用される「村落景観」について、古田悦造は「村落景観の構成要素の中でも重要な位置を占める集落(宅地)・耕地・水利・神社・寺院・墓地および山林について、村落内における空間的配置関係が宅地が密集する村落を中心として、耕地や山林が外円的に広がっていく様相」を例示しながらとらえて、これを村落景観と見る［古田 二〇〇二］。木村礎は村落史を研究する場合には、村の内実と村の可視的な外枠(枠組み)を考慮することが重要であり、村の可視的な枠組みこそが、その共同体の存立基盤であるところの村落景観の問題であると言う［木村 一九九六］。

中世考古学に関連した「景観」研究として、東北中世考古学会浪岡大会(二〇〇二年)で開催した「北の景観を読み解く」シンポがある［東北中世考古学会 二〇〇三a］。これは地域の遺跡から出土した遺構・遺物を全国的な枠組みの中で相対化し、より深い地域性や共通性を見出そうという試みであった。こうした事例に習えば、中世考古学で使用される「景観」は、遺跡を広域・狭域の地域の中で相対化し、歴史的装置の一つとして理解していく試みとして把握できよう。

以上のような用語の整理を試みたが、中世考古学における空間や景観については、明確な概念規定を示している研究を見出すことはできない。さらには、両者の表象する様相は近似している印象を受けるため、整理が加えられなければならないと考える。

小稿では遺物・遺構の時間的・空間的広がりを、考古学的に捉えられる〝空間〟としておきたい。空間を考古学的に論証可能な存在としてとらえるとき、遺物・遺構・遺跡など研究対象の分布図を作成して、地域の中で歴史的に、さらには同時代的に、遺跡の存在した〝空間〟を確定することが必要であろうと考える。

考古資料である遺物を、先行研究に学びながら、さまざまな分類型式によって特定し、地域のなかに位置づけ、この分布図を読み解くことによって、一地域の中で同時代の遺跡がどのように分布しているのかを明確に把握することができる。また、考古資料は相対的な時間を把握できる特長もあわせ持つことから、その空間を時間的な枠組みで位置づけることもできる。

こうした操作は分布論そのものでもあるが、文献史料や民俗資料などとともに、ある地域の歴史を理解しようとするとき、遺跡の空間的な位置づけを知ることは、歴史像を描くうえで、大きな意味があろう。

実は、中世遺跡の同時代性を把握するための基本的な資料操作が可能になったのは、一九九〇年代半ば以降であろう。中世の考古資料が全国的な規模で集成され、貿易陶磁器、板碑、瀬戸、常滑、肥前磁器、中世墓、城館などの集成的研究が広域にわたって行われた結果、中世遺物・遺構の型式と空間的広がりが全国レベルで把握できるようになった。さらには考古資料の編年研究が著しく伸展したことで、遺跡の年代的位置づけもまた整理されてきた。

こうした先行研究の蓄積に学びながら、遺跡を広域あるいは狭域の空間の中に位置づけること、あるいは空間内の時代ごとの変化の様相を捉えることが可能になった。そして遺跡がその空間の中でいかに存在しているのかを具体的に検討できるようになってきたといえる。

かつて中野豈任は、新潟県北部にフィールドを構え、地域の中世の様相を、考古資料、民俗資料、文献史料を駆使しながら活写した〔中野 一九八八〕。中野の成果に学べば、遺跡を空間の中に正しく位置づけるには、文献史料・絵画資料・民俗資料・伝承・古地名・古図などの分析を通して把握する必要がある。とりわけ、霊場などの宗教的世界や山野河海という具体的な生活の場として認知されにくい世界と遺跡との関係をとらえるには、考古資料以外のさまざまな資料を駆使しなければならない。

以上、簡単に振り返ったが、考古学研究の中の空間と考古資料論のこのような理解をもとに、空間の考古資料論について、山形県庄内地方に所在する中世遺跡、大楯遺跡を対象として考えてみたい。

3　大楯遺跡の空間を探る

山形県は現在一つの行政区分で成立しているものの、その内部は独立的な、四つの地域から成る。すなわち、「置賜」「村山」「最上」そして大楯遺跡の所在する「庄内」である。

日本海に開く庄内地方は、最上川の河口に展開する庄内平野と、北には鳥海山（標高二二三六㍍）、東には月山（標高一九八四㍍）がそびえ立ち、西側は海岸砂丘で閉ざされる。この北西約三〇㌔の海上には、山形県のただ一つの離島である「飛島」が浮かぶ。

庄内はほぼ中央を東西に流れる最上川を境として南北に分けられ、北側は飽海郡あるいは川北、南側は田川郡ある

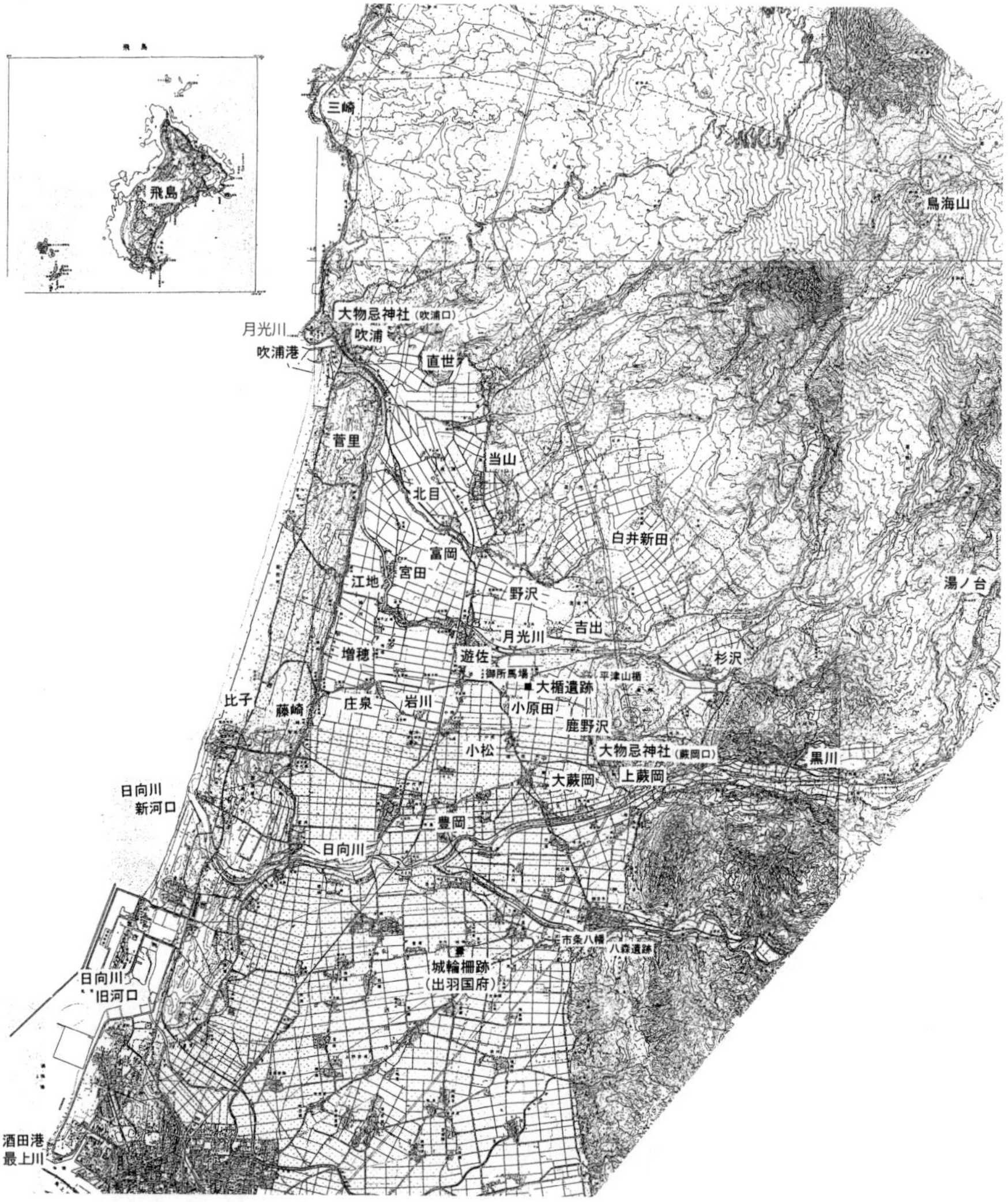
飛島
三崎
鳥海山
大物忌神社（吹浦口）
月光川
吹浦
吹浦港
直世
菅里
当山
北目
白井新田
富岡
宮田
江地
野沢
湯ノ台
月光川
吉出
増穂
遊佐
杉沢
御所馬場
大楯遺跡
平津山橋
比子
藤崎
庄泉
岩川
小原田
鹿野沢
小松
大物忌神社（蕨岡口）
黒川
大蕨岡
上蕨岡
日向川
新河口
豊岡
日向川
市条八幡
八森遺跡
城輪柵跡
（出羽国府）
日向川
旧河口
酒田港
最上川

第１図　大楯遺跡周辺図

いは川南と呼ばれる。大楯遺跡の所在する遊佐町は、川北飽海郡、庄内平野の北側、鳥海山に境を接するあたりに位置している(第1図)。古代にはこの地に出羽国府(城輪柵跡)が置かれ、国分寺(堂の前遺跡)も設けられていた。古代出羽国の開発の中心は、日本海側のこの地域であった。

大楯遺跡は十二世紀から十四世紀にかけて営まれた中世遺跡である。大楯の読みは、集落入口にある標識に「Ootate」と表記され、「おぉたて」または「おたて」と発音される。一九八五年〜八九年に圃場整備の進捗に合わせて、断続的に発掘調査が行われた。岩手県の平泉遺跡群の中核をなす柳之御所遺跡は、一九八八年から調査が本格化しているが、大楯遺跡の調査はこれよりもやや早い時期の調査事例であった。

調査総面積は約九〇〇〇平方㍍に達する。ここからは、十二世紀代にさかのぼる白磁碗・白磁四耳壺・青白磁碗・青白磁合子が四七点出土した(山本信夫氏のご教示)。この数字は、現段階の単純な比較から序列化すれば、東北地方の十二世紀代の遺跡の中で、岩手県平泉遺跡群、秋田県観音寺廃寺、福島県陣ヶ峯城などに次ぐ出土量であり、東北地方の十二世紀後半段階の遺跡としては五指に入る。さらには検出された遺構の内容からしても、この地域の拠点的遺跡であると見ることができる(4)。

(1) 空間の持つ歴史的な特徴

最初に、大楯遺跡の所在する遊佐町大楯地区の歴史的な特徴を検討したい。重要な遺跡が営まれる場所は、その前史においてもさまざまな要因を内包している場合が多い。大楯遺跡のある庄内地方も、古代以来、重要な遺跡が構えられた場所であった。庄内という空間内での通時的な遺跡のあり方を、時期ごとの遺跡分布図を作製することで、歴史的な特徴を概観することができる[山口 二〇〇三]。特定地域の遺跡の時間的な変遷過程を検討するさい、文献史料が伝えられているならば、文献史料を遺跡分布に反影させ、立論することも可能であるが、大楯遺跡のある庄内地域

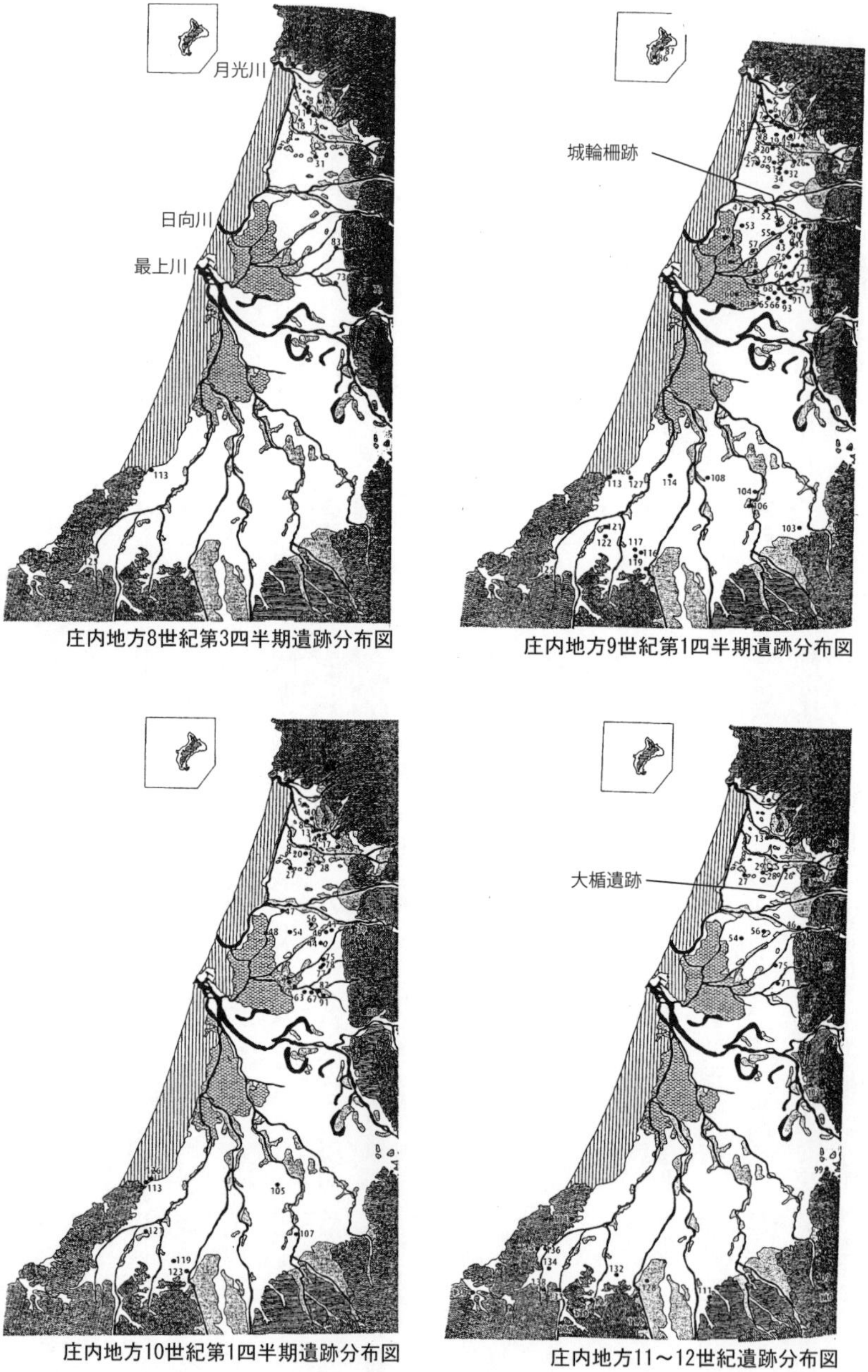

第2図　庄内地方の遺跡分布変遷図(8～12世紀)

には古代・中世の文献史料はほとんど残されていない。しかし、考古資料である遺跡の分布を、遺物の編年研究の成果を基本として時期ごとに作図し、遺跡の時間的動態を検討することを通して、大楯遺跡の空間がもつ歴史的特性を探ることができる可能性がある。

大楯遺跡の所在する庄内地方は、圃場整備事業が広大な平野部全体にわたって実施され、これにともなって綿密な発掘調査が行われている。この資料を整理することによって、時期ごとの遺跡分布図を詳細に作製することができる(第2図)。この図にもとづいて古代から大楯遺跡の成立する時期、十二世紀までの遺跡分布と遺跡数の変遷を知ることができる。

庄内地域で古代の遺跡が最初に営まれたのは、八世紀の第3四半期である。文献史料では、庄内に関する記事は八世紀前半に見え始めるものの、同時代の遺跡は現在のところ確認されていない。八世紀第3四半期の遺跡は、庄内地域で最初に分布的展開を示すとはいえ、その数は非常に少なく、遺跡の分布にもかたよりがある。最上川の北にある川北では、十数遺跡の存在を見るが、最上川より南の川南ではわずか一遺跡を見出すにすぎない。こうした分布のあり方から、庄内の古代の開発は、川北の遊佐地域を中心として始まったとみることが可能である。興味深いことに、城輪柵跡を中心とした国府域の周辺に遺跡はほとんど分布しないので、国府域の開発は、川北の遊佐地域、大楯遺跡の周辺が開発されて以降、活発化したと想定することができる。

次いで八世紀第4四半期から九世紀第1四半期には、古代の開発の最盛期を迎える。庄内地方の開発がもっとも盛んに行われた時期である。国府城輪柵跡がこの時期には成立し、国府周辺が盛んに開発されるようになる。同時に大楯遺跡の周辺にも重要な遺跡が次々に成立してくる。庄内平野の東側を弧状に囲繞する丘陵部には生産遺跡である須恵器窯も分布し、さらには条里制施行の遺称地と考えられる「一の坪」地名も見出すことができる。特に遺跡立地の空閑地に注目すれば、日向川を境として地域が二分されることは重要である。河川の争奪に起因して遺跡が構えられなかったと見ることもできようが、ここが国衙領とそれ以外の開発地の境界にあたることが背景にあった可能性を指摘したい。いずれにしても、大楯遺跡の周辺は、国府周辺の開発よりも先行しており、古代庄内地方の開発の中心地域と見ることができる。

遺跡分布の大きな変化の画期となる九世紀第4四半期を過ぎ、十世紀に入ると遺跡の分布は減少傾向へと突入する。特に国府城輪柵跡周辺ではこの傾向に歯止めがかからなくなる。これに対し、大楯遺跡が所在する遊佐地域ではこの傾向は見られない。十一世紀の半ば以降、遺跡の存在を遺物によって確認することは難しくなるが、十二世紀代にかけての遺跡はやはり川北地域に多い。大楯遺跡はこの十二世紀の中頃前後に、姿を見せるのである。

以上、時間の流れにそって空間のあり方を広域に検討したが、簡単にまとめておこう。庄内地方の古代において、八世紀第3四半期に、もっとも早く開発されたのは、大楯遺跡の所在する遊佐地域であった。国府域はやや時間差をもって八世紀第4四半期から九世紀第1四半期にかけて開発され、九世紀代には終了する。一方、大楯遺跡周辺の遊佐地域は、十世紀代まで開発を継続させる。国府域とは別に開発が進行してゆき、さらにはその地域は河川(日向川)で境界を形成していた、という地域性を確認することができる。こうした独立的な地域の特性こそが、最北の荘園である遊佐荘が成立する一つの要因となるのであろう。

大楯遺跡周辺の空間に検討の中心を移せば、ここには古代の官衙関連の遺跡がいくつか存在する。西側に「下長橋遺跡」(十～十一世紀代中心、越州窯系青磁、施釉陶器出土、地鎮遺構検出)、月光川を渡った北側に「大坪遺跡」(九～十世紀代中心、囲繞木柵列、施釉陶器出土)がある。考古資料の通時的な空間分布からすれば、大楯遺跡はこうした古代以来の地域性を中世に引き継いだ遺跡となる。

大楯遺跡の営まれるこの空間は、出羽国で最初に開発の手が入れられた場所であり、重要な遺跡が営まれる場所でもあった。これはこの地域に重要な意味があったと見ることができるのではなかろうか。

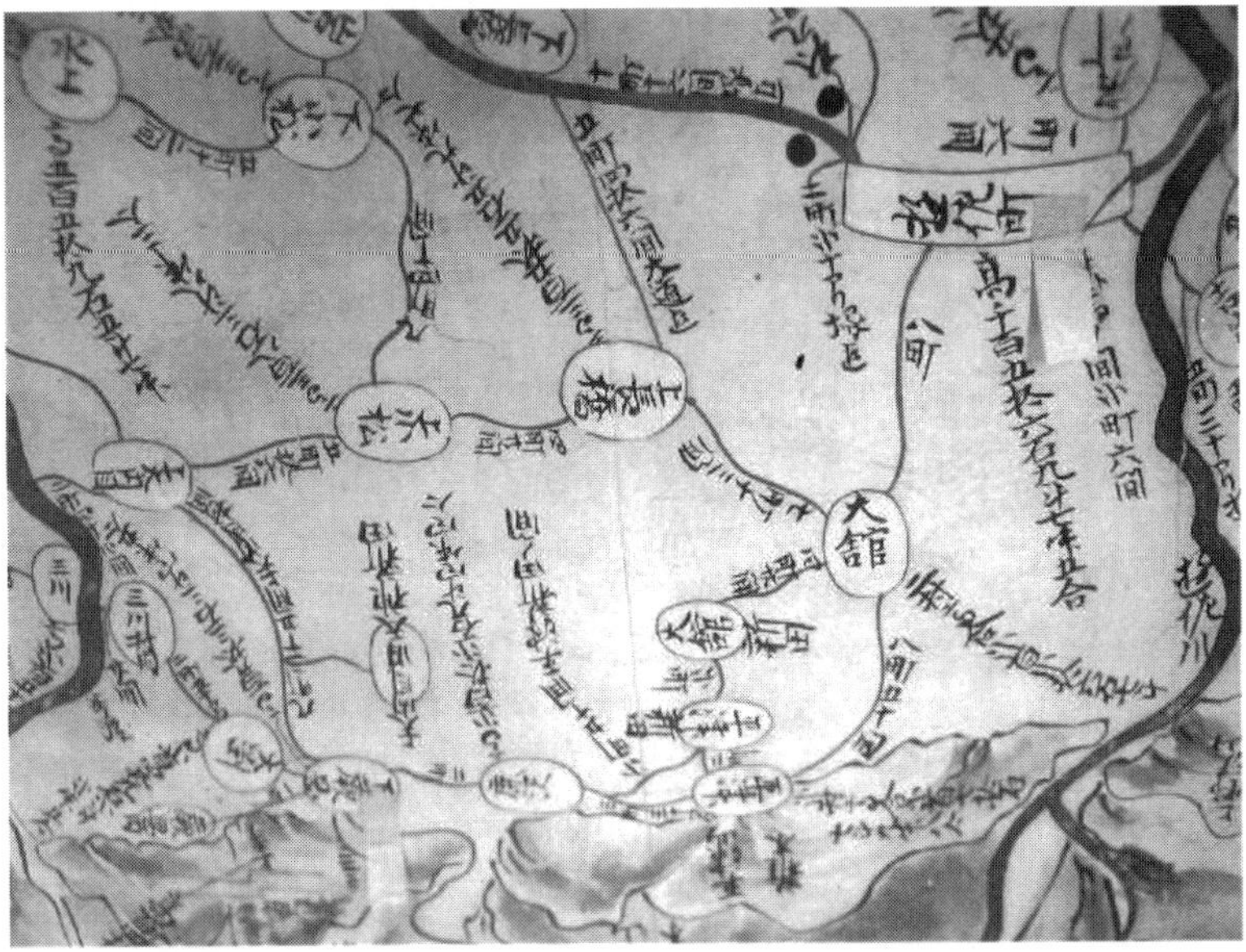

第３図　「正保国絵図」にみる大楯（大舘）周辺の道（上が西）

おそらく、これは流通に関係する選地であろうと考えられる。十世紀代に成立したといわれる延喜式には、「遊佐駅」が見える。駅路あるいは駅舎の確定はできていないものの、遊佐の地名は大楯遺跡の営まれる周辺であり、ここは交通の要衝であったのである。こうした地域性は、近世古図「正保国絵図」にも見ることができる（第３図）。絵図には、大楯（大舘）へと集中する道が明瞭に描かれ、交通の要衝であったことを知る。また、西側を走る一里塚を持つ近世街道（内郷街道）が大楯へと集中する道を切ることからすれば、ここに集中する道は、近世街道の造営に先行している可能性が高い。中世大楯遺跡をめぐる空間のありようを近世絵図に見出すことができるのである。

　また、大楯遺跡の東側を通る山沿いの道は、そのまま弧状に北上し、大物忌神社が鎮座する吹浦口へと結び付く。さらには、大楯遺跡の南には日向川が流れるが、この河道を東へと遡上すれば、山形県最上地方へと抜ける街道（青沢越など）となっている。この街道は、庄内地方北部、川北から内陸地方へと抜ける主要な陸路であった。大楯遺跡の選地には、こうした交通を視野に入れた位置づけも重要であったのであろう。

このような交通のターミナルとでもいうべきすがたは、出土遺物に含まれる「ほろは」木簡からも知ることができる。この木簡は、方形の薄い板で上部には貫通孔があり、荷の付札として使用されたものである。「ほろは」とは、鳥の左右の翼の下に生えそろった羽のことであり、大鳥のものは矢羽として珍重されるという。これは遊佐荘の荘園年貢である「鷲羽十尻」(『台記』仁平三年九月十四日条)を連想させる。こうした遺物が出土する意味は、この地が物資の集散地であったことを示していよう(岡陽一郎氏ご教示)。

流通という視点からみると、大楯遺跡に隣接する月光川から吹浦湊へという内水面交通も重要であった(第1図)。大楯遺跡は、河口の吹浦湊から約九㌔内陸に入ったところにある。河口からやや内陸に入った場所に遺跡が設けられる同じようなあり方は、鹿児島県金峰町の持躰松遺跡が知られている。ここでは霊場金峰山と有力寺院である観音寺が遺跡の背後に控えている。大楯遺跡の空間は河川を通して、日本海側吹浦湊へと結び、陸路を通して出羽の内陸部最上郡へと結び付く位置にあったのである。

(2) 空間のもつ宗教的特性

考古資料を通して、大楯遺跡の位置する地域が古代以来重要な遺跡が存在する空間であり、古図からは交通の要衝である可能性を知ることができた。さらに宗教的様相も、その空間の特徴に付け加えることができる。

大楯遺跡の位置図(第1図)から、日向(日光)・月光の両河川と、二つの大物忌神社(蕨岡口・吹浦口)の位置に注意したい。大楯遺跡は、鳥海山を北に仰ぎ、月光川と日向川の間、月光川の南岸に位置する。大物忌神の御神体は鳥海山そのものであり、本地は薬師如来と考えられていた。河川名の日光・月光は薬師の脇侍の名であり、ここでは、鳥海山とそこから流れ出る二つの河川とを、薬師三尊に見立てる壮大な宗教空間を構成していると見ることができる。こうした鳥海山を主体とする空間構成は、大楯遺跡周辺の内陸部のみならず、海岸あるいは海上にも及んでいた。鳥海山はランドマークとして航海の指標となり、鳥海山そのものが御神体となる大物忌神は、辺境の守護神としても重要であった。『続日本後紀』承和七年(八四〇)七月二十六日条には、遣唐使が南海で襲撃されたとき、大物忌神が神威をあらわして賊を撃退したという記録が見え、『日本三代実録』元慶四年(八八〇)二月二十七日条では大物忌神に従二位の神階が与えられている。

また、離島飛島と鳥海山山頂、吹浦大物忌神社では、七月十四日夕刻に同時に火がたかれ(火合せ神事)、飛島と鳥海山との間の海峡空間が神聖なものとして装厳される。鳥海山の麓のこの地域は、地上も海上も、大物忌神が守護する空間といってもよかろう。

現在、大物忌神社の社殿は、吹浦口と蕨岡口の二か所に存在する。蕨岡口は大物忌神の鎮座する鳥海山への登拝口に位置し、大楯遺跡はこの足下に所在する。吹浦口は秋田街道の突き当たりに位置し、ここに大物忌神社社殿が営まれ、社殿直下は吹浦湊となる。出羽南半(山形)と北半(秋田)の境界域は、大物忌神にかかわる宗教空間によって区画されていることになる。(5)

(3) 遺跡内の空間——遺構を読み解く——

大楯遺跡周辺の空間がもつ歴史的・宗教的な特徴を検討してきたが、次に遺構と遺物から大楯遺跡内の空間を考えてみよう。

遺跡からは、七つのブロック(A〜G)に建物の集中域が見出された。これらの建物群はまとまりを持って独立しており、遺構群ごとの重複もない。おそらく同時期に併存して立ち並んでいたものと考えられる。なお、それぞれのブロックの性格比定については、まだ議論を尽くさなければならない。

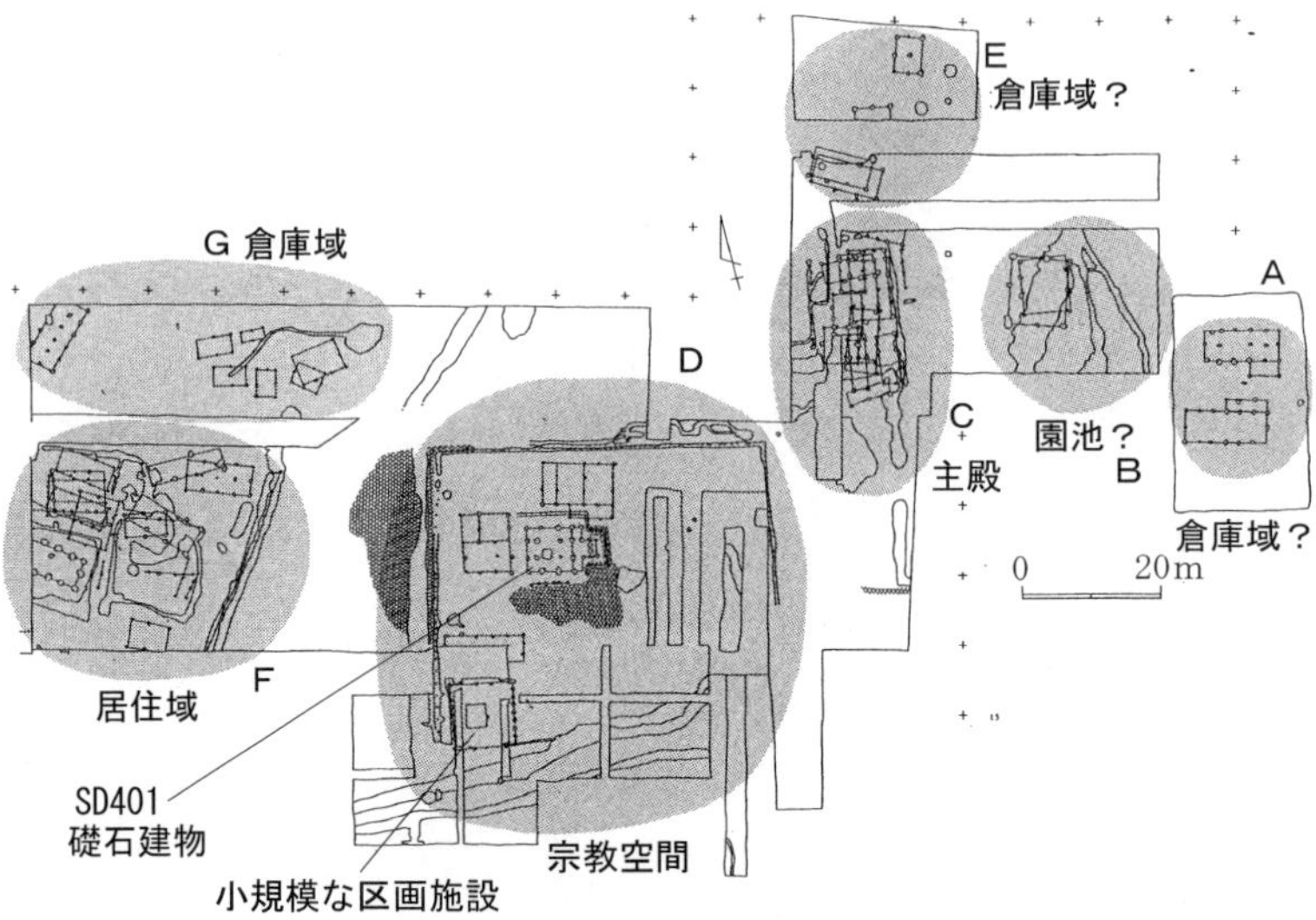

第４図　大楯遺跡遺構分布図

特徴的な遺構として、Ｂ・Ｃ・Ｄの三つのブロックを検討したい。Ｂブロックには北側から流れる水路と、水路にかかるように位置する切り合った二棟の建物がある。この二〇㍍ほど西側にはＣブロックがあり、九棟の建物が重複している。このブロックの中心建物は、二間×四間の北と東に二面の庇を持つ建物である。同様の構造をもつ建物はもう一棟見出され、このことからすれば、少なくとも二時期の変遷を知ることができる。この建物の東には、北側から流れ入る水路が見られ、ここからさらに東側を遠望すれば低平な出羽丘陵を視野に入れることができる。こうした建物配置と空間構成からすれば、ＢブロックとＣブロックに主殿と園池の可能性を見出すことができはしまいか。

Ｄブロックには大楯遺跡でもっとも特徴的な、二本一対の角材柵列で囲繞された方形区画（約七〇㍍四方）と礎石建ちの建物がある。この柵列の構造は、絵画史料に類例がある。二本一組の柵木で構成される施設として、『春日権現験記絵』には、庭を区画する竹の間垣が描かれている（第５図、澁澤敬三・神奈川大学日本常民文化研究所『日本常民生活絵引』第四巻、一九八九年）。この垣根は、竹を二本一組として並べ立て、一本おきに高低をつけながら、上下の横桟で結び合うものである。『長谷雄草紙』にも同様の垣が見られる。絵画に描かれたこうした柵列の構造を大楯遺跡の遺構に引きつけて考えてみよう。そうすると、礎石建ち建物(第7図)の周囲の柵列は、間隔を持って囲繞することになり、建物は遮蔽されず、外から建物のすがたを明瞭に認めることができる。塀は視線を遮蔽せず、重要な宗教装置となる西側の落日などをも眺めることができたのである。出入口はおそらく東側にあったと考えられるが、明確ではない。

南西隅に営まれる小規模な区画施設の性格もまた、絵画史料の中に類例を探すことができる。区画施設の北側中央部の出入口両脇の柱材は丸柱で、他の柱材は角柱であったが、この柱材のあり方が『春日権現験記絵』に描かれた「小祠」(第6図)にみられるのである。絵画の「小祠」は方形の木柵列の正面に鳥居を持つ構造であるが、小区画遺構の北側中央の丸柱を鳥居の根元の遺存と見れば、その構造の類似性を指摘できよう。

第5図　『春日権現験記絵』の間垣

第6図　『春日権現験記絵』の小祠

こうした絵画史料との比較からすれば、木柵列は、間隔の空いた間垣であり、地上高もそれほど高くない遺構として復元することができる。小規模な南西隅の柵列は、北側の出入口には鳥居が立ち、小区画の周辺からは、五輪塔の残欠が数個体分出土しているため、内部には五輪塔、あるいは塚が営まれる空間となる。五輪塔の造営時期は形態から判断して、南北朝〜室町にかけての時期、十四世紀代を中心とすると考えられる(狭川真一氏ご教示)。

礎石建物遺構(第7図)の規模は、大略東西八㍍×南北六・五㍍、東西三間×南北三間であり、東

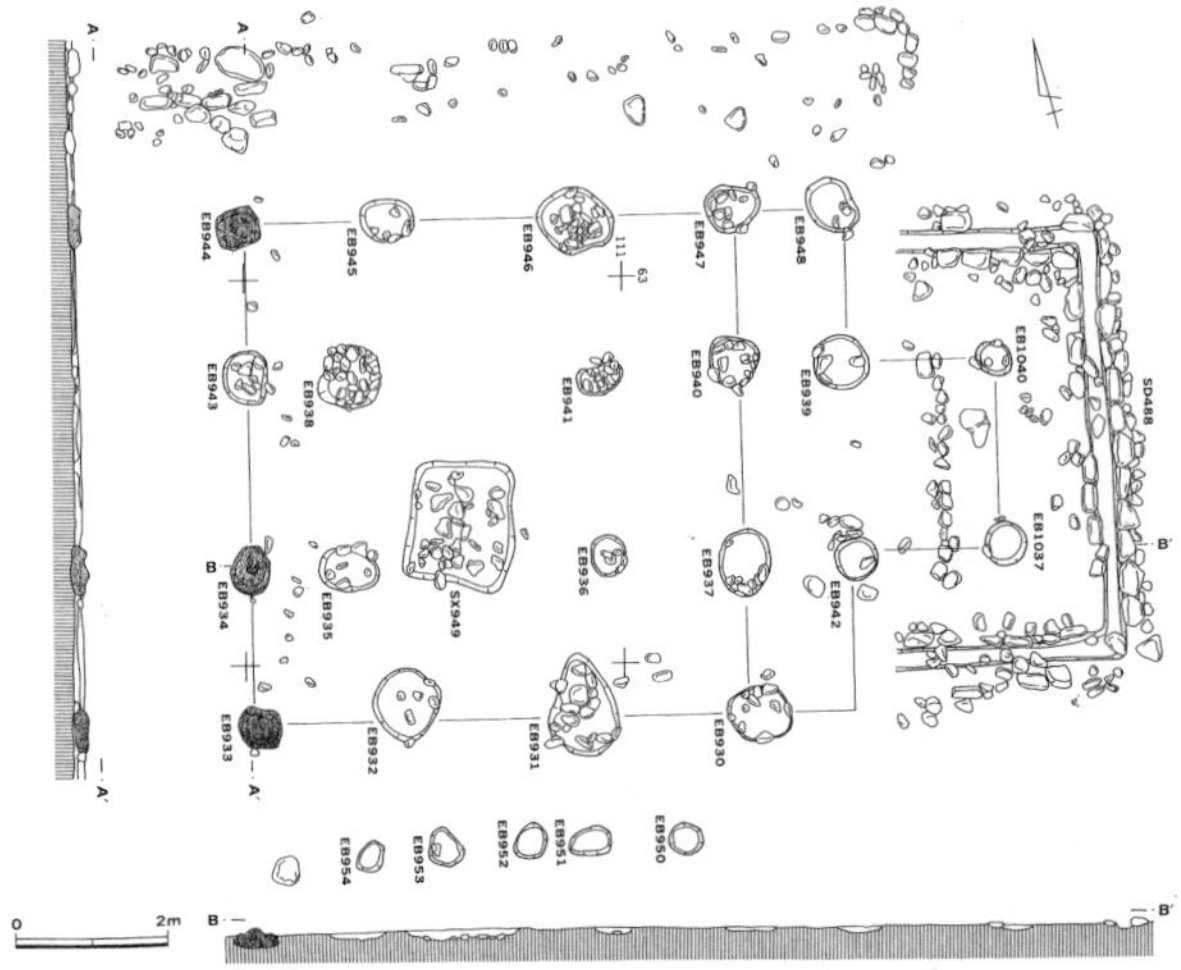

第７図　礎石建物 SD401 平面図

側に短く一間延びる。三間四面堂に一間東側に延びた礎石建ちの建物であり、縁はめぐらない可能性がある。雨落ち溝は東側と北側につく。四面堂ということからすれば、阿弥陀堂と見ておきたい。さらには、須弥壇が営まれたであろう四本柱の内部にかけて、東西一・三㍍×南北一・五㍍の土坑が掘り込まれている。土坑からは骨片が出土しているから、墓壙であるとみることができる。須弥壇の直下に火葬骨を納める型式となる。墓壙に対して建物が直上に営まれた遺構は、墳墓堂として知られている事例に連なるものであろう。領主居館の内部に独立して営まれた墳墓堂と見ておきたい。なお、雨落ち溝の検出状況からすれば、一間四面堂で当初営まれたものが、後に東側に一間分延びたものと見ることができる。さらに溝は東側中央部が長方形に膨らむことからすれば、この東側部分が出入口であると考えられよう。西に向いて礼拝する形態となり、この形態も阿弥陀堂としてふさわしい。またB・Cブロック同様、二時期の変遷をこの建物遺構に見ることができる。

以上からすれば、大楯遺跡の遺構は、領主居館と仏堂を中心とした空間として捉えることができよう。

その年代は、年輪年代の算定資料によると、十二世紀代と十三世紀中ごろにまとまりを持ち、出土遺物相も、十二世紀末から十三世紀代の遺物が中心である。このことからすれば、一期目の遺構は十二世紀代に成立し、二期目の遺構は十三世紀代に営まれ、その終焉は十四世紀代にある、と見ることができようか。

(4) 大楯遺跡の年代―遺物を読み解く―(第8図)

こうして見出された遺構群の年代は、紀年銘資料と年輪年代の測定資料から、年代的定点を得ることができる。紀年銘資料は、全形は保っていないものの「保元(一一五六〜一一五九年)」を記す木簡がある。年輪年代の算定資料は一一一九年、一一五三年、一一六七年、一一九二年、一一九九年、一二六七年、一二六九年の七点の資料がある。これらの資料から十二世紀の前葉・中葉・後葉、十三世紀代中葉の四時期に年代が集中していることがわかる。

十二世紀〜十三世紀にかけての遺物のうち、土器や陶磁器類は、白磁四耳壺・白磁碗・同安窯系青磁碗・皿、竜泉窯系青磁碗一類、青白磁碗、青白磁合子、須恵器系中世陶器四耳壺、須恵器系中世陶器擂鉢、かわらけ、がある。十三世紀代の遺物は、竜泉窯系青磁碗B1類が中心であり、褐釉壺、特殊器形の青磁大型品、須恵器系中世陶器の壺・甕・擂鉢がともない、一部には常滑製品が存在する。さらには東北地方ではほとんど検出されない滑石製石鍋・瓦器椀・小型三足羽釜、スタンプ紋漆器椀、山茶碗が組成される。「ほろは」木簡、闘茶札木簡も見える。瀬戸製品は古瀬戸前期段階Ⅲ〜Ⅳ期(一二五〇〜一三〇〇年)の灰釉卸皿・梅瓶・入子、古瀬戸中期段階Ⅰ〜Ⅱ期(一三〇〇〜一三二五年)を中心とする灰釉卸皿・灰釉水注・入子、同Ⅲ期の天目茶碗、などがあり、古瀬戸後期段階(一三五〇年)にはほとんど見出せなくなる。十二世紀から十四世紀中葉までの遺跡であることはまちがいない。

大きな特色は、遺跡の遺物組成のほとんどをかわらけが占めることである。出土遺物の総数は約二万点にもなり、かわらけは出土遺物の八〇%を占める。東北地方で大量のかわらけを主体とする遺物組成を持つ遺跡は、平泉遺跡群以外に見出すことはできず、大楯遺跡は稀有な例である。平泉藤原氏との関連とともに、この地域の拠点としての遺跡のすがたが反影されている。平泉藤原氏との同時代性からすれば、最北の荘園である遊佐荘の荘園経営と密接に関係した遺跡であると見ることもできる。

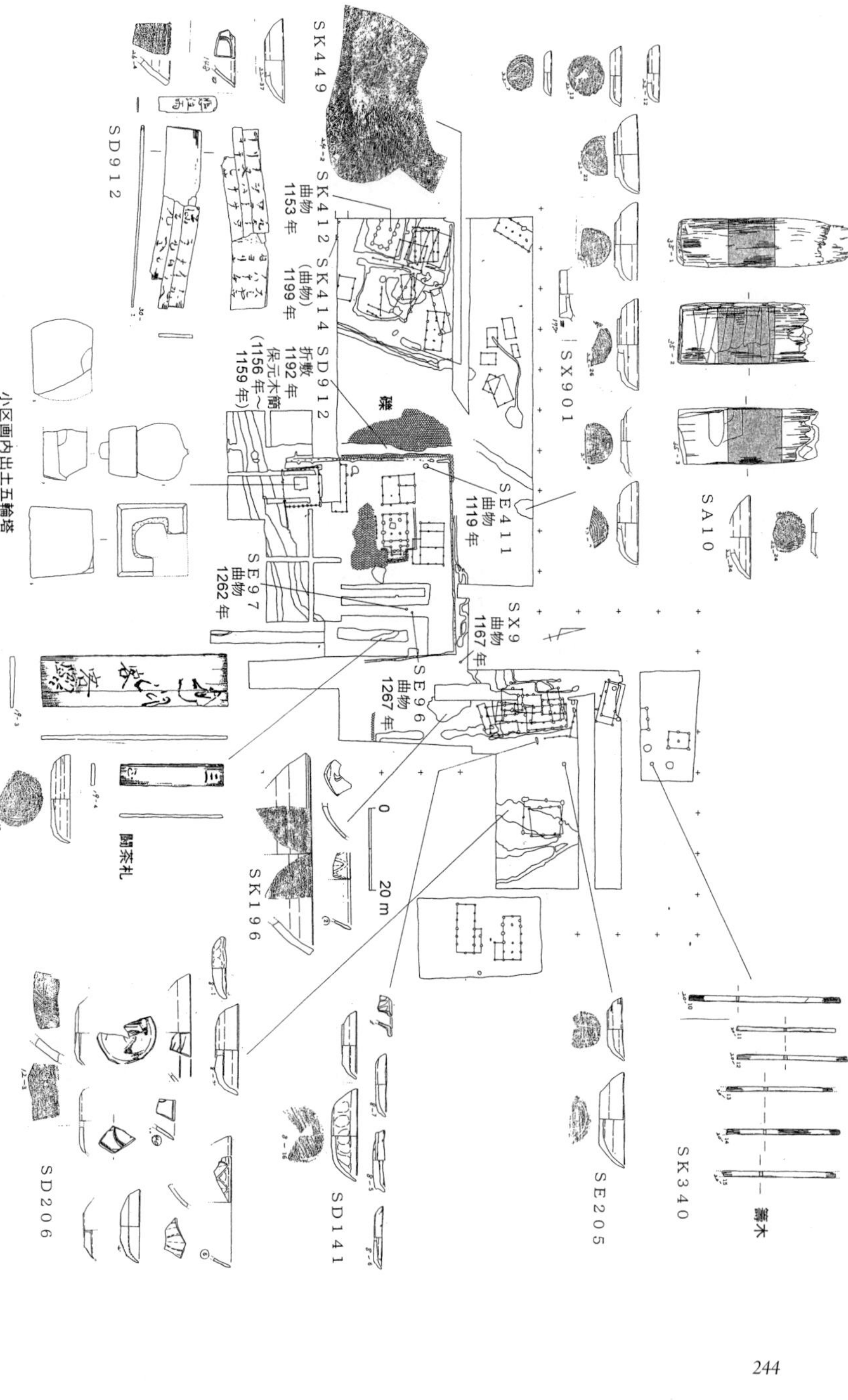

第8図　大楯遺跡遺物・遺構分布図

(5) 遺構群の時期

以上の遺物・遺構の検討からすれば、十二世紀代後半を中心とした時期に大楯遺跡の遺構群は営まれ始める。遺構は領主居館と仏堂が中心となっていた。十三世紀代にも引き続きこの遺構群は営まれた。十三世紀の初めまで盛んにかわらけが使用され、しかもその消費は膨大であった。貿易陶磁器の流入はすくなくとも十三世紀代の中葉で終了し、遺物も減少傾向が顕著になる。十四世紀代には宗教空間の南西隅の小規模な囲繞施設内部に五輪塔が営まれている。十四世紀代半ばには、ほとんど遺物は見られなくなる。(6)

大楯遺跡の終焉の様相は、文献史料からも示唆を受けることができる。大物忌神社所蔵文書の関東御教書は、承久二年(一二二〇)北目地頭新留守に宛てた文書であり、大楯遺跡の北方北目地区に、別の勢力が存在することがわかる(『山形県史』古代中世史料編)。北目地区での発掘調査からは、新しい勢力の拠点遺跡をいまだ知ることはできない。しかしながら、遊佐町には北目留守所の伝承は濃厚であり、逆に大楯遺跡の伝承は少ないことから、徐々に北目留守所が勢力を伸ばし、大楯遺跡に拠ったものたちは勢力を失ったものと考えられる。

(6) 東北地方の中の大楯遺跡

大楯遺跡の営まれる空間は、東北地方という地域の中で、いかなる位置を占めるのかについて触れておきたい。大楯遺跡と同時代の遺跡分布図を検討することによって、大楯遺跡の同時代での相対的な位置づけを知ることができる。(7) 分布図(第9図)には、遺跡の集中する地域をいくつか見出すことができる。

たとえば秋田県横手周辺、大館市周辺、岩手県平泉以北、宮城県多賀城周辺、福島県の福島周辺、角田市周辺、会津西部周辺、いわき周辺、そして山形県の遊佐周辺などである。各々の地域は周知のように平泉藤原氏との関係が深く、この分布図は十二世紀代の平泉藤原氏を中心とする政治的状況をよくあらわしているといえる［日考協 二〇〇一、入間田・本澤 二〇〇二、東北中世考古学会 二〇〇三bから作図］。

大楯遺跡の所在する遊佐地域には、日本最北の荘園遊佐荘が置かれる。遊佐荘は藤原忠実の荘園であり、頼長へと伝領されるが、直接の管理者は平泉藤原氏二代の藤原基衡であった。大楯遺跡も平泉藤原氏と深い関係を有することは疑いなかろう。地元に残る伝承では、ここは「川北冠者忠衡」の館であるという。忠衡は平泉藤原氏の一族、比爪氏の関係者と伝える。こうした平泉藤原氏縁者の伝承は、大楯遺跡の遺物相と整合すると見ることもできよう。

まとめにかえて

以上、大楯遺跡の空間を、立地・遺構構成・遺物構成・同時代遺跡との広域比較を通して、時系列を重視しながら資料を整理した。空間を考古学的に論証可能な存在として分布図を作成し、地域の中で歴史的に、また同時代的に、大楯遺跡の空間を検討した。さらにはより広域にわたる考古資料の分布図を読み解き、広い地域の中の同時代性を把握した。遺物の時間的・空間的広がりを考古学的に

第9図　凡　例

〈青森県〉101 十三湊，102 伝山王坊，108 蓬田大楯，109 内真部（4），113 浪岡城，114 源常平，117 野尻（4），121 大光寺新城，123 中崎館，124 独狐，125 境関館，127 早稲田，130 大仏，131 根城　〈岩手県〉201 諏訪前，203 土踏まずの丘経塚，208 台太郎，213 山屋館経塚1号経塚，216 比爪館，221 高松山経塚群，224 丹内山神社経塚西経塚，232 伝豊田館，244 寺の上経塚，254 磯鶏館山，260 平泉遺跡群　〈秋田県〉301 矢立廃寺，302 観音寺廃寺，312 エヒバチ長根古窯，315 秋田城，316 盤若台，317 中田面，327 北，330 手取清水，331 館堀城，335 大鳥井山，3003 堂の下，3008 後城，3010 内林，2026 大浦，3027 土花，3028 大坪，3031 前通　〈宮城県〉402 田束山寂光寺，409 花山寺，420 一本柳1，421 水沼窯跡，245 瑞巌寺境内，429 多賀城，433 南小泉，440 王ノ壇，444 中田南，448 大門山，455 田町裏，460 大古町　〈山形県〉502 大楯，503 升川，505 蕨岡，519 鳥居上，521 七日台墳墓群，532 羽黒山頂経塚，535 取上，538 大森山経塚，543 高瀬山，549 立石寺2号経塚，565 金原古墳　〈福島県〉601 松野千光寺経塚，603 陣ケ峰城，610 大戸窯跡群，611 八郎窯跡群，614 天王寺経塚，617 勝口前畑，619 安子島城，620 荒井猫田，623 越田和，625 米山寺経塚群，628 善光寺，633 上ノ原経塚，634 久世原城・番匠地，635 白水阿弥陀堂，637 梁川城，640 毘沙門平窯跡・赤川窯跡，642 馬場小路・馬場中路，653 河俣城，658 下方正寺

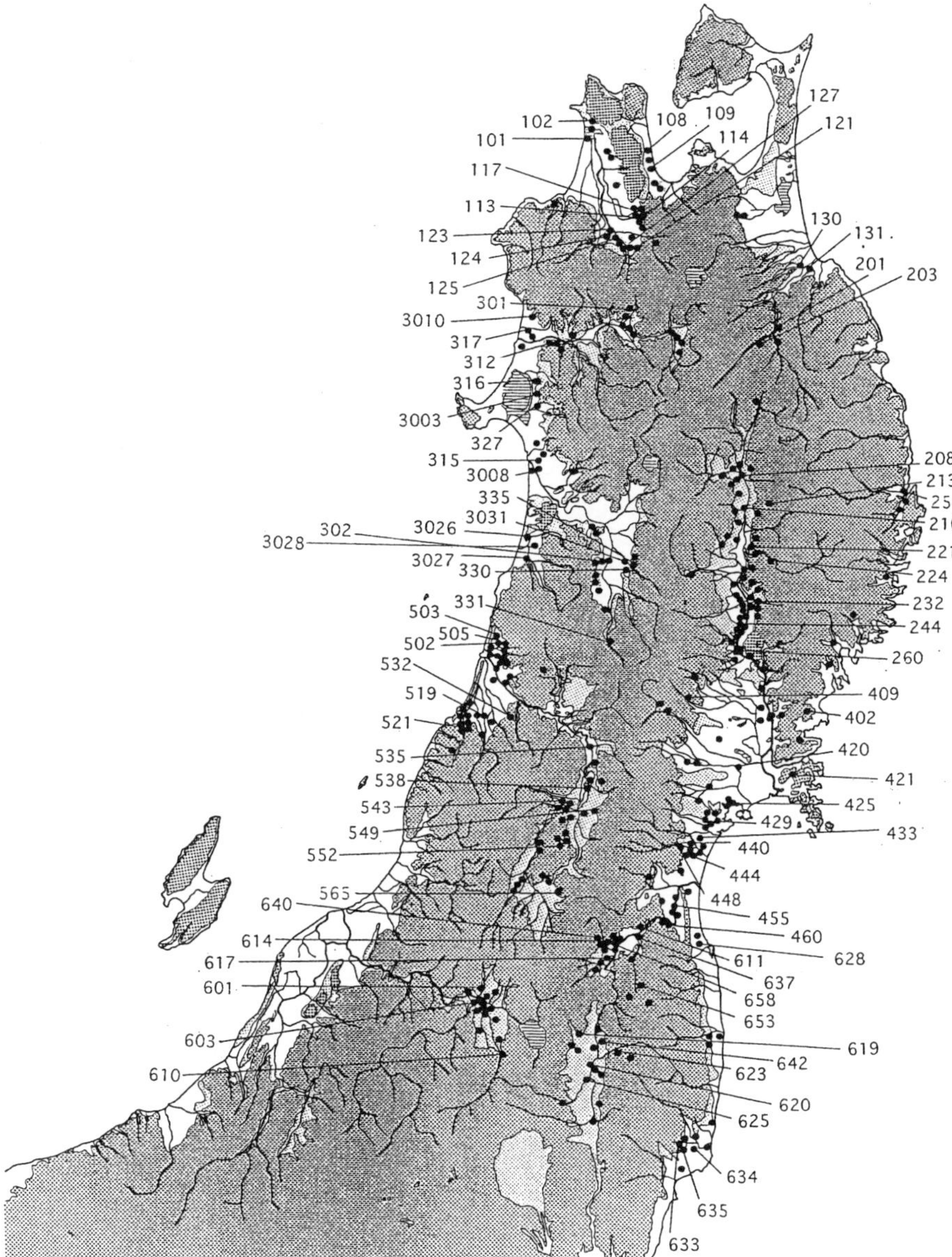

第9図　12世紀を中心とする東北地方の遺跡

捉えられる空間として認識し、こうした操作から地域の中世史像を描くことを試みた。

地域の中世史に目を向けたとき、その歴史像を描こうにも使える資料がほとんどない地域がある。山形がそうである。本稿ではこうした中で地域資料(考古資料)を使用しながら、中世史の構築を試みた。

註

(1) 中世という時代区分は、歴史学研究の時代区分である。五味文彦が述べたように、「(前略)考古学の独自の中世像をそれぞれつくってほしい。どうもこれまでの中世像というのは歴史のほうでつくったものに対応するような考古学の像であって、これでは両者の関係は発展しない(後略)」という指摘は重要である(石井進編『考古学と中世史研究』一九九一年、二五二頁)。考古学研究側からの中世像を明確に示すことも重要なことになる。

(2) 「遺物」「遺構」「遺跡」の分析から過去の事実を復原していくことになるが、資料操作では「…とかく性格や用途の不明なものを、祭祀信仰的なものとする逃げ方もあった」[斎藤忠 一九八三]ことは、報告書を見ていると気が付くことがある。さらには、「…発見者の不思議な傾向、すなわちすべての考古学者が十分承知している傾向は、自己の発見物をなるべく古く見せようということである。」[ジョルジュドウ 一九六八]。こうしたことは山形県では前期・中期旧石器捏造という不幸な事態を招き、前期・中期旧石器と認定されていた遺物自体の否定、さらには遺跡自体も登録が取り消されるという事態を招いている[尾花沢市教委 二〇〇二]。伴出遺物によって年代が決定できない場合、あるいは類例が少ない遺構・遺物の場合、その位置づけには慎重にならざるを得ないのである。さらには柳田國男の持つ考古学研究への危惧もまた、把握しておかねばならない[柳田 一九三四]。

(3) 考古学で使用される〝空間〟に関連しては、「空間分析」などという用例を見出すことができる[五十嵐 一九九九、酒井 一九九〇]。考古資料の分布事象に地理学などから導入された統計的手法を用いて検討する研究事例であるという。

(4) 大楯遺跡に関係する発掘報告書には、山形県教育委員会[一九八六・一九八七・一九八八・一九八九]、遊佐町教育委員会[一九九一]がある。このほか、個別論文として、伊藤邦弘[一九九〇・一九九四・一九九六]、佐藤禎宏[一九九三]、飯村均[一九九四]、飯村均・八重樫忠郎[一九九六]、藤原良章[一九九六]、小松良博[一九九六]、岡陽一郎[一九九六・二〇〇

二]、河野眞知郎[一九九六]、伊藤清郎[二〇〇〇]、山口博之[二〇〇二]、高桑弘美[二〇〇三]等がある。

(5) 大楯遺跡の空間について宗教的特性について特筆してきたが、遺跡と同時代的な空間の把握という観点からはいくつかを付け加えなければならない。月光川は遊佐川(正保絵図)と記され、日光、月光、鳥海山の薬師三尊世界の描出は、地元の地史によれば、実は明治時代以降のものという[月光川 一九八四]。「火合神事」も昭和十一年(一九三六)の再興である(『山形県神社史』)。ここではもともとこうした宗教的装置が創出される地域性があることを積極的に評価するが、一見古代以来の宗教空間として存在するように見える、大楯遺跡の周辺の宗教的空間の構成要素は、実は時系列的に重層する構成として認識されるべきであろう。こうしたことは霊場など考古資料として把握が困難な存在に論及するときには、特に留意されなければならないであろう。

(6) 遺物は一部、十六世紀代を中心としたものがあるが、本稿であつかった時期とは断絶があるため、ここではとりあげない。

(7) 十二世紀から十三世紀にかけての遺跡の空間分布図を示すこの図は、二〇〇一年の日本考古学協会盛岡大会(日本考古学協会盛岡大会実行委員会「都市・平泉—成立とその構成」二〇〇一年)に際して作製された資料を編集し、東北中世考古学会秋田大会(東北中世考古学会「中世出羽の諸問題」二〇〇三年)のデータを加えたものである。取り上げた遺跡は、集落遺跡などばかりではなく、経塚や中世墓も含む多様な遺跡を一括している。十二世紀代を中心とする遺跡の分布傾向を探る指標の一つとして理解されたい。

参考文献

赤星直忠　一九八〇年『中世考古学の研究』有隣堂

網野善彦　一九九七年「考古学と文献史学—栗と漆をめぐって—」『帝京大学山梨文化財研究所研究報告』八

飯村　均　一九九四年「都市・城館研究の最新動向—北海道・東北—」『中世都市研究』第一号　二〇八頁

飯村均・八重樫忠郎　一九九六年「大楯遺跡再考」『歴史手帖』第二四巻一〇号

五十嵐彰　一九九九年「空間分析」『現代考古学の方法と理論I』同成社　二四～二九頁

石井　進　一九九一年a「中世考古学と城郭研究とのあいだ」『中世の城と考古学』新人物往来社

石井　進　一九九一年b「中世史と考古学」『考古学と中世史研究』名著出版

石井　進　一九九七年「おしゃべりな文献史料と無口な考古学の間」『大航海』第一四号
石井　進　一九九九年「歴史研究と考古学」『考古資料と歴史学』吉川弘文館
伊藤清郎　二〇〇〇年「中世出羽国における地方都市的場」『中世都市研究』第七号
伊藤邦弘　一九九〇年「山形県大楯遺跡の出土遺物について」『貿易陶磁研究』第一〇号
伊藤邦弘　一九九四年「遊佐荘と大楯遺跡」『歴史評論』一一月号
伊藤邦弘　一九九六年「遊佐荘大楯遺跡について」『歴史手帖』第二四巻一〇号
入間田宣夫・本澤慎輔編　二〇〇二年『平泉の世界』高志書院
内田芳明　二〇〇一年『風景の発見』朝日選書六七五
宇野隆夫　二〇〇〇年「中近世考古学」『現代考古学の方法と理論Ⅱ』同成社　一八一～一八五頁
大三輪龍彦　一九八四年「中世考古学の成果による庶民生活の実態」『歴史公論』一〇―四
大三輪龍彦　一九九七年「中世考古学の掘り方」『大航海』第一四号
岡陽一郎　一九九六年「「大楯」地名考」『歴史手帖』第二四巻一〇号
岡陽一郎　二〇〇二年「遊佐荘の歴史景観」『遺跡と景観』高志書院
岡田俊裕　二〇〇二年『地理学史　人物と論争』古今書院
小野正敏　一九九二年「中世の考古学、その生い立ち」『列島の文化史』八　小学館
小野正敏　一九九四年「戦国期の舘・屋敷の空間構造とその意義」『信濃』第四六巻三号
小野正敏　一九九五年「中世の考古資料」『日本通史』別巻三　史料論　岩波書店
小野正敏　一九九七年『戦国城下の考古学』講談社　七一～一一八頁
小野山節　一九八五年「資料論」『岩波講座　日本考古学』第一巻　岩波書店　二五頁
尾花沢市教育委員会　二〇〇二年『袖原Ⅲ遺跡発掘調査報告書』『袖原三遺跡図録』など
小花波平六　一九九二年「中世考古学の方法(歴史民俗学と中世考古学)」『季刊考古学』三九
河野眞知郎　一九九六年「遊佐大楯遺跡と鎌倉」『歴史手帖』第二四巻一〇号
木村　礎　一九九六年「景観復原の方法―木村礎編著『村落景観の史的研究』を中心に―」『木村礎著作集』Ⅶ　名著出版
月光川水害予防組合　一九八四年『月光川史』四頁
小松良博　一九九六年「遊佐荘内における中世城館分布と伝承について」『歴史手帖』第二四巻一〇号
斎藤　忠　一九八三年「中世考古学概説」『中世の考古学―遺跡発掘の新資料―』名著出版

酒井龍一　一九九〇年『セトルメントアーケオロジー』ニュー・サイエンス社　五三〜五四頁
坂詰秀一　一九八二年「中世考古学の課題」『立正大学文学部論集』七三
坂詰秀一　一九八六年「中世考古学管見」『考古学ジャーナル』二六八
坂詰秀一　一九九二年「中世考古学を考える」『季刊考古学』三九
佐藤禎宏　一九九三年「庄内地方における考古学上の中世成立期」『野に生きる考古・歴史と教育』
ジョルジュドウ／村田数之助・樋口隆康訳　一九六八年「考古学の限界と障碍」斎藤忠編『考古学とは何か』『現代のエスプリ』所収
鈴木公雄　一九八八年「中世考古学」『考古学入門』東京大学出版会　二〇〜二一頁
高桑弘美　二〇〇三年「出羽南部―山形県―」『中世奥羽の土器・陶磁器』高志書院
玉井哲雄　一九九七年「中世考古学への提言―建築史学の立場から―」『帝京大学山梨文化財研究所研究報告』八
土井義夫　一九九〇年「考古学と中世史研究によせて」『帝京大学山梨文化財研究所所報』九
土井義夫　一九九五年「考古学資料論」『中世資料論の現在と課題』名著出版
東北中世考古学会　二〇〇三年a『遺跡と景観』高志書院
東北中世考古学会　二〇〇三年b「中世出羽の諸問題」シンポジウム資料集
豊田　武　一九七七年「歴史考古学への提言―中世考古学の課題―」『歴史手帖』第五巻四号
中野豈任　一九八八年『忘れられた霊場』平凡社
日本考古学協会盛岡大会実行委員会　二〇〇一年「都市・平泉―成立とその構成」
萩原三雄　一九九三年「中世考古学と学際研究―その課題と展望―」『歴史手帖』二一巻一一号
浜田耕作　一九二二年『通論考古学』(引用は一九八四年、雄山閣復刻版一一頁)
藤原良章　一九九六年「大楯遺跡と中世出羽国」『歴史手帖』第二四巻一〇号
古田悦造　二〇〇一年「村落景観」『歴史地理調査ハンドブック』古今書院
前川　要　二〇〇三年「中世考古学の現状と課題」『中世総合資料学の提唱―中世考古学の現状と課題―』新人物往来社
松下正司　一九九二年「中世考古学の方法(中世史研究と考古学)」『季刊考古学』三九
峰岸純夫　二〇〇三年「序―中世考古学への期待」『中世総合資料学の提唱―中世考古学の現状と課題―』新人物往来社
柳田國男　一九三四年「文化運搬の問題」『上代文化』(ちくま文庫版『柳田國男全集』第二八巻　五九六〜五九八頁)
山形県教育委員会　一九八六年「分布調査報告書(一三)」『山形県埋蔵文化財調査報告書』第九六集
山形県教育委員会　一九八七年「分布調査報告書(一四)」『山形県埋蔵文化財調査報告書』第一一〇集

山形県教育委員会　一九八八年『大楯遺跡第一次発掘調査報告書』
山形県教育委員会　一九八九年『大楯遺跡第二次発掘調査報告書』
山口博之　二〇〇二年「中世出羽国土器・陶磁器の様相」『中世出羽の領主と城館』高志書院
山口博之　二〇〇三年「遊佐荘大楯遺跡の成立」『山形県埋蔵文化財センター研究紀要』第一号　七七〜一一六頁
遊佐町教育委員会　一九九一年『大楯遺跡第三・四次発掘調査報告書』

城館と霊場

はじめに

城館と霊場は一見すれば相容れない存在に見えるが、中世には関わりあっていたことが知られている。地域支配あるいは軍事的拠点であった城館と人々の信仰を集める場所であった霊場は深く関わりあうのである。

霊場と城館の関係について、網野善彦・石井進は北海道上ノ国町にある勝山館の事例にふれ聖地と城が複合する場合のあることを指摘し、沖縄のグスクやアイヌのチャシも共通することを整理している［網野・石井・福田 一九九〇］。市村高男は、城郭が寺社などを占拠する場合が多いのは、占拠する場を聖域にしようとする意図を読み取ることができるという［市村 一九八七］。中澤克昭は史料と中世城館の調査から、城郭と聖地・宗教施設とは密接な関係を見せ、中世前期から南北朝期さらには中世後期に及ぶと考察している［中澤 一九九三］。伊藤清郎は城郭が霊場など祈りの場に構えられる事例が広く認められることを出羽南半の地域を扱いながら整理している［伊藤 一九九八］。また、後述するが近年古代官衙～中世館の変化についても同様の視点から分析が試みられ、国内外の類似例も追加されてきている。

小稿では霊場に構えられた城館について、主として出羽南半地域の事例を紹介しながら、霊場と城館が積極的に関わりあうという立場から整理してみたい。なお城館については、一九九五年に山形県教育委員会から出された一千頁を越す『山形県中世城館遺跡調査報告書・第一集～第三集』があり、この記述を参考とした。

1　霊場と城館複合の諸例

霊場とは、中世に生きた人々を救済し信仰を集めた、神仏の霊験あらたかな土地、神社・仏閣などのある神聖な地である。現象的には、その土地にできた寺社に参拝し、納経・納骨などの宗教的行為をする場所である。霊地ともいい、霊験所という表現もある。十一世紀前後から中世奥羽には多くの霊場が営まれた。これに対して城館は、十二世紀前後には平泉藤原氏に関わって姿を現すが、多くは十五世紀代以降にその姿を明らかにする。地域権力の拠点や街道を見下ろす山や平地に様々な防護施設を複合して造成し、地域支配や軍事的拠点となった。

霊場と城館の複合には、先に霊場として成立した場所に城館が複合して営まれる場合が多く、こうした霊場と城館との関係が時代の推移とともに変化し、近世城郭となる。ただし近世城郭となっても霊場は祈りの場として生き残り、城内の鎮守や祖霊祭祀の場として存続すると考えられる。これらの状況を踏まえつつ、小稿では山形県酒田市生石延命寺、同じく天童市天童古城などを検討事例としながら、それぞれの特徴と類例を整理し、さらに霊場と城館の複合の様相について検討してみたい。

2　延命寺

(1) 位　置

日本海に面した港町酒田の東方、庄内平野が出羽丘陵に接するところに生石(おいし)地区がある。生石集落を一段登った出羽丘陵の中腹に、板碑の霊場である古刹延命寺(生石山金剛峯延命寺)が所在する。標高は約六〇㍍を測り庄内平野を一望する景勝の地である。現在は真言宗智山派に属するが平安時代には天台宗であったという。

(2) 城館としての延命寺

『山形県中世城館遺跡調査報告書』によれば、延命寺は南北朝～戦国期の城館として報告されている(第1図)。その概要は「(前略)延命寺境内に城館遺構がある。遺構は本堂を中心として北遺構、南遺構に分けられ、郭の配置等から北遺構が戦国期、南遺構が南北朝期ではないかと考えられる。また、本堂の東約三五㍍上にある若王子沼付近も郭と考えられるが、近年墓地公園の造成により破壊されている。また寺の北一・二㌔には朝日山城がある」という〔小松 一九九七〕。

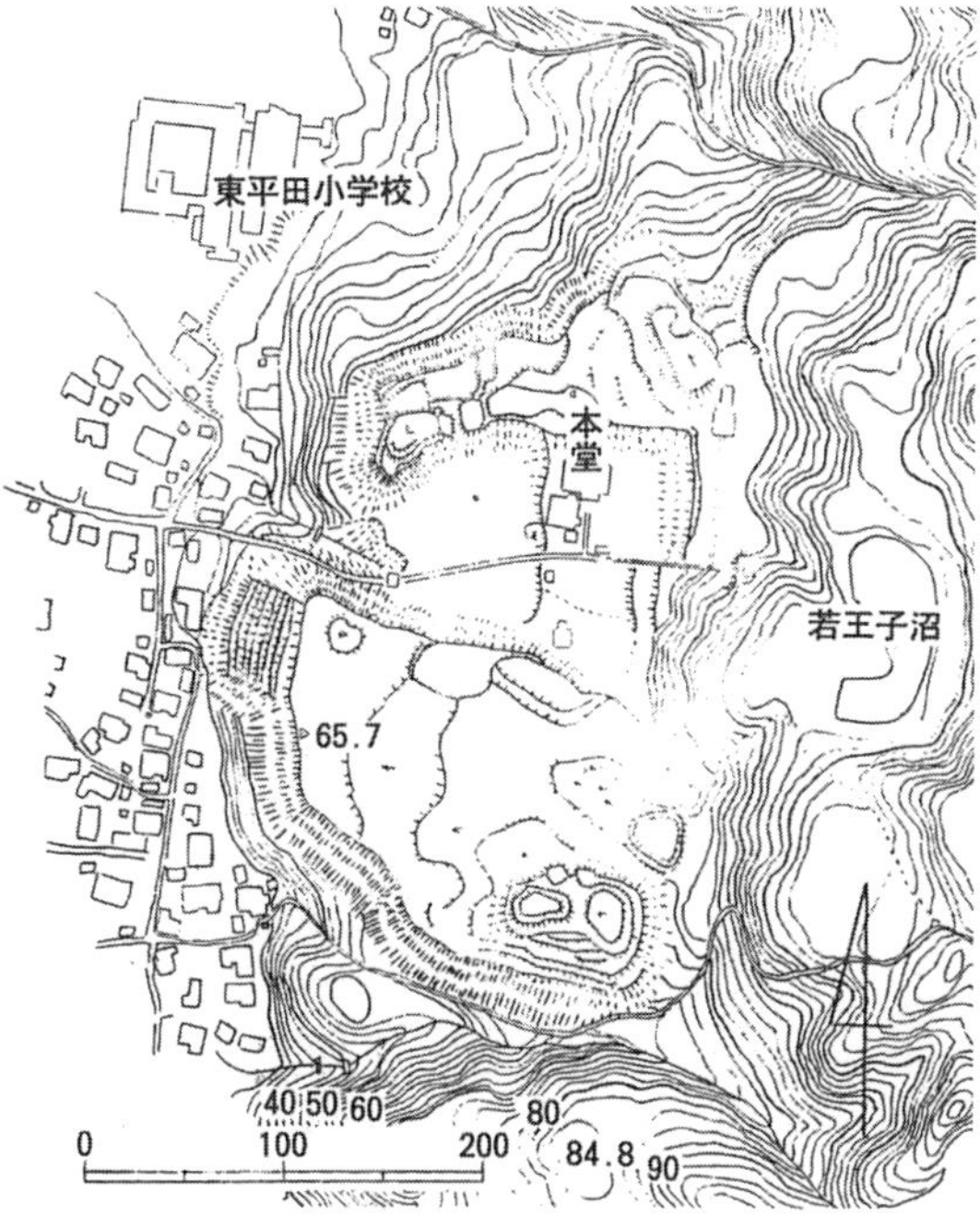

第１図　延命寺縄張り図

この地域の重要な城館は、朝日山城である。この城は東平田公民館の北東の丘陵に営まれ、標高一三二㍍の山頂を含めて城郭として造成している。南北朝～戦国にかけての城館と考えられ、館主には池田讃岐守盛周の名が残る〔小松 一九九七〕。延命寺の城館としての機能は、尾根続きである朝日山城と関連していることは間違いなかろう。おそらく朝日山城の支城として営まれたものであると考えられる。造営の時期は発掘調査が伴わないためはっきりとしないが、南北朝～戦国時代と考えられる。

(3) 霊場としての延命寺

①板碑の霊場延命寺

酒田市を中心とする、飽海地方には、酒田市・平田町・八幡町の一一市二町にわたって七三基の板碑が確認されている。このうちの三〇基が生石延命寺の境内にあり、この地が霊場として重要であり、板碑造営に相応しいと考えられていたことを示している。この地域は中野豈任の明らかにした在地霊場であったのである。

②霊場としての地域性

延命寺が所在する地域を酒田市街地を背にして東側に眺望すれば、庄内平野↓延命寺↓大森山↓鷹尾山という重層性が見て取れる。山形県庄内地方には、大森山という名称に共通する名乗りを持つ「モリの山」と呼ぶ人家に近接した底平な丘陵があり、ここでは亡霊を供養する「モリ供養」と呼ばれる民俗行事が現在でも行われている。延命寺境内にある板碑の銘文にも供養の文字が見て取れるのはすでに指摘した通りである(第2部参照)。

すでに十四世紀代に、ここは「善阿」の一族に供養の場として利用されていたのである。とすれば、この地に城館を構えた者たちも「善阿」の一族であった可能性が高い。善阿一族を打ち倒した者たちが城館を構えた可能性もあるが、板碑がほとんど傷ついていないことなどからすれば、城館を構えた者たちは霊場を大きく損なっていないと見ることもできるため、「善阿」の一族の可能性が高いと考えておきたい。先に延命寺と朝日山城との関わりに注目したが、館主と伝えられる池田氏は「善阿」の一族に連なる者たちであるのかもしれない。

(4) 板碑の霊場と中世城館の類例

写真1　大森山磨崖仏

写真2　大森山五輪塔

山形県東根市の大森山もまた在地霊場としての様相がある。大森山は乱川扇状地のほぼ中央に独立して存在し、平坦地からの比高一二〇㍍を測る。山頂には平安時代末の経塚が数基営まれ、山裾の露岩には中世に遡る五智五仏の磨崖仏(写真1)とともに板碑が刻まれ、磨崖仏に近接する洞窟の開口部上方には六地蔵が刻まれる。さらに大森山の外周には総高二㍍にも達する、中世の巨大な五輪塔が二基存在(写真2)する。付近には数カ寺の寺院も営まれていたという。山頂からは眼前に弥陀の浄土である月山がそびえ立つ姿を望むことができ、まさに勝地であり聖地である。ここも中世城館として利用され、北・東側斜面を中心とした曲輪の構築を見ることができる(第2図)[奥山 一九九五]。大森山の霊性を基盤としながら、板碑や磨崖仏さらには五輪塔など、周囲に様々な宗教的施設が営まれたものと考えられる。さらに弘安六年(一二八三)の板碑が館周辺に営まれる高畠町竹森館[山崎・青木 一九九五]、城館の基礎をなす露岩に板碑が刻みこまれる、山形市成沢にある成沢城も付け加えることができる[伊藤 一九九八]。

村山市河島山では山頂に経塚(写真3)が営まれ、その下を城館として利用し、周辺には凝灰岩製の板碑が多数営まれている[佐藤 一九九五]。この事例と類するのは寒河江市高瀬山館である。ここでは板碑は営まれないものの、河島山同様、山頂に経塚が営まれ、その下を城館として利用する[高橋 一九九五]。興味深いことにこれら二

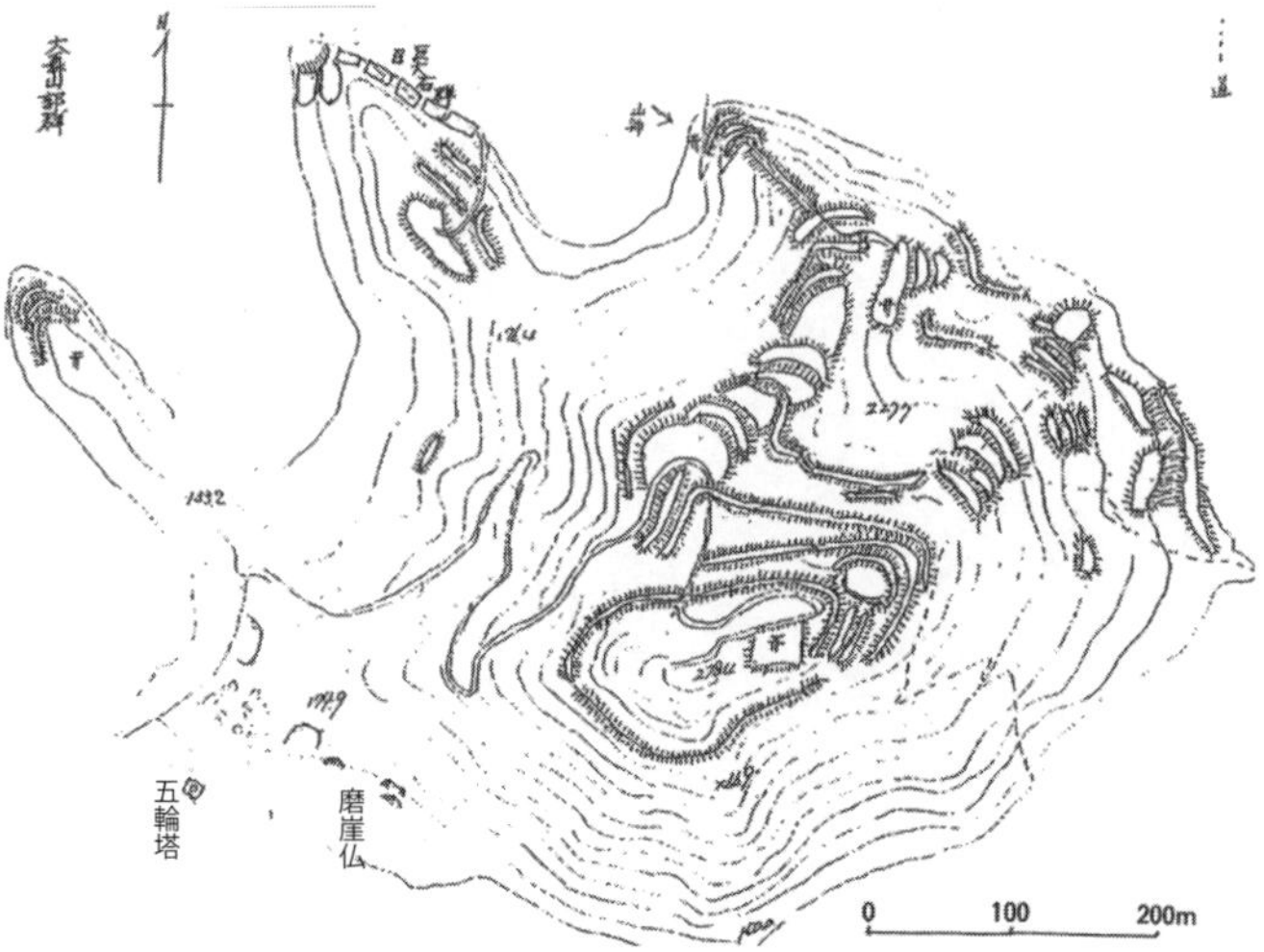

第2図　大森山城縄張図

写真3　河島山経塚 経筒

つの城館は山形県を貫流する最上川の沿岸にあり、いずれも川面に岩が露出する舟運難所にあたっている。城館の役割としては、こうした交通の隘路を抑え、軍事的優位を確保することが重要であったのであろうが、もともとは舟運安全を祈るために経塚を造営した霊場と見ることも可能であろう。経塚は造営地を霊場化する重要な役割があった。

　興味深いことに河島山・高瀬山両方に五世紀代の古墳(円墳)も営まれている。この被葬者は河川交通を把握する有力者であった可能性がある。

　次いで天人降臨の霊場とでもいうべき天童古城の様相を検討してみたい。

3　天童古城

(1) 位　置

山形市の北側に隣接する天童市は、中世においては天童氏の支配地域であり、その居城は天童古城（写真4）と呼ばれる独立丘の舞鶴山に構えられている［川崎　一九九五］。近世羽州街道は舞鶴山のすぐ西側を通り、天童の町も街道に沿って展開した。西方から遠望すれば、北方に低くのびる丘陵部は、鶴が首を長く延べるように見え、南方の小高い部分は羽ばたき舞っている羽根の様子とも見える。天童市の平野部からは、この山はどこに居ても見え地域の紐帯でもある。現在の市名である天童もこの山の周辺にその淵源を探ることができる。

写真４　天童古城（舞鶴山）遠景（東より）

天童古城形成までの歴史的経過を簡単に振り返れば次のようになる。平安期にこの地域には「成生荘」という荘園が立荘されていた。成生荘が姿を現すのは、安元二年（一一七六）二月日の「八条院領目録」（『山形県史古代中世資料編』15上）であり、鳥羽上皇の第三皇女八条院障子内親王の荘園として登場する。ついで金沢文庫所蔵の建仁元年（一二〇一）の「倶舎七十五法名目」奥書（『山形県史古代中世資料編』15上）に成生御荘の小畑村で筆写されたことが記される。小畑という地名はＪＲ天童駅の周辺に残る。鎌倉時代に入り当荘の地頭職に誰が補任されたかについては詳らかではないが、二階堂氏・中条氏のいずれかの可能性が高いと考えられている。両氏とも出羽守に任ぜられることが多く当荘との関係も深い。現清池地区内の石佛寺に納められていた善光寺式の阿弥陀三尊像に残る銘文には文永三年（一二六六）「府中市外郷」（『山形県史古代中世資料編』15下）と見え、国衙領が荘園の周辺に遺存していたことを示している。

南北朝期に入ると、現河北町谷地を中心とした北寒河江荘に勢力を有した中条氏と、新たに勢力を持つようになった里見氏が成生荘に勢力を持つようになるという。嘉元四年（一三〇六）の「後宇多上皇後領目録」（『天童市史別巻上地理・考古編』）に載ることから、南朝方の荘園として伝領されていたものと考えられている。南朝方で活躍した北畠天童丸の存在が伝えられ、延文元年（一三五六）に北朝方の斯波兼頼（最上氏の祖）の府中山形への入部とともに勢力を失い、青森県西津軽郡鯵ヶ沢町へと逃れて行ったという。

写真５　天童愛宕神社社殿

その後、当荘内に勢力を有するようになるのは天童氏である。天童氏の祖は、斯波兼頼の孫頼直が里見義景の養子となり成生にいたものが、舞鶴山に天童古城を構え勢力を伸長させたものというが詳細は明らかではない。いずれにしても在地の勢力が、新たに入ってきた斯波氏（最上氏）によって再編されていく姿を見ることができよう。天童氏は、最上氏の一族となり村山地方北半の国人領主層の盟主的存在に成長していくが、天正十二年（一五八四）を最後とする、最上義光との合戦に敗北し、宮城県方面に落ちのび、現在の多賀城市に居住した。その後、天童氏は伊達氏の有力家臣（準一家）の家格を保ち、同文書群は「天童家文書」として多賀城市で保管（多賀城市指定文化財：平成二十二年七月一日指定）されている。

天童古城の落城後、最上義光はこの地に城郭を構えることはせず、山形城下寶幢寺を別当として愛宕神社（写真5）を山頂に建立し、社領一三七〇石を寄進するなど手厚い保護を加えた。このため愛宕山の名称が成立したのであろう。現社殿は延宝六年（一六六七）に建てられたものである。境内には慶長十四年（一六〇九）の石灯籠の竿石などがある。愛宕大権現の本地仏は軍神として尊信される勝軍地蔵で、地蔵菩薩の変化身であり、最上氏が天童氏を打ち破った象徴として鎮座させたものであろう。

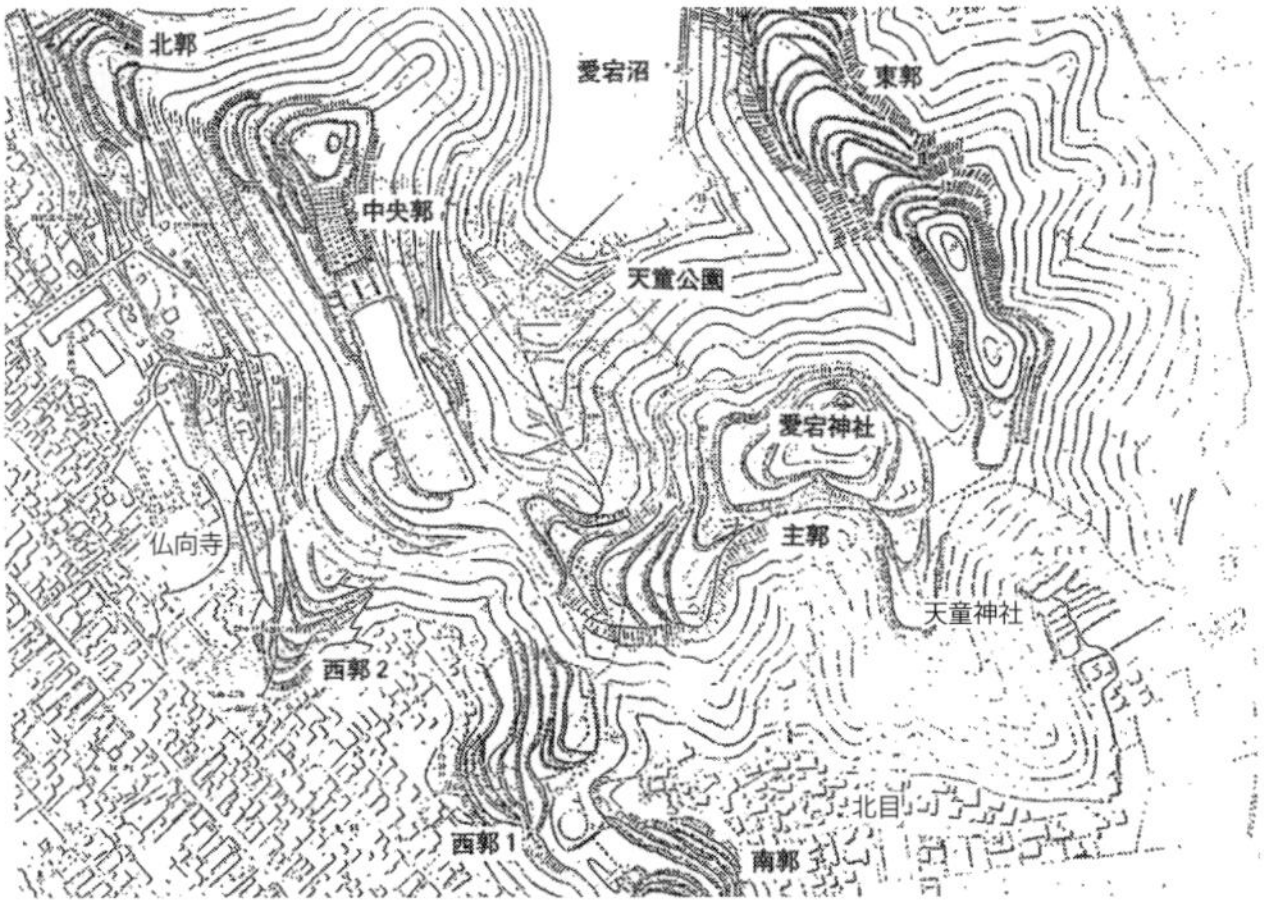

第3図　天童古城縄張り図（上が北）

(2) 城館としての天童古城

天童古城は独立丘である舞鶴山全体が中世城館（第3図）として利用されている。八方に尾根が広がる自然地形を利用して曲輪を造り出し、山頂には物見台と思われる高台もある。大手は北目方面に考えられるようになってきている。舞鶴山に築城された中世城館を天童城と呼ぶことが多いが、舞鶴山の西方の平野部に江戸時代末期に造営された天童藩織田氏の陣屋と混同しやすいので、天童古城（川崎利夫氏ご教示）という名称を使用している。

天童古城は、東西一〇〇〇㍍・南北一二〇〇㍍の独立丘全体に防護施設の構築が見られ、規模は山城として山形県随一である。標高二三一・八㍍（町場から比高差約一〇〇㍍）の山頂には主郭が構えられ、最上義光が建立した愛宕神社がある。この下には幾重にも重なる帯曲輪が巡らされる。主郭を中心として尾根に沿って北郭、中央郭、西郭、南郭が並び、北東に伸びる尾根にそって東郭がある［川崎 一九九五］。

山形県随一の規模である天童古城であるが、現在見ることのできる姿は、天童氏が最上氏との全面対決を想定して拡張した最終時期のものであろう。これ以前、天童氏の居城の時代とされる十五世紀〜十六世紀には、愛宕神社周辺を中心地域とするのであろう。市の中心部に位置するということから、公園整備や畑地の開墾、給水塔の建設などによってかなり後世の造成が加わり、当初の城館の様相は大きく変化してきていることを念頭に置かなくてはならない。

(3) 霊場としての天童古城

①天人降臨の霊場天童古城

天童古城の霊場としての性格をうかがい知ることのできる資料に、天童すなわち天人が山頂に降臨したという伝承がある。

まず天童という呼称の成立を見てみよう。前述のごとく天童古城の所在地は中世には成生荘と呼ばれていた。天童という呼称がこの地に関わって登場するのは、明応五年(一四九六)の紀年を持つ『松蔵寺幹縁疏』である(『山形県史古代中世資料編』15下)。「出羽國最上村山郡寒河江庄 松蔵桑折山松蔵寺幹縁疏(前略)法阿聖人時宗一向波之窮源脉、天童寶樹山 佛向精舎十六代之為勝躅矣、(中略)茲時明應五丙辰龍集 重五吉晨焉」と見えるのが最も早い。寶樹山仏向寺は時宗一向派の名刹であり、中世においては天童氏と結ぶ有力な寺院であった。この寺院の名称に天童が冠されていることが、文献上の初出となることは興味深い。

ついで文亀二年(一五〇二)の天童市若松寺納札には「羽州天童之住人平石黒松若丸 西国三十三所之順礼只一人 文亀二年壬戌九月廿九日」(『山形県史古代中世資料編』15下)とあることからすれば、この時期出羽国あるいは村山郡という地域段階で、自己の存在を明らかにしなくてはならない場合には、天童住人と表現したことがわかる。

さて、それでは天童とは一体何であろうか。実は山頂にある愛宕神社とは別に、南側の丘陵突端部に天童神社がある。この神社にまつわる草創縁起に天童が登場するのである。伝承によれば「(要約)舞鶴山の山頂で行基が念仏を唱えていると、護衛童子と摩竭童子という二人の童子が、自在天の使者として降りてきて、堂を建て念仏することを勧めた。そこでこの山を天童山その周辺を天童と呼ぶことにしたといい、その後行基の弟子が、少名彦那と大己貴命を祀った天童神社を建立した」というのである[天童市 一九八三]。この内容はすでに元禄時代には広く知れわたっていたらしい。元禄五年(一六九二)蕉門十哲の一人である各務支考が、師の松尾芭蕉の奥の細道の足跡を訪ねてこの地を訪れた。支考は別号を野盤子と称するが、天童の地で半歌仙を巻き『愛宕山眺望』という一巻を残している。これには元禄時代の愛宕山周辺の風景が詠み込まれ、この時期の名所や風物を知ることができるとともに、元禄時代の天童の俳人たちの名前が確認できる貴重な資料ともなっている。この中に、「(前略)此山はむかし天童子あまくだり侍とて、麓の里を天童といいつるなりき、その後源将軍の裔伊予守頼直卿此巓に城をきつきしかと、一栄一落の時をかこんて暮の雨しバくむせび夜の鶴むなしくうらむ、今より百年あまり六とせのさきならむ、国司義光朝臣此神を遷し給へしより、山を愛宕と八言ならハせるならし(後略)」と記される。天童とは愛宕山に降臨した天童であるというのである。

おそらく天童神社は天童氏の居城時代には、城郭の主要部分である現在の愛宕神社の周辺にあったのではなかろうか。天童氏から最上氏への支配勢力交代に伴って、現在の東南側の丘陵に動いた可能性が考えられる。その当時の山名は天童山であったのかもしれない。

②霊場としての地域性

では天童とは何者であろうか。『広辞苑(CD版)』には「てんどう【天童】 仏法を守護する鬼神または天人などが少年の姿をとって人界に現れたもの。祭礼などの時、天人に扮する童男・童女。稚児」とある。また仏法を護持している者に助力を与える守護者としても知られ、護法天童あるいは護法童子とも言われる十二天や八大童子をさすという。さらに僧が法力を示現する時に使われる童形の鬼神は護法天童であるという。

いずれにしても、舞鶴山に舞い降りて来た童子は、仏教と深くつながる護法童子あるいは護法天童と言われるものであったと考えていいだろう。興味深いのは、これら護法天童という者たちの果たした役割である。『宇治拾遺物語』巻一五の六「極楽寺ノ僧仁王経ノ験ヲ施ス事」では、僧が法力を示現するため護法を用いて病人を治療する場面が出てくる。ここでは僧の祈りを請けて天童が病人の夢の中に入り込み、悪鬼を駆逐するという形をとっている。また柳田國男によれば、法師巫が依座にした童子を護法童子と言ったこともあったらしい。こうした事実に関連してか柳田は「(前略)山形県の天童という町は、自分がしきりにその由来を知りたいと思っている処である。(後略)」ともいう。天童という神は託宣専門業者の祀るところと考えられ、中世の寺院では、院内あるいは寺中の境内に住んで妻子を養っているものの中には、低級の巫祝が多いことをも併せ記している[柳田 一九六三]。つまり、天童が天から降りて来るという伝承は、依座に供した童子に護法天童が憑き託宣するという現実的な姿を、象徴的に言い表したものと見ることはできないだろうか。

このように考えてくると、舞鶴山の周辺に天童を祀る宗教的行為に関係していた人々がいたことこそが天童神社と天童の伝承を成立させ、天童という地名の出現に関与するのではないかという推測がなりたちはしまいか。舞鶴山に居館を構えた天童氏は、こうした宗教者たちに近しい関係を持つ勢力であったのかもしれない。

さらに天童という地域が宗教的に意義深いことを示す例として、天道念仏についての縁起も上げることができる。五来重によれば、千葉県船橋市に残る天道念仏は山形の天道村で開かれたというのである。「(前略)船橋宮の内の東光寺、および漁師町の不動院、夏美の薬王寺等の境内に於いて執行せり。毎歳二月十六日に始まり、同十八日に終る。堂前の土を以って壇を築き、竹を以って柱を設け、これを梵天と称し、その四方に四の門を開き、内に大日如来の像を安じて本尊とし、百味の飲食を供養せり、その詰衆の道俗は、各一昼夜の間六度づつ垢離して浄衣を着し、白布を以って造る所の宝冠を頂き(中略)又その間には弥陀の尊号を唱え、鉦太鼓を打ち鳴らして、梵天の四方を右繞する事数回、昼夜に間断なし、相伝ふ、往古弘法大師出羽国湯殿山を始めて踏み分け給ひし頃、同国山形の東南、天道村という地に於いて、これを開闢し給ふを興基として、こは五穀成就の為の行事なりと云ひならはせり（後略）」［五来 一九八八］。

天道念仏が山形の天童村で開かれたという伝承は、舞鶴山麓の地域である天童（天道）が宗教的に意義深い地域であることを意味する。また、弥陀の尊号を唱えて鉦太鼓を打ち鳴らして回るというしぐさは時衆の踊念仏を想起させ、舞鶴山の麓にある古刹仏向寺の踊念仏（山形県指定無形文化財）と相通ずるものがある。

まとめれば、舞鶴山周辺には中世に天童を使う者たちが居住し、その由緒に因む天童神社が天童古城には構えられていたのであろう。これは舞鶴山の霊場としての基盤が天童伝説を生み出したものと考えたい。

④天人降臨の霊場と中世城館の類例

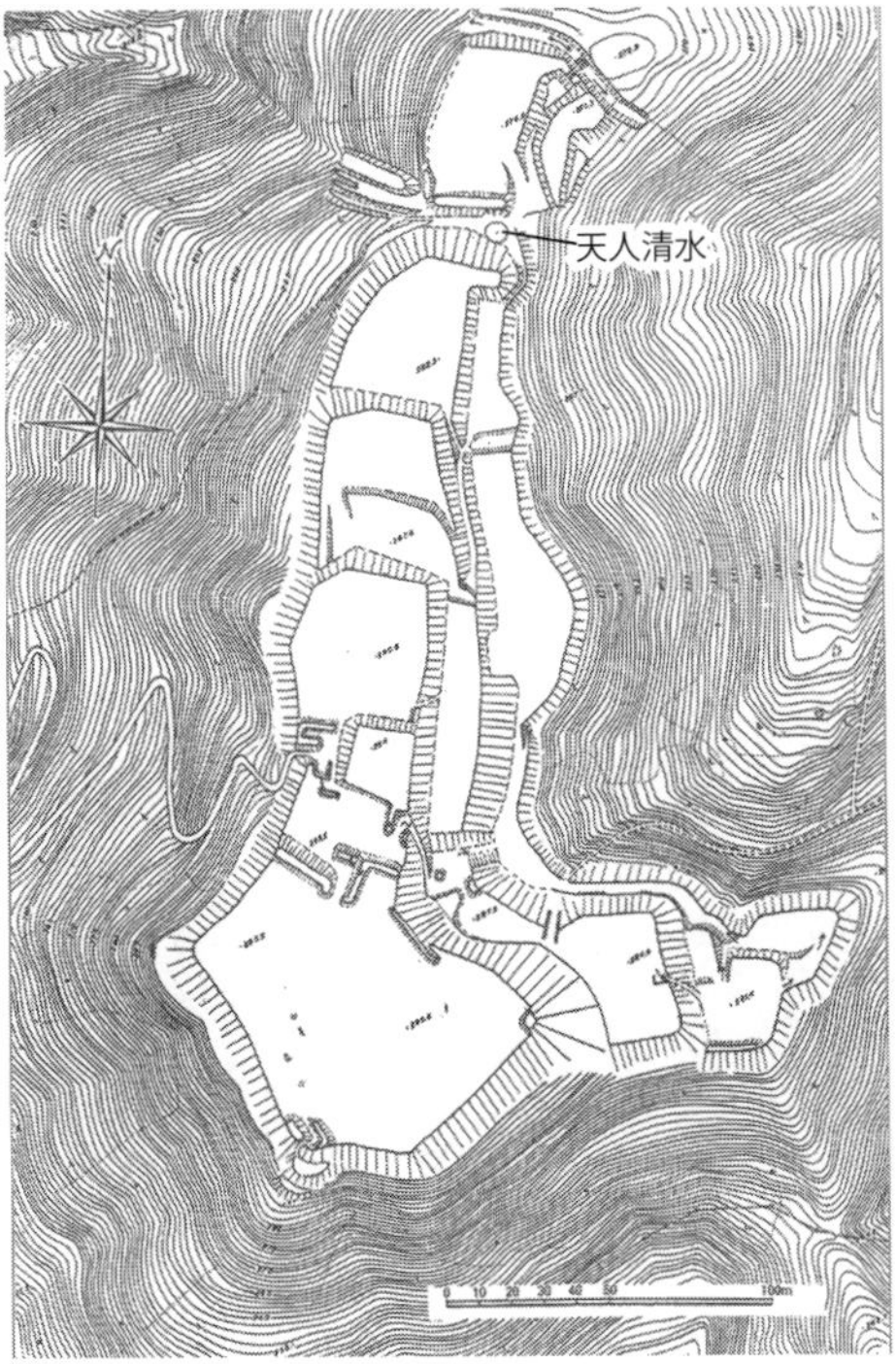

第４図　野辺沢城縄張り図

天童古城と同様な霊場と城館の複合の様相は、尾花沢市野辺沢城（霧山城）でも知ることができる。野辺沢城は古城山にあり国指定史跡になっている山形県を代表する城館の一つである。本丸は標高二九七・一㍍の山頂にあり、ここに主要部を配置し西側の谷に城下集落を巡らし、山頂部の城郭は頂部から北へ向かって二六〇㍍にわたって六つの曲輪を連ねている（第４図）［大類 一九九五］。この曲輪群には天人降臨の霊場伝承と関わる天人清水という池塘が含まれている。

延沢城は天文十八年（一五四九）延沢満重が築

城したといい、その後満延・光昌と三代約五〇年間にわたり延沢氏が拠点とした。満延は天正十二年(一五八四)を最後とする、村山地方の覇権をかけた天童頼久と最上義光との戦いに際し、天童方から最上方へと味方し最上氏の勝利に大きく貢献したという。延沢氏は光昌の妻に最上義光の娘松尾姫を迎えるなど最上氏との結び付きを深くし、最上義光支配の安定とともに繁栄をきわめた。最上義光分限帳には光昌は二万石で延沢城主と見える。しかし、元和八年(一六二二)最上家は改易され、延沢光昌は熊本加藤家の預かりの身となり同地で死没した。

延沢氏没落後の延沢城の様相であるが、保科家『家世実記』寛永十三年(一六三六)九月二日条には「(前略)延沢御城之儀可成共道具無之、本丸屋形殊之外損シ、雨不洩座敷一カ所も無之、戸障子等も直成所は不相見、書院と見へ候処ニは畳有之、其外は古薄縁を敷、二ノ丸に有之候家四軒敷物も無之、中ニ軽々之者迚も住居不相成躰之由、尤乗馬衆、城中ニ居候所無之ニ付、先ズ町在郷ニ差置候由(後略)」と見え荒れるにまかされていた。さらに寛文七年(一六六七)五月の『延沢城記』によれば「(前略)然ニ寛文七年未五月従公儀御巡見佐々又兵衛・中根宇衛門・松平新九郎被致下向、見分之上、同年十月十一日延沢・東根両城破却被仰付候」とあり破却が行われた。

天人降臨と天人清水に関わってであるが、『延沢軍記』の「繋沢・若松・上野畑観世音來由の事」中に慈覚大師が山寺を開いた折に一本の霊木を見出し、弥陀三尊を彫り霧山(古城山の古名)に安置した。そのとき霧山に霊水が噴出し、天人水と名付けまた霧山を弥陀ケ森と改名したとある。「延沢能登守御出生之事」では延沢能登守満延が大力・知謀など人智に優れていた理由は、天人清水に飛来した天人と満重との間に生を受けたためであることが強調されている。さらに「霧山城普請之事」においては、天女の書き置きに従い本町より山頂弥陀ガ森に居館をうつし、移動の契機として天人清水に城郭建築の用材が浮かんだので、弥陀ガ森にあった弥陀三尊はふもとに金浄寺を建て安置し、城郭を構えたことが記される。

おそらく古城山の霊場信仰の基盤は、山中に湧出する「天人清水」に由来するのではないだろうか。山中の池溏が信仰の対象となることは、山形県鶴岡市羽黒山鏡池をはじめ多く知られている。天人清水への信仰も山中の池溏に対する信仰であり、それが古城山の信仰の源となっているものと考えてみたい。

もう一点興味深いのは、延沢満延の出生に見る伝承化である。人間と天人の間に生をうけたという伝承、また城郭の建築に必要な用材を天人の助力により得たという伝承こそ、自己の存在を正当化し、地域占有の正当性を広く認識させるひとつの方法ではなかったか。地域権力が霊場を占有する意味付けとなろう。霊地を支配の拠点として占有するということは、その霊地のもつ霊性を自らの支配力に転嫁させることになり、支配の永続と安寧を保証することになると考えられる。天童古城の場合も同様であるのだろう。

4 霊場と城館の関わりの変遷と意義

ここでは霊場と城館の関わりを時間軸を据えて検討するとともに、霊場に城館を構えることの意義について考えてみたい。中世奥羽の霊場は十二世紀中葉から末にかけての時期に姿が明確になってくる。しかしながらこれに先立つ時期にも重要な要素が展開していたことが近年明らかになりつつあり、中世霊場の成立に先立つ十一世紀前後の霊場の様相と政治拠点との関わりについて考えてみたい。

(1) 霊場と城館の関わりの成立

十一世紀前後には古代から中世へと移り変わる大きな社会変動が起こった。奥羽では律令政府によって営まれていた官衙がその機能を停止し、新たな段階を迎える。秋田県横手盆地に位置する払田柵跡は史料には明らかではないものの、発掘調査により秋田県を代表する城柵であることが知られている。遺跡は東側の長森と西側の真山の丘陵とそれを取り巻く長大な木柵列からなる。長森は官衙の主要部分である政庁が置かれている。九世紀の中ごろまでは長森・真山ともに木柵の内側となるが、九世紀から十世紀には長森のみが柵に囲まれ真山は柵外となる。この時期真山には墓地(火葬墓)が営まれていることからすれば、霊場となっていた可能性が高い。政治拠点である長森と一段高い真山の関係を、政治拠点の傍らに霊場が営まれていたと見ることもできる(高橋学氏ご教示)。つまり政治拠点が少し離れた一段高い霊場から守護されている状態である。こうした霊場と政治拠点との関係は次の十世紀後半代にも受け継がれる。

払田柵が廃絶する十世紀後半からこの地に勢力を伸ばし始めるのは、前九年合戦を戦う清原氏である。清原武則は康平五年(一〇六二)源頼義から前九年合戦への助力を要請され、安倍氏を滅ぼし勝利に導いた。後に翌年鎮守府将軍に任じられ奥六郡をも配下に治めたのであった。清原氏一族の居館とされる遺跡が十一世紀代に営まれた横手市大鳥井柵跡(大鳥井山遺跡)である。払田柵の最終段階の遺物相と大鳥居柵の最初段階の遺物相は重なり合うことが知られ、払田柵からの継続性があることを示している。遺跡は払田柵と同様、大鳥井山と子吉山(こきちやま)という二つの丘陵からなり、政治拠点である大鳥井山と霊場である子吉山の組み合わせとなる。払田柵の長森・真山の在り方と共通する［高橋 二〇〇六］。さらに後三年合戦の後、奥羽全域を支配することになる、平泉藤原氏の拠点十二世紀代の遺跡である柳之御所にも隣接して小高い高館がある。つまり政治拠点＋霊場という払田柵以来の構成が、清原氏の流れを汲む平泉藤原氏の意識の中には存在していた可能性がある。

写真6　城輪柵跡復元建物

写真７　庄内平野と鳥海山（城輪柵跡は画像左側上方）

もっとも清原氏の故地である出羽国では、霊山と政治拠点が関係し合う事例はさらに古く、九世紀段階の古代出羽国府跡と考えられる城輪柵跡(写真6)にすでに存在する。城輪柵遺跡は、山形県の日本海側酒田市の北東に位置する古代の出羽国府跡である。『日本三代実録』仁和三年(八八七)五月二十日条に「国府在出羽郡井口地」と見え、この井口国府が城輪柵遺跡と考えられ、昭和七年「城輪柵跡」として国指定史跡に指定されている。遺跡は一辺六丁、約七二〇㍍の杉角材を立て並べた方形の外郭によって取り囲まれ、四隅には櫓がある。中央に約一一五㍍の方形をなす築地塀によって囲まれた政庁域があり、正殿・東西両脇殿・後殿・後殿付属東西建物などが整然と営まれ、四方の出入り口には八脚門が立つ。『延喜式神名帳』に載る大物忌神の鎮座する鳥海山が背景となっている(写真7)。これは霊山が政治拠点を守護するという関係を示している。大物忌神は『日本三代実録』元慶四年(八八〇)二月二十七日条には神階を従二位にまで上らせる辺境の守護神であった。ケガレを強く忌み嫌う神であり、平安時代後期には本地仏は薬師如来とされ信仰された［誉田 一九八三］。中世には国家神から一国の神へと姿を変え大物忌神を祭神とする大物忌神社は出羽国一宮となる。江戸期には農業神として崇敬を集め、明治五年（一八七二）には国幣中社となる。

くり返すが、古代出羽国府であった城輪柵跡からは覆いかぶさるように霊山である鳥海山が見え、同じく古代出羽国府であった秋田城政庁からも南面すれば鳥海山が正面に見えるのである。こうした城輪柵跡＋鳥海山・秋田城＋鳥海山という、霊山と政治拠点の関係が払田柵→大鳥井柵跡→柳之御所と引き継がれた可能性があろう。なお、信仰の山々と王権あるいは政治拠点が密接にかかわることは、日本の都城、さらには中国から東南アジア、ついでインドに及ぶ地域で知られている。友田正彦によれば、扶南の外港オケオでは西北一キロにある独立丘パテー山、チャンパの聖地ミーソンからは聖山マハーパルヴァタが望まれ、アンコールワットではクーレン山が存在するという［友田 二〇一二］。さらに、こうした聖地と都市との結びつきに関連して思い起こされるのが樺山紘一の指摘である。ギリシャのポリスについて説明する中で、ポリスはアクロポリス（高い所）を持っているのが大切な要件であり、これ抜きには都市というものはあり得ないという。アクロポリスは周辺の農村から人々が来る時の目当てであり、同時に一種の統治のための観念の集中の場所であるという。さらにアクロポリスは聖なる地であるという［樺山他 一九八二］。小稿で述べた奥羽の事例が、諸外国まで含めての類例に連なるのかどうかは、聖地と政治拠点の関係あるいは都市軸の存在などとともに、さらに具体的な検討が必要であることはいうまでもないが、重要な視点と考える。

(2) 霊場と城館の関わりの様相

さらに出羽国内で類例を付け加えれば、十二世紀代の城館である、山形県鶴岡市田川地区にある田川館と、館を見下ろす位置にある七日台墳墓群の関係もこれらに連なる事例となろう。この地は『吾妻鏡』文治五年八月十三日条に記される、藤原泰衡の郎従田川太郎行文の由縁の地である。文治五年（一一八九）源頼朝は軍勢を起こし平泉藤原氏の滅亡を図った。八月十日に奥羽合戦の明暗を分ける陸奥側の阿津賀志山で戦いがあり、八月十三日に日本海側の趨勢を決する戦いが田川の地で行われたのであった。田川・秋田の軍は敗れ、両将は梟首され平泉藤原氏は滅亡へと向かった。

田川館は田川太郎行文の館であり、七日台墳墓群は田川氏の墳墓群であろうと考定されている［川崎 一九六二］。七日台墳墓群からは十二世紀代の須恵器系陶器が出土している［吉岡 一九九四］。田川館からも十二世紀代の手づくねかわらけが出土しており、発掘調査は一部ながらも、平泉藤原氏の郎従田川太郎行文の居館である可能性が高い［真壁他 二〇〇二］。小林貴宏はこの地をミニ平泉と呼ぶ［小林 二〇〇六］。

興味深いのは館と墳墓群の位置関係である。田川館を見下ろす位置に七日台墳墓群は営まれ、田川館と七日台墳墓群の位置関係もまた、払田柵以来の霊山と政治拠点の関係の延長上に位置するものと考えられよう。

田川館と七日台墳墓群の位置関係について付け加えれば、先祖の視線が重要な意味を持つのかもしれない。入間田宣夫は源頼朝の墳墓堂である法華堂と平泉藤原氏の遺体を納めた金色堂はいずれも高所に位置し、祀られた者たちが発する視線により都市軸までもが規定されていったという［入間田 一九九四］。佐藤弘夫は中尊寺金色堂のミイラと立石寺入定窟に納められた慈覚大師と伝えられる肖像彫刻、水沢市黒石寺の慈覚大師入定窟、さらには鎌倉に営まれた源頼朝の墳墓堂である法華堂などに注目し、これらから発せられる視線が周囲の者たちには重要な意味があったという［佐藤 二〇〇二］。さらに視線の問題については、中世前期にすでに存在する「屋敷墓」からも注目することができる。勝田至は屋敷墓に葬られた死者の魂の霊力が屋敷や田地を子々孫々に至るまで守護するという観念があり、中世前期にすでにみられる〝草葉の蔭から〟死者の霊が見ているという表現は墓や死体に死者の人格が残るという観念の現れであり、屋敷中に墓所を設けるということは、屋敷地の所有権を補強し、イエの継続性を維持することになるという［勝田 一九八八］。田川館と七日台墳墓群の位置関係の検討からすれば、霊場から注がれる先祖の視線が重要な意味を持つのかもしれない。

まとめにかえて

以上、山形県内の城館を例にとりながら具体的に検討を進めてきた。最後に次の点を指摘しておきたい。

霊場と城館の関係は、霊場と政治拠点という関係として幅広く考えてみれば、古代から存在する。九世紀段階では辺境を守護する霊山(鳥海山)と官衙(秋田城・城輪柵跡)という関係であり、その距離は随分と離れていた。十世紀〜十二世紀段階になると併存するようになり、その距離は数百メートルとなる。この意識には田川館と七日台墳墓群の関係のように、祖先の視線というものが重要であったのかもしれない。さらに十三〜十四世紀代になると霊場そのものに城館が複合するようになる。これは霊地のもつ霊性を吸収し、自らの支配力に転嫁させることにより、支配の永続と安寧を保証することになると考えられたのかもしれない。さらに十五世紀段階になると全国的に山城が盛んに造営される時期となり、霊場の霊性を取り込むため天人降臨や天人との間に生を受けたなどの付会を生じさせ、霊地のもつ霊性を吸収し、自らの支配力に転嫁させることが、より積極的に行われるようになったのではなかろうか。

霊場とはさまざまな形態があり、現実を受け入れ救済される手段がそこには存在し、中世の人々にはなくてはならないものであった。そして霊場を取り込み利用することも重要であったのであろう。いささか特殊な事例のみを取り上げつなぎ合わせてきたのかもしれないが、中世城館の一側面を表していることは間違いないと考える。

参考文献
網野善彦・石井進・福田豊彦　一九九〇年『沈黙の中世』平凡社
市村高男　一九八七年「中世城郭論と都市についての覚書」『歴史手帳』第15巻4号

伊藤清郎　一九九八年「祈りと城郭」『中世の城と祈り』吉川弘文館
伊藤清郎　一九九八年「最上成沢城をめぐって―霊場と城郭―」『中世の城と祈り』吉川弘文館
入間田宣夫　一九九四年「中尊寺金色堂の視線」『中世の地域社会と交流』吉川弘文館
大類　誠　一九九五年「野辺沢城（霧山城）」『山形県中世城館遺跡調査報告書』第2集
奥山敬三　一九九五年「大森城（大森山城）」『山形県中世城館遺跡調査報告書』第2集
勝田　至　一九八八年「中世の屋敷墓」『史林』第71巻3号
樺山紘一・阿部謹也・網野善彦・石井進　一九八一年『中世の風景』（上）中公新書
川崎利夫　一九六二年「山形県鶴岡市田川七日台の墳墓群について」『歴史考古』8
川崎利夫　一九九五年「天童古城（舞鶴山城）」『山形県中世城館遺跡調査報告書』第2集
小林貴宏　二〇〇六年「板碑と経塚、霊場の風景」『中世の霊地・霊場』高志書院
小松良博　一九九七年「延命寺」『山形県中世城館遺跡調査報告書』第3集
小松良博　一九九七年「朝日山城」『山形県中世城館遺跡調査報告書』第3集
五来　重　一九八八年『善光寺まいり』平凡社
佐藤幸作　一九九五年「河島山」『山形県中世城館遺跡調査報告書』第2集
佐藤弘夫　二〇〇二年「中世奥羽の霊場と他界観」『鎌倉・室町時代の奥州』高志書院
高橋伸示　一九九五年「高瀬山館」『山形県中世城館遺跡調査報告書』第2集
高橋　学　二〇〇六年「出羽国北部における古代城柵の行方」『中世の聖地・霊場』高志書院
天童市　一九八三年『天童のむかしばなし』第1集
友田正彦　二〇一二年「東南アジア古代都市の特質をめぐって」『アジア都市史における平泉』平成26年度「平泉の文化遺産」拡張登録
に係る研究集会資料集
中澤克昭　一九九三年「中世城郭史試論―その心性を探る―」『史學雑誌』第一〇二編第11号
誉田慶信　一九八三年「大物忌神研究序説」『山形県地域史研究』第8号
真壁健他　二〇〇二年「大蔵台B窯跡」『市内遺跡分布調査報告書（5）』
山崎正・青木敏雄　一九九五年「竹森館」『山形県中世城館遺跡調査報告書』第1集
柳田國男　一九六三年「毛坊主考」『定本柳田國男集』9　筑摩書房
吉岡康暢　一九九四年『中世須恵器の研究』吉川弘文館

首が護る城

はじめに

城郭などの中世遺跡の調査に際して、区画溝や堀などから、人体の頭部、いわゆる「首」が出土する場合がある。小稿は出土事例の背景を垣間みようとするものである。結論じみたことを最初に述べれば、発掘調査に際して区画溝や堀から出土する首は、塵芥として捨て去られた、というものもあろうが、境界の信仰あるいはそれに伴う呪術行為の結果として、区画溝や堀から出土すると考える。このような前提に立ち、首に関わる信仰と首の持つ呪術性について考察したい。

なお、発掘調査で首が出土する場合について、主として取り上げるが民俗事例についても一部論及する。なお「首」に関連しては、黒田日出夫［黒田　一九八八］・入間田宣夫［入間田　一九九四］などの論考があり、小稿もこれらの先学に導かれていることは言うまでもない。また、首とは身体的な位置は頭と胴との間の頸部のことであり、象形文字では髪の生えた頭部全体を描いた文字である。敵の首を取るという場合、首は頭部全体を指し、首実検とは首と言いながら頭部全体を確かめる行為であった。このようなことをふまえ、首とは切り離された頭部を指す言葉として使用する。

1　城館から出土する首

まず城館の調査に際して区画溝や堀などから出土した首の事例について検討する。管見によれば青森県八戸市根城遺跡・青森県平鹿町大光寺新城遺跡・東京都葛飾区葛西城遺跡・宮城県仙台市洞ノ口遺跡の四遺跡がある。それぞれの遺跡の概要を述べ、首の出土状況について整理したい。

(1) 青森県八戸市根城遺跡

根城は青森県八戸市市街地の西側に所在し、太平洋にそそぐ馬渕川右岸の河岸段丘上に立地する〔八戸市教委一九九六〕。中世に当地に勢力を有した南部氏の居城である。南部氏は南北朝のころ甲斐国から当地に勢力を移し、糠部郡一帯を支配したが、根城は天正十九年(一五九二)の奥羽再仕置によって破却され、門・橋・柵などを取り払われたという。南部氏は寛永四年(一六二七)に現在の岩手県遠野市に移ったため、根城もその役割を終えることになった。根城には現在八つの郭が確認され、そのうち本丸・中館・東善寺館・岡前館・沢里館の五つの郭について名前が伝えられるが、名前のはっきりしない郭もある。

首は、無名の館Ⅱ東側の3号堀跡から出土している(第1図)。この堀は東善寺館に続く平場と無名の館Ⅱを区画する堀で薬研堀となっている。幅は四～五・八㍍、深さは二～三・五㍍、この堀底に通路2が確認され、この通路に伴う溝跡である溝跡5から馬骨・礫・炭化物とともに、五体分の人骨が出土している。内訳は、壮年期男性骨一体、壮年期女性骨一体、幼児骨二体となる。四体分は頭蓋骨のみであり、一体のみ円形土坑に埋葬された全身骨格のものがある。年代は報告書では十六世紀以降とされる。人骨について森本岩太郎による報告がある。「(前略)溝跡5から

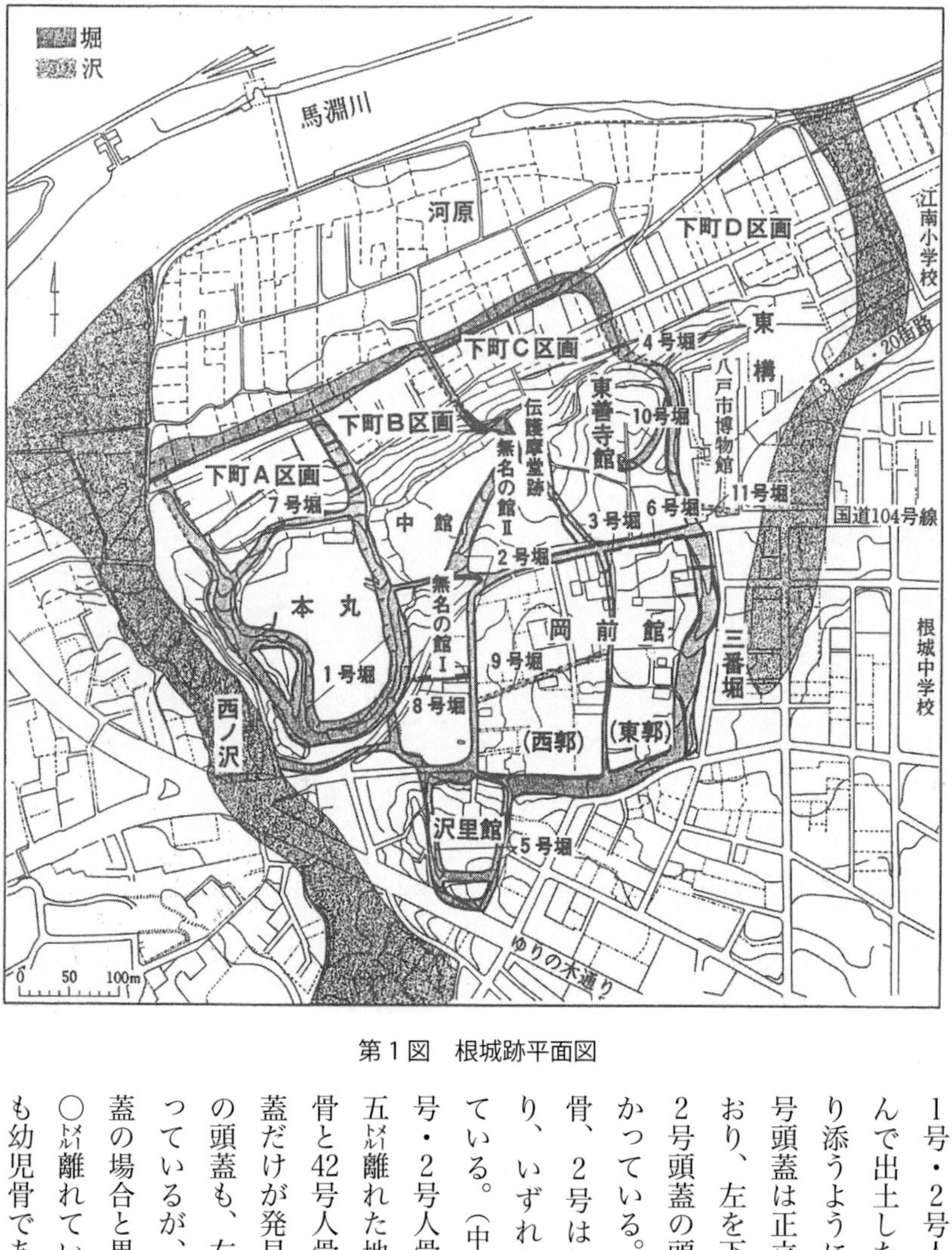

第１図　根城跡平面図

1号・2号人骨の頭蓋だけが並んで出土した。二個の頭蓋は寄り添うように並んでいるが、1号頭蓋は正立して西北を向いており、左を下にして横に倒れた2号頭蓋の頭頂部に、もたれかかっている。1号は壮年期男性骨、2号は壮年期女性骨であり、いずれも下顎骨が失われている。（中略）同じ溝跡5の1号・2号人骨出土地点の東側約五メートル離れた地点からも、37号人骨と42号人骨の、二個体分の頭蓋だけが発見された。37号人骨の頭蓋も、右を下にして横たわっているが、1・2号人骨の頭蓋の場合と異なり、相互に約九〇メートル離れていた。37号・42号とも幼児骨であるが、両頭蓋とも下顎骨が、やはり失われている。（中略）今回発見されたヒトの頭蓋も、頭蓋だけで、それ以外の骨がなく、その上下顎骨も失われているので、溝の中に捨てられた可能性が高い。（中略）四体とも頭蓋だけであるから、溝に捨てられたのは、最初から頭だけであった可能性のほうが高い。あるいは、斬首された者の首であったかも知れない（後略）」［八戸市教委 一九九六］。

この根城の事例からは、次の点を注目しておきたい。

①郭を区画するような大きい堀跡からの出土であること。

②首は二個体が組み合わせられるような、特殊な置き方をされていること。

③斬首の可能性があるということ。

(2) 青森県平鹿町大光寺新城跡遺跡

大光寺新城跡遺跡は、青森県の南部平鹿町に所在し、現市街地の北西の微高地上に立地する［青森県平鹿町教委 一九九二］。中世から近世初頭に営まれた平城である。津軽氏が津軽地方を勢力下におくまで、南部氏の拠点として営まれていた。最初にこの地に勢力を有したのは鎌倉時代に北条氏の地頭代として送り込まれた曽我氏であるという。その後支配者の変遷をへて、天正三年（一五七五）大浦為信によって滅ぼされ、慶長十五年（一六一〇）弘前城築城に伴って取り壊されたという。主郭・二の郭・北郭・袖郭という郭群で構成されている。

首は、ＳＤ08という大光寺城を取り囲む外堀から出土している（第2図）。幅は上端で約三八㍍、下端で約二七㍍、深さは約一・九㍍以上という大規模なものである。この堀の堆積土からは、陶磁器類・金属製品・土製品・石製品・古銭・木製品・動物骨を含む自然遺物など、おびただしい遺物が出土した。とくに堀跡の9～10層は泥炭層となっていたため、木製品や自然遺物の遺存が良好であった。

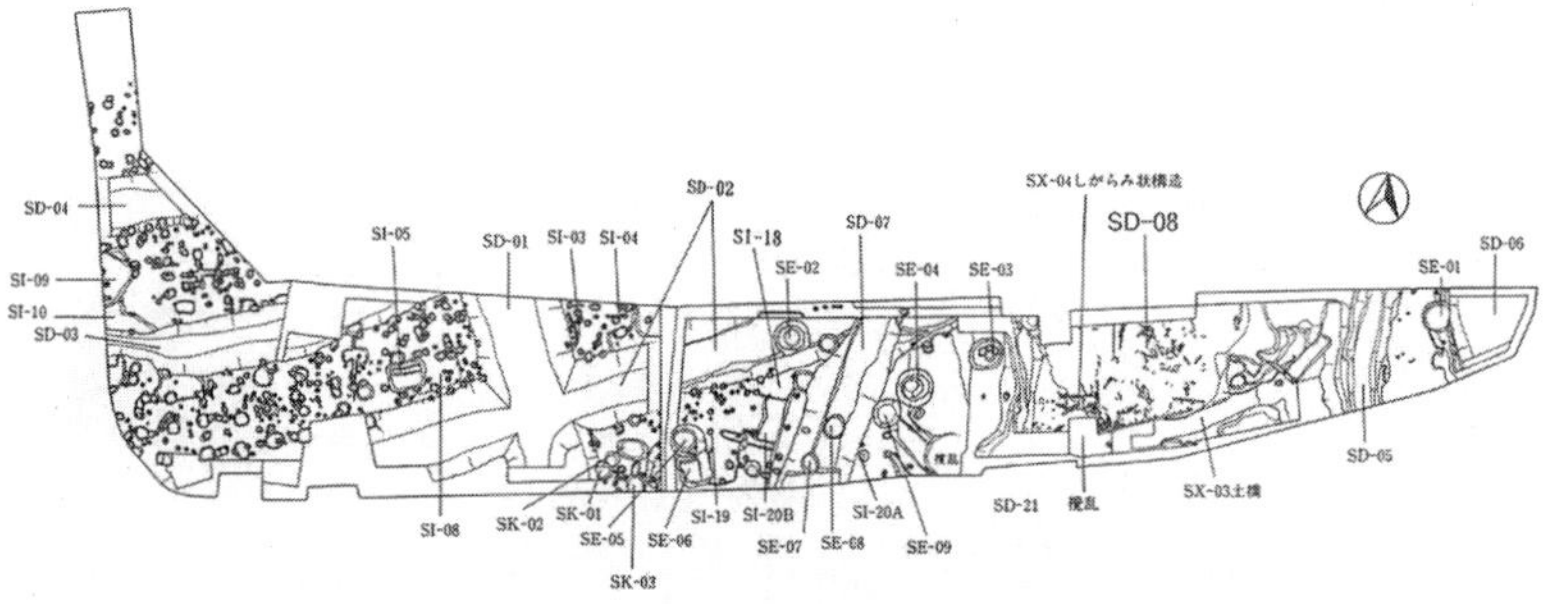

第２図　大光寺城調査区平面図

この堀跡から五個体の人骨が出土し、さらに井戸跡から一個体の人骨が出土した。内訳は壮年期成人四体・青年一体・幼児一体の六体となる。成人と青年の頭蓋片は堀跡から、幼児の頭蓋片は井戸跡から出土している。時期的には十五世紀後半から十六世紀前半と報告されている。

これらの人骨についても、森本岩太郎による報告がある。「(前略)彼らは不慮の死の後、首(頭頸部)だけを堀や井戸の中に投げ込まれて捨てられた可能性が高い。(中略)刀創の認められたのは、Ｂ350頭蓋とＳ４・17頭蓋の二個体で、前者は青年期の男性、後者は壮年期の男性である。Ｂ350号頭蓋は右頭頂骨の前部と後部の二箇所に刀創があり、前部の刀創は前頭方向に、後部の刀創はほぼ矢状方向に走っていた。二箇所とも新鮮な刀創であり、頭蓋内に深く切り込まれているので、致命的であったと思われる。恐らく相手と争って刀で切り下ろされ、傷ついたものであろう。Ｓ４・17号頭蓋には、後頭鱗の左側の下項線に沿うような横走する刀創があった。これは打ち首の仕損じであると推測される。後上方から頸の頂部を切るべき刀が、誤って後頭骨に切り込んでしまった時に生ずることが多い。この例も恐らく打ち首にされる側が、恐怖のあまり、首を刎ねられる瞬間に逃げて身体を動かしたために、思わず打ち手の手元が狂って、相手の頸部でなく後頭部を切ってしまった、仕損じ例であろう。頸部の骨格(頸椎など)が残っていないので確言はできないが、恐らく最初のひと太刀に失敗した後、打ち手は改めてこの青年の首を、二の太刀で打ち落として止めをさし、打ち首を完了させたこ

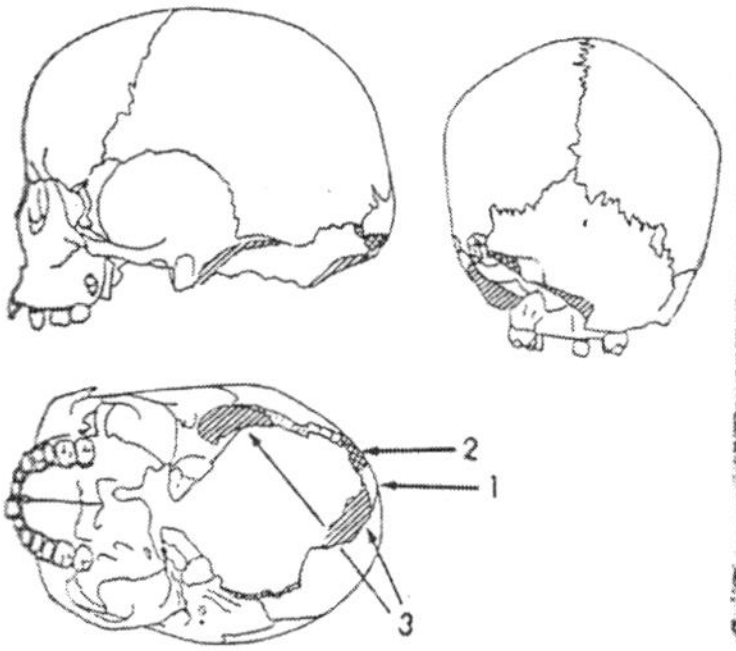

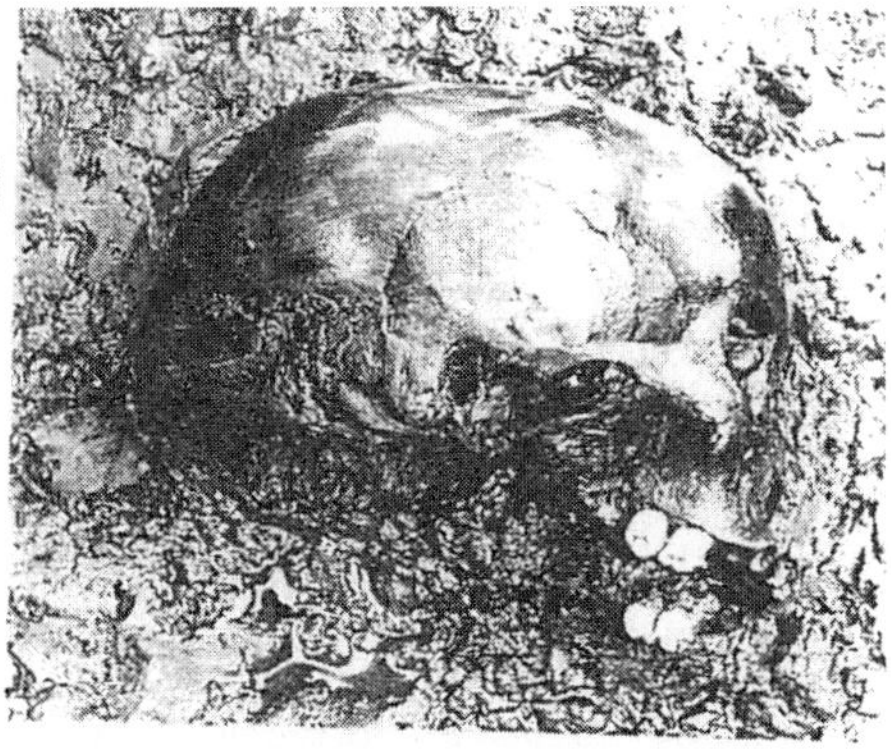

第3図　葛西城出土首

と思われる（後略）」［青森県平鹿町教委 一九九二］。

この大光寺城の事例からは、次の点を注目しておきたい。

①ＳＤ08という大光寺城を取り囲む外堀から出土している。

②首だけの状態で処理されている。

③斬首と闘争の結果の可能性がある。

⑶　東京都葛飾区葛西城趾遺跡

葛西城遺趾跡は、東京都葛飾区のほぼ中央に所在する弥生時代初頭から近世初頭にかけての複合遺跡である［葛飾区教委 一九八六］。葛西城は十五世紀の中頃成立し、後北条氏と上杉氏の戦乱の舞台となり、十七世紀には将軍家の葛西離宮となった。遺跡は市街地化が進行しているが、中世の堀跡・溝跡・井戸跡・柱穴・土坑・掘立柱建物・竪穴住居跡などが検出され、主郭・二の郭・北郭・袖郭という郭群で構成されている。首は、Ⅱ区Ｅ堀跡の最下層から出土した。Ⅱ区Ｅ堀跡はもっとも大規模な堀跡であり、主郭の最終的な形をとどめており、江戸時代前期まで存続した様相がうかがえるという。このⅡ区Ｅ堀跡の最下層から成人前の若い女性の頭骨が出土している。この頭骨には後頭部に刀創が三カ所残り、打ち首の仕損じであると推測されている。後上方から頸の頂部を切るべき刀がうまくいかず、最初のひと太刀に失敗した後、打ち手は改めて二の太刀、三の太刀と繰り出し、ようやく打ち落としたのであろう。この葛西城の事例からは、次の点を注目しておきたい。

①Ⅱ区Ｅ堀跡という葛西城を取り囲む外堀から出土している。

②斬首による首であること。

③首だけの状態で処理されている。

⑷宮城県仙台市洞ノ口遺跡

洞ノ口遺跡は、宮城県仙台市市街地の東側岩切に所在する。中世前半～中世後半にかけての城館である［八重樫 一九九五］。掘立柱建物・井戸跡・土坑が検出されている。田中則和氏のご教示によれば、ここでは堀跡から首が出土しているという。

以上四例からすれば、堀跡から出土する頭部には、もっとも外側の堀である城郭の外周を区画するような大きい堀から出土する事例があり、斬首などの結果によるいわゆる首の状態で出土するものが多いこともわかる。

さらに、後述するが、近世江戸遺跡でも屋敷地に伴って首が出土している。

以上中世前半～中世後半にかけ館の堀跡から出土した首について概観した。

２　城館以外から出土する首

次に首だけが特殊な方法で葬られているという発掘調査事例について集成し類例を確かめたい。さらに東日本を中心とした地域で報告されている、民俗事例として注目されてきた鍋被り葬に触れ、首をとりまく信仰世界を垣間見ることにしよう。

(1) 首だけの埋葬

①鎌倉遺跡群

鎌倉遺跡群でも首が出土している。材木座遺跡では首のみが集積された地点が存在した［鈴木 一九五六］。由比ヶ浜南遺跡でも首のみの集積が存在する［斉木他 二〇〇二］。鎌倉遺跡群の今小路西遺跡では首が二つかみ合わされたような状態（第4図）で出土している［今小路西 一九九〇］。年代は南北朝期であり、浅い窪地に埋められていたということである［鎌倉考古学研究所 一九九四］。遺構配置からすれば屋敷地の東南隅にあたる可能性がある。さらに興味深いのは、上になっている頭骨には斬首の痕跡であるという頸椎の一部が遺存していることである。森本岩太郎によれば「両個体とも、垂直に立てた頸部を横切りにされたというより、むしろ正座のような低い姿勢をとって前方に差し伸べた頸部を、左やや、後方に立った右利きの執刀者により切り下す形で右背後から鋭く切断され、絶命したと推定される。この際、首は一気に切り落とされていない。これは俗に「打ち首はクビの前皮一枚を残すのが定法」と言われるところに近似の所見であり、この技法の確立が中世までさかのぼり得るものであることが分かる」という［森本 一九八七］。二つの首がまとまって出土するという状況は、先に述べた八戸市根城址の事例と共通し興味深い。

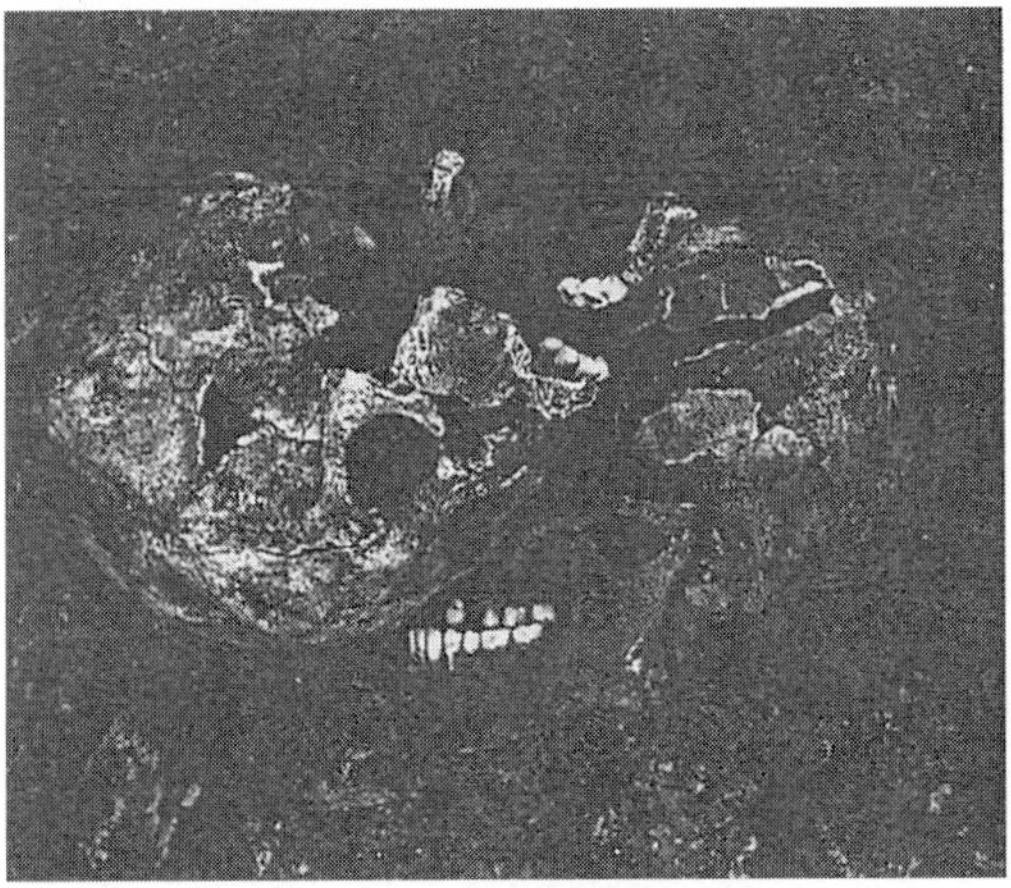

第4図　今小路西遺跡出土首

②博多遺跡群

類例は博多遺跡群にも存在する（大庭康時氏ご教示）。祇園町遺跡D1区からは多量の火葬人骨が出土し、そのほとんどが頭骨であった。

時期的には十四世紀初頭と考えられ、場所は旧「犬射馬場」であるところから、『博多日記』の正慶二年(一三三三)三月十一日記事にある、鎌倉時代最末期に鎮西探題を襲い梟首されたという、菊池一族の首との関連が注目された。発掘された首はこのときの菊地一族のものではないかというのである。梟首されたのちに集められさらに火葬され、一括して埋められた可能性が考えられている[福岡市教委 一九八六]。

③ 吉野口遺跡

岡山県岡山市の吉野口遺跡では、十二世紀の遺構面から首が単体で出土している。首には刀傷や人為的な破損の痕跡が顕著に認められることから、斬首されたとも考えられている。興味深いことに、首の出土した土坑の上にはもと宝篋印塔(十四世紀代)があったらしく、首の出土はそのちょうど真下になるという。宝篋印塔には『平治物語』『平家物語』『源平盛衰記』などの軍記物に登場する、妹尾(瀬尾)太郎兼康の供養塔という伝承が伴っていた。妹尾太郎は木曽義仲の軍勢を迎え撃ったが敗れ、首を備中国鷺ケ森にかけられたというのである。首の出土した遺構面は十二世紀であり、宝篋印塔は十四世紀であるが、もともとの供養塚に宝篋印塔を立てて供養したものとみられるという[岡山市教委 一九九七]。

(2) 鍋被り葬

死体の頭部を鉄鍋あるいはすり鉢などの陶器といった被覆物で覆うという特殊な葬法「鍋被り葬」がある。この事例は、北海道から東日本にかけて報告が濃密であり、西日本には少ない。明治時代には注目を集め、民俗例としての報告もなされている。すでに十四世紀には始まり、民俗事例も含めれば近代にまでその習俗が続く。なお、頭部を被覆するものも鍋のみならず、すり鉢・ほうろくなどの種類があり東日本に多い。鍋被り葬を生み出す背景には、中世以来の首の信仰としての呪術的世界があると考えられる。

①　出土事例

青森県下北郡川内町で出土した頭蓋骨は、伏せた十四世紀代の珠洲焼のすり鉢の中に、熟年期男性の頭蓋骨一個体のみが埋葬されていた［森本・橘　一九七四］。ついで青森県八戸市根城では、内耳鉄鍋を用いた「鍋被り葬」の事例が調査され、ハンセン病の病変がある壮年期女性一体が報告されている。墓壙には古銭四八枚（洪武通宝など）、火箸・漆片・木棺片・筵状編み物・鉄釘・締金具などが伴い、伴出遺物から十六〜十七世紀の遺構と考えられている［八戸市教委　一九八三］。ハンセン病とはノルウェーのハンセンに因む癩菌によって起る感染症であり、顔貌などに身体変形を伴う病変を生じる場合があるため差別と偏見が根強かった。中世の起請文言には誓約にいつわりあれば白癩・黒癩に罹ると見え、病変は仏罰・神罰の現れと考えられ、癩者は差別の対象となり疎外され、特殊な共同体を形成していた［横井　一九七五］。

②　民俗事例に見る鍋被り葬

〈青森県〉　五戸町では癩病・伝染病その他、悪性のもので死亡した時に、「再び出るな」と鍋を被らせて葬るといい、三戸町では「ライ病患者埋葬のとき。又は重罪人埋葬のとき鍋をかけて埋める」という［小井川　一九五四］。

〈岩手県〉　二戸地方では癩など悪病で死んだものには納棺のさい、鉢とか甕を頭に被せ、病気が子孫に継ぐのを防ぐ方法として用い、ハンセン病のでた家族をさして「鍋被り」という［草間・森本　一九七二］。

〈宮城県〉　宮城県では古い墓を改修したりした際、鍋が出土することがあり、これは癩者の埋葬時に死者に被せたものであって、癩者の死霊もまた特別な鎮圧が必要であったという［三浦他　一九七九］。

〈福島県〉　福島県ではお盆の間に亡くなったものは、家に帰ってくる仏と行き会うが、このとき帰ってくる仏様に頭を叩かれる。このため鍋を被せて葬るという［桐原　一九七四］。

〈新潟県〉　新発田市小戸ではドス（癩病）で死んだものの棺には、鍋を被せて埋めたという［小林他　一九七九］。

〈茨城県〉 茨城県全県域で悪病としてあつかわれた癩病・結核などで死亡した者、盆の期間に亡くなった者、新しく村に住んだ者が亡くなった場合などは、土鍋・鉄鍋・擂鉢・焙烙を被せて埋葬する。俗に鍋かぶり、カナゴッパなどという〔池田他 一九七九〕。

〈栃木県〉 芳賀郡では盆の日に死者が出ると、死体に白地の擂鉢を被せて葬った。「盆の日に死んだ人は帰って来た祖霊に頭をたたかれるので、それを防ぐために擂鉢を被せた」という〔池田他 一九七九〕。

〈千葉県〉 千葉新町では天刑病（ハンセン病など）で死んだ者は、鍋をその死体に被せて葬るという〔上田 一八八七〕。

〈東京都〉 多摩区では盆の日に死者が出ると、擂鉢を被せて葬ったという〔池田他 一九七九〕。

〈神奈川県〉 津久井郡山城町では体に障害のある子の埋葬のときに、擂鉢を被せて葬ったという〔池田他 一九七九〕。

〈長野県〉 小県郡では死者を入棺したあと、葬送のさいに棺を担い出すと直ちに棺を安置していた場所に土焼きの焙烙をひっくりかえして置き、野辺の送りが済み帰宅した後、この焙烙を取り片付けるという〔小山 一九二七〕。

〈石川県〉 白山山麓ではハンセン病の死体の頭に鉄鍋を被せて埋葬した、そうしないと頭髪が天まで伸びるという。この場合墓地には埋めないで自分の家の畑の隅や道端に埋めることもあったという〔小林他 一九七九〕。近似する例として、奥能登では土葬にする時、棺のうえに菅笠を被せて埋葬するという〔石川県博 一九九三〕。

〈三重県〉 浜島町ではその年に一番早く死んだ者に対して、「ミチノアラケ」という鉢を被らせる。それはあの世で餓鬼に頭をなぐられるのを防ぐためであるという〔波平 一九八八〕。

以上の民俗例からすれば、鍋などが被せられる葬法は「ハンセン病」などの疾病で死亡した場合、「盆中の死者」などの忌むべき死亡などの場合がある。被せられるものは種類が様々であるが、いずれの場合にも頭部が被覆されることは共通する。付け加えれば、ハンセン病には癩腫型と類結核型の二病型があり、癩腫型癩は顔面や四肢に褐色の結節（癩腫）を生じ崩れて特異な顔貌を呈するようになることが良く知られている。一九四〇年代以降治療法が確立したが、日本では長年にわたり法律により強制隔離を枠組みとする処置がとられていた。こうした差別を伴う歴史的背景と、顔貌に特に顕現する感染症であることから、ハンセン病による死者の場合、頭部を被覆することが重要と考えられたのであろう。

いずれにしても首が強い力を持つということが深く認識されていたことは間違いない。鍋被り葬は首に特殊な呪力が存在するゆえの処理なのであろう。

(3) 首の信仰世界

そもそも首そのものは特異な存在であり、取り扱いには特別な配慮を要するものであることが古くから知られていた。

まず、平将門の首はさらされてもなお刮目し、歯がみしていた。新潟県の北部に残る雲上公伝説では首は胴体と離れても、刮目し空中を飛翔する能力を有していた［井上 一九六八］。こうした事例は他の物語においても多数見出すことができる。ついで絵巻では合戦の場面に首を取る、あるいは取った首をかつぐ、さらすなどの場面を見出すことができる。著名な事例ではあるが『後三年合戦絵詞』では、首札をつけた首が、渡した横木にいくつも懸けられている。『平治物語絵巻』では、信西の首が薙刀につきさされて運ばれ、門の楝木の先に吊り下げられている。

首の取り扱いについて、宮本常一は中国地方の農家の牛小屋の棚に「猿の首」が祀られている事例を上げている。これは首そのものに強い呪力があるためではないかと指摘している［宮本 一九八一］。首がこのような特殊な取り扱い方をされるということは、宮本の指摘のように首自体に特殊な力が宿っていると考えられていたからなのであろう。

山形県山形市山寺立石寺と慈覚大師円仁の首の関係もこの延長線上にあるのではなかろうか。奇岩怪石の地に立地する名刹立石寺は天台宗の東北地方における拠点である。立石寺一山を南側正面から見たとき、中央に一際高くそびえたつ露岩がある。これは百丈岩と呼ばれその頂近くに、慈覚大師円仁が入定した場所と伝えられる入定窟がある。この入定窟には、まさに慈覚大師円仁のものと考えられる木彫頭部、つまり首が納められていたのであった［鈴木 一九八九］。実は円仁の遺体の「首」がここ山寺立石寺に存在することは、十三世紀代には広く知れ渡っていた。弘安三年（一二八〇）正月二十七日の日蓮「太田入道殿御返事」には「（前略）慈覚大師の御はかはいづれのところに有りと申す事きこへず候、世間に云う御頭（くび）は出羽国立石寺に有り云々、いかにも此の事は頭と身とは別のところに有るか、明雲座主は義仲に頸を切られたり（後略）」。日蓮は、慈覚大師が真言を主とし、法華経を傍としたために、身体と首は離れ離れとなってしまったというのである。日蓮の意識の中には、勝俣鎮夫の指摘する梟首は死骸の恥をさらすといった意味合いを含む意識が伺える［勝俣 一九八三］。さらには当時の日蓮の宗教的立場の一側面を表しているともいえようか。誉田慶信は慈覚大師の木彫の頭部がここ立石寺にあることについて、その背景には首についての独特の信仰があったことを早くから指摘している［誉田 一九九五］。誉田の指摘のとおり立石寺を取り巻く信仰の中心は、この慈覚大師円仁の頭部であり、首を中心とした信仰世界が立石寺の中核をなしていたとも考えることができる。

さて、首は特殊な取り扱い方をされ、信仰の中心になるような力を持っていることを見てきたが、次に、現在の岩手県一関市本寺地区にあった中尊寺領である、骨寺（ほんでら）村の中世絵図に拠りながら、首が境界を守る事例をとりあげよう（誉田慶信氏ご教示）。骨寺村は、一関市の西側奥羽山脈に接するあたり、磐井川の河岸段丘上に位置する。通路は東西に磐井川にそって細く通じるが、基本的には東西南北の四方は小高い山になり、隔絶する。南側にはやがて太平洋にそそぐ磐井川が西に向かって流れ、小盆地状を呈する。骨寺村は中尊寺経蔵別当領として天治三年（一一二六）に成立し、永享七年（一四三五）まで相伝されている。ここには東日本ではまれな中世絵図が二枚残され、さらには開発の手がほとんど入っていないという地域性もあり、絵図をもとに中世骨寺村に様々なアプローチがなされてきた［大石 一九八四・一九九〇、黒田 一九九五など］。この荘園絵図の右下側に、大師堂という表示が見える（第5図）。大師

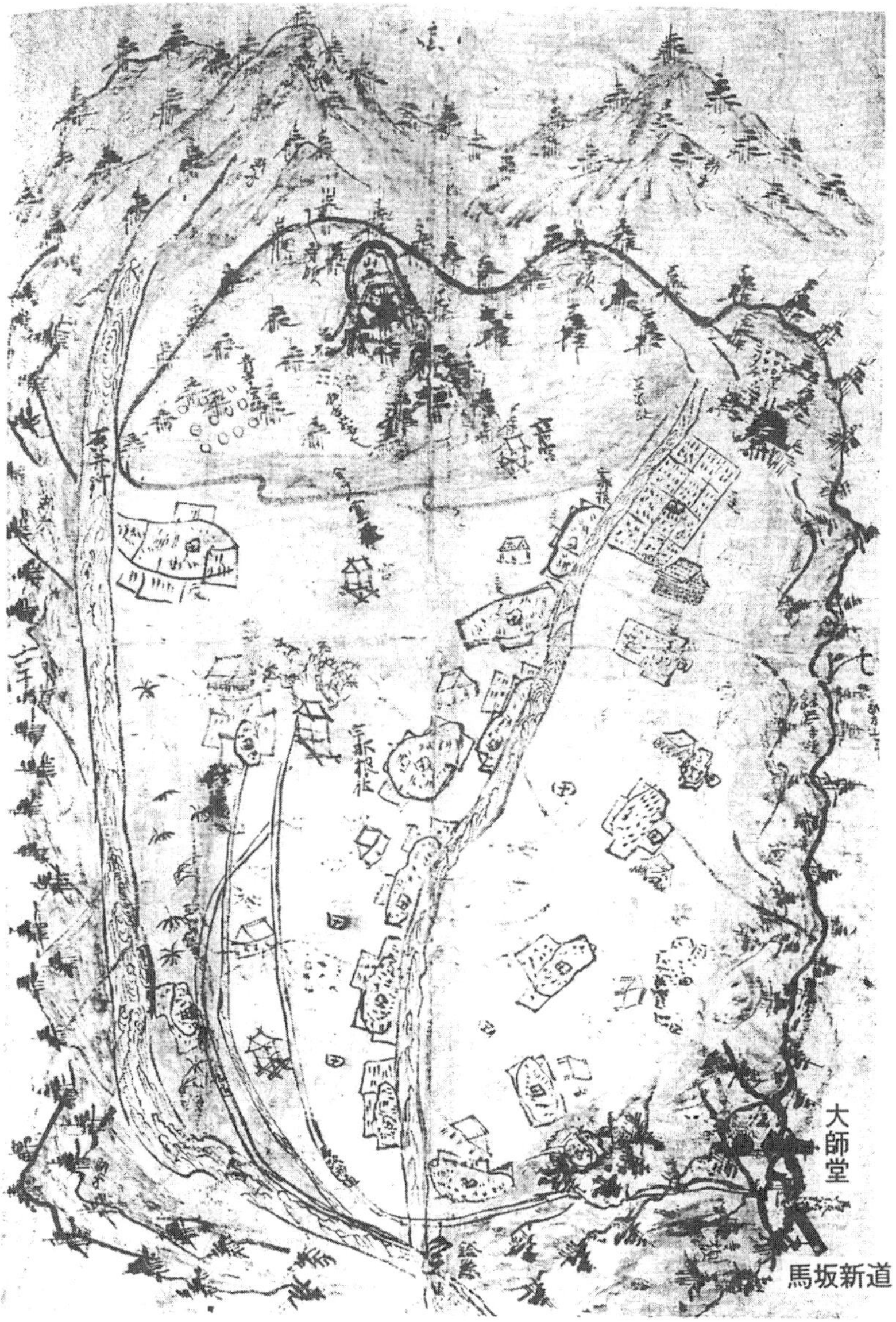

第５図　骨寺村絵図

堂は、馬坂新道が骨寺村の領域から、平泉側へと抜ける場所に立地している。ここは新道が骨寺村を囲う山並みにかかるあたりであり、骨寺村とそれを取り巻く外界世界との出入り口であり、大きな意味では境界部分と見ることができよう。太師堂は境界のシンボルとしての意味合いをもっていることがわかる。この太師堂に関係して首の伝承がある。大石直正によれば、この太師堂の大師とは第十八代天台座首の良源、慈恵大師のことであるという［大石 一九八四］。慈恵大師は特に霊力にすぐれ、現在も御札にその姿を残している。骨寺村の慈恵大師の信仰は、『選集抄』の第六話に見える説話と共通し、発心した女人の感得した慈恵大師の髑髏を、現在大師堂のあるさか芝山に納め、自らは尼となり庵を構えて住んだという内容である。さらにここは、境界の地であり、道祖神の信仰と深く関連するものだともいう［大石 一九八四］。境界の信仰と髑髏（首）が深く結び付いている姿を見ることができる。

『選集抄』（岩波文庫版）の第六話「奥州平泉ノ郡ノ女人法花經ヲ授カル事」は次のような内容である。「過ぎぬる比、陸奥平泉の郡、例と云う里にしばし住み侍りしとき、（中略）ある人の申ししは、中比、この里に猛將侍り。其むすめにありける物、法花經をよみたがり侍りけるが、教ゆべき物なしとて、朝夕なき歎きてすぎ侍りけるに、あるとき、天井のうへに聲ありて云やう、『なんぢ經を求めて前に置け。我こゝにて教へむ』と聞こゆ。あやしく思ひながら、經をえて前に置き侍るに、天井のうへにて、床しき聲にて教へ侍り。八日といふに皆ならひ果てぬ。そのとき此むすめ『いかなるわざならん』と言へども、あやしくおぼえて、天井を見侍るに、しろくされ、苔おひたるかうべに、舌のいきたる人のごとくなるあり。此白骨の教へ侍るにこそとおもひ驚きて、『こは誰にてかましますらん』と、あながちに尋ねきこゆるとき、『我は是、昔延暦寺の住僧、慈恵大師のかうべなり。なんぢが心ざしを感じて、きたりて教へ侍る。又、いそぎ我をさか柴山におくれ』（略）」。この説話とさか柴山の位置を総合すれば、首は境界を守る守護神的な意味合いを持っていることを読み取ることができる。

まとめにかえて

城郭などの中世遺跡の調査でいわゆる首が出土する場合があることに注目した。ついで首の出土事例のいくつかを集成し、さらに首の信仰事例をとおして、首の持つ呪術性や首と境界の信仰との関連性について述べた。首はそれ自体が大いなる力を持っているのであり、境界の信仰あるいは呪術に伴う行為の結果そこに置かれたために、境界領域である区画溝や堀から出土するとも見ることができるのではなかろうか。首の出土状況についても青森県平鹿町大光寺新城遺跡、東京都葛飾区葛西城遺跡では、大きな区画の堀から出土している。大きな堀は城の最も外周にあり、境界領域を形成するものであるから、そこに首を置くことは意味があったとみておきたい。

実は近世江戸遺跡でも首が境界に祀られている事例が存在する。岩下哲典によれば、千代田区丸の内三丁目遺跡では屋敷境の溝に設けられた石龕から頭骨が出土している［岩下 二〇〇二］。関口慶久によればその状況は「石垣溝から壮年女性の頭骨が発見されている。頭骨は石垣内で意識的に設けられた隙間に置いた状態で検出され、屋敷普請に際し、用意周到に計画されていたことが明らかである。本地区は当時山内対馬守邸の屋敷境であった場所である。『慶長江戸絵図』（都立中央図書館蔵）によれば、山内邸は道に南面していることから、出土地点は山内邸にとって北東、すなわち艮（鬼門）の方角にあたる」という［関口 二〇一三］。首は艮の鬼門を守護しているのである。江戸時代においても中世以来の首に対する信仰は生き続け、首は強い霊力を持っていたものと考えられていたことを表している。

参考文献

青森県平鹿町教育委員会　一九九一年「大光寺新城跡遺跡（第4・5次発掘調査）」『平鹿町埋蔵文化財報告書』第24集

池田秀夫他　一九七九年「関東の葬送・墓制」
石川県立博物館　一九九三年『祈り 忌み 祝い―加賀・能登の人生儀礼』
伊藤市太郎　一九九九年「戊辰戦争について」『郷士てんどう』第27号
井上鋭夫　一九六八年『一向一揆の研究』吉川弘文館
今小路西遺跡発掘調査団編　一九九〇年『今小路西遺跡(御成小学校内)発掘調査報告書』
入間田宣夫　一九九四年「中尊寺金色堂の視線」『中世の地域社会と交流』吉川弘文館
岩下哲典　二〇〇二年「丸の内三丁目遺跡にみる江戸の普請・作事に関する祈りなど」『江戸遺跡研究会第15回大会　発表要旨』
上田英吉　一八八七年「内耳鍋の事に付きて」『人類学雑誌』第二二号
大石直正　一九八四年「中尊寺領骨寺村の成立」『東北学院大学東北文化研究所紀要』第一五号
大石直正　一九九〇年「東北中世村落の成立」『北日本中世史の研究』吉川弘文館
岡山市教育委員会　一九九七年『吉野口遺跡』
葛飾区教育委員会　一九八六年『発掘された葛西城』
勝俣鎮夫　一九八三年「死骸敵対」『中世の罪と罰』東京大学出版会
鎌倉考古学研究所編　一九九四年『中世都市鎌倉を掘る』
桐原　健　一九七四年「鍋を被せる葬風」『信濃』二六巻八号
草間俊一・森本岩太郎　一九七二年『内耳鉄鍋と人骨』九戸村教育委員会
黒田日出夫　一九八八年「首を懸け」『月刊百科』№三一〇
黒田日出夫　一九九五年「描かれた東国の村と堺相論」『描かれた荘園の世界』新人物往来社
小井川潤次　一九五四年「内耳の鍋」八戸市教育委員会
小林一男他　一九七九年「北中部の葬送・墓制」
小山真夫　一九二七年「信濃国丸子町発見の一葬風」『考古学雑誌』一七巻七号
斉木秀雄他　二〇〇二年『由比ヶ浜南遺跡』
鈴木　尚　一九五六年「人骨の損傷」『鎌倉材木座発見の中世遺跡とその人骨』
鈴木　尚　一九八九年「骨から見た徳川将軍家の実像」『羽陽文化』第一二七号
関口慶久　二〇一三年「江戸遺跡における地鎮・埋納の諸様相」『関西近世考古学研究』第21号
波平恵美子　一九八八年「異常死者の葬法と習俗」『仏教民俗学大系』4

八戸市教育委員会　一九八三年「史跡根城発掘調査報告書Ⅴ」『八戸市埋蔵文化財発掘調査報告書』第一一集
八戸市教育委員会　一九九六年「根城―環境整備の発掘調査―」『八戸市埋蔵文化財調査報告書』第68集
福岡市教育委員会　一九八六年「高速鉄道関係埋蔵文化財調査報告Ⅴ」『福岡市埋蔵文化財調査報告書』第一二六集
誉田慶信　一九九五年「立石寺」『中世の風景を読む』第一巻　平凡社
三浦貞栄治他　一九七九年「東北の葬送・墓制」
宮本常一　一九八一年『絵巻物に見る日本庶民生活誌』中公新書
森本岩太郎　一九八七年「中世における打ち首の技法」『人類学雑誌』九五―四
森本岩太郎・橘善光　一九七四年「下北半島西通発見の人骨と陶器」『北奥古代文化』第八号
八重樫忠郎　一九九五年「都市・城郭研究の最新情報　東北」『中世都市研究』2　新人物往来社
山形県　一九七七年「古代中世資料」『山形県史資料編』15―1
横井　清　一九七五年「中世民衆史における「癩者」と「不具」の問題」『中世民衆の生活文化』

窯業と寺社——羽黒町執行坂窯製品の刻画文と中国意匠——

はじめに

日本海側最北の瓷器系陶器窯として知られる執行坂窯は、山形県東田川郡羽黒町字荒川字前田元八九に所在する［酒井 一九九九］。あたりは執行坂《しゅぎょうざか》とよばれているため、執行坂窯跡と命名されることとなった。窯跡の状況とその範囲を把握するために、羽黒町教育委員会が中心となり、平成十二年～平成十五年までの四カ年にわたって窯体や周辺遺跡について調査が行われた［羽黒町教委 二〇〇一・二〇〇二・二〇〇三・二〇〇四］。遺構や遺物の詳細はこれらの報告書を参考していただきたい。また執行坂窯跡の位置付けについて考察した論考としては酒井英一、山口博之のものがある［酒井 一九九九、山口 二〇〇一・二〇〇二］。

小稿ではこうした先行研究を踏まえつつ、執行坂窯跡から出土した刻画文壺について検討することとする。

１　執行坂窯跡の様相

①窯体構造

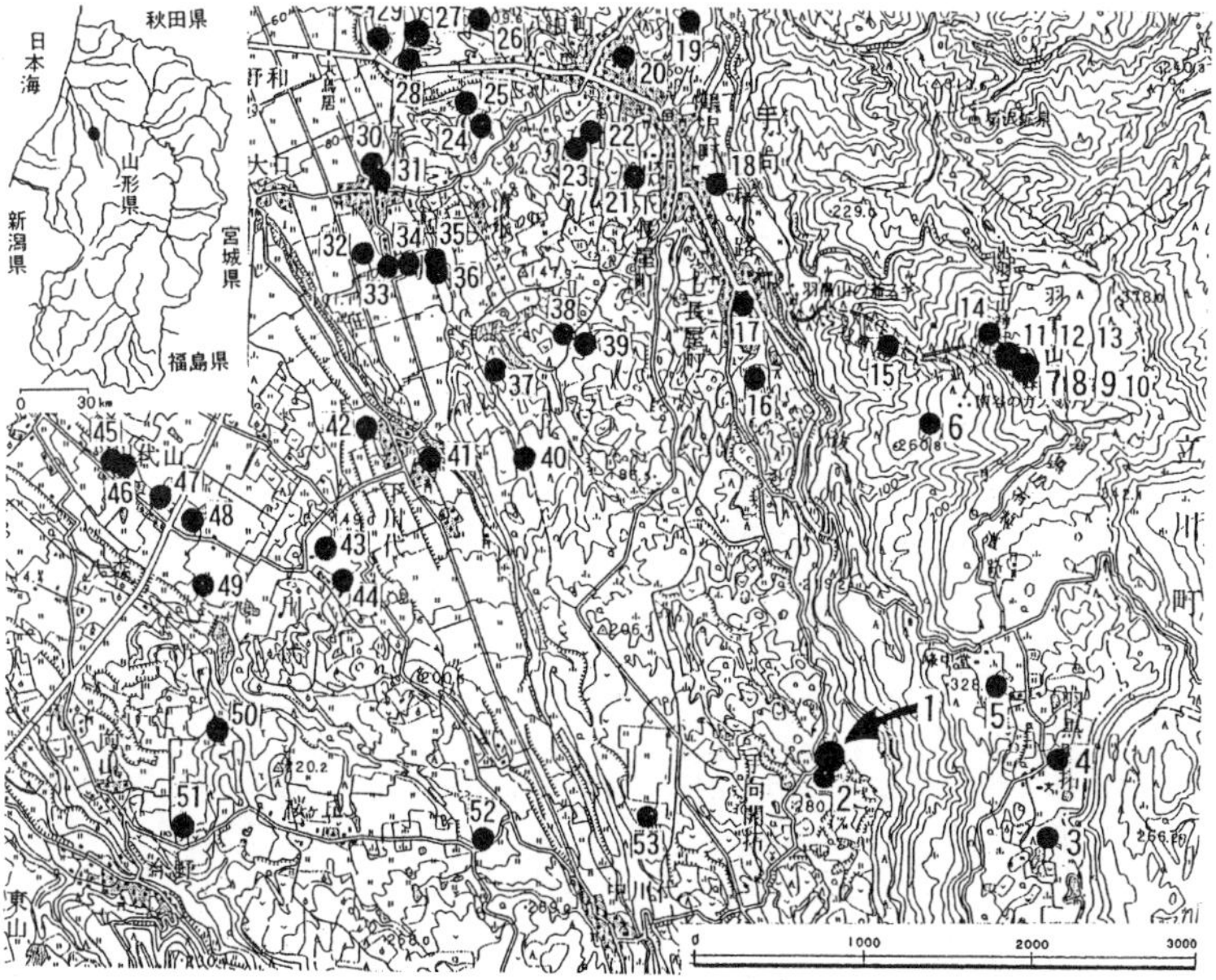

第１図　執行坂窯跡位置図（1 が執行坂窯跡）

執行坂窯跡（第1図）は開田により大きく窯体が損なわれている。調査時には焚き口と窯体の中央から後半をすでに失っていた。遺存は焚き口のやや上から窯の最大幅を持つあたりにかけての部分であり、燃焼室から焼成室にかかるあたりであろう。丘の緩やかな斜面を利用して営まれた窖窯であろうと推測できる。焚き口から焼成室にかけての部分には床面中央に七〇㌢ほどの円形をなす堅い高まりが残っており、分焔柱の痕跡と考えられた。窯壁の焼成は悪く製品も生焼けのものが多い。こうした特徴から、酒井英一は、分焔柱を持つ「焚口部・燃焼室・焼成室・煙道部からなる構造の大型の無階段地下式窖窯」とし、「窯を使用している最中に窯の温度が上がらず、天井部や側壁上部の崩落があって放棄されたものと」見ている〔羽黒町教委二〇〇二〕。

②器種構成

発掘調査と採集資料から確認された器種は、壺・甕類、擂鉢類、小皿、焼台である。壺は口径二〇㌢内外であり、高さ四〇㌢内外のものが多い。肩が張り、頸

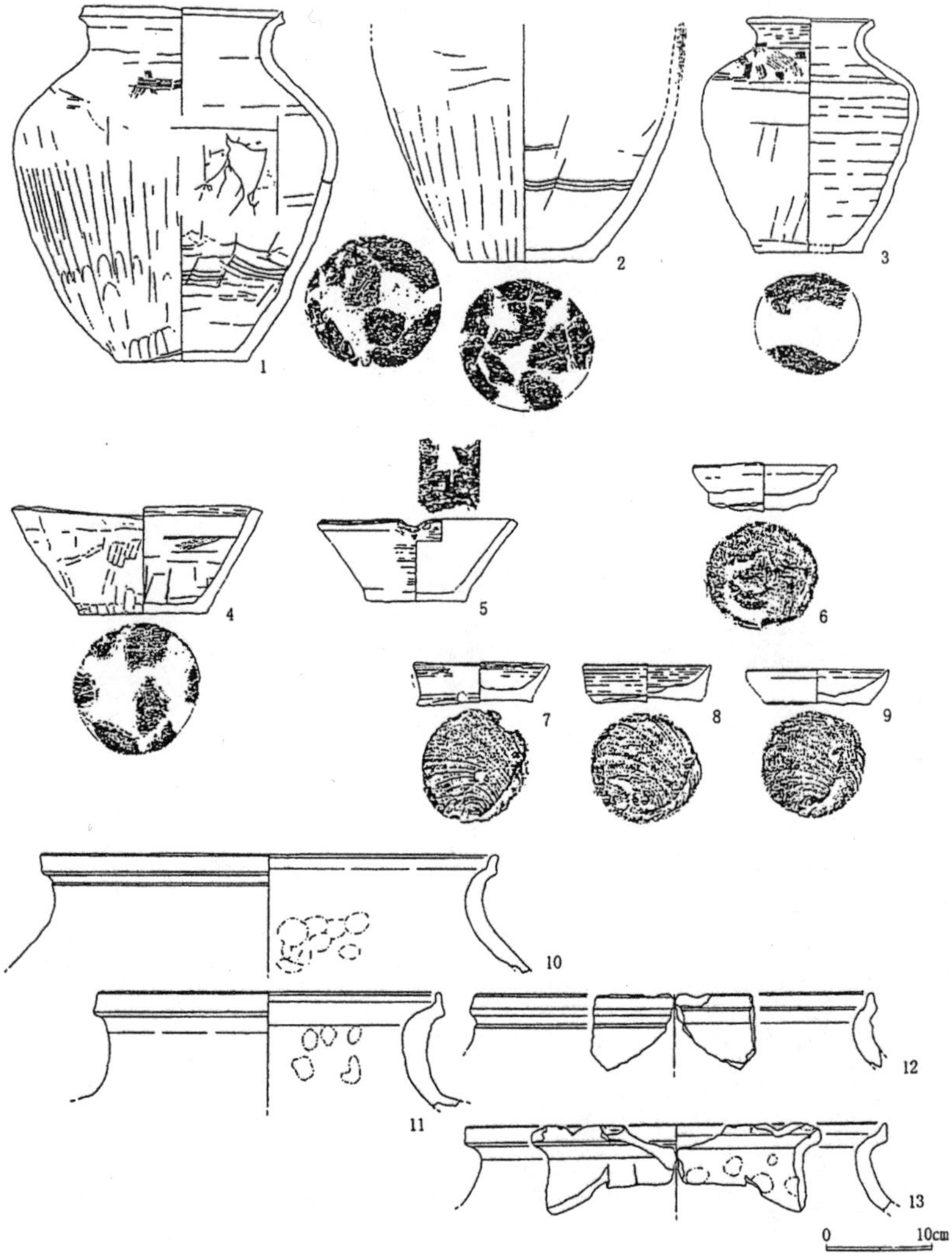

第2図　執行坂窯跡出土遺物(1)

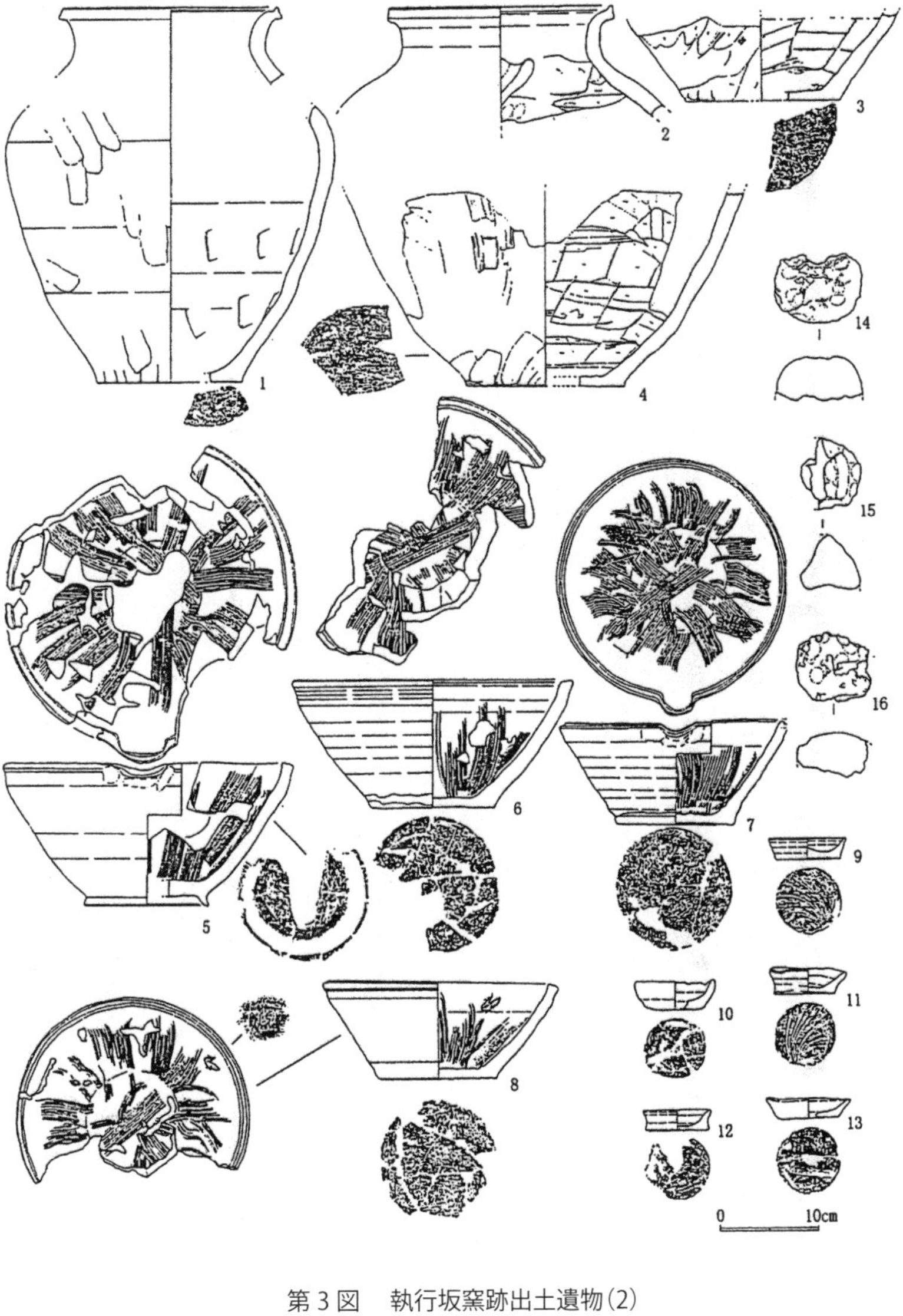

第３図　執行坂窯跡出土遺物(2)

部ですぼまり、口縁部はN字状口縁となる。体部表面には縦位のケズリが見られ、内面には横位の調整が見られ底部は砂底となる。胎土は細かく細砂と赤色粒子が含まれている。焼成は甘く、白色あるいはやや赤っぽい発色を呈する。その年代はN字状口縁を持つなどの特徴からして、鎌倉時代前半頃、十三世紀中葉前後と考えることができる。後考する刻画文壺は一点のみ出土している。

西にやや離れて位置する長坂区からは、壺・甕の破片が採取されている。良く焼き締められた陶片は、赤褐色を呈している。おそらく執行坂窯跡の製品も焼成が完成すれば、こうした赤褐色の発色を呈したものと考えられる。赤褐色の発色もまた、瓷器系陶器を特徴付けるものである。

2　執行坂窯跡の刻画文陶器

①刻画文の構成

執行坂出土遺物の中で特に注目を集めた刻画文について以下に検討したい。刻画文壺は愛知県渥美半島に拠点を持つ渥美窯で生産され、十二世紀代を代表する陶器として広く知られている。その代表作である「秋草文壺」は中世陶器としては唯一、国宝に指定(学校法人慶應義塾蔵)されている。この類例は平泉藤原氏の根拠地である岩手県平泉で多数出土し、八重樫忠郎は出土事例について集成し、刻画文陶器は中世都市平泉の王朝文化への傾斜と、豊かな流通を示すという[八重樫 一九九五]。

執行坂窯跡出土の刻画文陶器の年代は十三世紀中頃前後と考定されることからすれば、時間的には空隙が存在する。両者の隔たりは五〇年程度の可能性があるため、渥美窯での刻画文陶器の生産が終焉を迎えた後に、まだ陶器への施文技術を持つ画工が生存し、その者たちが執行坂の刻画文壺へ関与したとも考えられる。

写真１　執行坂窯跡刻画文(1)

写真２　執行坂窯跡刻画文(2)

しかしながらこの時期、十三世紀代には丹波窯・越前窯・珠洲窯など渥美窯以外にも刻画文陶器を焼造している窯もある〔吉岡 一九九四〕。このため執行坂窯の製品の刻画文陶器をどの系列に置くかは、さらに議論を重ねる必要がある。ただし、十三世紀代の丹波窯・越前窯の刻画はモティーフが割合と単独で存在し、珠洲窯では施文具に違いがある。執行坂窯の刻画文陶器はモティーフが植物と小禽というように二つから構成され、さらにはそれらが絵画的構成

第４図　執行坂窯跡出土刻画文陶器

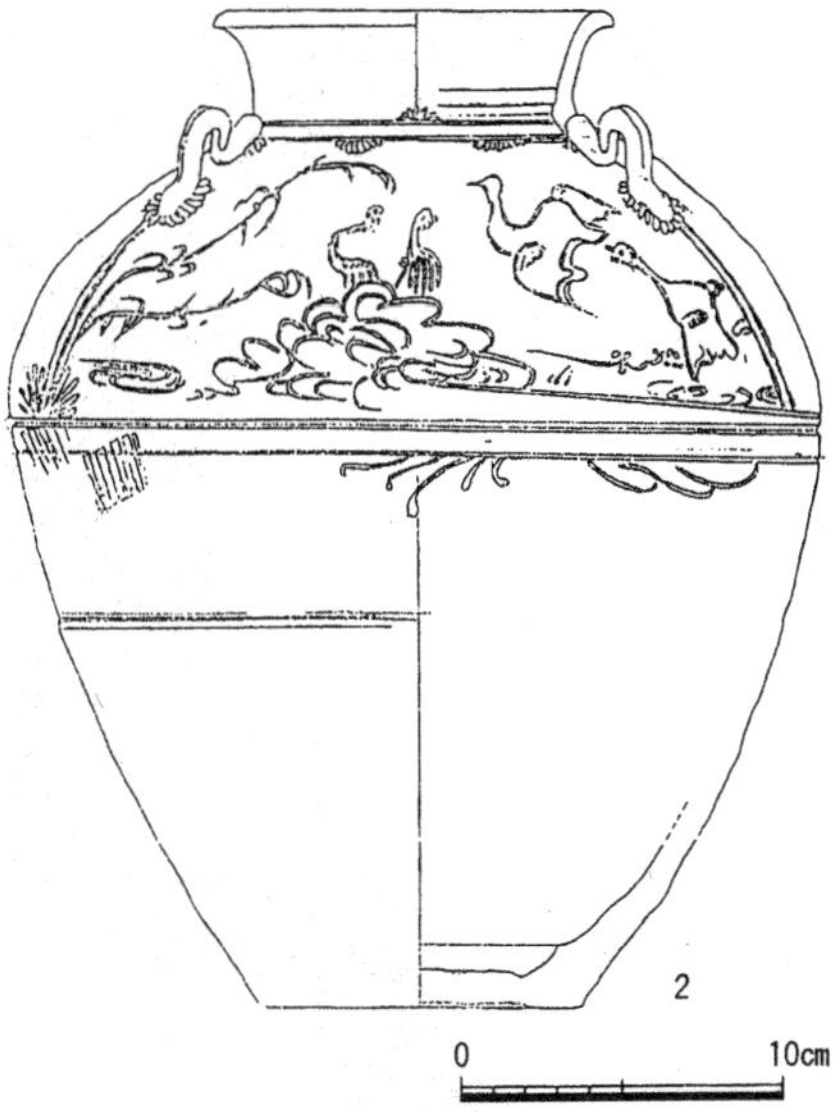

第５図　葦鷺文壺

を取るということからすれば、渥美窯の製品と共通すると見ることもできる。また、その施文部位も、胴部最大幅近くから頸部下端に位置（写真1、＊撮影は接合以前のため、実測図とは相違する）し、不明確でさらには崩れながらも子細に観察すれば、胴部最大幅近くには二条の区画線を有し、描画の左右は縦位の三条線で区画される（写真2、＊写真1の左位置にあたる）。こうした胴部の最大幅近くで横位置の区画線で画面を分割するのは、十二世紀代の渥美窯の造形である「秋草文壺」「葦鷺文壺」（重要文化財・愛知県陶磁資料館蔵）に共通する。さらにこれに加えて縦位置で画面を分割するのは、「葦鷺文壺」と同趣と見ることもできる（第5図）［小野田 一九九八］。

なお、東北地方に営まれる窯でも刻画文を持つ陶器が焼造されることがある。例えば宮城県築館町に所在する熊狩B窯跡からは、鳥の絵を描いた陶片は採集されている［藤沼 一九七八］。山形県寒河江市三条遺跡には、在地産と考えられる瓷器系陶器擂鉢の内面に花草文が描かれている［高桑他 二〇〇一］。これらは時期的には近似するが、単独で描かれていることが多く、執行坂窯跡の事例とは相違する。

②刻画文の検討

執行坂窯跡出土の刻画文陶器は、植物と小禽から構成される。酒井英一はこのモティーフを、蝶とウリ、鳥と見るべきであり、全体として吉祥を表わしているという［酒井 二〇〇一］。

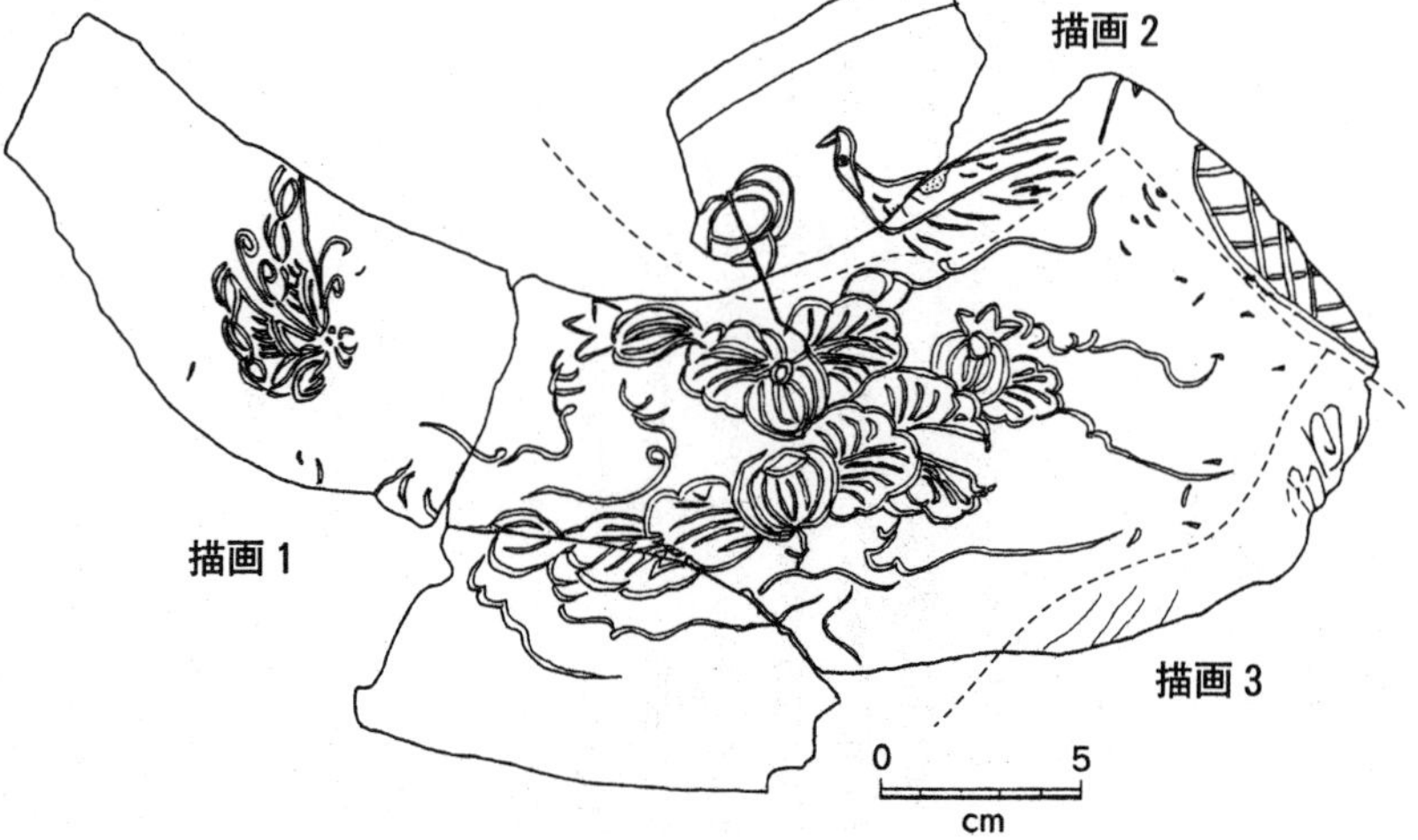

第６図　執行坂窯跡刻画文（部分）

壺の最大幅から上方にかけて描かれている描画は、子細に検討すると、異なる三つの作画によって成り立っていることがわかる（第６図、写真１）。まず一つ目は、構図全体からすれば中央とやや左側にあたる植物と蝶をあらわしたもの（描画１）、二つ目は、構図全体からすれば中央から上方にあたる植物から茎のように口唇に向かって伸びる描画と、その右側の左向きの鳥のような描画と、植物の右側に描かれる楕円に斜格子の入る描画である（描画２）。三つ目は植物の右下に見られる細い線描きの描画である（描画３）。

描画１と２は、同じくヘラ描きによるものであるが、描画３のそれは線描きによるものであり明らかに違っている。描画１と描画２を比較すると、描画１には非常に闊達なヘラ描きが見られ、ヘラの動きはスムースでスピード感・躍動感を感じる熟練した雰囲気を持つ。しかしながら、おなじヘラ描きでありながら、描画２にはこうしたスピード感はなく、明らかに稚拙である。描画１は手慣れた専門工人（画工か）の手になるものであり、描画２、描画３の技術力とは明らかに違っていることがわかる。

同一陶器に異なる筆致の三者が共存する理由は明らかにできないが、中央のもっとも重要な場所に描画１が位置することからすれば、最初に描画1が描かれ、次にその右側に位置し描画1の右側を囲むように位置する描画2が描かれたものと考えられる。

ここで、特に注目しなければならないのは、もっとも洗練されている描画1である。

③刻画文のモティーフ

このモティーフについては、当初は植物文の部分の破片しか存在せず牡丹唐草文であろうと考えていたが、後次の調査によって出土した蝶が描かれる陶片が接合し、蝶＋植物文であることが明らかとなった。植物の回りには蔓が延び、その周囲に蝶が飛び回っている風情である。植物の様子を子細に検討すると、楕円または円形に縦位の線が入るものが右側に一個、中央に上下に二個、左側に上下に離れて二個の合計五個を数えることができる。このうち右側と中央のものには先端に丸い円が加飾されている。右側と左側上のものには三裂の突起が加飾されている。また、こうした楕円あるいは円形の描画を囲むように描かれているものは、周囲が波状に描かれ、中央のものは中心線から左右に線が描かれている。そのほかの例では中心線は省略されているものの、やはり波状に描かれている外郭線に向かって中心から左右に線が描かれている。ここでは、楕円または円形に縦位の線が入るものについてはウリの果実、三裂の突起はウリの雌花の名残、円文はウリの雌花の脱落した痕跡と見る。さらに外郭線が波状に描かれ内部に線が描かれるものについては、ウリの葉の輪郭と葉脈と見ておきたい。このような検討から、この壺の表面には、蝶とウリの果実、葉、蔓が描かれていると見ておきたい。

第７図　秋草文壺(部分)

執行坂窯の製品について、渥美窯との関連性を指摘してきたが、渥美窯の代表的な作例である「秋草文壺」には「カラスウリ」のモティーフが存在する（第7図）〔小野田 一九九八〕。葉の輪郭の表現、さらには放射状に描かれる葉脈の描写は執行坂窯例と類似する。瓜の果実自体は果実の長軸に平行して走る縦線を横に分割し描いている。執行坂窯の例にはこの分割線は存在しないが、先端に突起を持つ果実全体の印象は、巻きながら外部へと延びる蔓とともに類似性が高い。

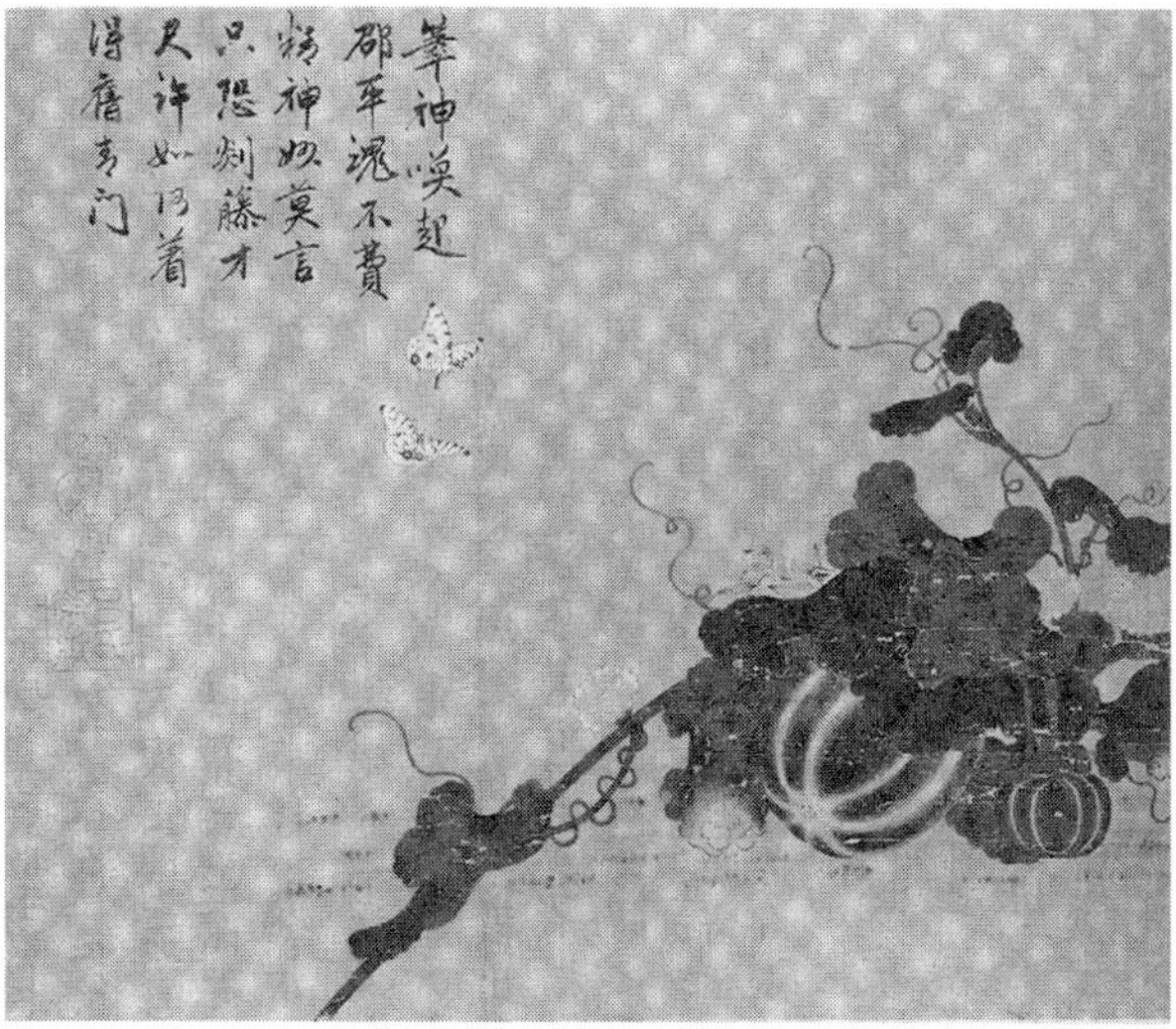

写真3　呂敬甫『瓜虫図【部分】』（明代15世紀）

こうしたモティーフは果たしてどこからきたものであろうか。山形県において渥美製品はいまだ見出すことはできない。常滑製品も確実なものは一例のみである。検討の対象をひろげ、まず遺跡の所在地に近接する羽黒山鏡池から大量に出土した、中世金工史に名高い「羽黒鏡」の文様に類例を求めたが、得ることはできなかった。次に絵画に類例を求めたところ、中国絵画にこのモティーフが頻出することが判明した。

代表的事例として写真3に示したのは、現在根津美術館に所蔵されている、中国明代（十五世紀）の呂敬甫の筆による「瓜虫図」（国重要文化財：根津美術館所蔵）である。本図は縦三四・六センチ、横八四・二センチほどの紙本着色の作品であり、画賛に捺された印には「毗陵」とあり、現在の江蘇省常州で作成されたことがわかる。ここは上海と南京の間、上海ガニで有名な太湖の北西にあたる。構図の全体を三角形にまとめ、外縁に瓜の蔓が四方八方に延び、内部には瓜と瓜の葉を幾重にも描きこんでいる。三角形に配置された瓜あるいは瓜の葉の周囲には、蝶が舞い風情を添えている［東京国立博物館 一九九八］。執行坂窯跡出土の蝶とウリの果実、葉、蔓が描かれる瓜蝶文も、植物の構成は三角形にまとめられ、そこから蔓が外界へ向かって手を延ばして、そこに蝶が風情を添えている。画面構成は執行坂窯製品と共通性が高い。こうしたモティーフに連なる絵画は、元〜明代(十四〜十五世紀)に描かれた、東京国立博物館所蔵の『草虫図』なども上げることができる［東京国立博物館 一九九八］。他にも類例を探すことができ、三角形に配置された瓜あるいは瓜の葉の周囲に、蝶等の小禽が舞い風情を添える趣向は同様である。つまり執行坂窯跡出土の刻画文壺に描かれるモティーフは中国絵画と共通するのである。

④瓜蝶文の寓意

中国絵画との共通性がある執行坂窯跡出土の瓜蝶文刻画文陶器のモティーフは、いかなる意味があるのであろうか。

中国における美術作品の作製にあたっては、その表現のなかに様々な寓意がこめられていることがよく知られている。瓜と蝶との組み合わせもそのモティーフの一つである。ウリ(瓜〈か〉)と蝶(瓞〈てつ〉と通音)の組み合わせは「瓜瓞綿綿〈かてつめんめん〉」を寓意とするモティーフであるという。すなわち本来は発音あるいは表記すべき「瓜瓞綿綿」を、通音する画像に置き換え、さらにはその組み合わせによって、本来の吉祥句を想起させるというのである。

こうした表現は実は中国陶磁器では良く見ることができる。一例をあげれば、静嘉堂文庫美術館所蔵の「五彩一猿双鹿文盤」は明時代末(十七世紀)の優品であるが、内底の見込の中央には牡丹と二匹の鹿、さらに手にした枝で蜂の巣を突こうとしている猿が描かれている。この図に表われた寓意は、鹿(lu)が二匹で「路(鹿と通音)々順利」(ずっと順調)の意となり、猿(hou)は諸侯の侯(hou)と通音し、蜂(feng)が封(feng)と通音することから、猿と蜂との組み合わせは「封侯」(高位につく)を表すという［静嘉堂文庫美術館 一九九七］。執行坂窯跡出土の刻画文陶器もこうした事例に連なるものであろう。

「瓜瓞綿綿(かてつめんめん)」の句は『孝経』に由来する子孫繁栄を祝する吉祥であり古来様々な意匠で表現され、その一つが執行坂窯の出土資料に出現したと見ることができるのではなかろうか。『孝経』は孔子がその門人曾参(そうしん)に孝道を述べたのを、曾参の門人が記録したものであるという。孔子の生没は春秋時代(前五五一～前四七九)であるとされ、孔子の弟子である曾参の生年は前五〇五年というから、紀元前には『孝経』は成立していたものであろう。

刻画文陶器のモティーフについては、平安時代の貴族趣味にその淵源が求められてきた。大和絵などとのモティーフの共通性や、それまでの施釉陶器に見られる絵画的意匠の発展として中世陶器に存在する、刻画文陶器を位置付けようとするものである。荒川正明は「(前略)十二―十三世紀前半までの刻画文陶器は、この白磁四耳壺を強力なライバルと設定し、その対抗策として、優雅な和風ティストの花鳥文装飾という付加価値をつけたのではあるまいか」という[荒川 二〇〇四]。この時代の人々が憧れていた中国産白磁四耳壺に対抗する、和風の焼き物であるというのである。執行坂窯跡の出土事例についても、先に検討した内容からすれば、個別的絵画表現としての瓜は「秋草文壺」にあり、蝶も越前窯の製品には存在する。こうした観点からすれば、和風の焼き物として評価することができる。

しかしながら、瓜と蝶のモティーフは組み合わされて、中国吉祥句である「瓜瓞綿綿」を、象徴するモティーフとして理解することができるのは先程の検討の通りである。こうした理解にも今後は注意を払わなければならないであろう。さらには、他の刻画文陶器についてもこうした吉祥句にその意味を探ることができる可能性があることは重要である。

3　羽黒山と刻画文陶器

山形県庄内平野南東にある標高四一四㍍の羽黒山は月山・湯殿山と共に、総称して出羽三山と呼ばれる。ここは東国三十三国の修験の根拠地でもあり、全国に名が知られる霊山である。次に、この時期(十三世紀中葉前後)の羽黒山の様相についていくつかを述べながら、執行坂窯跡の成立と開窯の意味について、この時期の羽黒山を取り巻く政治的様相を含め整理してみたい。

①　執行坂窯跡の位置

執行坂窯跡の生産の主体となったものは羽黒山を中心とする宗教勢力であったことは疑いない。この地は羽黒山の一山内であるし、窯業を稼働させるには、排煙や粘土・燃料材の採集などの問題でこの地を管理していた羽黒山の持つ権益と抵触することが考えられる。その位置も羽黒山の本堂である現在の出羽三山神社とは、南西に京田川を隔ててわずか二・五㌔の至近にある。両者はお互いを無視しては成立し得ない。また、遺跡の周辺には寺院伝承なども存在することから、この位置は羽黒山の一山内と考えなくてはなるまい。羽黒山関係者が開窯に関連したのであろうことは、この立地からして疑いない。

羽黒山との宗教的関係を付け加えることができる資料として、遺跡名にもなっている「執行」という文言にも注意を払わなければならない。執行とは寺院内の職制のひとつであり、上級の僧侶として寺務を行う職を表わしている。江戸時代羽黒山の実務の中心を担っていたのは本坊「宝前院」であったが、その最高位は「執行・別当」であった[戸川他 一九九六]。

②　十三世紀中葉前後の羽黒山

a：宗教的様相

羽黒山に関係する文献史料をいくつか紹介し、執行坂窯操業時期の羽黒山を取り巻く状況を検討したい。この時期、羽黒山に関係する文献史料には、中央の政治的状況と深く関連する事柄を見出すことができる。これは、執行坂窯跡の技術がどこに関連するかを傍証する材料となろう。

羽黒山は東国三十三国の修験の根拠地である。修験者は全国にわたって活躍していたことを知ることができ、様々な社会的階層に関わっていたであろうことは想像に難くない。こうした連携の中でこそ窯業技術が将来されたと見ることができる。

羽黒山の修験者に関連すると考えられる者たちが姿を表わし始めるのは、平安時代の末ごろのこととなる。鎌倉時代の中頃に成立したという『平家物語』には嘉保元年（一〇九四）に「（前略）折節其頃出羽の国羽黒より、月山の三吉と申しける童御子一人上りて、御社に参籠したりけるか、俄に御前の庭にをとり出て、一時はかり舞をとり、庭に倒れふして絶入したりけれは、（後略）」とある（『荘内史料集』1―2）。都に表われた童御子が、踊り狂ううちに神と一体となり気絶したと見えたのであろう。羽黒から来た月山の三吉と名乗る修験者は、月山は羽黒山の後ろに聳え立つ霊峰であることからしても、羽黒山の修験者と見てよかろう。

こうした者たちは、これ以外にも様々な場所に姿を現わしている。『北条九代記』の「羽黒山伏訴之事」には「（前略）上総国より一人の羽黒山伏を搦めとり鎌倉に参らせけるを、由井の浜にて首を刎られ候也、羽黒の山伏諸国に修行して大道を求る輩、いかほとも有」之、其中にもしハ悪事非法あれハ搦とて本山につかわし、罪科を究明して刑に行ふ作法にて候。（後略）」という（『荘内史料集』1―2）。『羽黒町史』ではこれを永仁五年（一二九七）としている［戸川他一九九二］。山伏が首を刎ねられた由比ヶ浜は、中世都市鎌倉の周縁の場であり、発掘調査の成果によればこの地下には数千の人骨が葬られていた［斉木二〇〇二］。この時期に羽黒山伏は諸国を巡り歩いていたこと、その管理は羽黒山がこれを行うという強い宗教的自意識があったことがわかる。嘉元年中(一三〇三〜一三〇六)にも、土佐国で同様の事件が起こったが、この時もやはり羽黒山の主張が通ったという〔戸川他 一九九一：三六九頁〕。羽黒山本山が自山の山伏を検断したとみることができよう。

中世後期の事例として、狂言『蟹山伏』には「これは出羽の羽黒山より出たる、駆出の山伏です。このたび大峯・葛城を仕舞い、ただいま本國へまかり下る」とある(「狂言集下」『日本古典文学大系』)。大峰山は紀伊半島中央部にある峰々の総称であり、古代以来修験道の根本道場であった。同様の表現は同じく狂言の「柿山伏」にも見ることができる(「狂言集下」)。広く全国を行脚していたのである。また、同じく狂言の「禰宜山伏」では、伊勢の御師と茶をきっかけにいさかいを起こし、大黒天の像に祈禱の験を比べ敗れている(「狂言集下」)。伊勢の御師とは対立関係にあり、山伏は異形のものとして恐れられていたことも知ることができる。

廻国したのは何も山伏ばかりではなかった。『お伽草子』に収められる「花鳥風月」には「(前略)てはのはくろ、ものにて候。おと々ひ候か、あねをは花鳥、いもうとをは、風月と申て、空とふとりをもいのりおとし、又くわこ・みらいのことをもとふに、あきらかなるか、か々みのことく、なに事も申し候。(後略)」と見え、葉室中納言に近侍する姉妹の羽黒巫女が登場する(『荘内史料集』1—2)。これは羽黒山を本所とする歩き巫女と見ることができる。

このように、鎌倉時代から室町時代には全国くまなく羽黒山に関係する宗教者は広がっているのであった。こうした者たちは情報の伝達も行っていた。後のことにはなるが大永四年(一五二四)十一月二十三日の『上杉家文書』によれば、出羽山伏が越後長尾氏と後北条氏との連絡役をつとめている(『荘内史料集』1—1)。

鏡池に納められた鏡には、「敬白熊野御正体飯高国元」の針書銘が認められ、熊野との関係を知ることもできる。鏡は平安時代から鎌倉時代にかけてのものがもっとも多い〔川崎・佐藤 一九七五〕。鏡自体も京都から運ばれ、ここでケガレをはらうために御手洗池に奉納されたのではないかという〔前田 一九八四〕。

在地においても羽黒山は宗教的にあるいは政治的にも独立的であった。『吾妻鏡』承元三年(一二〇九)五月五日条には、「当山先例非地頭進止。且可停止入部追捕之旨、故故(ママ)軍御書分明之間、山内令安堵之処、氏平或顚倒万八千枚福田料田、或於山内事致口入之条、無謂之由、衆徒申之」と見え、頼朝により安堵された先例に対して、地頭の大泉氏平が寺領を侵略したため、羽黒山衆徒から非法を訴えられている(『荘内史料集』1―1)。ここにも宗教的権威に根差した独立性の高さがうかがえる。

以上から、羽黒山は全国的情報ネットワークを持ち得たこと、さらにはその地位は在地において独立的であったことを確認しておきたい。こうしたことからすれば、執行坂窯跡の窯業技術は羽黒山を中心とする宗教的ネットワークの中から将来された可能性を考えておかなければならない。寺領内と考えられる執行坂窯の位置からすれば、経営は羽黒山に関係するものがこれを行っていたと考えられる。執行坂窯跡製品は現在のところ他の消費地遺跡からの出土事例が確認されていないことからすれば、羽黒山専用の製品を焼造した可能性も視野にいれておかなければならない。

b：政治的様相

宗教的ネットワークの存在については先程検討したが、中央権門との結び付きについて、十三世紀中葉前後の史料から検討してみよう。

八重樫忠郎によれば、刻画文陶器は平安貴族などの中央権門との関わりの中で、奥州平泉に将来されるという。渥美焼の著名な窯跡のひとつ大アラコ窯跡経営に関わっていた、国司藤原顕長の名は焼造された短頸壺に残されている。この同族である藤原基成は、陸奥守として赴任し娘は藤原秀衡の妻となり、晩年は平泉に居住した。この人的ネットワークにより、平泉藤原氏の根拠地平泉に大量の渥美焼がもたらされたという[八重樫 二〇〇三]。小野田勝一は藤原顕長銘の短頸壺が焼造された大アラコ窯跡を取り上げ、藤原顕長が三河守に任官したのは保延二年(一一三六)であり、在任期間からして一一三六年〜一一五五年までの間に焼造したものという［小野田 一九七七］。こうした嗜好性の連鎖のみならず、渥美焼の焼造技術もまた伝播している。宮城県石巻市の水沼窯跡は窯体の構造そのものが渥美窯の技術で構築されており、製品もまた袈裟襷文壺など、渥美焼と同意匠を示している［藤沼他 一九八四］。水沼窯跡の位置は平泉の外港石巻湊に近く、北上川とその支流で平泉と結ばれている。渥美窯の技術をもって焼造された窯は現在のところ全国で水沼窯のみである。この立地は主たる消費地である平泉に、北上川を介して製品を供給する選地となる。またその焼造技術は、八重樫等が指摘するように、政治的人的ネットワークにより将来されたものと考えることができよう。政治的人的ネットワークを通して、製陶技術も将来されることがあることを確認しておきたい。では羽黒山ではいかなる状況であるのか。

c：羽黒山総長吏「尊長」

十三世紀中葉前後の政治的状況の中で、羽黒山と中央との結び付きを承久の乱に関連する史料を検討しながら整理してみたい。この乱には羽黒山の総長吏尊長が関係するというのである。承久の乱は承久三年（一二二一）に起こった。執行坂窯跡の成立はこのやや後と見られ、この検討をもとに執行坂窯跡成立前夜の様相を知ることができる。

承久の乱は後鳥羽上皇が鎌倉幕府の打倒を企て挙兵し敗北した事件である。上皇方が御家人を取り込もうとするとき、源頼朝の未亡人北条政子が、動揺する御家人を前にして熱弁を振った話は有名である。その結果、再び御家人の結束は強固なものとなり、北条泰時・時房以下十九万騎と伝えられる軍勢が京都に攻めのぼり、またたくまに京都を占拠したのであった。上皇方は予想に反して総兵力は二万数千に留まるなどして敗北した。戦後処理は苛烈であり、後堀河天皇の即位・後高倉法皇の院政を決め、首謀者である後鳥羽とその子土御門・順徳の三上皇が配流された。この乱を通して、鎌倉幕府は西国にまでその支配を伸長させ、強固な基盤が作られることとなった。

『吾妻鏡』のなかに、承久の乱の首謀者の一人として登場するのが、羽黒山の長吏「尊長」である。長吏とは羽黒山の総支配と見てよかろう。

尊長は一条能保の子であり、後鳥羽上皇の側近として法勝寺・蓮華王院の執行を勤めた僧である。二位法印とも呼ばれ、承久の乱では張本の一人となった。法勝寺は白河天皇建立の寺院であり、のちの六勝寺の先例であるばかりでなく、その中心的位置を占める大寺であった。また、仁和寺御室が六勝寺の検校となるなどの関係があった。こうしたことからして、尊長は上皇方の有力者と言えよう。

これに対して尊長の父、一条能保は源頼朝と深い関係があったことは良く知られている。源頼朝の同母妹を妻としたということからその縁は深く、能保は頼朝の後援を得て従二位権中納言に任ぜられている。さらには娘を後鳥羽天皇の乳母や九条兼実の子良経の妻となし、後には関東申次となる西園寺公経を婿としている。

次に尊長について記事を拾いあげてみよう。まず承久の乱の前年の『仁和寺日次記』承久二年(一二二〇)十二月十二日条に「法印尊長、よろしく出羽国羽黒山総長吏たるべきのよし宣旨を下さる」とある(『荘内史料集』1―2：四〇八頁)。『仁和寺日次記』は仁和寺の僧によって記されたという、鎌倉時代前期の仁和寺関係の日記である。仁和寺は宇多天皇が仁和年間に創建した、京都市右京区にある真言宗御室派の総本山である。宇多天皇が同寺で出家したのをはじめとし、皇子が法脈を継承した由緒ある寺院である。

ついで『吾妻鏡』承久三年(一二二一)五月十九日条に「昨日十四日。幕下(公経)ならびに黄門(西園寺)実氏。二位法印尊長に仰せて弓場殿に召し籠めらる」とある。西園寺実氏は西園寺公経の子供である。西園寺家は幕府方に近く、承久の乱後、朝廷にあって武家との連絡役である関東申次につき、以後代々同氏の子孫が継承している。尊長は後鳥羽の命によりこの幕府方の西園寺父子を弓場殿に拘禁している。この事件は承久の乱の開始を告げるものでもあった。このあと後鳥羽院は盛んに御家人に揺さぶりをかける。翌十五日には北条義時追討の宣旨が発せられ、御家人に動揺が走る。このとき動揺を静めたのが有名な北条政子の演説であった(『吾妻鏡』承久三年五月十九日条)。

勢いを得た幕府方に対して朝廷方はもろかった。『吾妻鏡』承久三年(一二二一)六月六日条に、摩免戸の戦いにて「官軍矢を放つに及ばずして敗走」したことが載る。摩免戸渡は尾張一宮の近く、大井戸の渡とともに重要な地点であった。『吾妻鏡』承久三年六月八日条に「去る六日、摩免戸において合戦し、官軍敗北のよし奏聞す。諸人顔色を変ず。およそ御所中騒動し、女房ならびに上下北面医陰の輩等、東西に奔迷す。忠信・貞通・有雅・範茂以下公卿侍臣、宇治・勢多・田原等に向うべしと云々。次に叡山に御幸あり。女房また出御す。女房等ことごとくもって乗車す。上皇・土御門院・新院・六条親王・冷泉親王皆騎馬なり。まず尊長法印の押小路河原の宅に入御す。このところにおいて、諸方防戦のこと、評定ありと云々。黄昏に及び、山上に幸す。内府・定輔・親兼・信成・隆親・尊長等御供に候ず。主上また密々に行幸す」。

官軍敗北の最中、後鳥羽上皇敗走のときに付き従っていたのが、尊長であった。尊長の邸宅で事後を図っていることなどからしても、まさに院の近臣である。次いで、後鳥羽院は体勢の立て直しに動き、諸方に官軍を派遣する。『吾妻鏡』承久三年五月十二日条には「芋洗に一條宰相中将・二位法印(尊長)」を派遣している。しかし大勢はすでに決していた。十五日には先に出した北条義時追討の宣旨を否認し、事実上の降伏宣言をすることになる。

『吾妻鏡』承久三年六月十八日条には、承久の乱の論功行賞のための交名が作られるが、この中に二位法印家人を討ち取ったと見え、尊長自身も実戦に加わっていたのであろう。しかしながら、尊長自身は合戦で討ち死にすることはなかった。『吾妻鏡』承久三年六月二十五日条には「二位法印尊長・能登守秀康等は逐電すと云々」と見え、合戦の張本とされた人々が六波羅に連行されるときにはすでに姿をくらましている。その後、尊長の消息は途絶えてしまう。再び姿を現すのは、承久の乱の七年後である。『吾妻鏡』嘉禄三年(一二二七)六月十八日条には「去ぬる七日辰の刻、鷹司油小路大炊助入道の後見肥後坊が宅において、菅十郎左衛門尉周則、二位法印尊長を虜へんとするのところ、たちまち自殺を企つ。いまだ死に終わらざるの間、襲い到るところの勇士二人、彼がために疵を蒙りをはんぬ。

翌日八日、六波羅において尊長すでに死去す。これ承久三年合戦の張本なり」とある。肥後坊宅に隠れ住んでいたところを、襲われ必死の防戦をしたものの疵を負い、翌日には落命したというのである。

長々と記したが、羽黒山総長吏尊長は、鎌倉時代の初めには政治的な中核に位置していた人物の一人であったことになる。その縁者は上皇方・幕府方それぞれに存在し、しかも政権の中枢を担う重要人物であった。こうした政治的人的ネットワークの中で執行坂窯跡の技術がもたらされた可能性を考えることはできまいか。羽黒山内においては「尊長」に関連する史料を見出すことはできないという［戸川他　一九九一］。しかしながら、羽黒山が尊長を通した関わりの中で、中央に結び付いていたことは事実であり、この点は見逃してはなるまい。

さて、なぜ中央の有力者であり、宗教的地位も高い尊長が羽黒山の総長吏に任ぜられたのであろう。承久の乱といえば、幕府方と上皇方という図式で捉えられ、その戦いも太平洋岸の尾張から近江、さらには京都というのが通説的理解であるが、日本海側でも戦いが行われていた。『吾妻鏡』承久三年（一二二一）五月二十五日条には「東海・東山・北陸の三道に分ちて上洛すべきの由」とし、「北陸道の大将軍、式部丞朝時・結城七郎朝広・佐々木太郎信実」とある。軍勢を三手に分け太平洋岸、内陸中央部、日本海側と進軍するのは、平泉藤原氏を滅亡させた奥州合戦と同じである。さらに『吾妻鏡』同年五月二十九日条には「ここに阿波宰相中将の家人酒匂八郎家賢、伴類六十余人を引率して、越後国加地庄願文山に籠るの間、信実これを追討しをはんぬ。関東の士、官軍を破るの最初なり。」という。鎌倉を発して五日後には越後北部の加地荘願文山に到着し、討伐を開始しているのが承久の乱の最初の戦いであるとみられる。加地荘の位置は現在の新潟県北部新発田市の近く、加治川村周辺である。羽越本線の中条駅と新発田駅の間に加治駅があり、この周囲が加治川村（合併により新発田市）であった。加治駅のひとつ北側が金塚駅であり、この東南約二キロのところに、ひときわ高く聳える願文山がある。ここが合戦の故地であろう。ここに籠った酒匂八郎家賢の主人である阿波宰相中将は『吾妻鏡』同年五月二十九日条に「乱逆の張本」とある。同じく尊長も張本の一人であり、越後北部と出羽南部という日本海沿いの地域に、承久の乱に関係する重要人物が関係していることになる。尊長の羽黒山総長吏補任への宣旨は、おそらく上皇方が日本海側にその勢力を確立するために行った一連の戦線強化策であるとみておきたい。こうした勢力が日本海側に存在するために、幕府軍は掃討の必要性が生じ、軍勢を三手に分けて進軍する必要があったのであろう。また、興味深いことに、加治荘から南側にあたる地域には、北越窯と呼ばれる中世窯業地帯が存在し、執行坂窯跡同様の瓷器系陶器を、ほぼ同時期に焼造しているのである［鶴巻 一九九六］。

以上、羽黒山総長吏尊長にかかわる事柄を整理しつつ、執行坂窯の技術が、政治的人的ネットワークによって将来される可能性を示した。窯業技術は当時の最先端技術のひとつであり、その将来にあたっては以上のような密接な交流の中でもたらされる必要があったと見ておきたい。

②中国趣味と羽黒山

先に、執行坂窯跡出土の刻画文陶器について、刻画文の寓意は中国『孝経』に由来する可能性を指摘した。なぜ、こうした刻画文陶器が焼造される必要があったのであろうか。

鎌倉時代の初めは日宋貿易の盛んな時期であった。羽黒山の聖なる泉、御手洗池(鏡池)に埋納された鏡の中には湖州鏡が一九面存在し、その銘には「湖州真石家　倉二寂照子」などと記され、蝶・蜻蛉などが配されている［川崎・佐藤 一九七五］。湖州鏡とは、背面に鋳造地である中国浙江省湖州の地名を鋳出している鏡である。平安から鎌倉時代にかけて日本に輸入されたものであるという。羽黒山の中国製品の事例は湖州鏡のほかに仏像などをあげることができるが、日宋貿易などを通して、中国の文物が大量流入する時期でもあった。寒河江市慈恩寺の「宝蔵院文書」の「愛染王法口伝抄私聞奥書」には、「永仁五年臘月七日写畢執筆宋人妙心上下二巻草筆書也」と見え、宋人妙心の筆が残る。永仁五年(一二九七)には、慈恩寺に宋人が居住していた可能性を知ることができる。

貿易陶磁器に例をとれば白磁の洪水とまでいわれるような、中国南部産の白磁の大量流入が十二世紀代に起こり、山形県庄内地方でも遊佐荘に関連する遺跡と考えられる大楯遺跡では、この時期の貿易陶磁が数十点も出土している。また、ここでは無釉の陶器瓶も出土している。これは高さが二五㌢ほどの長胴の四耳壺である。こうした無釉瓶はそのものが嗜好されたわけではなく、中に茶・生薬・香料・砂糖などの舶来の珍奇なものを入れたコンテナであると考えられる。この時期に、この地域でも中国文化に直接触れることのできる環境が出現したのである。

また、政治的・宗教的状況も無縁ではなかった。例えば、宋人である陳和卿は東大寺再建にあたり、重源の依頼で大仏の首の鋳造を行っている。後には鎌倉に赴き源実朝に渡宋を勧め大船を建造したのは有名な逸話である。こうした状況は、政治的に中央と近かった羽黒山においても決して無縁なものではなかったであろう。刻画文陶器の意匠が中国の寓意と共通するのは、決して偶然ではなく、羽黒山においても僧たちの間にこうした中国嗜好は存在し、そうした嗜好にあった陶器が必要とされていたと見ることはできないであろうか。残念ながら執行坂窯の陶磁器焼成は不首尾に終わったものの、刻画文陶器の存在はまさに、この時期の羽黒山の様相を雄弁に示しているものと見ることができるであろう。

まとめにかえて

以上、執行坂窯跡出土の「瓜蝶文」刻画文陶器を取り上げ、その存在の背景を探った。いずれも直接的な史料に恵まれないことから、傍証に終始せざるを得ないことは残念であるが、十三世紀代の羽黒山の様相から、十三世紀中葉前後に営まれた執行坂窯跡の「瓜蝶文」刻画文陶器は、宗教的ネットワーク、政治的・人的ネットワーク・中国趣味が重なり合って成立したことを示した。

参考文献

荒川正明　二〇〇四年『やきものの見方』角川選書三六七
小野田勝一　一九七七年「渥美」『世界陶磁全集』第3巻　小学館
小野田勝一　一九九八年「渥美窯の「ヘラ描き文」」『楢崎彰一先生古希記念論文集』
川崎利夫・佐藤禎宏　一九七五年「羽黒山頂の諸遺物について」『出羽三山・葉山総合学術調査報告書』
斉木秀雄　二〇〇二年「都市鎌倉と死のあつかい」『中世都市鎌倉と死の世界』高志書院
酒井英一　一九九九年「山形県羽黒町執行坂出土の中世陶器」『山形考古』第6巻3号
酒井英一　二〇〇一年「羽黒町執行坂窯跡の刻画文様」『庄内考古学』第21号
静嘉堂文庫美術館　一九九七年『静嘉堂蔵呉州赤絵名品図録』
高桑弘美他　二〇〇一年「三条遺跡第2・3次発掘調査報告書」『山形県埋蔵文化財センター調査報告書』
鶴巻康志　一九九六年「越後の中世陶器工人に関する予察」『考古学と遺跡の保護』六一書房
東京国立博物館　一九九八年『吉祥』
戸川安章他　一九九一年「鎌倉時代と羽黒山」『羽黒町史』上巻
戸川安章他　一九九六年「羽黒山と修験道」『羽黒町史』別巻
羽黒町教育委員会　二〇〇一年「執行坂窯跡―平成12年度試掘調査概要―」『羽黒町文化財調査報告書』第2集
羽黒町教育委員会　二〇〇二年「執行坂窯跡―第2次発掘調査報告書―」『羽黒町文化財調査報告書』第3集
羽黒町教育委員会　二〇〇三年「執行坂窯跡―平成14年度分布調査概要―」『羽黒町文化財調査報告書』第4集
羽黒町教育委員会　二〇〇四年「執行坂窯跡―平成15年度分布調査概要―」『羽黒町文化財調査報告書』第5集
藤沼邦彦　一九七八年「中世陶器の紹介」『東北歴史資料館研究紀要』第4号
藤沼邦彦他　一九八四年「水沼窯跡発掘調査報告」『石巻市文化財調査報告書』第1集
前田洋子　一九八四年「羽黒鏡と羽黒山頂遺跡」『考古学雑誌』第70巻1号
山口博之　二〇〇一年「羽黒町執行坂窯跡出土の刻画文様」『庄内考古学』第21号
山口博之　二〇〇二年「中世出羽国土器・陶磁器の様相」『中世出羽の領主と城館』高志書院
八重樫忠郎　一九九五年「平泉出土の刻画文陶器集成」『平泉と鎌倉』
八重樫忠郎　二〇〇三年「渥美焼の歴史」『陶磁郎』35号
吉岡康暢　一九九四年「珠洲陶器の加飾法の研究」『中世須恵器の研究』吉川弘文館

付　荷葉蓮台牌の展開——荷葉蓋（荷叶盖）小考——

はじめに

二〇〇一年一月、亀井明徳さんの公開ゼミが沖縄県で開催され、部外者であったが参加させていただいた。亀井さんは温かく迎えてくれ、わたしは研究会を通じて多くのことを学んだ。雪の山形から沖縄へということで南国を期待したものの随分寒く、宿泊したリゾートホテルも寒々としていた。福岡市教育委員会の大庭康時さんと山形県埋蔵文化財センターの高桑登さんともご一緒させていただいたことも懐かしい。

ゼミの目的は明初陶瓷器の研究であり、具体的には首里城京の内SK01出土の陶瓷器を資料とし、視野を世界に広げて類例を探りながら一般性と特殊性を明らかにすることにあった。エクスカーションには首里城と今帰仁グスク跡の現地見学がふくまれていた。その折青花で蓮の葉（以下荷葉）が描かれる蓋を拝見し、その後類例である首里城二階殿跡の資料も拝見し、荷葉が蓋に描かれる事実に興味引かれた。後に荷葉蓋と中国・日本の石造物などに見られる荷葉蓮台牌［山川 二〇一〇］との共通性に思い至った。小稿では蓮葉蓋の図案は荷葉蓮台牌と共通するものと考え、その生成と発展に思いを巡らしたい。

なおこの資料の呼称であるが、荷叶盖［刘金成編 二〇〇五］、青花葉脈文鑵蓋［新島ほか 二〇〇八］などがある。ここでは石造物との関連性から荷葉蓋としておきたい。なお蓋と身が組み合う場合には荷葉蓋罐となる。荷葉蓋罐には酒会壺などが含まれ、同様式の金属器も存在する。

1　出土事例の広がり

(1) 日本国内の出土事例

まず管見に触れる限りではあるが、国内における青花荷葉蓋の事例を集成し、蓮葉蓋の様相について整理してみよう。国内の出土事例として、今帰仁グスク跡一点、首里城一点がある。

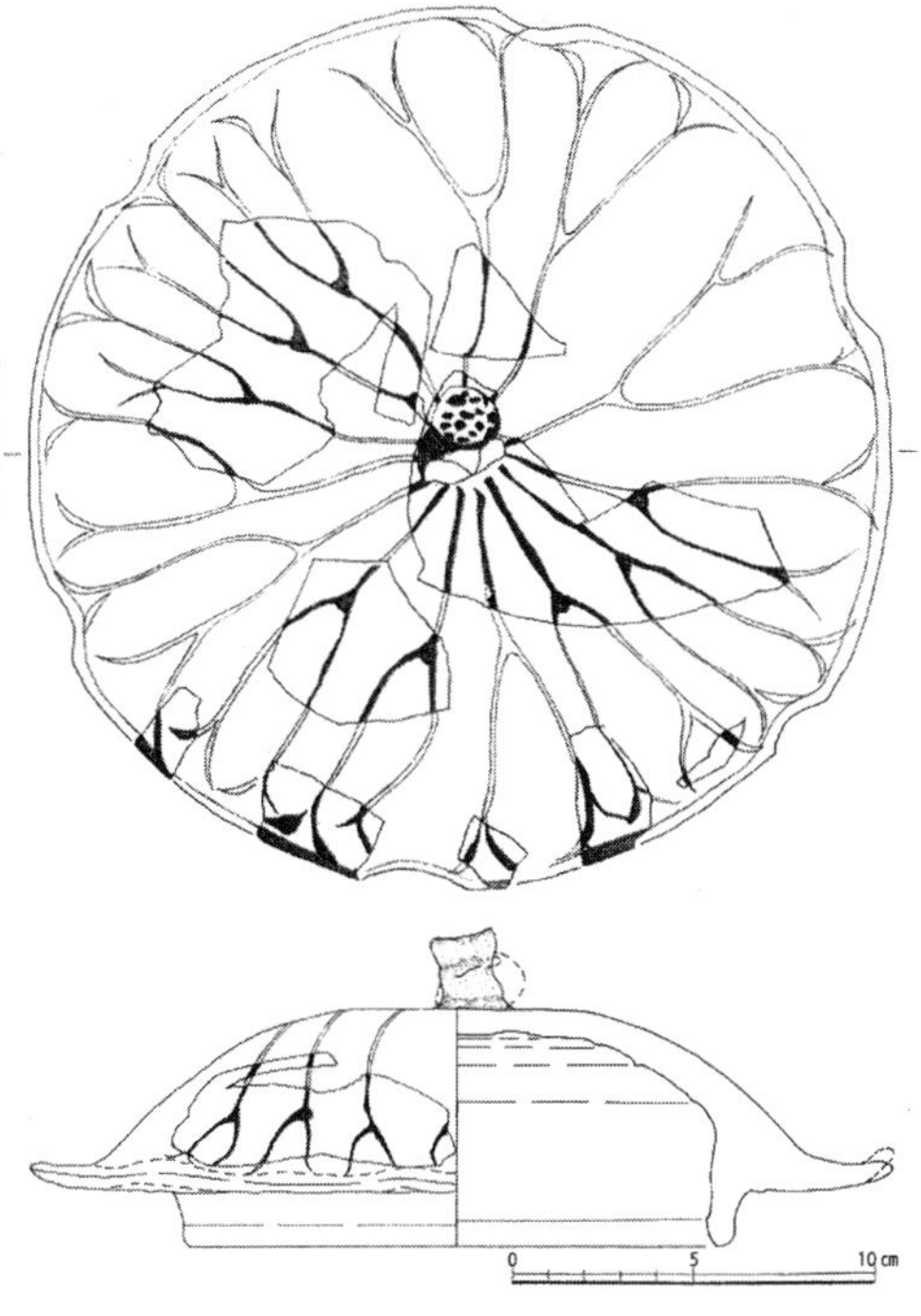

第１図　今帰仁グスク跡出土青花荷葉蓋

今帰仁グスク跡出土青花荷葉蓋（第1図）〔新島ほか二〇〇八〕

一〇点ほどの破片が出土し、同一個体をなすものとして図上復元がなされている。この復元図を参考とすれば、外径は一五・二センチ、高さは八・七センチとなる。平面は六箇所の弧状の欠き込みにより輪花となるように見えるが、側面から見れば端部は緩やかな波状を呈しているのであり、ハスの葉が翻っている様を表現していると見ることができる。中央（頂部）にハスの実を

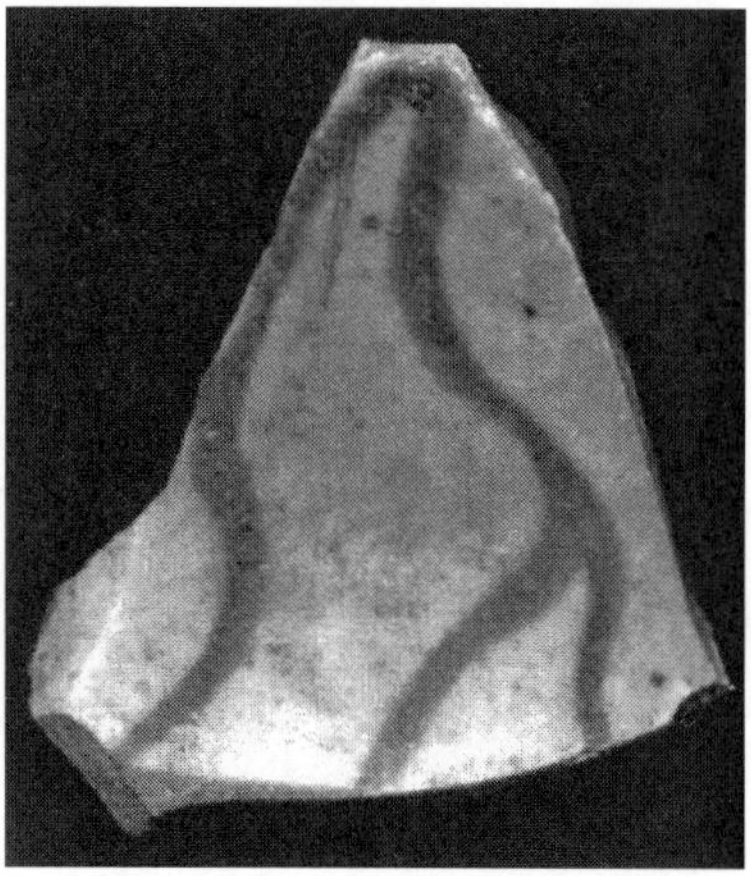

第２図　首里城出土青花荷葉

作りつまみとし、青花で描かれたハスの実から放射状に葉脈が広がり中央付近で二裂し、口縁端部付近でさらに二裂する優美なものである。内側に一・五センチほどの返しがあり、広口罐（酒会壺タイプ）口縁の内側で噛み合うのであろう。ハスの実＋蓮葉の表現に注意しておこう。

首里城出土青花荷葉蓋（第２図）〔新島ほか 二〇〇八〕

一点の破片が出土している。五センチほどの破片であり、青花で描かれた葉脈が放射状に広がり内側に返しがある。こうしたことからすれば、おそらく今帰仁グスク跡と同様な資料であると考えてよかろう。

(2) 日本国外の出土事例

荷葉蓋は日本国外においても出土事例が知られている。管見の限りではあるが、①中国江西省高安窖蔵〔刘金成編 二〇〇五〕、②中国オロン・スム遺跡〔亀井 二〇〇九〕、③インドネシア共和国トローラン遺跡〔専修大学 二〇一〇〕、④フィリピン〔中沢・長谷川 一九九五〕などがある。このほかに⑤個人蔵資料〔専修大学 二〇一〇〕もある。個数は少ないものの日本から中国、さらには東南アジアへと広がり、蓋と身が組み合う資料は①⑤であり、大きさには大小がある。

荷葉蓋と身の組み合わせが最も良く分かるのは高安窖蔵の資料である。中国江西省高安窖蔵資料は陶磁器一括出土資料として高名な資料群であり良く知られている。二〇〇件以上の一括資料の中に身と蓋が組み合う資料が二個体あり、本来の組み合わせを知ることができる。便宜上高安Ａ資料（第３図）、高安Ｂ資料（第４図）と呼ぶ。

まず高安Ａ資料であるが、身である広口罐の口径は二一・二センチ、高さは三六センチ、底径が二〇・四センチとなる。底部から体部への立ち上がりには蓮弁文を施し、無文帯をはさみ体部下半には三爪の龍二頭が雲文を挟んで珠を争う雲竜文となり、再び無文帯をはさみ体部上半から直立する口縁付近までは牡丹文が展開し、ついで狭い無文帯をはさみ、直立する口縁には雪花錦文が巡る。広口罐口縁内側で返しのある蓋が嚙み合うのであろう。さて肝心の荷葉蓋であるが、平面は一五箇所の弧状の欠き込みにより輪花となり、側面から見れば端部は緩やかな波状を呈し、ハスの葉が翻っている様を表現している。他の事例にも言えることだが荷葉末端表現は翻りの様子を表しているのは興味深いことである。中央にN字状にハスの実を作り出しつまみとし、青花で描かれたハスの実からせん状に葉脈が広がり、口縁付近で二裂する。蓋の中央付近に四種の水棲生物が描かれる。すなわち鱖魚（桂魚と同じ）、螃蟹（カニ）、青魚（コイの仲間）、鯰魚（ナマズ）である。まず荷葉蓋のハスの実＋蓮葉の表現＋水棲生物という組み合わせに注意したい。さらに

第３図　高安Ａ資料

第４図　高安Ｂ資料

身である広口罐には蓮弁文＋雙龍雲文＋牡丹文＋雪花錦文が施されていることも注意しておく。なお今帰仁グスク跡出土荷葉蓋と高安A資料を比較すると、高安A資料の荷葉蓋は一〇センチほど大きく、らせん状に葉脈が広がり、水棲生物が加飾されることなどが相違する。

次に高安B資料であるが、身である広口罐の口径は二一・九センチ、高さは三六センチ、底径が二〇・五センチであり、A資料とほとんど同じ法量を示す。さらには文様の構成も同じである。つまり身には底部から順に蓮弁文＋雙龍雲文＋牡丹文＋雪花錦文が施される。しかし、荷葉蓋の様相は多少異なっている。青花で描かれたハスの実からのらせん状葉脈は蓋中央付近で二裂し、端部付近でさらに二裂する。最大の違いは水棲生物が描かれないことである。

以上、荷葉蓋の類例について管見の限りではあるが調査した。首里城跡と今帰仁グスク跡出土資料にある荷葉蓋は、東南アジアから東アジア一帯に類例が広がる資料であり、高安窯蔵資料からすれば、本来広口罐と組み合わされることがわかる。

2　荷葉蓋と広口罐の文様構成と寓意

次に荷葉蓋と広口罐の文様に注目し、なぜ蓋が荷葉を形作るのかを考えてみたい。まず先の高安窯蔵資料のうち高安A資料に注目してみよう。この資料の身と蓋の文様構成を底部から上方に順を追って記せば、蓮弁文＋雙龍雲文＋牡丹文＋雪花錦文＋荷葉（鱖魚＋螃蟹＋青魚＋鯰魚）＋ハスの実となる。

中国で古来作成された器物にはさまざまな寓意が込められていることが知られている。中国古来の図案に込められた寓意は野崎誠近により詳説されている［野崎　一九二八］。なおこうした寓意を有する意匠を、現代では広く吉祥図案と表現するが、野崎は凡例中に「この種の図案を一括して何と称ふべきかは支那の文献にも明らかならずといふ。よりて姑く吉祥図案と称す。幸に語の新しきを咎むる勿れ」と示し用語（「吉祥図案」）の創案も野崎にかかるという。同書に学べば、高安A資料の蓮弁文＋雙龍雲文＋牡丹文＋雪花錦文＋荷葉（鱖魚＋螃蟹＋青魚＋鯰魚）＋ハスの実という組み合わせは次のような寓意を探ることができるという。

まず、荷葉に乗る水棲生物のうち鱖魚・青魚・鯰魚はいずれも魚であり、多数の魚は「年々有余」を寓意する。魚は余と同音同声であり、年々余裕が生じ豊かになることの意がある。螃蟹はカニであり「一甲一名」を寓意し、科挙に合格する状元及第の意がある。蓮弁文＋荷葉＋ハスの実は「因何得耦」を寓意し、荷花は蓮花であり荷は何と同音異声、蓮房を添えているのは、普通の植物はまず花が咲いて後に稔るが、蓮の場合は花と実と同時に生じるので、不思議な良縁を喜び、早く子供の生れることを表すという。また、蓮花あるいは荷葉は八仙人の一人である、何仙姑の持ち物でもある。このように見てみると蓮弁文（罐底部）と荷葉＋ハスの実（頂部に被る蓋）の組み合わせは、寓意を構成する一具の存在として捉えられるのであり、この間に雙龍雲文＋牡丹文＋雪花錦文が挟まれていると見ることができる。それぞれの寓意であるが、龍が二頭描かれる雙龍雲文は「蒼龍教子（教子昇天）」を寓意し、大小二頭は父子二人であり、父望子成という殿試及第の親心を描き表したものであるという。牡丹の枝が蔓草を巻きながら延びる形に描かれる牡丹文は「富貴万代」を寓意し、牡丹は富貴を表し、蔓は万と同音異声であり、蔓は帯であり、帯は代と同音同声であるから蔓帯は万代に通じるという。六つの弧が重なりながら枝を出し中央に点を据えた図案（雪の結晶か）が連続して描かれる雪花錦文は、雨に恵まれ豊かである「瑞雲豊年」を寓意している。つまり罐底部の図案と頂部に被る蓋の図案は組み合わされて、寓意を構成する一具の存在となると見ておきたい。

さらに上下に蓮弁と荷葉が位置するモチーフは、青花瓷器に先行する白磁・青磁にも存在する。青花瓷器は唐代の青花［朱江　一九八四］はあるものの、有名なデヴィッド瓶（至正十一年：一三五一）を代表として、十四世紀代にその姿を明瞭にする。青花磁器以前の陶磁器にも、身と蓋がそろい上下に蓮弁と荷葉が相対する資料がある。十世紀代の白磁で

第５図　青磁鎬文壺（北条顕時墓骨蔵器）

身と蓋がそろうと考えられるのは、太平興国二年（九七七）の河北省静志寺塔塔墓出土の白磁盒、至道元年（九九五）の河北省浄众院塔塔墓出土の刻花蓮弁文盖などが上げられる［張昌倬編 二〇〇四］。とくに浄众院塔塔墓出土の刻花蓮弁文盖は底部から体部にかけて浮き彫りで蓮弁が表され、蓋にはハスの実が載っている。ついで十三世紀代～十五世紀代の青磁で身と蓋がそろうと考えられるのは、高安窑蔵資料の竜泉窯青釉条文荷叶盖罐がある［刘金成編 二〇〇五］。日本国内の事例は横浜市金沢区にある古刹称名寺五輪塔の下から出土した、北条顕時墓の骨蔵器として使用されたという青磁鎬文壺（第５図）［三上編 一九八一］、韓半島の事例は韓国新安沖海底引き揚げ品（至治三年：一三二三）に含まれる青磁鎬文壺［国立中央博物館編 一九七七］がある。これらはいずれも鎬蓮弁が底部から延び、いくつかの襞状の波状屈曲を持ち、蓋には鎬とともにハスの実に似るつまみが施されている。時代が下って中国年号の正徳十三年（一五一八）の墓に納められた竜泉窯青磁荷葉形蓋罐［浙江省博物館編 二〇〇〇］などの類品もある。さらに時代が下る清朝資料としては、鎬の有無ということからも離れ、ほとんど茄子の蔕のような表現形式をとる蓋となる資料も出現する（故宮博物院蔵「景徳鎮窯青花花卉文双耳四足湯盆」清雍正年間：一七二三～三五）。また青磁鎬文壺と同様な器形で鎬を持たない一群もある。これは器面は平滑に仕上げられ、蓋にはいくつかの襞状の波状屈曲とともにハスの実に似るつまみが施される資料であり、四川省遂寧市金魚村窖蔵の青磁共蓋酒会壺や四川省簡陽東渓園芸場出土竜泉窯青磁酒会壺［弓場ほか編 一九九八］、さらにはトルコ共和国トプカピサライ博物館コレクションに存在する。

なお意匠に対しては別の寓意も読み取ることができることに留意が必要である。たとえば蓮花は仏教とのかかわりが強く、蓮の花の上は極楽浄土でもある。蓮府（れんぷ）を引けば晋の大臣王倹がその屋敷の池に蓮を植えた故事により、大臣の屋敷また大臣の異称をあらわす（『南史庾杲之伝』）ともいう。蓮には特定の寓意に比定することが困難なさまざま寓意が込められていることも把握しておきたい。

以上の検討によれば、それぞれの陶磁器は時期的にも技法的（白磁・青磁・青花など）にも相違するが、基本的にはいずれの資料も基部に蓮弁文、頭部に荷葉＋ハスの実の組み合わせを基本とし、体部にさまざまな寓意を持つ図案などが展開する形が基本形と考えられよう。さらには十世紀代〜十八世紀代まで類品を確認することができ、分布も広範であり、ある意味時空を超えた普遍性をうかがうことができる。実はこの基部・体部・頭部のモチーフの組み合わせこそが、荷葉蓮台牌の意匠に通じるのである。

3　荷葉蓮台牌の展開

荷葉蓮台牌（第6図）は、蓮台を基部、荷葉を頭部とし体部に長方形区画を設け区画内部に表題などを記す牌形の図案であり、山川均が日中の石造物を比較研究する中で使用した用語である［山川 二〇一〇］。大江綾子はこの図案の使用事例について広く調査し集成を行っている［大江 二〇一二］。大江の集成に導かれながら整理すれば次のようになる。まず事例の広がりであるが、中国・韓半島・日本に存在し、時期的には宋代（九六〇〜一二七九年）から現代まで用いられるという。この図案が施される資料には、石造品（無縫塔など）・金属製品（銀殿、鐘、鏡など）、陶磁器（陶枕の銘「張家造」など・壺の装飾文様）、絵画、仏具など広範囲にわたることが特徴である。代表的な資料としては、金属製品

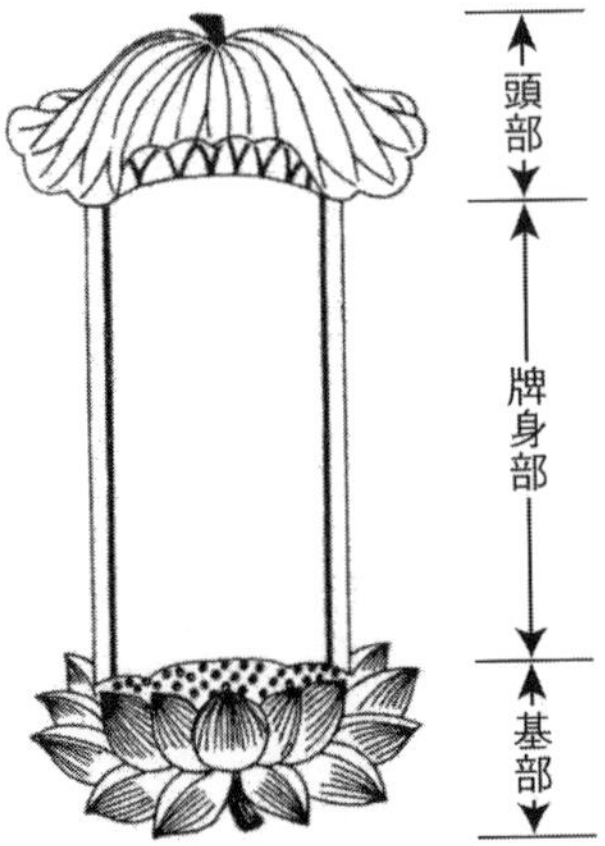

第６図　荷葉蓮台牌

第７図　浙江省寧波市天童寺晦岩光禅師無縫塔

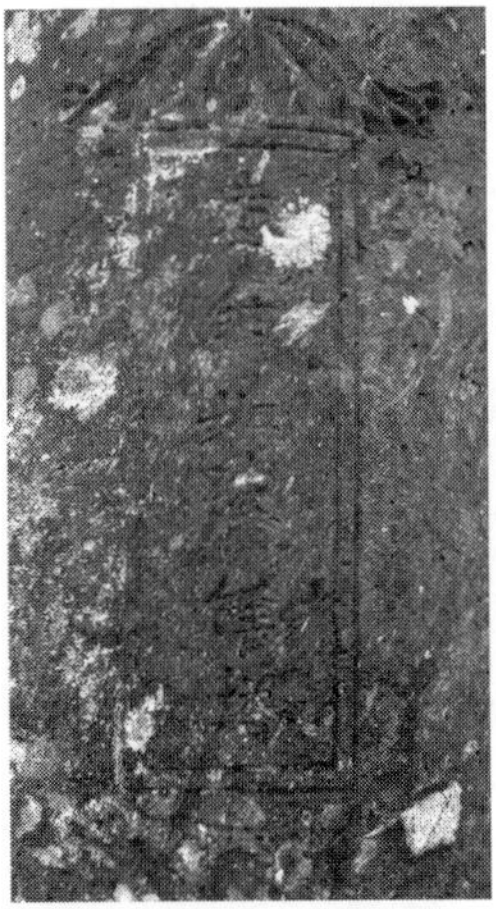
第８図　熊本県山鹿市霜野真堂浦如法経塔

である浙江省寧波市天封塔出土銀殿銀牌紹興十四年（一一四四）、石造品である浙江省寧波市天童寺晦岩光禅師無縫塔（十三世紀後半、第7図）などがあるが、日本にもこの図案は存在し、京都府京都市泉涌寺開山無縫塔（一二二七年ごろ）、熊本県熊本市大慈寺石造九重層塔（永仁五年：一二九七）、熊本県山鹿市霜野真堂浦如法経塔（元亨二年：一三二二・第8図）、宮城県松島町瑞巌寺雲版（嘉暦元年：一三二六）などを上げることができ広範な分布を示す。

　その後の現地調査や文献調査の進捗から、大江綾子の集成にいくつか付け加えることができる。まず根津美術館所蔵の朝鮮鐘（康熙二十九年：一六九〇）に荷葉蓮台牌がある。これは朝鮮王朝時代に造られた鐘で体部下半に牌型が陽刻され、区画中に「主上殿下寿万歳」の文字が陽刻されている。この時期朝鮮王は粛宗であり、万歳は一万年もの長寿と繁栄を祝うことであるから、荷葉蓮台牌は朝鮮王の繁栄が永きことを祈念する文言を装飾していることとなる。ついで浙江省湖州市忠興橋には荷葉蓮台牌が刻まれており「寳幡」という呼称で報告され、南宋代石橋の柱にはこうした装飾はよく見受けられるという［沈文中 二〇一〇］。忠興橋の荷葉蓮台牌の文言は文献では判然としないのだが、おそらく橋名が記されているのではないかと思われる。さらに南宋代吉州窯で焼造された黒釉剔花折枝梅紋帯銘長頸瓶（第9図）には、荷葉蓮台牌図案に「天慶観」の三字が刻まれている。天慶観は北宋時代に吉州に存在した著名な道観であり、今でも江西省吉安市東天華山にその跡がある［張征雁編 二〇〇七］。「天慶観」表記には所有者を明示する役割があり、瓶がこの道観の什物であることを示しているのであろう。このように荷葉蓮台牌には所有者や祈念語句あるいは作成者さらには器物名称の明示などの役割があり、さまざまな器物に図案として使われ、中国・韓半島・日本で使用されたことがわかる。

第９図　黒釉剔花折枝梅紋帯銘長頸瓶

4　荷葉蓮台牌の生成と陶磁器

つぎに荷葉蓮台牌の生成について考えてみたい。今まで上げた資料群は北宋代（九六〇〜一一二六）以降のものが中心であった。この時期にやや遡る唐代の金属器に類似するモチィーフが存在する（藤澤典彦氏ご教示）。江蘇省鎮江市出土の「塗金論語玉燭亀形酒令籌筒」（第10図）は、亀の形をした台に筒が載る唐代の金属製品である［張圣福編 一九八五］。高さは三四・二㌢塗金銀製の金属器である。この資料は一九八二年に鎮江市の東にある丁卯橋の唐代銀器を主とする窖蔵から出土した。構成は下位から亀の形をした台＋蓮台＋筒型容器（「论语玉烛」銘）＋荷葉蓋（未開蓮華摘）と

第10図　塗金論語玉燭亀形酒令籌筒

いう重層を示す。筒型容器には「酒令筹」が入っていた。これは中国古来の飲酒にまつわる遊戯に使用する札のことであり、上部には論語の語句が記され、下部には酒にまつわる罰則（酌・伴飲・罰・皆不飲など）が記される。なお、亀の形をした台であるが、これは贔屓という龍の子どもである。形は亀に似て重きを負うのを好むといい吉祥図案にもなっている［野崎 一九二八］。また贔屓は中国では石碑の基礎として整えられ、亀趺として良く知られている。すでに西晋太康九年（二八八）の越窯青瓷堆塑罐に装飾されるなど古くからある［浙江省博物館編 二〇〇〇］。最初に述べた「塗金論語玉燭亀形酒令籌筒」は、基部に蓮弁文、頭部に荷葉＋ハスの実の組み合わせを基本とし、体部にさまざまな寓意を持つ図案などが展開する形を基本形とすると見ることができる。もうひとつ注意したいのは、丁卯橋の唐代銀器と類似する筒型を呈し蓮台に載る陶磁器であり、日本と中国に存在する。日本では経塚で納経容器として使用され、北宋代の輸入磁器である伝福岡県四王子山経塚出土白磁経筒が知られている［亀井 一九八六］。中国の事例としては多少形が違うが唐光化三年（九〇〇）の越窯青瓷墓志罐［浙江省博物館編 二〇〇〇］を上げることができる。

まとめにかえて

青花荷葉蓋の事例の検討を行いながら日本国外の出土事例を探り、荷葉蓋と広口罐の文様構成には寓意が込められていることを重視しながら、それは荷葉蓮台牌として展開する場合があることを指摘した。さらに荷葉蓮台牌の生成には唐代の金属器との関連性も重要であると考えてみた。古来中国に概念的な思想としてあったハスの花にまつわる吉祥思想は、いつしか蓮台と荷葉（ハスの実）に象徴化され、さらには吉祥として基部に蓮台と頭部に荷葉という組合わせが図案化されたのであろう。唐代の金属器である「塗金論語玉燭亀形酒令籌筒」は思想を立体的（三次元）に造形した。ついで立体的な発想は五代から北宋には白磁や青磁製品の造形となり、さらに元代の青花という自由度が高い表現方法は、複数の吉祥図案を同一器物に施す豪華な青花瓷器を生み出した。もう一つの流れは平面的（二次元）になり、五代から北宋代にかけて荷葉蓮台牌として図案化され石造物などへ用いられた。視点を変えて「塗金論語玉燭亀形酒令籌筒」を真正面から水平に見たとき、平面的（二次元）図案は荷葉蓮台牌そのものである。本来の思想を具象化しようとしたとき、その表現を三次元とするか二次元とするかの違いがこうした造形を生み出すことになったのであろう。

参考文献

大江綾子　二〇一二年「荷葉蓮台牌について」『東アジア海域叢書』10
亀井明徳　一九八六年『九州の中国陶磁』
亀井明徳　二〇〇九年「中国出土元青花瓷の研究」『亜州古陶瓷研究』Ⅳ
朱　江　一九八四年「揚州出土の唐代青花」『中国古外銷陶瓷研究会一九八四年学術討論会』（翻訳は金沢陽『出光』86、一九八六年）
専修大学アジア考古学チーム　二〇一〇年『インドネシア・トローラン遺跡発見陶瓷の研究―シンガポール大学東南アジア研究室保管資料―』
新島奈津子ほか　二〇〇八年「04沖縄県那覇市首里城二階殿跡地他」『亜州古陶瓷研究』Ⅲ
新島奈津子ほか　二〇〇八年「08沖縄県今帰仁村今帰仁グスク跡」『亜州古陶瓷研究』Ⅲ
中沢富士夫・長谷川祥子　一九九五年「元・明の青花」『中国の陶磁』8
野崎誠近　一九二八年『吉祥図案解題―支那風俗の一研究―上・下』（参照したのは二〇〇九年ゆまに書房再販版）
三上次男編　一九八一年「遼・金・元」『世界陶磁全集』13

山川　均　二〇一〇年「宋人石工とその出自」『金沢大学日中無形文化遺産プロジェクト報告書』第7集
弓場紀知ほか編　一九九八年『封印された南宋磁器展』
沈文中　二〇一〇年「南宋石橋建築装飾芸術研究―以浙江省湖州市之遺存為例」『浙江工芸美術』一二八集
張昌倬編　二〇〇四年『宋遼金紀年瓷器』
張圣福編　一九八五年『唐代金銀器』
張征雁編　二〇〇七年『雅俗之間・吉州窯』
韓国国立中央博物館編　一九七七年『新安海底文物』
浙江省博物館編　二〇〇〇年『浙江紀年瓷』
刘金成編　二〇〇五年『高安元代窖藏瓷器』朝華出版

あとがき

本書は当初の予定ではずいぶんと前に出ているはずだったが、なかなかまとめあげる勇気がなくて、出版がずるずると延びてしまった。この間、高志書院の濱久年氏には見捨てることなくお待ちいただいた。出版にあたっては本書の細部にまで手をいれていただき深く感謝したい。濱氏とは二〇〇一年に伊藤清郎先生との共編『中世奥羽の領主と城館』を企画して以来のお付き合いをいただいている。

本書は二〇〇六年に東北大学へ提出した学位請求論文「中世奥羽の考古学的研究」から、「中世奥羽の墓と霊場」に触れた、第3部「中世奥羽の墓地と霊場信仰」と第4部「中世奥羽の霊場と信仰」の一部にその後の発表論文を加味し、さらに付編を付けたものである。博士論文は東北大学考古学研究室の須藤隆先生(現名誉教授)、阿子島香先生にご指導をいただいた。付編は筆者の現在の興味関心を示す陶磁器に関する報告であるが、内容は人々の心性(信仰世界)の一端を表すものだから、基本的な興味関心は続いていると思っている。

一九七六年山形大学入学後、伊藤清郎先生から日本中世史を学んだ。もっとも興味関心はもっぱら考古学だったので、卒論は縄文土器(早期)で書いた。変な学生であったが伊藤先生はいつも温かかった。考えてみると、学生時代に発掘調査の他に、古文書演習や日本史講読を通して史料を読む基礎を身に着けたことは、中世考古学を専門にしてからはずいぶんと役に立ち、伊藤先生には深く感謝している。一九七八年に東京小平市の鈴木遺跡の調査に夏の発掘武者修行に行き、金山喜昭氏にお世話になった。その後考古学や歴史学とは無縁の生活を永く続けていたが、一九九三年縁あって山形県埋蔵文化財センターに異動することになった。以降断続的ながらも二〇〇七年まで勤務することになった。菅原哲文氏、高桑弘美氏、高桑登氏などとともに山形県内の発掘調査を行った。

わたしが日本の中世考古学研究へ興味をもったのは思えば偶然のことであった。川崎利夫先生(東北中世考古学会会長)から、同じ山形県天童市在住ということでたまたま呑みに誘われたことで人生が変わった。中野豈任氏の『忘れられた霊場』を紹介され、非常に強い衝撃を受けた。人生が変わったのである。中世心性史という分野にふれ、地域にいる私でも、石造物や陶磁器、金工品、仏像などの信仰資料さらには文献史料を総合して、地域の中世史を活写できると考えたのである。その切り口は本書の序論にまとめた霊場であった。こうして生まれた霊場への興味関心はやがて板碑へ、さらには中世墓へ、ついで石造物さらには陶磁器へとつながっていった。このころ網野善彦氏がたまたま天童温泉に投宿されたことがあった。川崎先生と二人で出かけて奥能登時国家の話をうかがい、水呑が実は船を所有し盛んに商売をしているという話に興奮した。また、勝田至氏との付き合いが始まったのもこのころである。同い年ということもありいろいろ教えていただいた。後にインドはバナラシで一緒に火葬を見ることにもなった。

飯村均氏と八重樫忠郎氏に出会ったことも大きかった。年も近いこともあり、両氏にはそれ以来大変お世話になっている。本書の第1部と第3部の内容については特に刺激を受けた。三人で盛んに研究会に出かけ、毎週のように全国各地の研究会場で顔を合わせた。あの三人は一体どこに住んでいるのかと噂された。飯村氏に山形県庄内地方の中世墓についてまとめたものを渡したところ、一九九五年大宮市であった中世墓シンポで東北地方日本海側の中世墓様相について発表をすることになった。ここで百瀬正恒氏、浅野晴樹氏、鋤柄俊夫氏、桃﨑祐輔氏、田中則和氏、工藤清泰氏らとご一緒した。さらにその年の秋には帝京大学山梨文化財研究所の中世火葬シンポで、東北地方の事例を発表することになった。萩原三雄氏、畑大介氏とはこれ以降お付き合いをいただくこととなった。火葬は中世の特徴的葬法であるがあまり注目されてこなかった。火葬に焦点化して持たれたこのシンポジウムは画期的なものであった。狭川真一氏と初めてお会いしたのもこのシンポではなかったかと思う。

さらに運命が変わったのは、東北中世考古学会の事務局長を引き受けてからのことだった。一九九五年に発足した東北中世考古学会は、東北六県二年ごと持ち回り（山形県＞福島県＞岩手県＞青森県＞秋田県＞宮城県）で二〇〇六年まで継続した。地元事務局の手により各回とも充実した資料集が編まれた。会長以下の役員の皆様、各県の役員の皆様からは大変なご苦労をいただいたが、東北地方の中世考古学研究の水準を大きく引き上げたことは間違いなかった。高志書院の濱氏からは大会の成果を刊行していただいた（『東北中世考古学叢書』1〜5）。東北六県の最新の中世遺跡の様相に触れることができる貴重な機会であった。八重樫氏とは会の運営で苦労を共にし総会屋とも言われた。青森大会では八戸市の佐々木浩一氏にたいへんお世話になった。残念なことに佐々木氏は早くに亡くなられた。こころよりご冥福をお祈りしたい。

狭川氏との出会いも私の人生に大きな変化をもたらした。彼は奈良県在住であり、私は山形県在住であるから、なんの接点もふつうはないのであるが墓仲間である。かなり濃密な付き合いをさせていただいている。本書の第1部と第2部の内容をまとめるにあたっては大いに刺激を受けた。まず、狭川氏を研究代表者とする科学研究費基盤研究（C）「墳墓遺跡及び葬送墓制研究からみた中世」（二〇〇三〜二〇〇六年）に連携研究者として参加した。北海道から沖縄まで地域ごとに中世墓集成を行い、研究会を実施するとともに詳細な資料集も作成された。全国の中世墓を瞥見する機会を得たことは大いに刺激となった。最初の集成と研究会が持たれたのは、二〇〇四年岩手県埋蔵文化財センターにおいてであった。わたしも山形県の様子を報告したが、会場に当時まだやんちゃだったI上氏とH柴氏がいて盛んに茶々を入れる。思わず「ちゃんと聞いてないとテストに出すからなぁ！」と口走ってしまい。あとで狭川氏から何度もネタにされた（録音もあるらしい）。次いで、狭川氏の科学研究費基盤研究（B）「日本中世の葬送墓制に関する発展的研究（二〇〇九〜二〇一四年）」に研究分担者として中島恒次郎氏と勝田氏とご一緒させていただき、インド他の海外調査に参加させていただいた。バナラシの火葬は聖なるガンジス河の河畔で行われるのであるが、生と死、聖と俗さらに色や臭いまでもが一体化している空間には強烈なインパクトを受けた。二〇一三年には中国内モンゴル自治区の中国社会科学院主催の研究会(十至十二世紀東亜都城和帝陵考古与契丹遼文化国際学術検討会)に、佐川正敏氏にお世話になり参加させていただいた。狭川さんの発表では、北京大学に留学中だったわが子が通訳をさせていただいた。狭川さんの報告用記録写真を撮影したが、実は学芸会で発表するわが子を撮影するような気分だった。

柳原敏昭氏と知り合ったのは鹿児島大学から東北大へ移られた一九九七年ぐらいだったと記憶している。これ以前も藤原良章氏の主催していた中世古道研究会(道研)の論集に一緒に論文(「出羽南半の中世古道」)が掲載されたり、貿易陶磁研究会で持躰松遺跡についてコメントされている姿を拝見はしていた。その後国内外の調査にご一緒することになって、北海道や九州、さらにはインドネシア調査にも同行した。二〇一三年からは柳原氏を代表とする、科学研究費基盤研究(B)「平泉研究の資料学的再構築(二〇一三〜二〇一八年)」に研究分担者(考古班代表)として参加させていただいている。道研で一緒だったのは落合義明氏である。後日山形大学に赴任され縁の深さに驚かされた。

近頃はもっぱら中国・韓国から東南アジアの考古学研究に興味関心がある。この端緒は、二〇〇二年中国厦門大学荘景輝氏の日本国内の漳州窯陶磁器調査に協力したことであった。同年に荘景輝氏からお世話いただいて、漳州窯など福建省厦門市地域周辺の陶磁器生産窯跡調査を行った。この時に現泉州市博物館長の陳建中氏にお会いし、以降お付き合いをいただいている。これ以降、竜泉窯・景徳鎮窯・同安窯・徳化窯・建窯・邢窯・磁州窯・定窯・長沙銅官窯・吉州窯などをはじめとし、中国各地の陶磁器生産窯跡をめぐった。陶磁器研究をやる以上は遺跡の現地を訪れ、実物をきちんと見ておくことが不可欠だと思ったからである。当時北京大学大学院博士課程に在学していた、鵜木基行氏のご案内を得てのことであった。この調査によって、「窯業と寺社」や「荷葉蓮台牌の展開」をまとめることができた。

山川均氏や佐藤亜聖氏、藤澤典彦氏らとの中国調査から、中国の石造品と日本の石造物や造形とのかかわりについて興味が広がった。藤澤典彦氏からは第2部と中国意匠の分析について大変有意義なご教示をいただいた。最初に

「荷葉蓮台牌」を知ったのもこの調査であった。まず二〇〇五年に中国上海市、福建省泉州市・永春市地域の寳篋印塔調査に同行させていただいた。二〇〇六年には浙江省杭州市、寧波市地域の調査を行い、以降毎年のように寧波市の方々とはお会いし、お付き合いをいただいている。この調査を通して、塔に興味が広がり「古代陸奥の造塔」を執筆するきっかけとなった。

佐藤氏を研究代表者とする科学研究費基盤研究(C)「東アジアにおける石材利用技術の地域性と伝播・展開に関する基礎的研究」(二〇一四〜二〇一六年)に参加したことで、石切り場と石切り技術の海外での様相把握と日本への技術流入についても興味が広がった。佐藤氏とは二〇一三年にスリランカへ仏足石と石切の調査に行った。現地でもう少しで警察に通報されそうになり、言葉は通じないし命からがら逃げてきた。カンボジアのアンコールワット遺跡群に関連する採石場であるクーレン山の調査では、地雷がないとは言えないという山の中を、現地の人を雇って先導してもらいながら、結婚したての下田一太氏と奥様に案内してもらった。もちろん無事であったが、危険をおかして調査した石切り場はすばらしいものであった。遠く日本の山形県高畠町の石切り場と比べても類似点が多く、石切り技術の普遍性を実感した。その後中国浙江省、河南省、福建省、北京市などの石切り場を何度か調査した。中国調査では閻愛賓氏から助力を得ている。この内容についてはまだまとまった発表を成し得ていない。石材の加工についての研究は未開拓分野であるため、今後も取り組まなくてはならないと感じている。

以上、お礼の意味で本書がまとまるまでのいきさつと、関連する内容について感謝を申し上げなくてはならない方々について思い出を交えながら記した。もちろんここにお名前を出させていただいた方々は一部であり、ほかにお世話になった多くの方々が居られることは承知している。お名前を上げない非礼をどうかご寛恕いただきたい。

二〇一七年十月

山口 博之

初出一覧

序論　中世奥羽の霊場

「中世奥羽の霊場」（七海雅人編『鎌倉幕府と東北』東北の中世史2、二〇一五年に加筆・修正）

第1部　墓

「陸奥の中世墓」（柳原敏昭・飯村 均編『鎌倉・室町時代の奥州』奥羽史研究叢書④、二〇〇二年に加筆・修正）

「中世出羽の屋敷墓」（伊藤清郎編『最上氏と出羽の歴史』二〇一四年に加筆）

「中世出羽の墳墓堂」（㈶山形県埋蔵文化財センター『研究紀要』第3号の「遊佐荘大楯遺跡の展開」二〇〇五年を再構成）

「中世出羽の六道銭」（東北中世考古学会『東北地方の中世出土貨幣』一九九九年の「六道銭に使用された貨幣」を大幅に改稿・加筆）

「出羽南半の中世古道―墓と道―」（藤原良章・村井章介編『中世のみちと物流』一九九九年の「出羽南半の中世古道」に加筆）

「上荻野戸村絵図に表われた樹木」（天童郷土研究会『会報』第20号、一九九二年の「上荻野戸村絵図を読む」に加筆・修正）

第2部　塔婆と供養

「板碑と霊場」（『月刊歴史手帳』第24巻10号、一九九九年の「中世霊場の風景」に加筆・訂正）

「成生荘型板碑の世界」（大石直正・川崎利夫編『中世奥羽と板碑の世界』奥羽史研究叢書①、二〇〇一年に加筆・修正）

「板碑と木製塔婆―山形県と大分県の板碑の類似から―」（藤原良章編『中世人の軌跡を歩く』二〇一四年に加筆・修正）

「古代陸奥の造塔―新田⑴遺跡出土の相輪状木製品―」（木村淳一他『石江遺跡群発掘調査報告書Ⅶ』二〇一四年の「第13

節　古代相輪の諸相―新田(1)遺跡出土の相輪状木製品―」を加筆・修正）

「中世前半期の追善仏事―石造物銘文を中心に―」（藤澤典彦編『石造物の研究〜仏教文物の諸相〜』二〇一一年を加筆）

第3部　寺社と城館

「遊佐荘大楯遺跡と鳥海山信仰の中世史―空間の考古資料論―」（小野正敏・五味文彦・萩原三雄編『モノとココロの資料学―中世史料論の新段階』考古学と中世史研究②、二〇〇五年の「空間の考古資料論―遊佐荘大楯遺跡の空間―」を加筆）

「城館と霊場」（新稿）

「首が護る城」（帝京大学山梨文化財研究所『帝京大学山梨文化財研究所研究報告』第9集、一九九九年を大幅に改稿・加筆）

「窯業と寺社―羽黒町執行坂窯製品と刻画文の中国意匠―」（須藤隆先生退任記念論文集刊行会『考古学談叢』二〇〇七年の「中世奥羽の陶器生産と流通」を大幅に改稿・加筆）

付「荷葉蓮台牌の展開―荷葉蓋(荷叶盖)小考―」（亀井明徳さん追悼文集刊行会『亀井明徳氏追悼・貿易陶磁研究等論文集』二〇一六年の「荷葉蓋(荷叶盖)小考」に加筆・修正）

【著者略歴】
山口 博之（やまぐち ひろゆき）
1956年山形県生れ
東北大学文学部大学院博士後期課程修了　博士（文学）
前山形県立博物館

主な論文
「空間の考古資料論―遊佐荘大楯遺跡の空間―」（小野正敏・五味文彦・萩原三雄編『モノとココロの資料学―中世史料論の新段階』高志書院）、「中世奥羽の陶器生産と流通」（須藤隆先生退任記念論文集刊行会『考古学談叢』六一書房）、「中世出羽の屋敷墓」（伊藤清郎編『最上氏と出羽の歴史』高志書院）、「板碑と木製塔婆―山形県と大分県の板碑の類似から―」（藤原良章編『中世人の軌跡を歩く』高志書院）、「中世奥羽の霊場」（七海雅人編『鎌倉幕府と東北』吉川弘文館）

東北中世史叢書3
中世奥羽の墓と霊場
2017年12月25日第1刷発行

著　者　山口 博之
発行者　濱　久年
発行所　高志書院

〒101-0051 東京都千代田区神田神保町2-28-201
TEL03(5275)5591　FAX03(5275)5592
振替口座　00140-5-170436
http://www.koshi-s.jp

印刷・製本／亜細亜印刷株式会社

ISBN978-4-86215-176-6